JN441614

기독교
철학자들의
문화관

기독교철학자들의 문화관

2011년 8월 25일 초판 인쇄
2011년 8월 30일 초판 발행

지은이 | 신응철
펴낸이 | 이찬규
펴낸곳 | 북코리아
등록번호 | 제03-01240호
주소 | 462-807 경기도 성남시 중원구 상대원동 146-8
우림2차 A동 1007호
전화 | 02)704-7840
팩스 | 02)704-7848
이메일 | sunhaksa@korea.com
홈페이지 | www.bookorea.co.kr
ISBN | 978-89-6324-119-7 (93230)

값 17,000원

* 이 도서의 국립중앙도서관 출판시도서목록(CIP)은 e-CIP홈페이지(http://www.nl.go.kr/ecip)와 국가자료공동목록시스템(http://www.nl.go.kr/kolisnet)에서 이용하실 수 있습니다.
(CIP제어번호: CIP2011003529)

기독교 철학자들의 문화관

신응철 지음

북코리아

머리말

우리의 삶은 늘 변화의 소용돌이 가운데 있다. 태어나서 성장하고 죽음을 맞이하는 그 순간까지 항상 다름과 새로움이라는 현상을 경험하게 된다. 교육을 통해서 관계맺음을 통해서 세계를 향한 나의 태도를 통해서 변화는 그저 주어지는 것이 아니라 만들어가는 것이 되기도 한다. 그럴 때 우리는 비로소 든든한 주체로서 삶을 이끌어가게 된다. 생각해 보면, 우리는 날마다 새로움과 낯설음의 현장 속으로 던져진다. 거기에서 나름의 길을 찾고자할 때 누군가에게 그 무엇에게 기대게 된다.

필자가 문화(文化)를 화두삼아 사람살이의 문제를 살피고 공부한지 20여 년의 세월이 흘렀다. 이제 내려놓을 법도 한데 실상 그렇지가 않다. 잠에서 깨어나 새벽마다 책상 머리맡에 앉으면 읽어야 할 책과 만나야 할 학자들이 기다리고 있다. 문화학에서 기독교문화학에로, 철학에서 기독교철학에로 외연을 좁혀 가다보면 해결해야 할 과제들이 넘쳐난다. 그중의 하나가 이런 분야를 이해하고 통찰할 수 있는 지침서가 절대적으로 부족한 현실이다. 누군가가 이런 현실을 개선해야 함에도 선뜻 나서질 않는다. 시간과 열정을 쏟아 부어야만 얻을 수 있는 일임을 잘 알기 때문이다.

필자가 2006년에 펴낸 『기독교 문화학이란 무엇인가』(북코리아)도 그런 문제의식에서 나온 '하나의' 지침서였다. 하나의 지침서였기를 바라고 펴낸 지 5년의 세월이 흘렀지만 그 책은 여전히 이 분야의 유일한 연구서일 뿐이다. 그래서일까 이 책은 2007년 문화관광부의 우수학술도서로 선정되어 전국의 공공도서관에 입주하는 특권을 누리기도 하였다.

필자는 여기 다시 '또 하나의' 지침서를 내려고 한다. 이번에는 기독교철학 분야다. 부디 필자의 이 연구서가 촉매제가 되어 다수의 연구서들이 잇달아 나오길 바란다. 기독교철학 분야를 공부하거나 이 분야에 관심 갖는 일반 독자들이 늘 부딪히는 문제 역시 전체의 흐름을 꿰뚫어 볼 수 있는 그런 연구서가 없는 현실이다. 한국기독교철학회라는 학술 단체가 있고 이 분야의 전문가들이 몇 분 계시지만 아직 뚜렷한 성과가 없다. 필자 역시 한국기독교철학회의 총무이사와 편집이사를 수행하면서 늘 짐으로 생각하고 있었다. 우리 학회가 2005년에 펴낸 『하나님을 사랑한 철학자 9인』(IVP)이 안내서로서 유일할 뿐이다.

필자의 이번 연구서는 크게 두 부분으로 구성되어 있다. 제1부는 기독교철학자들의 문화관이며, 제2부는 현대 기독교철학의 제문제이다. 제1부에서는 기독교철학자들이 문화를 어떻게 규정하고 이해하는지를 살펴보았다. 여기에서는 우리가 추구해야 할 문화발전의 모델을 고민해 보고, 오늘 우리가 겪고 있는 문화의 비극적 측면에 대한 세밀한 분석을 시도하였다. 또한 문화적 삶에서 신화와 상징과 예술의 의미를 되새겨 보고, 종교의 정치화 현상에 대한 비판적인 분석과 다양한 형태의 기독교적 문화관에 대해 다루었다. 제2부에서는 현대 기독교철학의 주요 주제들을 살펴보았다. 이른바 사람살이의 관계맺음의 방식에 대해서, 현실에 존재하는 악의 문제, 기독교적 주체와 책임의 문제, 정치행위의 문제, 신앙과 이성의 문제 등을 기독교철학자들의 시선을 좇아 해명하였다.

우리는 이 책을 통해서 프랜시스 쉐퍼, 코넬리스 반 퍼슨, 마르틴 부버, 헬무트 리처드 니버, 폴 리쾨르, 엠마누엘 레비나스, 존 톨랜드, 매튜 틴달, 에른스트 카시러, 게오르그 짐멜, 한스 게오르그 가다머, 위르겐 하버마스 등의 학자들을 만나게 될 것이다. 이들이 기독교철학과 기독교 문화학의 여러 주제들을 얘기하는 방식과 그 시선에 우리가 주목해 본다면, 오늘 우리가 직면하고 있는 여러 문제들을 해결할 수 있는 혜안을 얻어낼 수 있을 것이다.

이 책이 나올 수 있었던 것은 한국기독교철학회 총무와 편집이사로서의 활동과 숭실대학교 기독교학과 학부 및 대학원에서의 오랜 강의와 연구 덕분이다. 학우들과 세미나를 통해서 주고받은 여러 갈래의 생각들을 한데 엮어내게 되어 기쁘게 생각한다. 학우들과의 아름다운 만남의 시간들을 배려해 준 숭실대학교 기독교학과 박정신 교수, 김영한 교수, 김회권 교수, 이철 교수, 오제은 교수께 이 자리를 빌려 감사드린다.

마지막으로 매번 격려와 지원을 아끼지 않는 북코리아 이찬규 사장님, 힘든 연구 과정을 묵묵히 지켜보며 헌신적으로 지원해 준 큰 형님 내외, 사랑하는 아내 은경 그리고 채호 채은에게 감사드린다.

2011년 늦은 여름에
상도동 연구실에서 신응철

차 례

PART

I

기독교철학자들의 문화관

제1장

코넬리스 반 퍼슨의 문화관

1. 시작하는 말: 문화를 어떻게 이해할 것인가?

문화철학 혹은 문화학에서 사용되는 '문화' 개념은 다층적이라 할 수 있다. 원래 '문화(kultur)'라는 말은 라틴어 'colere(양육하다, 경작하다, 육성하다)'에서 파생되었고, 라틴어 'cultura'가 독일어화된 것이다. 독일어 'kultur'는 17세기 말부터 등장하고 있는데, 이것은 여러 제도들, 행위들, 과정들, 상징형식들의 총체를 지칭한다.[1] 이런 것들은 합목적적 기술을 통해 '주어진 자연'을 사회적 삶의 공간으로 변형시키고 이를 보존하고 발전시킨

1 Hartmut Böhme · Peter Matussek · Lothar Müller, *Orientierung Kulturwissenschaft*, Rowohlt Taschenbuch Verlag GmbH, Reinbek bei Hamburg, 2000. 이 책의 번역본은 『문화학이란 무엇인가』(손동현 · 이상엽 역), 성균관대학교 출판부, 2004, 149쪽(이후부터는 『문화학』으로 표기하고, 쪽수는 번역본을 기준으로 함).

다. 또한 이를 위해 요구되는 숙련 도구들(문화기술, 지식)을 만들고 발전시키며, 지도적 가치들(가치의 차원)을 특수한 의식(儀式), 세련된 예식으로 거행하고 확고히 하며(종교, 축제, 교육 등), 그 결과로 의사소통적 형식들을 장기적으로 보존하는 사회적 질서와 의사소통적 상징 세계를 창출해낸다.[2]

라틴 세계에서 'cultura'는 농경문화를 넘어서 또한 개인들의 인격적인 문화, 혹은 역사 시기들의 문화와 관련해서 사용되었다. 이후 많은 영향을 미친 키케로의 'cultura animi'라는 관용어는 그리스어 'paideia'에 조응하는데, 그것은 인간의 '양육(養育)'과 '교양(教養)'을 가리킨다. 이때부터 사물의 문화로서의 문화 옆에 '인격'의 문화가 의식되었고, 'cultura' 개념은 외부의 자연에 대한 작업에서 '내부의 자연'에 대한 작업으로 옮겨갔다. 하지만 문화와 농경문화와의 연관은 아직 오랫동안 지속된다.[3] 중세의 'Artes liberales'와 'Artes mechanicae'의 구분은 두 문화의 근대적 탄생을 이미 준비하고 있는 것이다. 'Artes liberales'가 현대의 '정신과학'의 선구라면, 'Artes mechanicae'의 부분은 '자연과학'과 기술의 초기 형태로서 이해될 수 있다. 중세 후기 이래로 이 양자는 문화 발전의 본질적 요소로서 자리를 잡는다. 양 문화의 분리는 근대의 대학 체계의 근간을 이룬다.[4]

서구에서의 문화학의 생성은 칸트(1724-1804)와 헤르더(1744-1803) 이후의 근대적 문화 개념을 전제한다. 칸트는 '자연(自然, Natur)' 개념을 보편적 법칙에 따라 규정되는 한에서의 사물의 존재로 말한다. 신칸트학파의 리케르트(1863-1936)의 경우 칸트의 생각을 이어받아 '자연'과 '문화'를 대립 개념으로 설정하였다. '자연'은 저절로 발생한 것, 탄생된 것, 스스로의 고유한 성장에 맡겨진 것들의 총체다. 이런 자연 개념과 대립하는 '문화'

---

2 Joseph Niedermann, *Kultur. Werden und Wandlungen eines Begriffs und seiner Ersatzbegriffs von Cicero bis Herder*, Firenze 1941; Wilhelm Perpeet, "kulturphilosophie", In *Archiv für Begriffsgeschichte 20*, 1976, 42-99; 『문화학』, 149쪽, 170쪽.

3 『문화학』, 150쪽.

4 『문화학』, 151쪽.

는 가치 있는 목적에 따라 행동하는 인간이 직접 생산한 것, 또는 그것이 이미 존재하고 있는 경우 적어도 그것에 담겨있는 '가치(價値)' 때문에 의식적으로 가꾸어 보존한 것을 말한다.[5] 그러므로 모든 문화 현상에는 인간이 인정한 어떤 가치가 구현되어 있다. 리케르트의 경우 가치와 무관한 '자연'과 가치와 관련되는 '문화' 개념을 구별하였고, 그런 의미에서 그가 파악한 문화(과)학은, 종교학, 법률, 사학, 문헌학, 국민 경제학 등 말하자면 모든 정신과학의 대상을 포괄하고 있다.[6]

그런데 오늘날 문화학에서의 문화는 이제 더 이상 관찰의 대상만을 의미하는 것이 아니라, 관찰자의 관찰을 위해 사회가 만들어내는 형식과 관점들까지도 의미하고 있다. 그 결과 문화에 대한 본질주의적 생각들은 소멸되었다. 문화는 만들어진 것이고 우연적인 것이다. 그리고 바로 이런 점에서 또한 재구성될 수도 있는 것이다. 그런 맥락에서 문화학에서는 '자연'조차도 더 이상 주어진 현실로서 이해하는 것이 아니라, '문화적으로 구성(構成)된 것'으로서 인식한다. 카시러가 (자연)과학조차도 하나의 상징 형식으로, 다시 말해 문화로 분석한 경우가 그 좋은 예다. 인간으로 존재한다는 것은 '문화적 조건' 속에서 산다는 것을 의미한다. 그러므로 문화학의 대상은 인간 행위의 전체 영역이다. 이것은 문화학이 단지 현실에 대한 상징적 가공인 언어적 텍스트만이 아니라, 언어적 텍스트가 일정 부분 참여하고 관여하는 물질, 매체, 사유의 질서들까지도 연구하는 것을 의미한다.[7]

이상에서 살펴본 바처럼, 문화를 읽어내는 방식[8]은 학자들에 따라 매우 다양함을 알 수 있다. 화란의 대표적인 기독교철학자 반 퍼슨(C.A. van

---

5 리케르트, 『문화과학과 자연과학』(이상엽 역), 책세상, 2004, 55쪽.

6 리케르트, 같은 책, 61쪽.

7 『문화학』, 151-152쪽.

8 문화 개념의 변화상에 대한 논의는 신응철, 『문화, 철학으로 읽다』, 북코리아, 2009, 제1장 참조 바람.

Peursen, 1920-1996)은 헤르더, 칸트, 카시러를 비롯한 독일 철학의 전통을 계승하면서도 기독교 신학적 색채를 드러내지 않은 채 설득력 있는 문화 분석의 틀을 제시하였다. 그의 문화 분석의 틀과 현대인들을 향한 메시지는 문화의 속성을 정확하게 파악하고, 나아가 문화적 삶을 살아가야 하는 우리들에게 현존 문화에 안주하기보다는 새로운 문화창출을 요구하고 있어서 신선한 자극이 되고 있다.

이 글에서는 반 퍼슨이 제시하는 문화 개념과 문화발전의 모형에 대해 살펴보고, 명사가 아닌 동사로서의 문화의 의미를 검토하고자 한다. 이를 통해서 우리는 문화가 인류 역사에서 어떤 모형으로 변화되어 왔는지, 그리고 문화가 인간의 삶에 어떤 형태로 기능하는지, 나아가 오늘 우리가 누리는 문화의 현주소를 어떻게 파악할지에 대한 하나의 실마리를 찾고자 한다. 일찍이 카시러는 문화를 "인간의 언어적 활동들 전체와 도덕적 활동들 전체"[9]라고 정의하기도 하고, 때에 따라서는 "창조적 행위자로서 개인의 자유의 표현"[10]이라 말하기도 하였다. 이와 유사하게 반 퍼슨은 문화를 "인간 활동의 결과"로 파악한다.[11] 문화를 어떤 식으로 정의하든 간에, 문화는 기본적으로 '인간에 의해' 만들어진, 그리고 '인간의' 문화라는 것이 대체적인 생각이라 할 수 있다.

이제 필자는 이 글에서 반 퍼슨이 말하고자 하는 내재와 초월의 긴장으로서 문화에 대해, 문화의 이중성과 문화발전의 모형, 즉 신화적 단계, 존

---

9 Donald Phillip Verene(ed.), *Symbol, Myth, and Culture: Essays and Lectures of Ernst Cassirer 1935-1945*, New Haven and London Yale University Press, 1979, 65쪽; 신응철, 『캇시러의 문화철학』, 한울아카데미, 2000, 29-30쪽.

10 에른스트 카시러, 『문화과학의 논리』(박완규 역), 도서출판 길, 2007, 255쪽.

11 C.A. 반 퍼슨의 책 *The Strategy of Culture-A view of the changes taking place in our ways of thinking and living today*, North-Holland Publishing Company, amsterdam-Oxford, 1974 초판이 나왔는데, 이를 『문화의 전략』(오영환 역), 법문사, 1979로 번역 출간하였다. 1987년에는 5쇄가 나왔는데, 이를 『급변하는 흐름 속의 문화』(강영안 역), 서광사, 1994로 번역 출간하였다. 반 퍼슨의 동일한 저서이지만, 강영안의 번역본에 몇몇 추가된 사항이 들어 있어서 여기에서는 강영안의 번역본을 토대로 논의를 전개하였음을 밝혀둔다. 19쪽.

재론적 단계, 기능적 단계의 문화 모형을 하나씩 살펴보고자 한다. 또한 문화와 윤리의 상관관계를 논의하고 마지막으로 예측불가능한 문화의 미래와 연관하여 문화 행위자들에게 요청되는 사항을 언급하면서 논의를 맺고자 한다.

2. 내재와 초월의 긴장으로서 문화

칸트는 인간이 스스로 자신을 가르칠 수 있다는 데 문화의 본질이 있다고 지적한 바 있다. 그렇게 보면 문화란 인간의 학습의 장이라고 할 수 있다. 인간은 문화를 접할 때 무엇이 어떻게 존재하는가 하는 질문뿐만 아니라 어떻게 존재해야 하는가 하는 질문을 던진다. 문화는 끊임없이 긴장 속에 존재한다. 인간은 자연을 사실적으로 파악한 뒤, 그냥 주저앉아 있지 않고 이것을 평가하고 정책과 전략 속에 흡수함으로써 자연적 사실의 과정에 변화를 가한다. 사실적으로 주어진 것의 폐쇄성과 비판적 판단의 개방성 사이에 존재하는 이러한 긴장을 반 퍼슨은 '내재와 초월의 긴장'이라고 부른다.[12] 문화뿐 아니라 인간의 삶 전체를 내재와 초월의 긴장으로 볼 수가 있다. 인간의 삶은 커다란 생의 흐름 속에 진행되지만(내재성), 단순한 자연의 순환 과정을 벗어나 자신의 본성을 평가하고 그것을 변형할 수 있다(초월).[13]

이렇듯 인간은 자연의 흐름과 함께 떠밀려 다니지만 않고 그것을 거슬러 거꾸로 삶의 방향을 정할 수가 있다. 인간은 자연의 충동을 따르기도 하지만 양심의 소리에도 순종한다. 인간은 자신을 에워싼 자연과 자신의

---

12 C.A. 반 퍼슨, 같은 책, 25쪽.
13 C.A. 반 퍼슨, 같은 책, 25쪽.

본성을 판단하고 평가한다. 이 같은 판단과 평가는 과학적 연구나 도덕적 판단, 종교적 확신이나 사회의식, 혹은 시민 정신과 같은 고차원적 정신기능을 통해서만 일어나는 것은 아니다. 생물학적 욕구와 충동에서도 판단과 평가, 규범과 조정이 발생한다. 그렇기 때문에 식사, 성관계, 호흡, 공격적 행동 등 본능적으로 보이는 인간의 행위조차도 모두 문화적으로 변형되어 있다. 이것은 동물적 행위가 아니라 인간다운 행위이다. 왜냐하면 인간의 욕구와 관련된 행위는 특정 문화 속에 통용되는 규범에 의해 일정한 형태를 얻기 때문이다. 이렇게 본다면 인간의 자연적 충동은 문화적으로 포장되고, 심지어는 문화를 통해 훈련된 모습으로 표현된다.[14] 그렇다면 문화에는 일정한 어떤 규칙이 있는 것일까? 반 퍼슨은 우리가 문화 속에 들어 있는 어떤 규칙에 주목할 것을 강조한 바 있는데, 이때 그가 말하는 규칙이란 물리적 필연성을 뜻하는 것이 아니라 도덕적 필연성이다.[15]

과거에는 종교, 철학, 과학, 정치학 등의 고차적인 인간 정신 활동의 표현을 '문화'라고 생각하던 때가 있었다고 반 퍼슨은 말한다. 문제는 문화를 이러한 측면에서 접근하게 될 경우, 예컨대 고도로 발달된 문명을 가지고 있다는 의미의 '문화민족'과 미개한 문명을 뜻하는 '원시민족'을 각각 구별하게 되는 사고방식을 낳게 된다. 때문에 반 퍼슨은 이러한 구별에 반대하면서, 문화를 각 사람과 각 민족의 삶의 표현[16]으로 볼 것을 제안한다. 이렇게 되면, 적어도 문화를 논의하는데 있어서는 미개인은 존재하지 않게 된다. 여기서 우리가 주목해야 할 한 가지 사실은, 문화를 문명(文明)의 차원에서 접근하지 않는다고 했을 때, 그러한 문화 속에도 '발전(發展)' 혹은 '진보(進步)'의 요소나 특성이 들어있다고 말할 수 있는가 하는 점이다. 이 문제와 관련하여, 문화도 발전한다는 것이 필자의 기본입장

---

14 C.A. 반 퍼슨, 같은 책, 26쪽.
15 C.A. 반 퍼슨, 같은 책, 26쪽.
16 C.A. 반 퍼슨, 같은 책, 21쪽.

이다. 그런데 만일 문화가 발전한다면, 그때 '발전'이라는 말은 도대체 무슨 의미일까? 발전이라는 개념은 정신적 차원인가? 아니면 물질적인 차원인가? 이러한 고민에 대해서 반 퍼슨은 우리가 문화를 고정된 상태나 종착점으로 보는 것이 아니라, 하나의 '이정표' 혹은 '과제'로 보아야 한다고 말한다.[17] 바로 그와 같은 맥락에서 문화에 어떤 규칙이 있다면, 그 규칙은 필연성을 전제로 하는 물리법칙과 같은 것이 아니라, '도덕적(道德的)' 필연성을 전제로 하는 규칙[18]이라고 그는 말하고 있다.

이 말은 좀 거칠기는 하지만, '문화가 발전한다'고 했을 때, 그 발전의 기준은 '도덕성의 규칙' 혹은 '윤리성의 규칙'에 맞추어진다는 얘기가 된다. 즉 문화가 도덕성 혹은 윤리성의 규칙을 따를 때, 비로소 문화는 발전한다고 말 할 수 있다는 것이다. 하지만 문화의 그러한 특성을 우리가 어떻게 포착해 낼 수 있는가? 라는 의문은 여전히 남게 된다. 문화의 윤리성에 대한 부분은 4절에서 상세하게 논의할 예정이다.

어쨌든 지금까지의 인류의 역사를 되돌아볼 때, 반 퍼슨은 우리가 과거로부터 인류가 지나온 문화의 유형을 어떤 모형을 통해서 도식적으로 나타낼 수 있다고 말한다. 그러면서 문화발전의 세 가지 모형, 즉 신화적 단계, 존재론적 단계, 기능적 단계를 제시한다. 이러한 문화 모형의 제시는 앞으로 문화의 미래를 예측하기 위한 하나의 예비 작업이라 할 수 있겠다.

3. 문화의 안팎과 문화발전의 모형

반 퍼슨은 우리 자신의 현재의 문화를 비판적으로 판단하고, 현대 문화

17 C.A. 반 퍼슨, 같은 책, 23쪽.
18 C.A. 반 퍼슨, 같은 책, 26쪽.

가 걸어갈 길을 우리 스스로 조종할 수 있는 도구를 제공하기 위해서, 이미 언급했듯이 신화적 단계, 존재론적 단계, 기능적 단계 이상 세 가지 종류의 문화발전의 모형을 제시한다.[19] 여기서 반 퍼슨이 인간의 문화발전의 모형을 세 가지로 제시했다고 해서 현재 우리시대의 문화가 가장 발전된 형태라는 것을 의미하는 것은 아니다. 말하자면, 우리 시대의 문화 속에도 여전히 신화적 사고나 존재론적 사고 그리고 기능적 사고 단계의 그 어떤 흔적들이 남아있을 수 있음을 전제하고 있다. 또한 각 단계의 문화모형은 독특한 특징뿐만 아니라, 부정적 측면도 동시에 가지고 있어서, 한 문화모형의 이중성을 얘기할 수 있다는 것이다. 앞서 표현한 반 퍼슨의 용법에 기대어 본다면, 내재와 초월의 긴장이랄까, 어쨌든 하나의 문화모형 속에는 긍정적 요소와 부정적 요소가 동시에 자리하고 있음을 간파해내는 일이 대단히 중요하다고 할 수 있다.

먼저, 신화적(神話的) 단계는 '신비로운 힘'에 인간이 사로잡혀 있는 것으로 생각하는 태도를 가리킨다. 그 힘은 다름 아닌 원시인의 신화에 나타나는 비나 바람 혹은 풍년을 가져다주는 신들의 힘이다. 그런데 이러한 신화적 태도가 현대인들의 문화 속에도 여전히 작용하고 있다는 것이다. 다음으로 존재론적(存在論的) 단계는 신화적인 힘의 압도에 더 이상 사로잡히지 않고 인간이 자립적으로 사태를 연구하는 태도를 가리킨다. 이 단계에서 인간은 예전에 사로잡혔던 모든 것으로부터 이제 '거리'를 두게 된다. 그렇게 하여 인간은 존재하는 것 일반에 관한 이론(존재론)과 개별적인 모든 존재에 관한 이론(과학)을 내세우게 된다. 마지막으로 기능적(機能的) 단계에서는 인간은 신화적 태도처럼 인간을 에워싼 주변의 힘에 압도되지도 않고, 존재론적 태도처럼 모든 것에 거리를 두고 사실적으로 탐구하지도 않는다. 이제 인간은 자신을 에워싸고 있는 모든 것에 대해 '새로

---

19 C.A. 반 퍼슨, 같은 책, 24쪽.

운 관계'를 발견하려고 애쓰게 된다.[20] 이제 각 단계의 문화모형에 대해 집중해 보도록 하자.

1) 신화적 사고 단계의 문화모형과 그 특징

반 퍼슨이 신화적 단계 모형을 언급하면서 자신이 취하는 기본적인 입장은, 신화적 삶의 양식을 무조건 찬양하는 '낭만주의(浪漫主義)'나 아니면 그것을 무조건 평가절하 하는 '합리주의(合理主義)' 이 두 가지 오해로부터 벗어나려는 입장이다. 말하자면 반 퍼슨은 원시인은 문명과 기술로 오염되지 않은, 자연에 가장 가깝게 살았던 인간의 원래의 모습이라고 판단하여 그러한 측면을 무조건적으로 받아들이는 낭만주의의 태도를 비판하면서, 다른 한편으로는 신화를 선논리적, 비합리적인 유아적 사고의 단계로서 일종의 언어의 질병으로 파악하는 합리주의자들의 태도도 문제 삼고 있다.[21] 그러면서 그는 어떤 하나의 문화가 다른 문화보다 우월하다 혹은 열등하다고 말할 수는 없다는 견해를 전개한다.

반 퍼슨은 신화의 기능에 대해서 설명하면서, 신화는 하나의 '이야기' 이기는 하지만 그것은 사람들에게 방향을 제시해 주는 특별한 의미를 가진 이야기라고 말한다. 그리고 그 이야기의 핵심을 이루고 있는 것은 상징(象徵)이라고 말한다.[22] 신화는 선과 악, 삶과 죽음, 죄와 속죄, 결혼과 출산, 낙원과 내세 등에 관한 상징을 그곳에 담고 있으며, 이 상징들은 인간의 원초적인 경험을 표현하고 있다. 그런 의미에서 신화는 인간의

20 C.A. 반 퍼슨, 같은 책, 28-29쪽.

21 C.A. 반 퍼슨, 같은 책, 46-47쪽.

22 신화에서 펼쳐지는 이야기의 핵심을 '상징(Symbol)'으로 이해하는 점에서 반 퍼슨은 카시러의 입장을 그대로 수용하고 있다고 할 수 있다. C.A. 반 퍼슨, 같은 책, 178쪽. 신화와 상징의 관계에 대한 카시러의 견해에 대한 상세한 논의는 신응철, "카시러 문화철학에 나타난 신화관", 『대동철학』 제7집, 대동철학회, 2000. 3. 63-90쪽 참조 바람. 그리고 신응철, 『카시러의 문화철학』, 한울아카데미, 2000 참조 바람.

행동과 처신에 방향을 제시하는 나침반 구실을 한다. 그렇게 하여 인간은 신화를 통해서 주변 세계에 참여하고, 자연의 힘과 겨루게 된다. 반 퍼슨은 이와 같은 신화적 세계관의 특징을 '참여(參與)'라는 말로 표현하고 있다.[23]

반 퍼슨이 사용하는 '참여'라는 말은, 신화적 태도에서 주체와 대상 사이의 관계를 살펴보면 금방 이해할 수 있다.[24] 안에는 주체(Subject)인 사람이 있고, 밖에는 그것을 에워싼 주변 세계, 즉 대상(Object)이 있다. 여기서 주체는 닫힌 원이 아니기 때문에, 어느 부분도 예외 없이 속 깊은 곳에 이르기까지 자연 세계의 영향을 깊이 받을 수 있다. 사람은 열려 있고 또 그렇기 때문에 자연의 힘에 참여한다. 자신을 에워싼 힘에 참여 혹은 관여한다는 것은 사람이 아직 완전히 구별된 개별성을 지니지 않았음을 뜻한다. 그 점에서 주체는 아직 열려 있다. 그러므로 엄격한 의미에서 '자립적' 주체라고 할 수 없다. 마찬가지로 주변 세계도 '대상'이라고 부를 수 없다. 주체와 대상, 사람과 자연의 힘은 구별할 수 없을 정도로 서로 섞여 있게 된다.

반 퍼슨에 의하면, 이러한 신화는 크게 세 가지 기능, 말하자면 주변 세계의 힘을 보여주고, 현재를 보증해 주며, 세계에 대한 지식을 제공해 준다.[25] 그런 면에서 신화적 체험은 '무엇인가 있다'는 것에 대한 체험이라고 그는 말한다. 그리고 신화적 생활공간 안에서는 인간과 세계, 주체와 대상을 엄격하게 갈라놓는 분리선이 존재하지 않는다고 말한다. 그 이유는 인간이 하나의 완결된 존재를 갖는 것이 아니라 열린 원으로 존재하기 때문이다. 그것은 엄밀한 의미에서 주체라고 할 수 없기 때문에 그런 결과가 나오게 된다. 이러한 측면을 카시러의 언어로 표현하면, 신화적 단계

23 C.A. 반 퍼슨, 같은 책, 49쪽.
24 C.A. 반 퍼슨, 같은 책, 49-50쪽. 특히 〈그림 15〉 참조 바람.
25 C.A. 반 퍼슨, 같은 책, 54쪽.

에서의 원시인의 삶은 생명의 연대성에 근거하여 생명 사회에서 살고 있기에, 생명 있는 종(種)들에게서는 어떠한 차이도 생겨나지 않고, 모두 동등한 지위를 부여받게 된다. 여기에서는 단절이나 구별보다 끊임없이 유동하는 탈바꿈의 현상이 일어나게 되는데, 바로 그와 같은 사회 유형이라고 할 수 있을 것이다.

그런 한편, 반 퍼슨은 신화적 단계에서의 부정적인 측면에 대해서도 언급한다. 말하자면, 이 단계에서는 '주술(呪術)'이 부정적인 힘으로 개입한다. 반 퍼슨의 설명에 따르면, 신화는 초월적인 것을 지향하고, 주술은 내재적인 것을 지향한다. 다시 말해, 신화는 '종교적 숭배'의 성격을 띠고 있고, 주술은 '정교한 지배'의 성격을 띠고 있다는 것이다. 그런 측면에서 재난을 피하고 자연의 힘을 억누르고 타인에게 영향을 미치는 일에 주술이 사용된다고 한다. 이렇게 되다보면, 신화적 태도 안에서의 신적인 힘은 몇몇 특정한 인물(주술사, 제사장)의 권력으로 내재화된다는 것이다.

어쨌거나, 지금까지 설명한 신화적 체험을 정리해 보면, 인간을 개체로 보는 의식이 없다든지, 신적인 힘이 인간과 사물 속에 침투해 있다든지, 가치는 늘 종족이나 혈연관계와 얽혀 있다든지, 역사의식이 결여되어 있다든지 하는 것들은 모두 신화적 사유의 기본 형태를 이루고 있는 것들이다.

2) 존재론적 사고 단계의 문화모형과 그 특징

다음으로 존재론적 사고 단계에서 사람들은 자신을 에워싸고 있는 주변 환경과 좀 더 거리(距離)를 두기 시작한다. 주변 세계에 크게 구속받지 않으며 자신의 삶에 대해서 마치 구경꾼처럼 보게 되고, 인간과 자연 속에 작용하는 힘의 정체를 파악해 보려고 한다. 이러한 일련의 변화를 사람들은 '뮈토스'에서 '로고스'로의 전환이라고 일컫고 있다. 존재론적 반성은 인간을 초월해 있는 것을 지도에 옮기는 기능이 있다. 인간 위에 있는 것, 인간을 압도하는 것(초월적인 것)을 보게 하고 그것을 이해하게 하는 것이 존재론적 사고가 지닌 첫 번째 기능이다.[26] 신화적 태도가 자연과 인간에 침투하는 힘에 '참여'하는 것이라면, 존재론적 태도는 인간을 에워싼 모든 것에 '거리'를 둔다. 그리하여 지식(知識)을 통해 초월적인 힘의 존재를 증명해 줄 수 있다고 생각하게 되었다.[27] 이런 측면에서 직선을 긋고, 분명한 한계를 짓고, 개념의 경계를 확연하게 구별하는 것은 존재론적 사고가 지닌 힘이라고 반 퍼슨은 말한다. 반 퍼슨에 의하면, 신화적 '참여'는 이제 잘 계산된 '거리'에 자리를 내주게 되었다. 거리란 대상과의 사이에 생긴 거리를 말한다. 주체는 대상밖에 서서, 대상을 마주해 서게 된다. 왜냐하면 그렇게 해야 사태를 한눈에 보고 한계를 설정할 수 있기 때문이다.[28] 사람(주체)은 주변 세계(대상)에 에워싸여 있지 않고 그 바깥에 서 있다. 모든 방향을 향해 열려있거나 주변 세계의 힘이 스며들어오는 존재가 아니라, 사물과 맞서 자신을 내세울 수 있는 존재로 등장한다. 주변 세계로부터 거리를 둔다는 것은 단지 이론적인 관심이나 합리적인 설명을 위한 것이 아니다. 세계로부터 거리를 둠으로써 신들과 주술적인 힘으로부터 '해방(解放)'을 보장하자는 것이다.[29] 심지어 신화적 사고 자체를 벗어나고자 하는 의도도 들어있다. 왜냐하면 이성적 인식이야말로 세계와 인간, 삶과 죽음의 힘과 대결할 수 있는 알맞은 태도로 인도하기 때문이다. 존재론적 태도의 두 번째 기능은 현재를 보증하는 기능이다. 그런데 현재를 보증하는 방식은 영원한 법칙을 통해, 인간의 삶과 자연의 과정을 지적으로 이해할 수 있는 것으로 만든다. 마지막으로 존재론적 태도가 지닌 세 번째 기능은 지식을 제공하는 것이다. 여기에서는 여러 사

26 C.A. 반 퍼슨, 같은 책, 76쪽.
27 C.A. 반 퍼슨, 같은 책, 77쪽.
28 C.A. 반 퍼슨, 같은 책, 79쪽. 특히 존재론적 사고의 특징은 〈그림 30〉을 참조하기 바람.
29 C.A. 반 퍼슨, 같은 책, 79쪽.

람에 의해 통제될 수 있는 체계적 지식에 역점을 둔다. 특히 모든 것의 원인을 추적하고자 애쓴다. 만일 하나의 원인을 발견했으면 또 다시 그 원인의 원인을 찾는다. 이런 식으로 하여, 마침내 제1원인에 이르게 된다. 이것은 '실체'라고 불리기도 하며, 모든 사건을 궁극적으로 설명해 주게 된다.

반 퍼슨에 의하면, 존재론적 사고는 '무엇', 즉 사물의 본질을 인식하고자 하는 노력이라는 것이다. 신화적 체험이 도무지 알 수 없는 원초적 힘에 대한 공포 혹은 어떤 것이 있다는 '사실'에 대한 체험이었다면, 여기서 말하는 존재론적 태도는 우리의 존재와 자연 세계의 힘을 인정하면서도 어디까지나 올바른 이해를 통해 사물의 그 '무엇'을 인정하는 것이라고 할 수 있다.[30] 이렇게 하여 존재론적 사고 단계에서 인간은 신(神)들에 대해서도 신들의 '무엇(본질)'에 관해 묻게 되었다. 신들이 존재한다는 사실, 뭐라고 일컬을 수 없는 존재에 대한 공포는 이제 더 이상 문제가 되지 않는다. 사람은 이제 신으로부터 거리를 두게 되었다. 그리하여 신을 관조하는 것은 신비로운 체험의 한 형태이며, 그것은 인간에게 행복을 주고 유한한 인간이 깨달음을 통해 무한하고 영원한 이상과 접촉하는 방식으로 이해되었다.[31]

그런데 존재론적 사고 단계에서도 여전히 부정적인 측면이 나타나게 된다. 그것은 바로 실체주의(實體主義)이다. 반 퍼슨의 설명에 따르면, '실체'라는 말은 원래 그 자체로 존재를 유지하는 것을 뜻한다. 다시 말해 그 자체로 홀로 설 수 있고 다른 것에 의존하지 않는다는 것을 말한다. 때문에 실체주의는 사물들이 모두 제각기 독립해서 존재하는 것으로 보고, 상호간의 의존 관계를 인정하지 않는 태도를 일컫는다. 이렇게 되면 결국

---

30 C.A. 반 퍼슨, 같은 책, 84쪽.
31 C.A. 반 퍼슨, 같은 책, 92쪽.

사물들은 모든 관계를 상실하는 결과를 초래하게 된다. 실체주의는 모든 사물들을 고립시키고 분리시킨다. 즉 인간, 사물, 세계, 가치, 신 등을 그 자체로 홀로 존재하는 것, 즉 실체로 보게 만든다. 따라서 이들이 맺고 있는 관계는 '단절'된다. 이것은 결국 사고하는 주체의 오만(傲慢)을 드러낸 것이다.[32] 반 퍼슨에 따르면, 이러한 실체주의의 영향은 실제 삶에도 많은 영향을 미치게 되어 '개인주의(個人主義)'나 '개체주의(個體主義)'를 낳게 되었다고 말한다.[33] 그 결과 실체주의는 모든 것을 경직(硬直)되게 만들어 버렸다는 것이다. 철학과 종교의 이론은 독단으로 고정되기 싶고, 국가 조직과 도덕적 행위는 영원한 법칙에 얽매인다. 인간과 세계는 당시 수준의 과학에서 빌려온 공식에 의해 고정된다. 그리하여 더 이상 어떤 대안도 생각할 수 없을 정도로 사고와 행동이 굳어져 버린다. 기존의 해법에서 어긋난 일들은 허용되지 않고 창조적 진보를 모색해 보는 일도 저지당한다. 그래서 사람들은 한 번 발견된 진리에 마치 노예처럼 복종하게 된다.

반 퍼슨에 따르면, 이러한 측면은 사회 구조에도 그대로 반영되어 거기에서는 사람을 마치 얼굴 없는 물건인 것처럼 비인격화하고 규격화하는 경향이 나타나게 되었다고 한다.[34] 이것은 인간의 생산 활동을 신화적인 생활 세계의 맥락이나 존재론적으로 보호받던 가치 체계와 지나치게 분리시켜 버린 것과 관련되어 있다. 그 결과 노동은 도덕적 종교적 책임과 무관한 것이 되고 말았다. 말하자면, 노동은 합리적, 경제적 활동에 지나지 않는 것처럼 인식되었다. 노동의 결과로 상품이 나오고, 상품이 서서히 인간을 지배하게 되었다. 돈과 지위, 조직 사회, 물질주의가 인간의 주인이 된 것이다. 그리하여 인간은 자신이 만든 상품의 상품이 되어 버렸다. 과학 기술이 점점 영향력을 얻게 되자 인간은 이제 자신의 생산성과 합리

32 C.A. 반 퍼슨, 같은 책, 94쪽.
33 C.A. 반 퍼슨, 같은 책, 96쪽.
34 C.A. 반 퍼슨, 같은 책, 107쪽.

적 이성의 산물로 타락했다는 사실을 스스로 느끼게 되었다.[35]

3) 기능적 사고 단계의 문화모형과 그 특징

반 퍼슨은 오늘날의 현대의 문화를 '기능적 문화'라고 부른다.[36] 이 '기능'이라는 말은 다른 것과의 관계를 통해서 작동한다. 그래서 기능적 사고는 관계와 상관성을 제시한다. 반 퍼슨에 따르면, 존재론적 사고가 주술의 횡포로부터 일종의 해방을 뜻한다면, 기능적 사고는 실체주의의 고립으로부터의 해방이라는 것이다. 실체주의가 낳은 결과는 한 마디로 '소외현상(疎外現象)'이다. 이러한 소외 현상은 상관성을 통해서 극복될 수 있다는 것이 반 퍼슨의 생각이다. 신화적 사고가 인간(주체)과 세계(대상)를 서로 스며들어 있는 관계(참여)로 보았고, 존재론적 사고에서는 거리(초연한 태도)를 둠으로써 지적 인식에 이르는 길이 등장한다. 그에 비해 기능적 사고에서는 인간과 세계의 '상호관계'가 전면에 등장하게 된다. 여기서는 '관계'가 가장 중요하게 된다.[37] 인간 주체와 주변 세계가 서로 마주하고 있지만, 서로 완결된 존재로 그렇게 마주해 있는 것은 아니다. 주체는 대상을 향하고 있고, 대상은 주체를 향하고 있다.[38]

이 기능적 사고 단계에서는 그 자체로 의미 있는 것은 아무 것도 없다. '의미'는 다른 것과 관계할 때 비로소 주어진다. 중요한 것은 관계를 맺더라도 어떠한 관계인가가 중심문제가 된다. 관계를 맺어주는 속성이 문제인 셈이다. 여기에서 반 퍼슨은 기능적 사고에서는 '윤리적 색체'가 강하게 나타난다고 말한다. 왜냐하면 다른 어떤 것을 위해 존재한다는 것은

---

35 C.A. 반 퍼슨, 같은 책, 107쪽. 특히 〈그림 46〉 참조 바람.
36 C.A. 반 퍼슨, 같은 책, 109쪽.
37 C.A. 반 퍼슨, 같은 책, 111쪽.
38 C.A. 반 퍼슨, 같은 책, 111쪽. 특히 〈그림 47〉 참조 바람.

윤리적 태도를 동반하기 때문이다. 이것은 예술의 장르에서도 엿볼 수 있는데, 남녀의 사랑을 그릴 경우 두 인물이 서로 마주보도록 그린다고 한다. 그렇게 하여 이제 신체의 아름다움을 보여주는 것이 주된 관심이 아니게 된다.[39] 반 퍼슨에 의하면, 윤리(倫理)는 거리를 두고 연구하고 분석할 수 있는 보편적 이론이 아니다. 몸으로 기록되고 살갗에 새겨지는 것으로서 윤리가 존재한다는 것이다. 긴장된 상황 가운데 정치적 사회적 정책이 중요 쟁점이 되는 곳에서 지금 여기에 뉴스의 초점을 받고 있는 배후에, 바로 그곳에 윤리적 결단을 요구하는 문제가 도사리고 있다는 것이다. 따라서 합법성의 문제도 이제는 보편적이고 추상적인 이념에 그치지 않고 구체적인 상황에서의 사회적, 정치적 실천에 관한 것이 되었다는 것이다.[40]

고정된 규범과 상황은 이제 열리게 되고, 인간 자체도 자신을 열어 타자(他者)로 향하게 된다. 사물들은 서로가 서로를 지칭하고, 사람 바깥에 있는 것은 사람을 가리키고 사람에 대해 뭔가를 말할 수 있게 되었다. 이런 이유로 인해 기능적 사고는 닫힌 체계와 사변적 관찰을 싫어하게 된다. 그렇기 때문에 과거의 형이상학은 혐오의 대상이 되고 만다. 눈에 보이는 세계 배후에 보이지 않는 고차원의 현실이 따로 존재한다는 생각도 수용하지 않게 된다. 이러한 기능적 사고가 철학의 영역으로 들어오면 '실증주의'로 나타나게 된다고 반 퍼슨은 설명한다.[41]

신화적 세계 속에서 인간은 아직 완결된 인격체로 인정받지 못하였다. 존재론적 세계에서는 주체와 대상, 인간과 세계가 서로 마주 서있다. 여기서 인간은 자신의 고유한 테두리 안에서 인격으로서의 자기 정체성을 확보한다. 그리고 기능적 접근은 거리를 두기보다 '관계'를 더 중시하기 때

---

39 C.A. 반 퍼슨, 같은 책, 112-113쪽. 특히 〈그림 48, 49〉 참조 바람.

40 C.A. 반 퍼슨, 같은 책, 116쪽.

41 C.A. 반 퍼슨, 같은 책, 116쪽.

문에, 주체와 대상은 서로를 향해 열려 있고 상대방을 서로 지칭한다. 이것은 어렵게 얻은 개인의 정체성이 또다시 상실되었다는 뜻이 아니다. 이 정체성은 따로 동떨어져 있는 것이 아니라, 다른 것과의 '관계를 통해' 있을 수 있는 정체성으로 이해된다.[42] 이와 같은 관점에서 반 퍼슨은 문화의 속성을 '명사'가 아닌 '동사'라고 말한다.[43] 특히 세 가지 태도 중에서 오늘날 문화의 특성을 이루는 기능적 사고가 이 점을 잘 나타내고 있다는 것이다. 문화는 인간이 자신을 표현하는 방식이고, 자신을 에워싼 세계와 바른 관계를 유지하고자 노력하는 모습이다. 문화는 특히 힘이나 권력과의 관계를 바르게 유지하는 전략이다. 그러므로 신적인 것과의 관계는 한 문화 속에서 항상 가장 중요한 요소로 작용한다. 기능적 단계에서도 이것은 다를 바 없다는 것이다.

그런데 반 퍼슨은 기능적 단계에서도 하나의 부정적인 측면이 도사리고 있다고 지적한다. 그것은 바로 '조작주의(操作主義)'이다. 조작적이라는 말은 그 자체에 부정적인 뜻이 들어 있는 것이 아니라, 무엇이 작동하도록 인위적인 노력을 가한다는 뜻을 가지고 있을 뿐이다.[44] 그런데 문제는 다른 것을 향해 가리키는 손가락을 자기 손아귀에 움켜쥐고 있다는 점이다. 열린 것, 다른 것과의 관계하는 것을 자신의 힘으로 지배하고자 하는 권력 욕구가 또다시 등장하게 된다는 것이다. 말하자면, 칸트가 누차 강조하던 소유욕, 지배욕, 명예욕이 다시금 변형된 모습으로 등장할 수 있다는 사실이다. 그래서 현대의 위험은 다름 아닌, 방법, 절차, 조작에 갇히게 되는 상황이라고 반 퍼슨은 지적한다. 이러한 조작주의적 태도는 일상 삶 가운데도 깊은 영향을 미치게 된다. 예컨대 정치 홍보물, 학교 안내서, 가재도구, 앙케트 작성, 광고와 선전 등 수없이 많은 곳에서 인위적인 설득

---

42 C.A. 반 퍼슨, 같은 책, 132쪽.
43 C.A. 반 퍼슨, 같은 책, 132쪽.
44 C.A. 반 퍼슨, 같은 책, 137쪽.

기술이 암암리에 우리를 사로잡고 있는 사실을 반 퍼슨은 기능주의적 사고의 폐해라고 진단하고 있다.[45] 결과적으로 조작주의는 인간 상호간의 관계를 마치 장기판의 말이나 카드놀이의 숫자에 지나지 않는 것처럼 처리할 위험을 가지고 있다고 하겠다. 그렇다면, 이제 이러한 기능주의적 문화의 폐단을 어떻게 극복하고, 조작주의라는 부정적 요소를 제거할 수 있을까? 문화를 바라보는 태도에 다시금 우리의 이목이 집중되는 부분이다. 반 퍼슨은 문화를 '배움의 과정' 혹은 '평생학습의 장'으로 볼 것을 제시한다. 배움이 반드시 긍정적 결과를 가져오는 것은 아니다. 기능주의 문화의 이면에 들어있는 조작주의를 통해서 우리는 그 문제를 확인할 수 있었다. 중요한 것은 문화를 배움의 과정이라고 할 때, 긍정적 결과를 가져오기 위해서는 그 목표와 기준이 제대로 설정되어야만 한다. 이 부분에서 문화와 윤리의 관계가 언급되어야 한다.

4. 현대 문화와 상호작용의 윤리

우리는 반 퍼슨의 관점에 따라 신화적 단계, 존재론적 단계, 기능적 단계의 세 가지 문화 유형의 특징들을 개괄적으로 재구성해 살펴보았다. 이러한 논의를 통해서 확인할 수 있는 사실은 각 단계의 문화 유형에는 반드시 부정적인 측면, 다시 말해 그 당시의 찬란한 문화 현상의 이면(裏面)이 공존한다는 사실이다. 그것은 때로는 '주술'의 형태로, 때로는 '실체주의'로, 때로는 '조작주의'의 형태로 우리 앞에 나타난다. 필자가 볼 때, 각 단계의 문화에서 부정적인 측면이 나타나는 것은 바로 '문화의 윤리성' 문제 때문이다. 사실 문화와 윤리의 상관관계에 대한 설명은 반 퍼슨보다

---

45 C.A. 반 퍼슨, 같은 책, 141쪽.

앞서서 칸트나 카시러의 논의 속에 비교적 상세하게 잘 나타나고 있으며 그들의 입장을 반 퍼슨이 수용하고 있는 것으로 파악된다. 문화와 윤리의 관련성은 문화 개념의 발생, 기원 문제로 거슬러 올라가면 쉽게 이해할 수 있다.

칸트는 헤르더(J. G. Herder, 1744-1803)에게서 문화(文化) 개념을 많은 부분 차용하고 있다. 헤르더에게서 영향 받고 있다는 말은, 헤르더가 문화를 인간 정신의 산물로 보고, 문화의 목표는 한 개인의 품성의 개발에 있기보다는 인류 공동체의 실현, 인류 공동체가 자유롭고 평화롭게 예술과 학문, 법률과 종교를 충분하게 개발하면서 살아가는 일종의 '계몽'의 차원에서 이해하는 방식을 수용한다는 의미이다. 그런 관점에서 칸트 역시 사람은 문화를 통해서 비로소 사람이 된다고 믿었고, 자연 속에 주어진 소질과 가능성을 완벽하게 개발, 발전시키는 것이 문화, 즉 인간 교육의 주된 목적이라고 생각하였다.[46] 그렇지만 칸트와 헤르더가 다른 점은 칸트는 문화를 자연의 체계 속에서, 즉 자연 속에 내재된 유기적 힘에 의존해서 이해하려 하지 않았다는 점이다. 칸트는 인간 존재의 고유한 의미와 인간 문화는 자연 질서 속에서 설명할 수 없다고 생각하였다.[47] 그래서 칸트는 문화는 자연 속에 내재된 유기적 힘에 의존해서 이루어지는 것이 아니라, 전적으로 인간 자신이 스스로 만든 결과임을 강조한다. 결국 칸트에게서 문화는 인간이 스스로 만든 작품이고, 인간은 문화를 통해서 자신의 삶을 만들어 가는 존재이다. 이때 인간은 한 개인으로서의 인간이 아니라, 인류로서의 인간을 뜻한다.

칸트는 『추측해 본 인류 역사의 기원』(1786)에서 문화의 기원을 다음과 같이 말하고 있다. "인간이 이성에 의해 인류의 최초의 거주지로 생각되

---

46 신응철, 『카시러의 문화철학』, 한울아카데미, 2000. 42-43쪽.

47 I. Kant, *Johann Gottfried Herder: Ideen zur Philosophie der Geschichte der Menschheit*, A 17. 『칸트의 역사철학』(이한구 편역), 서광사, 1993. 61쪽.

었던 낙원으로부터 나온 것은 결국 한갓된 동물의 조야한 상태로부터 인간성의 상태로, 또 본능의 유모차로부터 이성의 인도에로 옮아간 것을 의미한다."[48] 지금 인용한 칸트의 말에 따르면, 문화란 '자연의 보호 상태에서 자유의 상태로의 이행'을 뜻한다. 에덴동산에서의 인간의 타락을 칸트는 자유의 상태로의 진보, 다시 말해 자연에서 문화로 이행하기 위한 필연적 과정으로 이해한다. 그런데 그것은 루소도 말했던 바처럼, 하나님의 관점에서 본다면 분명 악(惡)이었다. 그렇지만 그 악은 자연적 질서가 아닌 '이성의 질서'에 의해 시민사회를 형성하기 위해 인류가 필연적으로 내디뎌야 했던 첫발걸음이기도 하다. 말하자면, 선악과를 따먹으라는 유혹은 뱀이라는 인간 외부의 존재에게서 시작되었지만, 선악과를 따먹은 그 선택 순간은 인간 자신이 결정한 것이다. 이 결정은 다름 아닌 인간의 이성적 행위다. 이러한 인간의 이성의 행위의 결과는 하나님의 입장에서 보면, 그것은 바로 악이요 죄인 셈이다. 그런데 역설적이게도 그러한 악에 근거한 인간의 이성적 행위가 없었다면, 인간에 의한 인간의 문화는 존재지 않았을 것이다.

우리가 칸트의 입장을 중요하게 다루는 이유는, 문화와 윤리의 문제가 필연적으로 연결되어 있다는 사실을 그가 분명하게 보여주고 있기 때문이다. 우리가 서구 기독교의 세계관을 염두에 두면서 칸트의 논의를 뒤따라 갈 경우, 자연(自然)의 역사는 신의 작품이기 때문에 선(善)으로부터 시작하고, 자유(自由)의 역사는 ── 이때 말하는 자유는 전적으로 인간의 자유를 언급하기에 ── 인간에 의해 만들어진 작품이기에 악(惡)으로부터 시작하게 된다.[49] 이러한 관점은 인간의 문화는 에덴동산에서의 인간의 타락에서 시작하고, 그 타락이 바로 인간 문화의 원동력이 된다는 얘기다.

48 칸트(이한구 편역), 위의 책, 83쪽.
49 칸트(이한구 편역), 같은 책, 84쪽.

칸트는 〈세계 시민적 관점에서 본 보편사의 이념〉(1784)에서도 인간의 타락, 악의 모습이 인간 문화의 원동력이 된다는 사실을 다시 언급하고 있다. 여기에서는 인간이 지닌 반사회적 사회성을 예로 들고 있다. 만일 인간에게서 타인과의 끊임없는 경쟁심, 자신의 명예욕, 소유욕을 만족시키고자 하는 욕망이 없었다면, 문화의 진보는 생각할 수 없었다는 것이다. 바로 그런 점에서 칸트는 역설적이게도, "인간 세계에서 나타나는 불화, 악의적인 경쟁심, 만족할 줄 모르는 소유욕이나 지배욕을 있게 한 자연에 감사할지어다"[50]라고 말하기도 하였다. 그밖에도 칸트는 인간이 가지고 있는 소유욕, 지배욕, 명예욕에 대한 논의를 『실용적 관점에서 본 인간학』 제1부: 인간학적 교수론, 제3장에서도 상세하게 언급하고 있다.[51]

이상에서 살펴 본 칸트의 문화 개념은 크게 세 가지 정도의 특징을 가지고 있다고 할 수 있다. 첫째는 칸트는 문화를 인간의 활동의 산물(產物), 곧 정치 경제 체제, 법률, 예술, 종교 등을 모두 문화로 보고 있고, 인간의 고유한 활동으로 본다는 점, 둘째는 문화의 성격을 '과정적인 것'으로 본다는 점이다. 다시 말해서, 문화를 자연에서 자유로의 이행으로 보고 있다는 것이다. 그러한 자유로의 이행은 지금도 계속되고, 진행되어 가고 있는 것이다. 셋째는 문화발전의 원동력은 선(善)이 아니라, 악(惡)이라는 점이다. 이는 문화발전이 인간의 자기보존의 욕망과 밀접하게 연관되어 있다는 말이다.[52]

칸트가 말하고 있는 인간 문화의 특징은 카시러와 반 퍼슨에게 상당한 영향을 미치고 있다는 사실을 우리는 확인할 수 있을 것이다. 카시러는 인간의 문화는 '자유(自由)'의 측면에서 접근해야 하고, 이때 자유의 의미는 '윤리적인' 의미에서의 자유라고 말한다. 여기서 '윤리적'이라는 말의

50 칸트(이한구 편역), 같은 책, 30쪽.

51 칸트, 『실용적 관점에서 본 인간학』(이남원 역), UUP, 1998. 216-219쪽.

52 신응철, 『카시러의 문화철학』, 45-46쪽.

의미는 일상생활에서의 윤리적인 차원이 아닌, 문화의 기원에서 나타나는, 즉 에덴동산에서 인간 사회에로의 이행이 곧 인간의 관점에서는 자유이지만, 신의 관점에서는 악이 된다는 의미에서의 '윤리'를 언급한다. 그렇기에 카시러가 말하는 '윤리적'이라는 표현은 칸트 식으로 말하면 인간의 '이성의 자율성'에 해당한다고 할 수 있다.[53]

그렇다면, 인간이 만들어 놓은, 그리고 지금도 만들어 가고 있는 문화에 대해서 그것이 발전한다고 얘기할 수 있는가? 발전이라면 적어도 좀 더 나은 곳으로의 이행, 좀 더 도덕적인 곳으로의 이행, 그리하여 삶의 편리를 가져다주는 그러한 형태의 문화를 떠올리게 된다. 그런 점에서 본다면, 인간의 문화는 발전한다고 말하기 힘들 것이다. 오히려 퇴보한다고 말해야 하는 것은 아닐까? 왜냐하면, 문화의 근원적인 힘이라고 할 수 있는 부분이 선이 아니라, 악이기 때문이다. 악한 요소가 밑바탕이 된 문화를 우리는 어떻게 발전된 문화라고 할 수 있겠는가? 다른 관점에서 본다면, 신과 가장 멀리 떨어져 있는 현대의 문화에 대해서 어떻게 발전했다고 말할 수 있겠는가? 만일 현대 문화가 과거의 그것에 비해 발전했다면, 또 그렇게 얘기할 수 있기 위해서는 문화발전을 담보할 수 있는 그 무엇이 있어야 하지 않을까? 이러한 의문에 답하기 위해서 다시금 칸트의 관점에로 되돌아가 보자.

칸트는 인간의 반사회적 사회성을 언급한 적이 있다. 이 부분과 관련하여 인간에게서 소유욕, 지배욕, 명예욕이라 불리는 반사회적 측면이 강조되면, 그러한 욕구 욕망에서 비롯된, 만들어진 문화는 악할 수밖에 없을 것이다. 그런데 여기서 칸트는 인간만이 가지고 있는 특이한 측면을 언급한다. 인간은 자신들이 가지고 있는 반사회성 때문에 늘 대립과 투쟁, 갈등을 초래하지만, 타인과의 이러한 갈등은 결국 인간 전체를 파멸로 이끌

---

53 Donald Phillip Verene(ed.), 같은 책, 84쪽.

어가게 된다는 사실을 미리 예측하기 때문에, 타인과, 다른 존재들과 더불어 살아가려는 욕망도 함께 가지고 있다고 말한다. 말하자면 이러한 반사회성에 들어있는 '사회성'으로 말미암아 인간은 공동사회, 시민사회를 건설할 수 있게 된다는 것이다. 이러한 일련의 과정에서 중요한 점은 결국 '도덕성'이다. 인간의 문화가 소유욕, 지배욕, 명예욕이라는 반사회성에 근거할 경우 그 결과는 '문명화'로 치닫게 되고, 위에서 언급한 '사회성'에 근거할 경우 인간의 문화는 '도덕화'를 겨냥하게 된다는 것이다. 때문에 칸트에게서 최종적인 관심거리는 어떻게 하면 인간의 문화가 '도덕화'를 담보할 수 있을까 하는데 있다고 할 수 있다. 다시 말하면, 인간의 반사회적 사회성의 속성에서 어떻게 하면 사회성을 개발시킬 수 있을까 하는 것이 관심거리가 되는 것이다. 이러한 측면은 특히 칸트의 『교육론』에서 잘 나타나고 있다.[54] 여기서 그는 인간의 동물성을 제어하기 위한 훈련, 자신이 설정한 목적을 위해 수단을 찾아낼 수 있는 능력 개발과 적성 개발, 시민으로서 적합하게 살 수 있는 능력 배양, 단지 목적을 위해 수단을 선택할 수 있는 능력뿐만 아니라, 항상 선한 목적만을 선택할 수 있는 심성을 갖게 하는 도덕적 훈련에 대해서 말해주고 있다.

카시러의 경우는 인간 문화에 있어서 도덕화가 담보된 상태의 예를 신화 속에서 나타나는 원시인들의 태도에서 찾고 있다. 원시인들의 신화적 사고 방식의 태도는 한 마디로 '상모적(相貌的)'이라고 할 수 있다. 말하자면, 얼굴과 얼굴을 마주보는 방식의 태도라 할 수 있다. 얼굴을 마주 본다는 것은 타자도 사물도 나와 같은 감정을 가지고 있다는 것을 인정하는 태도이며, 내가 생명을 가졌듯이 그들도/그것들도 모두 하나의 생명체라고 인정하는 태도이다. 여기에서는 생명의 연대성에 근거하여 생명사회가 형성된다. 그렇게 되면 나와 타인, 나와 사물 간에는 단절이나 분리보다는

---

54 신응철, 『카시러의 문화철학』, 46쪽.

'연결'이나 '연속', 그리고 '소통'이 있게 된다. 이 말은 나나 타인, 사물이 모두 똑같이 인격적 동등성을 가지게 된다는 뜻이다. 이러한 생명사회에서는 대부분의 일들이 공감적 투시를 통해서 해결된다. 감정, 정서에 근거한 이러한 삶의 태도는 도덕성, 윤리성이 전제되지 않으면 지속하기 불가능하다고 할 수 있을 것이다. 카시러는 바로 현대인들, 현대들이 만들어 놓은 문화에서 그 동안 망각되거나, 잃어버렸던 측면, 다시 말해서 인간들 사이에서 '상모적' 태도를 회복시키려는 희망을 나타내고 있다.

카시러의 이러한 입장에서 힌트를 얻은 반 퍼슨은 기능적 단계의 문화 모형에서 인간들 사이에 더욱 벌어진 사회적 거리를 얼굴과 얼굴을 맞대는 Face-to-Face 관계의 회복을 강조하고 있다.[55] 그리고 반 퍼슨은 현대의 기능주의적 문화의 폐단인 조작주의를 극복할 수 있는 방안으로 Face-to-Face 관계의 토대가 되는 '상호작용의 윤리'를 내세운다.[56]

반 퍼슨에 따르면, 문화는 기본적으로 배움의 과정이며, 배운다는 것은 물음을 던지는 것으로서, 진정한 배움은 인간 스스로 무엇을 '발견'하는 데 있다.[57] 같은 맥락에서 인간은 물음을 통해 막힌 길을 뚫을 수가 있다. 그렇기 때문에 문화는 인간을 해방으로 이끄는 전략으로 기능한다.[58] 인간은 자신을 에워싼 힘과 제대로 관계를 유지할 수 없을 때, 스스로 옭아맨 구속으로부터 해방되기를 갈구한다. 인간은 보다 나은 대답, 보다 책임 있는 행동을 찾아야 한다. 이것은 창의적인 혁신을 요구한다. 창의성은 기술적 우수성에 국한되지 않는다. 왜냐하면 창의성이 발휘되려면 도덕적 창조성이 있어야 하기 때문이다. 그렇기에 윤리가 중요한 문제로 등장하게 된다. 반 퍼슨에게서 윤리란 자연과 사회 속에 작용하는 비인격적인

55 C.A. 반 퍼슨, 같은 책, 250, 261쪽.
56 C.A. 반 퍼슨, 같은 책, 254쪽.
57 C.A. 반 퍼슨, 같은 책, 180쪽.
58 C.A. 반 퍼슨, 같은 책, 255쪽.

힘을 인간의 결정 영역 안에 끌어들이는 전체적인 전략을 일컫는 것이다.[59] 종교 신앙, 정치 참여, 사회 운동, 교육 정책, 사회의 민주화, 이 모든 것은 윤리와 관련이 있다. 윤리는 이러한 영역에 세워야 할 올바른 정책과 관련되어 있다. 정책 또는 전략에 관한 물음은 기능적인 물음이다. 이렇게 볼 때 윤리는 고정된 규칙들의 집합이 아니라 비판적인 질문을 던지는 것이다. 애매한 수사학적 몸짓의 윤리가 아닌 구체적인 사건과 상황을 분명하게 가리키는 윤리여야 한다. 이러한 윤리는 실제로 일어나는 일과의 상호작용을 통해서 비로소 등장할 수 있다. 이것은 도덕적 의식과 구체적인 문제의 상호작용을 통해서 형성되는 윤리이기 때문에 이를 '상호작용의 윤리'[60]라고 반 퍼슨은 부른다.

상호작용의 윤리는 우리의 삶 속에 존재하는 마찰 점을 알아볼 수 있는 열린 눈이 있어야 한다. '열린 눈'이 있다는 것은 실제로 뭔가를 볼 수 있으며, 그것으로 어떤 새로운 것을 볼 수 있도록 시각화 해낼 수 있다는 뜻이다. 시각화는 뭔가를 눈앞에 볼 수 있게 하는 것이다. 인간은 자연과 사회의 비인격적 힘에 희생되어서는 안 된다. 반 퍼슨은 모든 기술은 결국 윤리로 환원되어야 한다고 말한다.[61] 이렇게 되기 위해서는 인간이 가진 힘 가운데 규범적인 것의 역할이 다시금 중요해진다. '하나님', '정의', '인류' 등과 같은 힘은 인간의 구체적인 상황 속에서 기능할 수 있어야 하고 윤리적으로 상관있는 것이 되어야 한다. 상관있는 것이란, 눈에 띄고, 시각적으로 와 닿고, 중요함을 당장 인식할 수 있고, 문제의 핵심을 찔러주는 것이다. 이 모든 것은 인간과 인간을 에워싼 힘이 기능적으로 관계하는 방식이다. 달리 말하면, 내재가 초월을 통해 깨뜨려지는 것이다.[62]

---

59 C.A. 반 퍼슨, 같은 책, 255쪽.
60 C.A. 반 퍼슨, 같은 책, 256쪽.
61 C.A. 반 퍼슨, 같은 책, 264쪽.
62 C.A. 반 퍼슨, 같은 책, 264쪽.

이러한 상호작용의 윤리의 밑바탕에는 타인의 얼굴을 마주볼 수 있어야 하며, 그의 고통을 떠안을 수 있는 열린 마음이 있어야 한다. 이런 마음을 갖는 다는 것은 일회적인 것이 아니라 영원한 과제가 되어야 한다.

5. 맺는 말: '명사'가 아닌 '동사'로서의 문화

이상에서 우리는 인간의 문화는 회고적으로 볼 때 '발전한다'고 말할 수 있으며, 이를 도식적으로도 나타낼 수 있다고 한 반 퍼슨의 입장을 살펴보았다. 반 퍼슨의 입장은 기본적으로 문화를 바라보는 시각에 있어서 칸트와 카시러의 영향을 받았다고 할 수 있다. 특히 문화를 '과정적'으로 파악하고 있는 칸트와 카시러의 견해를 받아들여 반 퍼슨은 문화를 '명사(名詞)'가 아닌 '동사(動詞)'로 파악하였다. 그리고 칸트와 카시러가 강조한 문화의 '자유의 측면'은 반 퍼슨에게 오게 되면, 배움의 과정으로서, 그리고 미궁에서 빠져 나올 수 있는 하나의 전략으로서 활용되는 모습을 볼 수 있었다. 그리고 칸트와 카시러에게서 가장 핵심적인 측면이라 할 수 있었던 문화의 미래상, 즉 문화는 궁극적으로 도덕화를 겨냥해야 한다는 입장은 반 퍼슨에게서는 현대의 다양한 과학 기술이 결과적으로 윤리성, 특히 상호작용의 윤리를 갖출 때 그 진면목을 발휘하게 된다는 방식으로 수용되고 있음을 확인할 수가 있었다. 이들의 논의를 마무리하면서, 문화의 창조자인 우리 개인이 결국 어떤 태도를 취하느냐에 따라, 우리가 만들어내는 문화의 미래상이 결정되게 된다는 사실을 다시금 확인할 수 있었다. 그런 점에서 다시금 윤리의 문제가 중심 주제로 떠오르게 된다.

여기서 더 생각해 볼 문제는 그렇다면 문화발전의 최종 지점은 어떤 모형인가 하는 것이다. 에덴 동산에서 떨어져 나왔기에 다시금 그곳으로 쫓아가는 것이 발전의 완결인지, 아니면 전적으로 인간의 능력에 의해 또 다른 모형이 만들어질 수 있는 것인지. 반 퍼슨은 문화발전의 최종 모형에 대해서는 침묵하고 있다. 그는 미래의 문화 모형, 인류가 도달해야 할 문화의 모형을 말하지 않고 있으며, 아니 말할 수 없다고 한다. 그것은 결국 그러한 문화 행위의 주체인 우리 스스로의 판단에 맡기는 것이라 할 수 있다. 앞에서 문화는 평생학습의 과정이요, 배움의 과정이라고 했던 부분을 다시금 떠올려 본다면, 명사가 아닌 동사로서의 문화, 즉 끊임없이 내재와 초월의 긴장의 끈을 놓치지 않으려는 우리의 의지가 미래의 문화 모형을 완성해 가는 기본적인 태도가 될 것이다. 이 긴장이 깨어지는 순간, 다시금 우리는 주술적, 실체주의적, 조작주의적 문화 속에 휩쓸려들게 될 것이다. 반 퍼슨이 마지막으로 말하고자 했던 부분, 즉 내재가 초월을 통해 깨트려질 때, 다시 말해 우리 스스로 끊임없이 문화화되려고 하는 부단한 과정을 지켜낼 때, 비로소 우리는 문화발전을 실감할 수 있게 될 것이다. 이 과정은 너무나도 고된, 그렇지만 반드시 우리가 걸어가야 할 길이다.

제2장

마르틴 부버와 게오르그 짐멜의 문화관

— 문화의 비극에 대한 분석을 중심으로

1. 시작하는 말: 문화비극의 한 현상

2011년에 들어서면서 우리 사회에 일어난 크고 작은 사건들 가운데 우리의 시선을 사로잡은 것은 바로 소망교회 폭력 사태이다. 서울의 강남에 위치한 소망교회는 한국개신교의 대표적인 대형교회 중의 하나이고, 현직 대통령이 출석하고 있다는 이유에서 이른바 세상에 회자되는 기독교 교회의 상징처럼 되어 있는 곳이다. 이런 교회에서 부목사들이 담임목사를 폭행한 사건이 언론에 보도되면서 더욱 세상 이목의 중심에 서게 되었다. 우리의 관심은 폭행사건의 진위나 특정교회의 내부 문제에 관심이 있기보다는 한국 기독교 전반에 대한 근원적 문제에 놓여있다.

이번 소망교회 사건과 관련하여 어느 한 언론의 기사가 새삼 흥미롭다. 그 기사에 따르면, 요즘 목회자들 사이에서 회자되는 빠른 교회 성장의 세 가지 비결은 믿음과 소망과 사랑이 아니라, '목 좋은 위치'와 '넓은 주차장', '큰 교회건물'에 있다. 이 세 가지 요건만 갖추고 교회 운영이나 설교가 그다지 이상하지만 않으면 교회 성장은 그야말로 누워서 떡 먹기라는 말이다. 이 세 가지 교회 성장 비결의 공통점은 성령의 역사에 있는 것이 아니라 바로 세상에서 부와 성공을 가져다주는 토지에 있다. 좋은 위치에 자리 잡은 목 좋은 땅, 주차장 부지의 넓은 땅, 큰 교회건물이 들어선 바로 그 알짜배기 땅. 적어도 한국교회는 지금까지 그 땅을 통해 성장해 왔고 지금도 계속 땅을 사들이면서 하나님의 저주와 분노를 켜켜이 쌓고 있다는 것이다.[1]

필자는 이번 소망교회 사건은 한국 기독교 전체가 안고 있는 심각한 치부(恥部)를 아주 정확하게 드러내 준 사건으로 간주한다. 우리 사회에 비춰진 기독교, 혹은 목회자들을 포함한 기독교인에 대한 자화상을 우리 스스로 그려볼 수 있을 것이다. 그런데 이런 비뚤어진 기독교의 모습이 비단 기독교에만 국한된 것이라고 말할 수 있을까? 불교를 포함한 여타의 종교와는 거리 먼 이야기일까? 필자는 우리 사회에서 벌어졌거나 진행 중인 일련의 종교적 사건들을 접하면서, 이런 현상을 '종교의 비극', 나아가 '문화의 비극'으로 간주하고자 한다. 물론 종교적 활동을 하는 우리 스스로도 그 비극적 상황에서 결코 자유롭지 못하다. 비극적 운명에 처한 우리 스스로의 모습을 이제 낱낱이 드러내 보고자 한다. 그래서 조금이라도 이 운명적 고리를 끊을 수 있다면, 아니 벗어날 수 있다면 새로운 선택을 할 수도 있게 될 것이다. 이 글은 이런 문제의식을 해결하려는 시도이다.

이런 맥락에서 우리는 우리의 종교적 활동을 포함한 문화적 활동에서 왜 비극적 상황을 맞게 되었는지 그 근본적인 이유를 되묻고자 한다. 이를 위해서 먼저 사람살이의 직접적인 관계에서 그 원인을 살펴보고자 한

---

1 〈뉴스앤조이〉, 2011년 1월 10일(월) 기사 참조. www.newsnjoy.co.kr

다. 사람과 사람이 맺는 관계의 유형을 살펴보고, 관계맺음의 방식에 따른 문화의 출현을 마르틴 부버(Martin Buber, 1878-1965)의 시선을 좇아 살펴보고자 한다. 여기서는 깨진, 왜곡된, 단절된 사람 사이의 관계에서 비극의 원인을 찾아낼 수 있을 것이다. 다음으로 사람이 만들어낸 문화와 문화의식의 상관성을 분석하도록 한다. 사람이 문화화 되는 과정에서 겪게 되는 주관문화와 객관문화의 갈등, 여기에서 파생하는 문화의 비극의 현상을 게오르그 짐멜(Georg Simmel, 1858-1918)의 시선을 좇아 분석하고자 한다. 이러한 논의를 통해서 우리는 궁극적으로 문화비극의 원인을 찾아내고, 나아가 이를 극복할 수 있는 대안을 찾아보려는 것이다. 물론 이러한 대안이 얼마나 실질적이고 효력이 있을 것인지는 차후의 문제이다. 적어도 문화의 비극을 최소화할 수 있고, 또한 그것을 방지할 수 있다는 소박한 바람이 우리의 첫 신념이다.

2. 사람살이의 관계에서 나타나는 문화의 비극

인간의 종교활동이나 예술활동 혹은 문화활동에서 빚어지는 비극적 측면의 원인을 단박에 찾아내는 일은 그리 간단치가 않다. 그래서 종교, 예술, 문화 자체보다는 그것을 만든 주체인 인간에게로 시선을 돌려보고자 한다. 사람들 '사이'의 관계, '사람살이'의 모습을 살펴보면 거기서 하나의 실마리를 찾아낼 수가 있기 때문이다. 이 지점에서 우리는 사람 사이의 관계 맺음에 대한 탁월한 논리를 제공한 부버를 주목해 볼 필요가 있다.

부버는 1923년 『나와 너』[2]에서 사람은 세계를 향해서 이중적 태도를 취

2 Martin Buber, *Ich und Du*, in *Die Schriften über das dialogische Prinzip*, Verlag Lambert

하게 되고, 이에 따라 세계도 그에게 이중적이 된다고 말한다. 사람과 세계와의 관계만이 이중적인 것이 아니라 사람과 사람 사이의 관계도 마찬가지라는 것이다. 그러니까 '나' 그 자체는 없고, 오직 〈나-그것〉(Ich-Es)의 관계에서 '나'와, 〈나-너〉(Ich-Du)의 관계에서 '나'만 있을 뿐이다.[3] 이 말은 사람은 홀로 있는 존재가 아니라 누군가와 더불어 있는 존재라는 의미가 된다. 부버는 1904년 비인 대학에서 「개체화 문제의 역사적 계보」라는 논문으로 철학박사 학위를 받았는데, 이 무렵 베를린대학의 딜타이(W. Dilthey, 1833-1911)와 짐멜의 사상에 많은 영향을 받았다. 이들 사상가에게서 받은 영향은 부버 자신이 말하는 〈나-그것〉 관계와 〈나-너〉 관계에 대한 설명 속에 고스란히 녹아들었다.

1) 경험과 체험: 〈나-그것〉과 〈나-너〉 관계의 특징

먼저 부버는 우리의 삶에서 겪게 되는 '경험(Erfahrung)'과 '체험(Erlebnis)'을 〈나-그것〉과 〈나-너〉 관계에 대입하여 설명한다.[4] 먼저 〈나-그것〉의 관계에서 나타는 경험(經驗)에 대해 살펴보자. 여기에서는 철저하게 '나' 중심적이며, 모든 것을 '대상'으로 간주하게 된다. 사람들이 세계를 경험한다고 말할 때, 실제로 그들이 경험하는 것은 사물의 표면을 돌아다니면서 그것을 경험한다. 그는 이 사물로부터 그것들의 성질에 관한 지식, 곧 경험을 가져온다. 그러니까 그는 사물에 붙어있는 것을 경험하는 것이다. 경험하는 사람은 세계와는 아무 상관이 없다. 경험은 실로 그 사람 안

Schneider, Heidelberg, 1923. 1954, 1974. 영어본은 *I and Thou*, ed by Walter Kaufmann, 1970. 번역서로 『나와 너』(표재명 역), 문예출판사, 1977(이후 『나와 너』로 표기하고 번역본의 쪽수를 표기함).

3 부버, 『나와 너』, 8쪽.

4 부버의 '경험'과 '체험'의 구분은 일차적으로 경험이 과거의 일회적 사건이라면, 체험은 지금 여기에 여전히 영향을 미치고 있는 현재적 사건이라는 의미를 가지고 있다. 이는 딜타의 삶의 철학에서 핵심 주제인 '체험' 개념의 영향을 그대로 이어받고 있는 부분이라 하겠다.

에 있으며, 그와 세계 사이에 있는 것이 아니다. 세계는 경험과는 아무 상관이 없다. 세계는 스스로를 사람들의 경험에 내맡기지만 그러나 경험과는 아무 상관도 없다. 왜냐하면 세계는 경험을 위해 아무 일도 하지 않으며, 경험은 세계에 아무 영향도 줄 수 없기 때문이다. 그러므로 경험으로서의 세계는 〈나-그것〉의 영역에 속한다.[5]

부버는 〈나-그것〉 관계에서 나의 경험은 '대상(對象)'을 통해서 이루어지며, 그것은 시간과 공간의 한계 안에서 연관을 가지고 있다고 말한다. 〈나-그것〉의 관계에서 나는 '너'에 대하여 몸으로 마주서있는 것이 아니라 다양한 내용으로 둘러 있는 나이다. 그렇기에 이런 '나'에게는 과거가 있을 뿐이며, 현재가 없다. 다시 말해 사람은 자기가 경험하며 사용하고 있는 사물에 만족하고 있는 한, 과거에 살고 있는 것이며, 그의 순간은 현재가 없는 순간이다. 그는 대상밖에 가진 것이 없다. 이 대상의 본질은 '있었다'고 하는 데 있다.[6] 현재는 덧없는 것, 지나가버리는 것이 아니라 마주 기다리며 마주 지탱하고 있는 것이다. 그러나 대상은 지탱이 아니라 정지(停止)이며 중지(中止)이고 단절(斷絶)이요 경화(硬化)요 고립(孤立)이며, 관계의 결여(缺如)이고 현재의 결여인 것이다.[7] 그래서 본질적인 것은 현재 속에서 살려지고, 대상적인 것은 과거에서 살려진다.[8]

〈나-그것〉의 관계에서 다른 사람은 '그것', 즉 비인격적 존재가 된다. 〈나-그것〉의 관계는 다른 사람을 하나의 '사물(事物)'과 같이 다루어 자기의 수단으로 삼거나, 사람과 사람 사이의 문제를 조건과 조건, 사물과

---

5 부버, 『나와 너』, 9쪽.

6 부버, 『나와 너』, 18쪽.

7 부버, 『나와 너』, 19쪽.

8 부버, 『나와 너』, 19쪽. 유대인 출신의 부버가 과거보다 현재의 중요성을 분석한 것과 더불어, 시간이해에 있어서 헬라적인 전통이 아닌 히브리인들의 역사이해 방법을 통해 그들이 '현재'의 차원을 강조하고 있다는 사실을 밝힌 흥미로운 논문이 있는데, 김재진, 「역사의 시간화와 역사해석에 있어서의 히브리적 인지구조」, 2010년 12월 숭실대 기독교학대학원 교수퇴수회 발표원고 참조.

사물 사이의 문제 같은 것으로 만들어 버린다. 이러한 관계는 과학적 관찰, 지식의 획득, 종교적 교리의 설정, 철학적 인식 등 다양한 형태로 나타날 수 있다.[9] 프랑스의 현대 철학자 피에르 쌍소는 『느리게 산다는 것의 의미』에서 다음과 같이 말한 적이 있다.

> 능력 있는 사람? 인간은 '나는 할 수 있다'고 생각하는 존재이며, 감각 및 운동능력이나 지적능력들의 총체이다. 내가 세상을 통제하고 지배할 수 있을 때, 세상은 내게 낯설지도 않고 더욱이 적대적이지도 않다. 다만 나의 자유가 타인들의 자유와 충돌을 일으키게 될 뿐이다. <u>우리는 타인을 복종시키든지 아니면 그에게 복종하든지, 이 두 가지로 선택이 제한되어 있다고 생각한다.</u> 내 앞에서 노예 상태로 존재하는 타인들이 있을 때 우리는 자신의 능력을 확신하게 된다.[10]

쌍소의 이러한 언급은 부버가 말하고자 한 〈나-그것〉의 관계에서 생겨나는 가장 전형적인 인간관계를 잘 묘사해 주고 있다.

다음으로 〈나-너〉 관계에서 일어나는 체험(體驗)에 관해 살펴보자. 여기에서는 철저하게 '너' 중심적이며, 모든 것을 '너'로서, 즉 '인격(人格)'으로 간주하게 된다. 〈나-너〉의 관계는 내가 '나'의 온 존재를 기울여 말할 수 있는 데 비해, 〈나-그것〉의 관계는 '나'의 온 존재를 기울여 말할 수 없다. 나는 너로 인하여 '나'가 된다. '나'가 되면서 '너'라고 말한다.[11] 그래서 〈나-너〉의 관계가 인간의 주체적 체험, 즉 인격의 세계를 말한다면, 〈나-그것〉의 관계는 인간의 객체적 경험, 즉 지식의 세계를 일컫는다.[12] 좀 더 부연하자면, 〈나-너〉의 관계에서 '나'는 '너'로 인해 비로소 '내'가 된다. '내'가 되면서 '나'는 '너'라고 말한다.[13] 그래서 모든 참된

---

9 부버, 『나와 너』, 7쪽.
10 피에르 쌍소, 『느리게 산다는 것의 의미』(김주경 역), 동문선, 2007, 130쪽(밑줄은 필자 강조).
11 부버, 『나와 너』, 17쪽.
12 부버, 『나와 너』, 6쪽.

삶은 만남이다. 특히 타자와의 관계에서 가장 중요한 것은 인격적인 부분이다. 나와 너 사이의 긴밀한 상호 인격 관계에서 우리는 인격으로서의 자신을 깨달을 수 있을 뿐만 아니라 또한 다른 사람을 하나의 인격으로서 만나게 된다. 부버는 여기서 '너'에 대한 관계는 '직접적'이라고 말한다. 그러니까 나와 너 사이에 장애물이 제거된 상태, 모든 매개물이 무너져 버린 곳에서 일어나는 만남이기 때문에 이를 직접적이라고 말한다.

> '나' 와 '너' 사이에는 어떠한 개념 형태도, 어떠한 예비지식도, 어떠한 환상도 없다. 그리고 기억조차도 개별적인 것에서 전체적인 것으로 넘어갈 때에는 변하고 만다. 나와 너 사이에는 어떠한 목적도, 갈망도, 어떠한 예상도 없다. 그리고 그리움조차도 꿈에서 현실로 넘어갈 때에는 변하고 만다. 모든 매개물은 장애물이다. 모든 매개물이 무너져 버린 곳에서만 만남은 일어난다.[14]

'나'와 '너'와의 직접적 만남은 진정한 관계맺음에서 일어나며, 이 관계맺음은 바로 현재의 사건이다. 그렇기에 현재란 단지 생각 속에서 그때그때 지나가는 시간을 고정시킨 종점으로서의 하나의 점이라든가, 또는 겉보기로만 고정시킨 경과를 가리키는 하나의 점 같은 것이 아니다. 참되고 충만한 현재는 현전(現前)하는 것, 만남, 관계가 존재하는 한에서만 존재한다. 오직 '너'가 현전하게 됨으로서만 현재는 생성되는 것이다.[15]

부버는 '나'와 '너'의 관계에서 직접성을 세우는 본질 행위를 사람들은 감정적인 것으로 이해하지만 사실은 감정이 아닌 '사랑'이라고 말한다. 감정은 소유되지만 사랑은 생겨난다. 감정은 사람 안에 깃들지만 사람은 사랑 안에서 살아간다. 사랑은 '나'에 집착하여 '너'를 단지 '내용'이라든

---

13 부버, 『나와 너』, 17쪽.
14 부버, 『나와 너』, 17쪽.
15 부버, 『나와 너』, 18쪽.

가 '대상'으로서 소유하는 것이 아니다. 사랑은 나와 너 '사이에' 있다. 이것을 모르는 사람, 곧 그의 존재를 기울여 이것을 깨달은 사람이 아니면 비록 그가 체험하고, 경험하고, 향수하고, 표현하는 감정을 사랑에 돌린다 하여도 그는 사랑을 모른다. 사랑이란 하나의 우주적인 작용이다.[16] 부버는 사랑이란 한 사람의 '너'에 대한 한 사람의 '나'의 책임(責任)이라고 말한다. 그렇기 때문에 그 어떤 감정에도 있을 수 없는 것, 곧 모든 사랑하는 사람들에게는 한결같음이 있다는 것이다.

> 그러므로 사랑 안에 있으며 사랑의 입장에서 보는 사람에게는 모든 사람들이 그들의 분주한 삶의 혼란에서 해방되어 선한 자나 악한 자, 슬기로운 자나 어리석은 자, 아름다운 자나 추한 자, 모두가 잇따라 산 현실로 나타나며, 그들 하나하나가 모두 자유로운 독자적인 존재로서 '너'가 되어 그 사람과 마주 서게 된다. 놀랍게도 그때마다 배타성이 나타나지만 그때야 비로소 사람은 활동하고 도와주고, 고쳐 주고, 키워주고, 높여 주고, 구원해 줄 수 있다. 사랑이란 한 사람의 '너'에 대한 한 사람의 '나'의 책임이다. 이 점에 그 어떤 감정에도 있을 수 없는 것, 곧 모든 사랑하는 사람들에게 있는 한결같음이 있다.[17]

이러한 한결같음은 지극히 작은 사람으로부터 지극히 큰 사람에 이르기까지, 또한 사랑하는 사람의 삶 가운데에 자신의 삶이 보호되어 행복하게 살고 있는 사람으로부터 한 평생을 이 세상의 십자가를 지고 가면서도 사람들을 사랑한다고 하는 엄청난 일을 할 수 있으며, 또 감히 하려고 마음먹는 사람에 이르는 모든 사랑하는 사람에 한결같이 나타나는 것이다. 사랑의 예에서 알 수 있듯이, 관계의 본질은 '상호성'[18]에 있다. 내가 나

16 부버, 『나와 너』, 21쪽.

17 부버, 『나와 너』, 22쪽.

18 앞에서도 언급했듯이, 부버는 짐멜의 사상, 특히 사회학적 관점에 많은 영향을 받았는데 관계의 본질을 상호성에서 찾고 있는 부분도 마찬가지 경우이다. 짐멜은 '사회'를 "다수 개인들 사이에

의 너에게 영향을 주듯이 나의 너는 나에게 영향을 미친다. 우리의 제자들이 우리를 가르쳐 주며 우리의 작품들이 우리를 세워 준다. 그래서 심지어 우리는 어린아이들이나 동물들에게서도 배울 것이 있는 것이다.[19]

2) '그것' 중심의 문화, 문화의 비극

우리는 앞에서 사람이 세계를 향해서 취하는 태도에 따라 사람과 세계와의 관계가 이중적일 뿐만 아니라 사람과 사람 사이의 관계도 이중적이 된다는 사실을 살펴보았다. 만일 사람 사이의 관계가 〈나-그것〉과 〈나-너〉의 관계로 고정되어 있는 것이라면, 우리는 결단이라든가, 회심이라든가, 선택을 통해서 우리의 입장을 명확하게 취할 수 있을 것이다. 그런데 우리의 사람살이의 관계에서는 모든 '너'가 '그것'으로 혹은 '사물'로 변할 수 있다는 것이다. 부버는 이런 현상을 우리의 '운명이 지닌 숭고한 우수(憂愁)[20]'라고 표현한다. 아무리 배타적으로 '너'가 직접적 관계 속에 현전해 있었다 하더라도 이 직접적 관계의 힘이 다했거나 또는 매개물이 파고 들어오면 그것은 여러 대상들 중의 하나가 되고 만다. 비록 그것이 제

이루어지는 다양한 상호작용의 합"이라는 기본전제에서 출발한다. 따라서 상호작용이 존재하는 곳에서는 어디에서나 사회가 존재한다. 심지어 두 사람이 가볍게 차를 마시는 것도 상호작용이며, 따라서 여기에도 사회는 존재하는 것이다. 이로써 고정적이고 실체적인 사회는 유동적이고 과정적이며 상대적인 상호작용으로 대체된다. 결국 짐멜에게서 사회학이란 이러한 상호작용을 다루는 과학이다. 현대사회에서는 다름 아닌 "사람에서 사람으로 이동하는, 순간적인 또는 지속적인, 의식적인 또는 무의식적인, 일시적인 또는 중차대한 수많은 관계들", 또는 영원히 유동하고 고동치는 무수한 사회적 삶이 개인과 개인 사이를 결합시킨다. 여기에서 중요한 것은 이들 대상을 다수 인간의 다양한 상호작용이라는 생생한 삶과 행위, 그리고 그 과정이라는 관점과 시각에서 접근해야 한다는 사회학적 원리이자 입장이다. 이 모든 것들은 개인들이 상호작용을 하기 위한 기회나 수단 또는 도구로 보아야 한다. 따라서 사회학적으로 보면, 개인들 사이에 상호작용이 존재하지 않는 한, 사회제도나 조직 그리고 구조 및 시스템 역시 존재하지 않는다. Georg Simmel, *Soziologie. Untersuchungen über die Formen der Vergesellschaftung*(1908): *Georg Simmel Gesamtausgabe 11*, Frankfurt am Main 1992, 33쪽; 김덕영, 『논쟁의 역사를 통해 본 사회학』, 한울아카데미, 2003, 208-209쪽; 신응철, 『문화, 철학으로 읽다』, 북코리아, 2009, 제4장 참조 바람.

19 부버, 『나와 너』, 23쪽.

20 부버, 『나와 너』, 24쪽.

아무리 고상한 대상이 된다 하더라도 역시 여러 대상들 중의 하나에 지나지 않으며, 척도와 한정 가운데 있게 되는 것이다. 부버는 사랑도 예외는 아니라고 말한다. 바로 지금까지도 유일한 존재로서 한갓된 성질의 소유자나 대상적으로 존재하고 있지 않았던 사람, 경험할 수 있는 것이 아니라 오직 현전하고 있으며, 오직 접촉할 수밖에 없었던 사람도 이제 다시 하나의 '그' 또는 '그 여자'가 되고, 여러 가지 특성의 총화요, 어떤 형체를 갖춘 하나의 양이 되고 마는 것이다. 이때에 나는 그 사람으로부터 다시 그의 머리카락의 색깔, 그의 말하는 투, 그의 품위의 색깔을 끄집어 낼 수가 있다. 그러나 내가 그렇게 할 수 있는 한, 그는 이미 나의 '너'는 아니며 또한 다시는 나의 '너'가 되지 못한다.[21]

부버에 따르면 결국 이 세상에 있는 모든 '너'는 그의 본질상 '사물'이 되거나, 다시금 '사물성'으로 돌아가게 되어 있다. '그것'과 '너' 이 둘은 언제나 명확하게 분리되는 상태가 아니라 때로는 깊은 이중성 가운데서 어지럽게 뒤얽혀서 일어나는 하나의 사건이다.[22] 그런데 개인의 역사와 인류의 역사는 서로 구별되지만 한 가지 공통점을 가지고 있다고 부버는 말한다. 말하자면 '너'의 세계가 아닌 '그것'의 세계가 점진적으로 증대되어 간다는 사실이다.[23] 그렇다면 왜 사람살이에서 '그것의 세계'가 점차적으로 증대되어 가는 것일까? 그 원인을 어디에서 찾아야 하는 것일까?

부버는 먼저 문화 확장의 원리에서 그 원인을 찾고 있다. 여러 문화는 그 자체의 경험에 의해서만이 아니라 또한 이질적인 문화의 경험으로부터 흘러들어 온 것을 섭취함으로써 자신의 '그것의 세계(It-world)'를 확대해 가는 것이다.[24] 그리고 이렇게 발전해 감으로써 비로소 문화는 결정적이며 창의적인 확장을 이룩한다. 그렇기 때문에 일반적으로 말해서 각 문

---

21 부버, 『나와 너』, 25쪽.
22 부버, 『나와 너』, 25쪽.
23 부버, 『나와 너』, 49쪽.
24 부버, 『나와 너』, 50쪽.

화의 '그것의 세계'는 그에 앞선 문화의 '그것의 세계'보다 더 포괄적이며, 약간의 정체나 외관상의 역행에도 불구하고 '그것의 세계'가 증대해 왔음을 역사상에서 명백히 알 수 있다. 그리스 문화가 이집트 문화를 받아들인 것과 같이 동시대의 문화를 직접 받아들인 경우이건, 서양의 기독교 세계가 그리스 문화를 받아들인 것과 같이 과거의 문화를 간접적으로 받아들인 경우이건 마찬가지라는 것이다. 그러니까 지금 부버가 말하려는 문화 확장의 원리란 다름 아닌 '그것의 세계', 즉 '그것' 지향의 세계관을 말한다. 이 부분과 관련하여 틸리히(Paul Tillich, 1886-1965)도 부버의 생각에 전적으로 동의한다. 그러면서 틸리히는 현대 문화 속에 들어 있는 '그것' 중심의 세계관의 전제들을 신학의 영역에서도 반드시 극복해야 한다고 역설한 바 있다.

> 프로테스탄트 신학 변증학자들은 전체의 사물들 안에 신적 존재를 위한 자리가 있다는 것, 인격성과 세계와의 능동적 상호관계가 신적인 존재에 돌려져야 한다는 것을 입증하려고 시도했다. 경험주의 신학은 이 존재가 과학적 탐구의 일반적 방법으로 접근될 수 있다는 것을 입증하려고 시도했다. 말하자면, 이러한 시도들은 〈나-그것〉의 영역에 머무르게 된다. 그들은 '그것-세계'를 초월하려고 하지만, 그들은 처음부터 '그것'을 받아들였기 때문에 승리할 수가 없었다. 그들은 결국 '그것' 지향적인 현대의 세계관의 궁극적 전제들을 극복하지 못했던 것이다.[25]

부버는 현대 문화의 특징은 〈나-그것〉의 관계를 기반으로 한 '그것의 세계'에 초점이 맞추어져 있고, 현대인의 대부분의 생활은 '그것'의 세계에 떨어져 있다고 진단한다. 그러면서 사람살이의 관계에서 〈나-너〉의 관계가 아닌 〈나-그것〉의 관계에 지배권을 넘겨준다면, 끊임없이 자라는

25 Paul Tillich, *Theology of Culture*, ed. by Robert C. Kimball, Oxford University Press, 1959. 번역서로 『문화의 신학』(남정우 역), 대한기독교서회, 2002, 195쪽.

'그것의 세계'는 사람 위를 뒤덮고 사람에게서 그의 본연의 '나'를 앗아가고, 마침내는 그의 머리 위에서 떠도는 악몽과 그의 내부에 있는 유령은 서로 자신들의 구원받지 못함을 고백하면서 속삭이게 될 것이라고 예견하고 있다.[26]

> 이러한 정치 지도자들이 '그 사람' + '그 사람' + '그 사람'을 하나의 '그것'이 되도록 보태는 대신에 '너'와 '너'와 '너'의 총계, 즉 그 결과가 '너' 아닌 다른 것이 결코 될 수 없는 총계를 이끌어내려고 한다면, 그들의 세계는 그들의 머리 위에서 붕괴되는 것이 아닐까? …… 그리고 우리들이 지배자들로부터 피지배자들에게로 눈을 돌린다면, 근대적인 노동 형태와 발전 자체가 타자와 마주 서는 삶, 즉 뜻 깊은 관계의 흔적을 말살해 버리고 만 것이 아닐까?[27]

다음으로 부버는 사람살이에서 '그것의 세계'의 증대 원인으로 인과율(因果律)적 사고를 꼽는다. 이러한 인과율이 그것의 세계에서 무한정의 지배력을 갖는다는 것은 자연의 과학적 질서를 위해서는 근본적으로 중요하지만, 그것이 사람을 억압해서는 안 된다는 것이다. 왜냐하면 사람은 '그것의 세계'에만 속박되어 있지 않고, 거기에서 벗어나 몇 번이고 되풀이하여 '관계의 세계'로 들어갈 수 있기 때문이다. 이 관계의 세계에서 '나'와 '너'는 서로 자유롭게 마주 서 있으며, 어떠한 인과율에도 얽매이지 않고 물들지 않은 상호관계에 들어서는 것이다. 이 관계의 세계 속에서 사람은 자기의 존재 및 보편적 존재의 자유가 보장되어 있음을 알게 된다.[28] 그렇다면 부버는 왜 사람살이에서 인과율적 사고의 위험성을 강조하고 있는 것일까? 만일 사람살이에서조차도 인과율이 지배하게 된다

---

26 부버, 『나와 너』, 61쪽.
27 부버, 『나와 너』, 61쪽.
28 부버, 『나와 너』, 68쪽.

면 여기서 사람은 대상들의 세계에 만족하게 되고, 그것에 굴복당하기 때문이다. 결국 인과율은 사람 위에 올라타서 압박하고 질식시키는 숙명(宿命)이 되고 만다. 문화도 예외일 수 없다. 문화란 그 중심이 끊임없이 새로운, 생동하는 관계, 사건 속에 놓여 있지 않는다면, 결국 마비되어 '그것의 세계'가 된다는 것이다.[29]

부버는 현대의 생물학적 사상과 역사철학적 사상은 인과율을 바탕으로 서로 협력하여 숙명에 대한 신앙을 견고하게 만들어 놓았다고 말한다. 그러니까 생존법칙, 심리법칙, 사회법칙, 문화법칙 등등 이러한 무수한 법칙들에서 뜻하고 있는 것은 언제나 사람은 하나의 피할 수 없는 필연적 현상 속에 매어 있기 때문에 그것을 거스를 수 없다고 하는 것이다. 여기서는 자유를 상상하는 일 따위는 어리석은 일로 간주된다. 부버는 모든 법칙의 근저에는 필연적인 경과, 즉 '무제한의 인과율의 광란'이 놓여 있다고 비판한다.[30] 인과의 점진적인 경과라고 하는 교리는 증대하여 가는 '그것'의 세계에 대한 인간의 권리 포기를 뜻한다. 그래서 '운명'이란 명칭은 그러한 사람들에 의해 오용되어 왔다는 것이다. 운명이란 인간 세계 위에 씌어 있는 종(鐘)이 아니니다. 오직 자유에서 출발한 사람이 아니고서는 아무도 운명과 만나지 못한다.[31]

그렇다면 사람살이에서 나타나는 그것 중심의 관계맺음, 인과율적 사고를 토대로 한 운명론, 이러한 현상이 복합적으로 작동되는 문화의 비극현상을 극복할 방안은 무엇인가? 부버는 다시금 관계에 주목한다. 〈나-그것〉 관계에서의 '나'는 '개별존재(個別存在)'로서 나타나고 자기를 경험과 이용의 주체로서 의식한다. 이에 비해 〈나-너〉 관계에서의 '나'는 '인격(人格)'으로 나타나고 자기를 종속적 속격을 가지고 있지 않은 주체성으

29 부버, 『나와 너』, 71쪽.
30 부버, 『나와 너』, 75쪽.
31 부버, 『나와 너』, 75쪽.

로 의식한다. 개별존재는 다른 여러 개별존재에 대하여 자기를 분리시킴으로써 나타나지만, 인격은 다른 여러 인격과의 관계에 들어섬으로써 나타난다. 전자가 자연적인 분립의 정신적 형태라면, 후자는 자연적 결합의 정신적 형태이다. 자기 분리의 목적은 경험과 이용이며, 경험과 이용의 목적은 삶, 즉 인생의 전(全)기간에 걸친 죽음인 것이다. 이에 비해 관계의 목적은 관계 자체, 즉 '너'와의 접촉이다. 왜냐하면 모든 '너'와의 접촉에 의하여 '너'의 숨결, 곧 영원한 삶의 입김이 우리를 스치기 때문이다.[32] 인격은 자기를 존재에 관여하고 있는 것으로서, 하나의 공존자로서, 그리고 그러한 하나의 존재자로서 의식한다. 하지만 개별존재는 자기 자신을 '그렇게' 존재하며 다르게 존재 하지 않는 것으로 의식한다. 그래서 인격은 자기 자신을 바라보지만, 개별존재는 그의 '내 것', 즉 나의 혈통, 나의 종족, 나의 창작, 나의 독창력 따위에 관계한다.[33]

부버는 이상과 같은 설명을 통해서 두 가지 종류의 사람이 있는 것이 아니라, 인간성(人間性)에 두 개의 극이 있다고 말한다. 어떠한 사람도 순수한 인격이 아니며, 어떠한 사람도 순수한 개별존재가 아니다. 완전히 현실적인 사람이란 없으며, 완전히 비현실적인 사람도 없다. 모든 사람은 이중의 '나' 속에 살아가고 있는 것이다. 부버는 사람이, 인류가 개별존재에 의해 지배되면 될수록 '나'는 더욱더 깊이 비현실성에로 타락한다고 말한다. 부버는 '나'라는 말은 인류가 가지고 있는 참된 암호(暗號)라고 말한다. 그러면서 그 암호를 해독할 수 있는 열쇠로 소크라테스[34]에게서 생기 있고 힘찬 나, 무한한 대화의 나를, 괴테[35]에게서 자연과의 순수한 사귐에 있는 나를, 예수[36]에게서 아버지와 아들로서의 절대적 관계의 나를 제시한다.

---

32 부버, 『나와 너』, 83쪽.
33 부버, 『나와 너』, 85쪽.
34 부버, 『나와 너』, 87쪽.
35 부버, 『나와 너』, 88쪽.
36 부버, 『나와 너』, 89쪽.

부버는 뭇 관계의 연장선은 영원한 당신 안에서 서로 만난다고 말한다. 모든 낱낱의 '너'는 '영원한 당신'을 들여다보는 틈바구니이다.[37] 우리가 '너'로 만나는 우리와의 관계에 들어서는 모든 '너'는 하나의 조망을 이루며, 바로 이 〈나-너〉의 관계의 연장선에서 '영원한 당신'과의 관계에 들어가게 된다. 그래서 사람은 〈나-너〉의 관계가 강하면 강할수록 더욱 인격적으로 된다. 그리고 〈나-너〉의 관계가 강하게 되는 것은 그의 '너'가 '영원한 당신'이 될 때 정점에 다다른다. 이 영원한 당신은 여러 가지 이름으로 불려 왔지만, 역시 '신(神)'이라고 부르는 것이 가장 자연스럽다고 부버는 말한다. 우리는 '너'를 '영원한 당신'이라고 부를 때, 또한 그렇게 대할 때, 우리의 '나'는 인격적 존재의 가장 깊은 경지에 이르게 되는 것이다. 이렇게 하여 부버는 인간의 세계에는 두 가지 근본적인 질서가 있다고 말한다. 하나는 〈나-너〉의 관계에 바탕을 둔 참다운 대화(對話)가 이루어지는 '인격 공동체'라면, 다른 하나는 다른 사람을 자기의 욕망을 충족시키기 위한 수단, 즉 '그것'으로만 바라보는 〈나-그것〉의 관계에 바탕을 둔 독백(獨白)만이 이루어지는 '집단적 사회'이다.

3. 문화화 과정에서 나타나는 문화의 비극

이제 여기에서는 사람이 스스로 문화화 되는 과정, 이를 달리 표현해서 문화인, 성숙인, 교양인이 되는 과정에 주목해 보고자 한다. 일찍이 짐멜은 현대 문화의 위기 상황을 문화의 비극이라는 관점에서 분석한 적이 있는데, 그의 이런 관점은 오늘 여기에서도 여전히 많은 시사점을 제공해 줄 수 있을 것으로 기대된다.

---

37 부버, 『나와 너』, 97쪽.

1) 문화화 과정과 비극의 발생

짐멜은 문화를 "영혼이 자신에게 이르는 길"[38]이라고 말하고, 또한 "폐쇄된 통일성에서 출발해 전개된 다양성을 거쳐 전개된 통일성에 이르는 길"[39]이라고도 말한다. 짐멜은 왜 이런 방식으로 문화를 정의하는 것일까? 짐멜에 따르면, 한 개인에게 가능한 모든 지식과 기교, 세련됨은 그가 정말로 문화화되었다(Kultiviertheit)고 간주하는 근거가 될 수 없다. 인간은 비록 문화화된 것을 소유할 수는 있지만, 이것이 문화화되었다는 것을 의미하지는 않기 때문이다.

짐멜은 문화를 주체와 객체의 상호관계와 상호작용의 관점에서 파악하기 때문에 「문화의 본질」(1908)에서는 주관문화와 객관문화로 구분하고 있다. 먼저 짐멜은 교화되고 고양되며 완성된 사물을 가리켜 '객관문화'라고 말한다. 객관문화는 인간 영혼을 자체의 고유한 완성의 길로 인도하거나, 개별 인간이나 전체 사회가 더 높은 존재로 나아가면서 통과하는 도정의 일부분을 구성한다. 이에 반해 '주관문화'는 그렇게 달성된 개인적인 발전의 정도를 가리킨다.[40] 객관문화와 달리 외화된 개인들의 정신적 영혼의 에너지가 주체적 존재인 이들에 대하여 일정한 자율성과 자체의 고유한 가치와 의미를 획득하고서, 여러 세대에 걸쳐 유전된 물질적 또는 정신적 객체를 의미한다. 객관문화와 주관문화의 구분에서 중요한 점은 대상의 존재론적 구별이 아니라, 단지 인간의 문화적 삶이라는 경험

---

38 게오르그 짐멜, 『게오르그 짐멜의 문화이론』(김덕영 · 배정희 역), 도서출판 길, 2007, 20쪽(이후 『문화이론』으로 표기함). Georg Simmel, *Gesamtausgabe, Band 14. Hauptprobleme der Philosophie. Philosophische Kultur*, Herausgegeben von Rüdiger Kramme und Otthein Rammstedt, Suhrkamp Verlag Frankfurt am Main 1966, 385쪽(이후 *GSG 14*로 표기함).

39 『문화이론』, 22쪽; *GSG 14*, 387쪽.

40 『문화이론』, 74-75쪽; Georg Simmel, "Vom Wesen der Kultur(1908)", in *Georg Simmel Gesamtausgabe, Band 8*. Aufsätze und Abhandlungen 1901-08, Suhrkamp Verlag Frankfurt am Main 1993, 371-373쪽 참조(이후 *GSG 8*로 표기함).

적 현상과 과정의 두 측면에 대한 개념적 분리일 따름이다. 그것은 어디까지나 인식 근거일 뿐 실제 근거는 아니다.[41] 객관문화의 의미는 그것 없이는 주관문화의 존재가 불가능하다는 사실에 있다. 왜냐하면 주체의 발전이나 상태는 그렇게 가공된 객체를 자신에 이르는 도정에 포함시켜야만 문화가 되기 때문이다. 또한 객관문화는 주관문화와 더불어 개인의 삶의 양식과 행위방식을 결정한다. 개인의 삶과 행위는 결국 객관문화와 주관문화의 종합으로 구성되는 것이다. 짐멜은 현대사회 질서에서는 주관문화와 객관문화가 점점 분리되고, 객관문화가 형식면에서나 내용면에서 점점 더 빨리 증가하면서 주관문화를 압도하고, 또한 이에 대해 우월한 지위를 차지하게 되었다고 분석하였다.[42]

문화의 본질이란, 상호작용에, 구체적으로 주체와 객체의 상호작용에 존재하는 것이다. 짐멜은 이러한 주체와 객체의 관계를 인간 문화의 형이상학적 전제조건으로 간주한다. 아니 그는 한걸음 더 나아가 인간 사회의 형이상학적 전제조건도 바로 거기서 찾는다. 상호작용은 짐멜에게는 세계원리 바로 그것이다. 주체와 객체의 상호적인 구성은 발달사적인 측면에서 개체발생과 종족발생 모두에, 그리고 인간과 세계의 관계라는 측면에서는 이론적 측면과 실천적 측면 모두에 적용되는 원리이자 논리이다.[43] 문화라는 객체에는 개별 영혼의 의지와 지성, 개성과 정서, 역량과 정취가 집적되어 있다.[44] 짐멜은 이런 현상을 '문화의 역설'이라 말한다. 그러니까 우리가 그 연속적인 흐름 속에서 느끼고 자발적으로 내적 완성을 추구하는 주관적 삶은 문화의 이념에서 보면 결코 스스로 달성할 수 없고, 오로지 삶의 형식에 이질적으로 되어버린, 그리고 자족적이고 폐쇄적인 구

---

41 김덕영, 『게오르그 짐멜의 모더니티 풍경 11가지』, 도서출판 길, 2007, 194쪽.
42 『문화이론』, 75-76쪽; *GSG 8*, 363쪽 이하.
43 김덕영(2007), 같은 책, 187쪽.
44 『문화이론』, 29쪽; *GSG 14*, 392쪽.

조로 결정화된 것들을 경유해야만 달성할 수 있다는 말이다. 짐멜에 따르면 문화는 두 요소가 만남으로써 생성되는데, 이 둘 가운데 어느 것도 자체적으로 문화를 포함할 수가 없다. 여기서 두 요소란 주관적 영혼과 객관적 정신의 생산물을 뜻한다.[45]

짐멜은 문화를 논의할 때, 항상 종합 혹은 통일의 관점을 유지한다. 왜냐하면 문화란 어떠한 의미에서든 주체의 외부에 존재하는 초개인적인 구성물을 받아들이거나 이용함으로써 실현될 수 있는 개인적인 완성의 방식이기 때문이다. 주체는 객관적으로 정신적인 실재를 경유하지 않고는 문화화의 특별한 가치에 접근하거나 도달할 수가 없다. 그리고 객관적으로 정신적인 실재 그 자체는 영혼이 자신으로부터 자신에 이르는 길, 즉 우리가 영혼의 자연상태라고 부를 수 있는 것으로부터 영혼의 문화상태로 이르는 길이 바로 그것을 관통하는 경우에만 '문화가치(Kulturwerte)'가 된다.[46] 결국 문화란 인간 영혼의 행위와 거기로부터 생산되는 것의 총합을 의미한다. 문화는 과학, 종교, 예술, 윤리, 경제 또는 기술과 같은 인간 삶과 행위의 전반적인 영역을 포괄한다. 그리고 이러한 변증법적 과정을 통해서 주체는 객체를 문화화 함으로써 자기 자신을 문화화한다. 달리 말해서 주체는 객체의 가치를 증식시킴으로써 자기 자신의 가치를 증식시킨다. 결국 문화화의 과정이란 가치증식의 과정이다.[47]

그런데 짐멜은 이와 같은 문화화의 과정에서 개인에게 독특한 현상들이 일어난다고 말한다. 주체가 객체를 통해 주체로 발전해가는 이러한 흐름은 이제 연속성을 상실할 수 있다. 객체는 지금까지 암시된 것보다 더 근본적인 방식으로 매개하는 활동과 의미에서 멀어지며, 그럼으로써 그것이 문화화의 길로 건너가는 다리를 파괴할 수 있다.[48] 이를테면, 개인들은

---

45 『문화이론』, 25쪽; *GSG 14*, 389쪽.

46 『문화이론』, 33쪽; *GSG 14*, 395쪽.

47 김덕영(2007), 『게오르그 짐멜의 모더니티 풍경 11가지』, 188쪽.

교화되고 더 합목적적으로 되며, 더 많이 향유하고 더 많은 능력을 얻으며, 또한 어쩌면 더 많은 교양을 갖추게 된다. 그렇다고 그것에 비례하여 문화화되는 것은 아니라는 것이다. 왜냐하면 우리는 비록 그렇게 낮은 단계의 소유와 능력에서 더 높은 단계로 나아가지만, 낮은 존재로서의 우리 자신에게서 더 높은 존재로서의 우리 자신에게로 나아가지는 않기 때문이다. 달리 말해서 개인적 존재가 문화적으로 의미 있는 발전을 이룬다는 것은 순전히 주체에 존재하는 상태지만, 동시에 이 상태는 어떠한 경우에도 객관적인 내용을 수용하고 이용함으로써만 달성될 수 있기 때문이다. 그러므로 어떤 점에서 보면, 진정한 의미의 문화화는 '무한한 과업(unendlichen Aufgabe)'이라고 할 수 있다. 왜냐하면 개인적 존재의 완성을 위해 객관적 요소를 이용하는 과정은 결코 종료된 것으로 간주할 수 없기 때문이다.[49] 이렇게 본다면, 개인의 문화화의 과정에서 주관문화와 객관문화 사이에 분열 혹은 모순이 일어난다고 할 수 있다. 짐멜은 문화화의 과정뿐만 아니라 문화구조 내부에서도 이러한 분열이 일어나는데, 이 분열은 이미 문화적 토대에 그 단초가 주어져 있다고 분석한다. 그래서 주체-객체의 종합, 즉 문화 개념의 형이상학적인 의미에서 모순(矛盾), 아니 비극(悲劇)이 발생하게 된다는 것이다.[50]

2) '노동분업'과 '돈' 그리고 문화의 비극

그렇다면 문화화의 과정에서 주체와 객체의 균열, 부조화, 갈등이 일어나는 궁극적인 원인은 무엇 때문인가? 먼저 짐멜에 따르면, 객체가 창조적인 주체에 직면해 이처럼 고립, 소외되는 것은 무엇보다도 노동분업

---

48 『문화이론』, 46쪽, 83쪽; *GSG 14*, 405쪽.
49 『문화이론』, 42쪽; *GSG 14*, 401쪽.
50 『문화이론』, 43쪽; *GSG 14*, 402쪽.

(Arbeitsteilung)에서 기인한다.

> 분업의 결과로 사실상 모든 대상은 이미 대중적 노동의 산물이다. 현대의 노동 조직은 개인의 영혼을 여러 다양한 에너지와 활동으로 분해한 후, 이를 다시금 하나의 객관적인 문화생산물로 결합하도록 한다. 결과적으로 어떤 특정한 문화생산물에 더 많은 영혼이 참여하면 할수록 거기에는 더 적은 개인의 영혼이 존재하게 된다.[51]

이처럼 노동분업의 결과로 현대세계에서는 노동과정, 노동수단, 노동생산물이 노동하는 주체로부터 완전히 분리되고 독립해서 그 자체의 고유한 논리와 법칙 및 동력을 가지고 존재하며 기능한다. 결과적으로 객체에 투자된 개인의 주체적 영혼은 자기 자신에 이르는 길을 잃어버린다. 그리하여 객체화되고 물화(物化)된다. 짐멜은 마르크스가 분석한 노동의 물상화 과정과 상품화 과정을 현대 세계의 광범위한 문화적 분화과정의 특정한 부분적 측면으로 간주하고 있다. 다시 말해 현대 문화의 분화과정이란, 구체적으로 개인의 인격으로부터 그 개별적 내용을 분리해내어, 이를 독립적인 규정과 운동을 지닌 객체로서 개인의 인격과 대립시키는 과정을 가리킨다.[52] 짐멜은 노동분업의 현상을 통해서 문화의 비극, 문화의 비극적 숙명을 예견하고 있다. 그러니까 노동분업에 의한 과도한 전문화는 심각한 결과를 초래하게 된다는 것이다. 객체는 자체의 고유한 발전논리를 가지며 그 결과 인간 영혼의 발전에 편입될 수 있는 방향에서 벗어나게 된다. 여기에서는 사물을 문화적으로 형성하는 내재적인 논리가 중요하다. 그래서 인간은 이제 그저 이 논리가 발전을 지배하고 궤도를 벗어나서 지속시킬 수 있도록 강제하는 존재가 되고 만다. 사실은 바로 이 궤도

---

51 Georg Simmel, ***Philosophie des Geldes***, Suhrkamp Verlag Frankfurt am Main 1989, 618쪽(이후 ***PdG***로 표기함).

52 Georg Simmel, ***PdG***, 632쪽.

에서 사물의 문화적 발전이 다시금 생동하는 인간의 문화발전으로 회귀할 수 있는 것이다. 이러한 현상을 짐멜은 문화의 비극(Tragödie der Kultur)이라고 말한다.

그러면 문화의 비극 상황이 초래된 근본 원인은 노동분업 이외에 또 다른 이유는 없는 것일까? 짐멜은 '돈'을 현대문화의 갈등과 비극의 원인으로 간주하고 있다. 짐멜은 『돈의 철학』(1900)에서 다음과 같이 설명하고 있다. 사물의 문화는 비로소 돈을 통해 자연 상태에 대하여 자주적이고 독립적인 세력과 질서가 될 수 있었다. 돈은 문화과정의 관절체계로서 한편으로는 이 과정을 구성하는 요소들을 분리하고 이동시키며 새롭게 결합시키는 것을, 다른 한편으로는 이들 요소가 서로서로 의존하고 서로서로 다양하고 지속적인 자극과 충동을 주고받을 것을 가능케 해준다. 여기에서 돈은 동시에 주관문화의 발전을 위하여 긍정적인 기능을 하기도 한다. 돈은 주제와 객체 사이에 끼어들어 이들 사이에 거리를 만듦으로써 개인으로 하여금 사물과의 직접적인 관계에서 해방되어 사물에 대한 지배자가 되며 우리에게 가능한 것을 선택할 수 있도록 해준다. 객관정신과 주관정신의 관계를 상호간의 고양과 성숙의 관계로 이끌어줌으로써, 현대적 삶의 양식에 대한 돈의 문화의의는 지양되는 것이 아니라 상승되는 것이며, 반증되는 것이 아니라 입증되는 것이다. 짐멜은 그 좋은 예로 타자기를 든다. 타자기의 표준화되고 객관화된 활자로는 개인적 필체를 표현할 수 없지만, 다른 한편 우리는 타자기라는 객관문화를 수단으로 하여 자기 자신의 심층적 영혼이 이룩한 업적과 더불어 자기 자신의 주체적 개인적 인격을 표출시킬 수가 있다.[53]

이러한 과정에서 돈이 문화위기와 관련되는 것은, 바로 수단(手段)의 자립화 현상과 관련된다. 그러니까 원래 돈은 교환과 가치보상을 위한 수단

---

53 Georg Simmel, *PdG*, 651-654쪽. 그리고 김덕영(2007), 197-198쪽 참조.

이었다. 그런데 돈이 대다수 문화인간의 목표중의 목표가 되어버렸다. 합리적인 이성에 비추어보면 정당화될 수 없는 일이지만, 목적을 달성하기 위한 노력은 대체로 돈을 가짐으로써 종결된다. 결과적으로 객관문화는 마치 하나의 자율적인 세계와도 같이 주관문화와 특정한 관계를 갖지 않으면서 존속하고 발전할 수 있게 되며, 궁극적으로는 객관문화가 주관문화에 대한 우위를 차지하게 된다. 돈은 이처럼 현대문화의 갈등과 비극을 초래한다.

짐멜은 현대사회에서 주관문화와 객관문화가 점점 더 분리될 뿐만 아니라, 객관문화가 주관문화를 압도하는 현상을 문화의 비극이라는 관점으로 밝혀내었다. 그렇다면 현대사회에서 문화를 향유하고 있는 현대인에게도 이런 현상이 그대로 나타난다고 보아야하지 않을까? 짐멜은 현대인이 처한 상황을 다음과 같이 표현하고 있다. 짐멜은 초기 프란체스코 수도사들을 묘사하던 말, 즉 "아무것도 갖지 않는 것이 모든 것을 갖는 것"이라는 말의 의미를 되새기고 있다. 그러니까 그들은 영혼의 길을 어떻게든 자신을 통과해서 가라고 강요하여 이 길을 간접적인 길로 만들어버리는 경향이 있는 모든 사물들에서 완전히 해방되었다. 그런데 이에 반해 과도한 문화를 가진 오늘 현대인의 상황은 어떠한가? "모든 것을 가졌지만 아무것도 갖지 못한 것"이라고 표현될 수 있다는 것이다.[54]

3) 문화의 비극 앞에 놓인 현대인

현대 문화의 비극성 앞에 놓인 현대인에게 앞으로 나아갈 수 있는 방안은 없는 것일까? 현대인을 향해 던지는 짐멜의 메시지에 귀 기울일 필요가 있다. 짐멜은 『철학적 문화』에서 개인이 단순히 '문화를 소유하는 것'

---

54 『문화이론』, 56쪽; *GSG 14*, 412쪽.

과 '문화화되는 것', 즉 문화 인간이 되는 것을 구분하였다. 말하자면 소유(Haben)와 존재(Sein)의 구분이다. 먼저 '소유'는 인간이라는 주체와 문화 생산물이라는 객체가 단순히 기계적 병렬관계에 있음을, 즉 주관문화와 객관문화가 유기적이고 화학적으로 결합되지 못한 상태를 가리킨다. 이에 반해 '존재'는 객체가 주체와의 내적 결합으로 개인적-주체적 인격의 한 부분을 이룬 상태를 일컫는다. 존재의 경우, 객관적 문화의 산물이 개인의 주체적 인격을 연장해 주는 기능을 한다. 여기서 주체와 객체는 인격 또는 영혼의 중심과 주변의 관계를 이룬다. '문화를 소유하는 것'이 단순한 소유론적 범주라면, '문화화 되는 것' 또는 '문화 인간이 되는 것'은 소유와 존재가 결합된 범주라 할 수 있다.

결국 주체인 나 스스로의 문화화가 문화비극의 상황을 돌파할 수 있는 지름길이 되는 셈이다. 그러면 문화갈등과 문화위기를 극복하기 위하여 짐멜이 생각하고 주체적 인간이 되기 위한 교육이란 어떤 것일까? 짐멜은 개인을 주체적인 인격체로 교육시키는 것만이 현대세계에서 주관문화를 보존하고 발전시킬 수 있는 유일한 대안이라고 주장한다. 짐멜에 따르면, 18세기와 19세기는 모두 개인주의 이론을 발전시켰지만, 개인과 사회와의 관계를 어떻게 보느냐에 따라 두 세기는 근본적인 차이점을 보여주었다는 것이다. 18세기가 양적 개인주의 혹은 개체성의 개인주의 철학을 발전시켰다면, 19세기는 질적 개인주의 혹은 유일성의 개인주의 철학을 발전시켰다. 전자에 의하면 개개인은 보편타당한 이성적 존재로서 다른 이성적 존재들과 평등하기 때문에 자유로운 존재가 된다. 따라서 평등하고 자유로운 양적 개인들의 삶과 행위는 반드시 사회의 존재를 전제조건으로 한다. 이와 반대로 후자는 개인의 존재근거와 의미는 다름 아닌 자기 자신만의 개성, 특성 그리고 특질에 달려있다고 본다. 질적 개인들에게 중요한 것은 사회적 관계가 아니라 자신의 주체적 인격의 발달인데, 이것의 의미는 궁극적으로 개인이 인류의 발달에 기여한 정도에 달려있다. 전자의 대표적 이론가로 칸트와 피히테를 들 수 있다면, 후자의 대표적인 이론가로는 낭만주의자들, 슐라이어마허, 괴테, 니체를 들 수 있다.[55]

그렇다면 개인의 내적인 인격체의 발달을 촉진할 수 있는, 말하자면, 성숙(成熟)과 교양(敎養)을 쌓을 수 있는 새로운 교육체제는 어떻게 가능한 것인가? 짐멜은 서구 유럽의 18세기적 교육이념과 19세기적 교육이념의 결합을 통해서 실현가능하다고 보았다. 그러니까 18세기의 인문주의적-이상주의적 교육이념은 원칙적으로 인간의 내적-인격적 가치 형성과 발전을 지향하였다. 이에 반해 19세기 교육이념은 일차적으로 객관적 전문적-기능적 지식과 능력의 축적 및 전수를 지향함으로써 18세기 교육이 추구한 인문주의적 이상주의적 가치를 상실하게 되었다. 이러한 19세기 교육이념은 교육의 이념과 체제 변화가 삶의 영역에서 객관문화가 급속히 확산되고, 궁극적으로는 객관문화가 주관문화에 대해 우위와 지배적 관계를 갖는 데 매우 중요한 역할을 했다는 것이다.[56] 그래서 이제 짐멜은 18세기적 교육이념과 19세기적 교육이념 간의 양자택일이 아니라, 이 둘을 한 차원 높은 통일체로 결합시키는 것이야말로 현대문화의 위기, 비극적 상황을 타계할 수 있는 유일한 대안이라고 확신하는 것이다.

4. 맺는 말: 문화의 비극은 우리의 우울한 운명인가?

지금까지 우리는 부버와 짐멜의 시선을 좇아 문화의 비극 상황에 대해 살펴보았다. 이제 우리에게 남겨진 문제는 간단하다. 이런 상황에서 무엇을 할 것인가? 그리고 어떻게 할 것인가? 앞서 우리는 종교의 비극, 나아

---

55 Georg Simmel, *Grundfragen der Sozilogie. Individuum und Gesellschaft*, Berlin 1970, 68쪽 이하; 김덕영, 『현대의 현상학』, 나남출판사, 1999, 55-56쪽.

56 김덕영, 『현대의 현상학』(1999), 2장, 3장(76-83쪽) 참조 바람.

가 문화의 비극의 한 장면으로 소망교회의 폭행사건을 들었고, 그것이 한국 기독교의 전반의 근본적인 문제에서 파생한 것이라고 말한 바 있다. 지금 한국 기독교, 나아가 종교 공동체의 핵심 문제는 상호관계의 단절에 있다. 교회가 나-너 관계에 입각한 참다운 대화가 이루어지는 인격 공동체가 되어야 함에도 불구하고, 나-그것의 관계를 바탕으로 한 집단적 공동체로 전락해 있다. 여기에서는 타인을 인격체로 대하기보다는 수단, 이용, 착취의 대상으로 간주하는 그것 중심의 세계관이 통용되고 있는 것이다. 그래서 이제 다시금 우리 스스로가 온 존재를 기울여 타인을 진정한 한 인격으로, 나아가 영원한 당신으로 대할 수 있는 참된 공동체, 다시 말해 사랑의 공동체 회복이 그 어느 때보다 절실한 시점이다.

문제는 그 모든 것을 '내'가 먼저 시작해야 한다는 사실이다. 그런데 나는, 우리는 어떤 존재인가? 이중성을 지닌 존재, '너'의 세계와 '그것'의 세계를 오가는 존재, '자유'에의 결단과 '필연'에의 숙명 사이를 살아가는 존재, 그래서 더더욱 문화화되어야만 하는 존재가 아닌가? 진정한 문화화, 진정한 교양인, 진정한 성숙인은 결코 완결될 수 없는 무한한 과업(課業)이기에 우리는 매 순간 겸손할 필요가 있는 것이다. 우리 사회의 종교인들이 최소한 부버가 강조한 〈나-너〉 관계를 종교공동체 안에서만이라도 제대로 실천한다면, 그리고 종교 활동을 하는 오늘 우리들 모두가 '그것' 지향의 가치관을 한번쯤 철저하게 반성해 본다면, 그래서 짐멜의 눈높이에서 남의 탓을 하기보다 나 스스로의 문화화 지수를 체크해 본다면, 이 땅에서 벌어지는 문화 비극의 장면들은 사라지지 않을까? 대도시의 회색빛 우울한 운명에 안주하기보다 우리의 선택, 우리의 결단에 따라 우리 자신의 운명을 채색해야 할 이유이다.

제3장

에른스트 카시러의 문화관

— 카시러의 종교・정치 비판을 중심으로

1. 시작하는 말

우리가 서양의 사상사를 배우다보면 흥미로운 사실 하나를 알 수 있다. 인간의 정신은 뮈토스(Mytos)에서 로고스(Logos)로 이행하였고, 뮈토스적 사유를 벗어나 로고스적 사유를 함으로써 비로소 인류는 합리화의 세계, 과학의 세계에 발을 내딛게 되고 이것이 궁극에는 인간의 문화 발전의 초석이 되었다는 것이다. 이때 뮈토스는 로고스에 비해 열등한 요소며, 부정적인 요소로 그려지고 있다. 인류 역사의 기나긴 여정을 회고적으로 설명한다면 그러한 설명 방식이 일견 타당해 보일 수도 있다. 그런데 우리가 약간의 의문을 가지고 인류의 역사를 들여다본다면, 다시 말해 인간의 삶 혹은 문화가 과연 뮈토스적 사유에서 로고스적 사유로 이행한 결과의 측면에서 바라보아야 하는지 의문을 갖게 되면, 우리는 의외의 사실을 발견할 수도 있게 된다. 그러니까 여기서 필자는 인간의 문화적 삶에서 뮈토스와 로고스의 관계가 '선후의 관계'라기보다는 '뒤얽힘의 관계'라는 사실에 주목하고자 한다. 원시인의 삶에서나 현대인의 삶에서도 이러한 뒤얽힘의 관계는 공통적으로 나타나고 있다고 필자는 파악한다. 그렇기에 우리는 현대인의 삶 속에서도 여전히 뮈토스적 사유, 즉 신화적 사유를 들추어낼 수가 있다.

데이비드 흄(D. Hume, 1711-1776)의 관점에서 볼 때 인간은 본래 추상적인 이성에 복종하는 것이 아니라 욕망과 정열에 복종한다. 욕망과 열정이야말로 최초의 종교적 관념들의 원천이기도 하다. 종교적 관념들은 '이성적 사유'나 '도덕적 의지'의 자식들이 아니요, 따라서 이것들로부터 그들이 존속하는 데 필요한 영양분을 공급받지도 않는다. 인간을 맨 먼저 신앙에로 이끌어 가고 또 꾸준하게 이 신앙에 붙들어 매어두는 것은 '희망(希望)'과 '공포(恐怖)'의 정서이다.[1] 여기서 우리는 종교의 진정한 원천을 본다. 종교는 논리적이거나 윤리적인 근거에 뿌리를 박은 것이 아니다. 그것은 단지 인간학적(anthropologic) 원인만을 갖는다.[2] 그것은 초자연적 힘에 대한 공포로부터 그리고 이 힘을 잘 달래어 인간의 뜻에 복속시키려는 인간의 희망으로부터 생긴다. 따라서 여기서도 우리의 종교 생활을 지배하고 제어하는 것은 열정의 유희요, 상상력의 유희이다. 말하자면 미신과 악마에 대한 공포가 신(神) 관념의 진정한 원천이다.

그런 맥락에서 '불합리하므로 믿는다(Credo quia absurdum)'라는 표어는

---

1 D. Hume, *The Natural History of Religion*, 1757. 『종교의 자연사』(이태하 역), 아카넷, 2004, 26-27쪽.

2 Ernst Cassirer, *Die Philosophie der Aufklärung*, Verlag Von J.C.B. Mohr(Paul Siebeck), Tübingen, 1932(1998), 240쪽. *The Philosophy of the Enlightenment*, Translated by Fritz C. A. Koelln and James P. Pettegrove, Princeton University Press, 1951, 180쪽. 『계몽주의 철학』(박완규 역), 민음사, 1995, 183쪽(이후 독일어본은 *PA*로, 영어본은 *PE*로 표기하고, 번역본은 괄호 속에 쪽수를 표기하도록 함).

언제 어디서나 오랫동안 그 힘을 발휘할 수 있었다. 한편 고급종교와 저급종교의 차이는 공포와 희망 이외에 제 삼의 계기가 첨가되느냐 아니냐의 차이다. 이 새로운 계기는 지적인 세련화에서 나오나, 윤리적 의미에서 볼 때, 그것은 발전이라기보다는 오히려 퇴보이다. 이것은 아첨의 동기요, 이로 인해 인간은 자신의 신을 고양시켜 지상적인 완전성의 모든 척도를 넘어서게 하고, 더욱 더 고귀한 옷을 신에게 입힌다. 그러나 우리가 인간들이 실제로 하는 짓들을 보다 세밀히 관찰하고 조사해 본다면, 정신적이고 도덕적인 이 모든 고양에도 불구하고 모든 것은 옛날 모습 그대로 남아 있음을 안다. 전지(全知), 전능(全能), 선자체(善自體) 이신 기독교의 신은 칼빈주의의 신상(神像)에서 볼 때, 원시종교가 두려워해서 섬겼던 폭군처럼 그렇게 무시무시하고 음험하고 심술궂고 제멋대로인 폭군이 되어 버린다. 악마에 대한 공포는 이렇게 해서 모든 고급종교의 관념들의 근거가 된다. 그리고 이 공포심은 이것이 더 이상 밖으로 분명하게 노출되지 않게 되었다고 해서 그리고 원시종교가 소박하게 드러냈던 결함들이 모든 위선에 의해 감추어졌다고 해서, 조금도 개선되는 것이 아니다. 이것이 흄이 말하는 '종교의 자연사'에 관한 내용들이다.

흄은 『종교의 자연사』(1757)를 통해서 자연종교를 일거에 격퇴시키고 자연종교란 철학적 꿈에 지나지 않음을 보여주고 있다. 계시종교의 체계를 가장 위험한 적(敵)(자연종교)으로부터 구해 준 것은 다름 아닌 철학 자체이다. 그러나 흄의 분석의 날카로운 칼날은 정통교리 체계에 대해서도 똑같은 치명상을 입혔다고 카시러는 지적한다.[3] 흄의 회의론은 '자연종교'뿐만 아니라 '계시종교'에 대해서도 최후의 판결을 내려버렸다. 흄은 『종교의 자연사』의 맺음말 부분에서 다음과 같이 말하고 있다.

---

3 *PA*, 242쪽, *PE*, 181쪽(242쪽).

> 눈에 보이는 자연으로부터 지고(至高)한 창조주 같은 고귀한 원리를 이끌어낼 수 있다니, 인간 이성은 참으로 고귀한 특권을 누리는구나! 그러나 문제의 이면을 살펴보라. 모든 시대의 모든 민족들에게서 실지로 일어나는 종교의 진행 과정을 살펴보라. 이 세계에 실제로 있는 종교적 원리들을 조사해 보라. 그러면 그것들은 어이없게도 인간의 꿈을 병들게 할 뿐이다. …… 신학적 모순처럼 그렇게 큰 모순이 또 있을까? 날카로운 오성(悟性)과 최고의 문화(文化)를 지닌 사람이 어찌 그러한 모순을 옹호할까? 종교적 율법처럼 그렇게 엄한 짓이 또 있을까? …… 모든 것이 수수께끼이고 난제이며, 설명될 수 없는 신비(神秘)이다. 이 문제와 관련해 가장 정확한 검토를 통해 도달한 유일한 결론은 의심, 불확실, 판단중지뿐이다. 그러나 인간은 이성의 나약함과 불가항력적으로 이루어지는 생각으로 인해 이 같이 사려 깊은 의문을 갖는 것이 가능하지가 않다. 우리는 시야를 넓힐 수 없으며, 미신 간의 분쟁에 빠져들게 된다. 그러나 우리는 다행히도 그러한 분쟁 가운데서 다소 모호하기는 하지만 철학의 고요한 영역으로 벗어나 있다.[4]

카시러에 의하면 흄의 이 같은 논리적 귀결들은 18세기 계몽기의 전형은 되지 못한다. 아무리 흄과 같은 관점이 있었다하더라도, 18세기는 인간의 이성을 전적으로 신뢰하였으며, 종교 문제와 관련해서도 이성은 옹호되는 경향이 훨씬 더 컸다는 것이다. 그런 측면에서 흄의 『종교의 자연사』는 계몽기 지성사에서 하나의 외딴 현상에 불과했다고 할 수 있다.

희망과 공포의 정서가 종교의 진정한 원천이라고 말한 흄의 생각을 좇아가 본다면, 우리는 종교와 신화의 밀접한 관계를 어렵지 않게 찾아낼 수 있게 된다. 이제 우리의 관심은 신화적 사고는 종교적 사고와 어떤 측면에서 유사한가? 오늘날에는 과연 신화와 신화적 사고가 사라졌는가? 종교 혹은 종교인들은 왜 정치와 결탁할 수밖에 없는가? 이러한 문제의식을 가지고 이 글에서는 신화적 사고의 독특한 특징, 신화적 사고의 유형, 종

4 데이비드 흄, 『종교의 자연사』, 154-156쪽; *PA*, 243쪽, *PE*, 181쪽(243쪽).

교의 정치화, 정치의 종교화 현상의 근본 원인 등을 집중적으로 밝혀 보도록 한다. 우리는 이런 일련의 과정을 통해서 우리 사회가 보다 합리적이고 예측 가능한 사회 그리하여 건강한 사회로 나아갈 수 있는 방안을 모색해 보고자 한다.

2. 신화와 신화적 사고의 특징[5]

카시러는 우리가 사물들을 바라보는 데에는 세 가지 태도가 있다고 말한다. 첫째 신화에서처럼 상모적으로, 즉 사물들이 감정을 지닌 것으로 보는 태도, 둘째는 감관지각을 통하여 이차적 성질들의 세계를 보는 태도, 셋째 과학적으로 일반화하여 보는 태도다. 카시러는 세 가지 태도는 각기 일정한 '기능적 가치'를 지니고 있어서, 그 어느 것도 한갓 망상이 아니며, 각기 그 나름대로 우리가 실재에로 나아가는 하나의 단계라고 주장한다.[6] 따라서 우리는 원시인들이 신화적으로 경험하는 질들을 그들이 경험하는 방식대로 보도록 노력해야 한다는 것이다. 카시러는 이러한 문제를 명쾌하게 언급한 인물로 듀이(J. Dewey 1859-1952)를 들고 있다. 듀이는 신화적 지각에서 그 힘을 입증 받은 감정의 질에 상당한 권리를 처음으로 인정하고 강조한 사람이다.

> "경험적으로 볼 때, 사물들은 매섭고, 혹은 비극적이고, 혹은 아름답고, 혹은 우스꽝스럽고, 혹은 안정되어 있고, 혹은 혼란되어 있고, 혹은

5 신화와 신화적 사고의 특징에 대한 부분적인 연구는 신응철, 『카시러의 문화철학』(2000), 『카시러 사회철학과 역사철학』(2004), 『문화, 철학으로 읽다』(2009)를 참조 바람. 여기에서는 기존의 연구들에서 핵심적인 부분만을 발췌하여 재구성하였음을 밝혀둔다.

6 Ernst Cassirer, *An Essay on Man: An Introduction to a Philosophy of Human Culture*, New Haven Yale University Press, 1944, 78쪽(이후 *EoM*으로 표기함).

안쓰러워 보이며, 혹은 지루하고, 혹은 메마르고, 혹은 거칠고, 혹은 위안을 주며, 혹은 광휘에 차 있으며, 혹은 두렵다."[7]

카시러는 우리가 '신화적 지각'과 '신화적 상상의 세계'를 설명하고자 할 경우, 인식과 진리에 대한 우리들의 이론적 이상들의 견지에서 이 두 가지를 비판해서는 안 된다고 말한다. 말하자면, 신화적 경험의 질들을 그 '직접적 성질'에서 보아야 한다는 것이다. 그 이유는 우리에게 필요한 것은 단순히 사상이나 신화적 생활을 '설명(說明)'하는 일이 아니라, 신화적 생활을 '해석(解釋)'하는 일이기 때문이다. 신화는 독단적 신조의 체계가 결코 아니다. 신화는 오로지 이미지나 표상보다 오히려 행동으로 이루어져 있다. 이러한 견해는 근대 인간학과 근대 종교사의 입장을 살펴보면 금방 알 수가 있다. 신화의 이러한 측면은 그 속에 들어 있는 '동적 원리' 때문에 생겨난다고 카시러는 파악한다. 신화는 오직 행동에 의해서만 기술될 수가 있다. 원시인은 그 감정과 정서를 한갓 추상적인 상징들로 표현하지 않고, 구체적이고 직접적인 방식으로 표현했다. 그렇기 때문에 신화와 원시종교의 구조를 알기 위해서는 이러한 표현들 전체를 연구하지 않으면 안 된다고 카시러는 말한다.

프랑스의 사회학파는 신화와 원시 종교의 구조를 나름대로 밝혀낸 적이 있다. 뒤르켐(Durkheim, Emile, 1858-1917)은 우리가 신화의 원천들을 물리적 세계 혹은 자연 현상의 직관에서 찾는 한 우리는 신화를 적절하게 설명할 수 없다는 원리에서 출발한다. 말하자면, 그는 '자연'이 아니라 '사회'가 신화의 참된 모형이라고 주장한다. 뒤르켐의 설명은 레비-브륄(Lévy-Bruhl)에게서 진척된 것이다. 레비-브륄은 신화 사상은 "선논리적 사고"로 되어 있다고 주장한다. 설령, 신화적 사고가 여러 가지 원인을 요

7 J. Dewey, *Experience and Nature*, Chicago: Open Court Publishing Co., 1925, 96쪽, 264쪽.

구한다 할지라도, 이 원인들은 논리적인 것도, 경험적인 것도 아닌, 바로 "신비적 원인들"이라고 그는 주장한다.[8]

기본적으로 카시러는 신화가 사회적 성격을 지니고 있다는 뒤르켐의 주장에는 동조하지만, 원시인의 정신이 선논리적이며 신비적이라는 레비-브륄의 주장에 대해서는 반대한다. 왜냐하면 원시인의 사고방식이 선논리적 혹은 신비적이라는 주장은 인간학적 민족학적 사실에 맞지 않기 때문이다. 원시인의 생활과 문화 속에는 우리들 자신의 문화적 생활의 모습을 보여주는 영역들이 많이 들어있다. 원시인이라고 해서 덮어놓고 모든 것을 신화적으로 생각한 것은 아니다. 그들의 생활에도 신성한 영역과 세속적인 영역이 있기 때문이다.

카시러는 자신의 『상징형식의 철학』 제2권 『신화적 사고』에서 현대의 과학적이고 논리적인 사유방식의 한계를 신화 연구를 통해서 날카롭게 지적해 낸다. 카시러가 인식이론과 문화철학의 논의에서 신화를 언급할 때는 신화의 순기능, 즉 신화적 사고 방식에 들어있는 '상모적 세계관', '생명의식', '생명의 연대성', '공감적 사고', '탈바꿈의 법칙' 등의 신화적 세계 경험의 특징을 강조한다.[9]

먼저 카시러는 신화에서 나타나는 지각의 구조를 과학적 사고에서의 지각의 구조와 대립시켜 설명한다. 과학적 사고의 특징인 분석적 과정에 의해서 우리는 실체적인 것과 우연적인 것, 필연적인 것과 우발적인 것, 변하는 것과 불변하는 것을 구별한다. 이러한 구별에 의하여 우리는 고정되고 한정된 성질을 갖춘 물리적 대상의 세계에 대한 개념을 갖게 된다. 이에 반해 신화적 세계는 우리의 이론적 세계보다 훨씬 더 유동적이고 변

---

8 Cassirer, *EoM*, 79쪽.

9 신화 및 신화적 사고의 특징과 관련한 논의는 신응철, "카시러 문화철학에 나타난 신화관", 『대동철학』 제7집, 대동철학회, 2000. 3; 그리고 "카시러의 인식이론 고찰", 『칸트연구』 제7집, 한국칸트학회, 2001. 6; 『카시러의 문화철학』, 한울아카데미, 2000, 제4장 참조 바람.

동성 있는 단계에 있다고 카시러는 파악한다. 카시러는 과학적 사고와 신화적 사고의 차이를 특별히 부각시키기 위해서 신화가 주로 지각하는 것은 객관적 성격들이 아니라, '상모적(相貌的 physiognomic)' 성격들[10]이라고 말한다. 그렇다면 상모적 성격이란 도대체 무엇을 의미하는가? 경험・과학적 의미에서 말할 때, 자연(自然)이란 일반법칙에 의하여 결정되는 한에서의 사물의 존재라고 정의될 수 있다. 그런데 이러한 의미의 자연은 신화에서는 존재하지 않는다. 신화의 세계는 극(劇)적 세계(dramatic world), 그러니까 행동, 힘, 충돌하는 세력들 간의 세계다.[11]

카시러는 이와 같이 신화적 지각에서 나타나는 상모적 경험의 자료들이 객관적 가치는 잃었지만, 인간학적(人間學的) 가치는 여전히 가지고 있다는 사실을 주장한다. 그렇기에 인간 세계에서 우리는 이것들을 부정할 수도, 제거할 수도 없다는 것이다. 그리고 카시러는 신화의 진정한 하층구조는 '사고(thought)'로 되어 있지 않고, '감정(感情, feeling)'으로 되어 있다고 주장한다.[12] 이런 이유 때문에 신화는 비합리적인 것으로 비춰질 수 있다는 것이다. 그렇지만 카시러는 신화 속에도 논리적 일관성이 들어있으며, 이 일관성은 논리적 규칙이 아닌 '감정의 통일'에 근거한다고 말한다. 예를 들어 과학적 사고가 현실을 기술하고 설명한다면, 대개는 분류와 체계화의 방법을 사용한다. 이런 방식을 따르다 보면, 생명은 서로 확연히 구별되어 개개의 부분으로 나뉘게 된다. 말하자면 생명의 세계를 종(種), 속(屬), 과(科) 등으로 쪼개는 일을 하게 된다. 하지만 원시인의 신화적 사고방식은 이 모든 것을 무시하고 거부한다. 말하자면, 신화에서는 그와 같은 일이 일어나지 않는다. 신화에 나타난 생명관(生命觀)은 종합적이지 분

10 상모적 성질, 상모적 세계관에 대한 상세한 설명은, 신응철, 『문화, 철학으로 읽다』, 북코리아, 2009, 제1장 참조 바람.

11 Donald Phillip Verene(ed), *Symbol, Myth, and Culture: Essays and Lectures of Ernst Cassirer 1935-1945*, New Haven and London Yale University Press, 1979, 172쪽 참조.

12 Cassirer, *EoM*, 81쪽.

석적이지 않다. 신화에서의 생명은 끊긴 데 없는 하나의 연속적(連續的) 전체로서 느껴진다. 그리하여 서로 다른 영역들 간의 경계는 유동하며 변동한다. 때문에 신화적 사고에서는 생명 세계에서의 종의 차이가 생겨나지 않는다. 다만 탈바꿈(metamorphosis)의 법칙만이 있을 뿐이다.[13]

한편 카시러는 신화적 사고를 행했던 원시인들의 심성의 특징을 '논리'가 아닌 '일반적 생활 감정'에서 찾고 있다. 카시러는 이 점을 원시인의 자연관을 통해 설명한다. 원시인의 자연관은 한마디로 '공감적(共感的, sympathetic)'이라 할 수 있다.[14] 신화는 감정과 정서의 소산이요, 그 정서적 배경은 그 모든 창작물을 그 자신의 특수한 빛깔로 물들인다. 원시인은 사물들 간의 여러 가지 차이를 모르는 바 아니지만, '생명의 연대성(solidarity of life)'에 대한 깊은 감정 내지 확신으로 말미암아 이 차이들은 망각된다. 이 생명의 연대성 속에서 인간은 특별한 위치를 차지하지 않는다. 온갖 형태의 생명 자체가 같은 혈연이라고 하는 것은 신화적 사고의 일반적 전제가 된다.[15] 그렇기 때문에 신화적 세계에서는 동물들 혹은 식물들의 생명과 인간의 생명이 구별되지 않고 넘나드는 것으로 생각되고 있다. 거기서는 자연이 하나의 큰 사회, 그러니까 '생명의 사회(the society of life)'를 이루고 있다.[16] 생명들 간의 차이가 없지는 않으나, 종교적으로 대수롭지 않게 여겨지게 된다. 그리고 이러한 생명의 세계에서는 가장 낮은 형태의 생명도 가장 높은 형태의 생명과 똑같은 종교적 존엄성을 가지고 있다. 인간과 동물, 동물과 식물은 모두 동일한 수준에 있다. 생명의 연대성에 대한 감정은 이와 같이 토템인 동물들 및 식물들에 있어서의 생명의 통일에 대한 느낌일뿐더러, 또한 그것은 인간의 세대들 간의 단절

---

13 Ernst Cassirer, *The Myth of the State*, New Haven and London: Yale University Press, 1946, 1-15쪽 참조(이후 *MS*로 표기함).

14 Cassirer, *EoM*, 82쪽.

15 Cassirer, *EoM*, 82쪽.

16 Cassirer, *EoM*, 83쪽.

없는 연속에 대한 느낌이기도 하다.

한편 카시러는 신화 혹은 신화적 사고의 역기능, 즉 신화적 사고가 낳는 폐단에 대해서도 지적하고 있다. 신화는 기본적으로 세상에 대한 인식적 사변적 해석이 아니다. 그것은 실제의 생활 형식에 뿌리를 두고 있다. 신화는 우리가 그것을 의식상 이루어진 행위 내에서 이해할 때에 비로소 이해하기 쉬워진다. 원시인들에게서는 일상생활에서의 실용적 지식에 대한 합리적이며 경험적인 법칙이 존재한다. 신화와 그것에 맞는 의식적 실행들은 특히 '위기상황'에서, 그리고 '결과가 불확실한 상황'에서, 말하자면 생명 순환적 과도기에 중요한 역할을 수행한다.[17]

카시러에 따르면, 신화는 공동체에 '형식'을 제공하며, 이러한 사회적 형식은 위기가 발생할 때 파괴되지 않는다는 점을 보증한다. 만일 엄청난 위기 상황이 벌어졌을 때, 그것이 사회 경제적 성격을 지닌다면, 이때 신화는 '정치적 기능'을 수행하게 된다. 그래서 신화는 각 개인에게 무조건적으로 집단과의 일체감(一體感)을 심어준다. 카시러는 이것을 신화의 '정치철학으로의 침투(浸透)'라고 말한다. 카시러가 볼 때, 현대 정치사상의 발전에 있어서 가장 중요하면서 가장 두려운 양상은 하나의 새로운 세력의 출현, 그러니까 신화적 사고를 바탕으로 하는 세력의 출현에 있다.[18] 그런 점에서 정치 제도들 가운데 몇몇의 경우에는 신화적 사고가 이성적 사고보다 우세하였다고 카시러는 확신하고 있다.[19]

---

17 Cassirer, *MS*, 279쪽.

18 Cassirer, *MS*, 3쪽.

19 카시러는 19세기와 20세기에 걸쳐 신화적인 것이 정치적 사고로 회귀되는 현상들을 철학 및 정치사상에서의 신화 반대 투쟁사를 통해 밝혀낸 바 있고, 특히 칼라일(Carlyle, Thomas, 1795-1881)의 '영웅숭배론'과 고비노(Gobineau, Joseph-Arthur, 1816-1882)의 '인종불평등론', 슈펭글러(Oswald Spengler, 1880-1936)의 '운명론적 역사관'을 그 대표적인 것으로 간주한다.

3. 종교와 종교적 사고의 특징

카시러는 신화적 사고의 특징인 생명의 연대성에 대한 깊은 감정에서 '조상숭배'의 사상과 '제례'가 우러나온다고 파악한다. 그 점에서 스펜서(H. Spencer, 1820-1903)도 '조상숭배'가 종교의 최초의 원천이라고 주장하기도 하였다. 조상숭배는 가장 보편적인 종교적 동기들 가운데 하나이다. 카시러는 바로 이러한 측면에서 신화사상과 종교사상 사에는 근본적 차이가 없다고 말하기도 한다.[20] 그래서 인간 문화의 발전에 있어서 신화가 끝나고 종교가 시작되었다고 하는 견해에 대해서 카시러는 반대하면서, 종교에는 언제나 신화적 요소가 침투해 있고, 또 가장 엉뚱한 신화 속에도 나중의 종교적 이상을 예상할 수 있는 동기가 들어있다고 말한다.

한편 종교학자 머레이(G. Murray)에 의하면, 그리스 종교의 진보에는 세 단계가 있다. 첫 단계는 제우스가 인간의 마음을 괴롭히게 되기 전의 원시적 에우에테이아(Euetheia), 즉 '무지몽매'의 시대다. 이 단계는 세계 도처에서 볼 수 있는 것이므로 종교의 시초라 할 수 있다. 두 번째 단계는 '올림퍼스의 정복'이다. 이 정복이 잇은 후 인간은 자연과 또 자연에서의 자기 자신의 위치를 다른 의미로 생각하게 되었다. 생명의 연대성에 대한 일반적 감정은 하나의 새롭고 보다 강한 동기, 즉 '인간의 개성'에 대한 특별한 '의식'에 자리를 넘겨주었다. 이제 다시는 자연의 친척관계, 즉 인간을 식물이나 동물과 결부시키는 혈연관계가 없게 되었다. 인간은 그의 인격신들 속에서 그 자신의 인격을 새로운 빛으로 보기 시작하였다. 이 진보는 최고신, 즉 올림퍼스의 제우스 신의 발전에서 분명히 감지할 수 있다. 그래서 세 번째 단계인 새로운 종교적 이념이 나타나게 된다. 기본적으로 제우스는 자연의 신으로서 비나 우뢰와 같은 자연현상에 대하여

---

20 Cassirer, *EoM*, 87쪽.

지배력을 가지고 있지만, 또한 인간세계를 이지적(理智的)으로 다스리기도 한다. 그러나 제우스는 차츰 새로운 모양을 가지게 된다. 아이스킬로스(Aischylos)는 제우스를 가장 높은 '윤리적(倫理的) 이상(理想)'이요, '정의(正義)의 수호자(守護者)'로까지 보았다.[21] 이와 같이 호메로스의 신들의 '의인관적(擬人觀的)' 성격은 기원전 6~5세기의 위대한 시인들과 사상가들의 맹렬한 비판을 받았지만, 신들을 인간화 하는 것은 그리스 종교의 진보에 있어서 없어서는 안 될 하나의 단계였다. 그리스의 대중 종교의 '神人同形同性' 사상(anthropomorphism)은 인간의 개인성에 대한 의식을 일깨워 주었다. 이것은 인간의 정신에다가 새로운 힘을 주는 것이었다.[22]

종교사상의 이러한 진보에서 우리는 하나의 새로운 힘과 인간 정신의 새로운 활동이 깨어나고 있는 것을 인지하게 된다. 철학자들과 인류학자들은 때때로 우리에게 종교의 참되고 궁극적인 원천은 '의지하려는 인간의 감정'이라고 말한다. 19세기 종교철학자 슐라이어마허(Schleiermacher, 1768-1834)는 종교는 "신(神)에게 절대적으로 의지하는 감정(the feeling of absolute dependence on the Divine)"이라고 규정하였다. 프레이저(James George Frazer, 1854-1941)도 『황금가지』(*The Golden Bough*)에서 종교란 보이지 않는 것의 신비로운 권세 앞에 "가장 겸손히 엎드려 경배하는 태도(attitude of lowliest prostration)"라고 기술하였다.[23] 여기서 카시러는 슐라이어마허나 프레이저의 견해와 입장을 달리한다. 말하자면, 종교를 포함한 인간 문화의 생산적인 힘이 이 처럼 인간의 '수동적인 태도'에서는 결코 나올 수 없었다는 입장이다.[24] 심지어 마법도 그저 수동적이기만 하지는 않았다는 것이다. 마법도 인간의 '자신감'의 표현이었다. 마법에서 인간은 자기

---

21 Gilbert Murray, *Five Stages of Greek Religion*, Columbia University Lectures, New York: Columbia Univ. press, 1930, 16쪽.

22 Cassirer, *EoM*, 91쪽.

23 Frazer, *The Golden Bough*, 제1권, 78쪽; Cassirer, *EoM*, 91쪽.

24 Cassirer, *EoM*, 92쪽.

가 자연적 혹은 초자연적 힘에 의하여 마음대로 농락당한다고 생각하지 않는다. 오히려 자연에서 일어나는 모든 일이 마법의 행사에 의하여 좌우될 수 있다고 믿는다. 마법에서의 인간은 자신의 정신력을 최고도로 집중시킨다. 주의력을 최고로 발휘하여 마법의 규칙들을 정확하게 지키면서 그 의식을 행하면 소기의 목적을 이룰 수 있다고 믿는다. 마법은 원시인이 거쳐야 할 최초의 학교였다. 마법은 인간에게 자기 자신의 힘에 대하여 확신을 가질 것을 가르쳤다. 그저 자연의 힘들에 '복종'할 것이 아니라, 정신력으로써 이 힘들을 '조정'하고 '지배'할 것을 가르쳤다. 그러니까 마법은 그저 미신으로만 되어 있지 않다. 현대 인류학은 오히려 마법과 종교 사이에 완전한 연속성이 있음을 가르쳐준다는 것이 카시러의 생각이다.[25]

한편 프레이저의 경우도 마법을 과학적 활동의 소산이요, 인간의 호기심의 결과라고 보았다. 마법에서 인간은 그릇된 원인들을 가지고서 만족하였는데, 이리하여 마법이 절망에 빠졌을 때 인간은 종교를 발견하였다고 하는 것이 프레이저의 견해다. 프레이저에 의하면, 종교는 이론적 목표들을 가지고 있지 않다. 종교는 다만 윤리적 이상들을 표현하고 있을 따름이다. 그러나 카시러가 볼 때 이 견해는 종교의 역사적 사실에 맞지 않는다. 종교에는 실천적 기능과 함께 이론적 기능도 있어 왔다. 종교는 '세계의 기원'과 '인간의 기원'을 문제 삼는데, 이 기원으로부터 종교는 인간의 여러 '의무'와 '책임'을 이끌어내었다. 종교의 이론적 면과 실천적 면은 생명의 연대성에 대한 감정 속에 결합되어 섞여 있다. "생명의 연대성에 대한 감정(the feeling of the solidarity of life) 속에 우리는 마법과 종교의 공통 원천을 본다"고 카시러는 말한다.[26] 이런 점에서 마법은 일종의 과

---

25 Cassirer, *EoM*, 93쪽.
26 Cassirer, *EoM*, 94쪽.

학이 아니다. 마법은 그저 자연을 알려고만 하는 것도 아니고, 그저 자연을 정복하려고만 하는 것도 아니다. 마법은 자연과 공감한다. 마법은 만물을 결합시키는 공동 유대가 있다고 하는 확신을 가지고 자연과 더불어 접촉하려 한다. 스토아철학은 이러한 확신을 '전체의 공감(Sympathy of the Whole)'이란 말로써 표현하였다. 이 말은 마법의 모든 의식의 밑바닥에 있는 근본적 믿음을 표현하고 있다.

카시러의 생각에 모든 고등종교의 최초의 가장 중요한 기능의 하나는 '거룩한 존재' 내지 신(神) 속에서 '인격적 요소'들을 발견하고 드러내는 것이었다. 그리고 위대한 일신론적 종교들에서는 '도덕적 성격'이 두드러지게 나타난다. 이 종교들은 도덕적 힘들의 소산으로서 선(善)과 악(惡)의 문제에 전념한다. 카시러는 종교의 가장 낮은 단계로부터 높은 단계로의 변천은 돌연한 비약(飛躍)에 의해 이루어질 수 없었다고 말한다. 그런데 베르그송(Bergson, Henri-Louis, 1859-1941)의 경우, 이러한 비약이 없었다면 억압과 공포에 기초하고 있던 '정적 종교'로부터 자유를 기초로 하는 '동적 종교'가 나올 수가 없었다. 베르그송도 역사적으로는 정적 종교와 동적 종교의 신비적 정신 사이에 연속하는 면이 없지 않음을 인정한다. 역사적으로는 공포나 억압에 기초를 두고 있는 '본능의 종교'와 인격의 매력에 이끌려 전진하는 '직관과 영감의 종교'가 뒤섞여 있는 시기가 적지 않았다. 베르그송은 전자가 지성 이하의 것이요 후자는 지성 이상의 것이라고 말한다. 이러한 베르그송의 생각에 대하여 카시러는 본능, 지성, 신비적 직관을 확연하게 가르는 것은 종교사의 사실들에 에 대하여 들어맞지 않는다고 주장한다. 프레이저는 '마법의 시대' 이후에 '종교의 시대'가 왔다고 주장하는데, 카시러는 이러한 생각에도 반대한다. 역사가 많이 진전하여 문화가 상당히 세련된 단계에서도 마법에 의한 신앙은 치명적 동요를 입지 않았기 때문이다. 르네상스의 사상가들은 마법에 대한 철학적 이론을 내놓기도 하였다. 르네상스 시대의 가장 경건한 사상가 피코 델라

미란돌라(Giovanni Pico della Mirandola, 1463-1494)는 마법과 종교가 깊이 얽혀 있다고 확신하고 있었다. 이와 같이 종교사상은 신화적 사상으로부터 천천히 발전해 나올 수밖에 없었다. 이 발전 속에서 이스라엘의 예언자들은 하느님을 '정의'의 하느님으로 보고 새 하늘과 새 땅이라고 하는 '정의의 나라'를 응시하고 희구하며 실현하려는 '인류적 종교'를 세웠다. 이리하여 그들은 미신(迷信)이 뒤섞인 재료로부터 높은 '윤리성'이 있는 위대한 종교를 창시하기에 이르렀다.[27]

카시러는 종교 사상의 이러한 변천과정을 '터부(Tabu)' 개념을 들어 설명하고 있다. '터부'라는 말은 본래 '다른 것과 구별된 물건'을 의미하는 말이었다. 인간 문명의 초보적 단계들에 있어서 터부란 말은 종교와 도덕의 전 분야에 걸치는 말이었다. 이러한 의미에서 많은 종교사가들은 터부 제도에 매우 높은 가치를 부여하였다. 터부는 덮어놓고 금기(禁忌)되는 것인데, 거기에는 도덕적 구별이 없다. 시체도 터부가 되고 갓난아기도 터부가 된다. 더러운 것도 터부지만, 거룩한 것을 만지거나 보는 것도 터부다. 터부는 전염을 잘한다. 부정을 타는 일은 쉽게 번진다. 터부 제도에는 '개인적 책임'이란 전혀 없다. 터부를 어겨 죄를 범하면 그 벌은 온 가족에게 미친다. 그리고 그 죄로부터 깨끗하게 되는 데에는 물질적 수단이 사용된다. 가끔 죄는 속죄양 혹은 새에게 옮겨지기도 한다.[28]

모든 고등 종교에 있어서 맹목적인 터부 제도를 극복하는 것은 쉽지 않은 일이다. 이러한 일은 '거룩한 장소'와 '부정한 장소'를 가름으로써 가능하게 되었다. 종교사가인 로버트슨-스미스(Robertson-Smith)의 연구에 따르면, 셈족의 종교에서도 처음에 거룩함과 부정함에 관한 규칙들이 미개인의 터부와 다를 바 없는 것이었다. 즉 그것들은 물리적인 것으로 이해

27 Cassirer, *EoM*, 103쪽.
28 Cassirer, *EoM*, 105쪽.

되고 있었다. 조로아스터교에서도 터부를 물리적으로 이해하는 경우가 많았다. 말하자면, 사람이 죽었을 때 겨울이면 아홉 밤 안으로, 그리고 여름이면 한 달 안으로 그 집에 불을 들여보내는 것은 죄가 된다.[29]

종교 사상의 진보에 있어서 터부 자체는 없어질 수 없었으나 그 동기가 바뀌게 되었다. 본래의 터부는 기계적으로 작용하는 것이어서 '도덕'과는 상관없는 것이었다. 터부의 위험은 '신체적 위험'이었다. 터부를 범하는 일이 의도적이었건, 의도적이지 않았건 간에 그 전염에는 에누리가 없다. 그런데 셈족의 종교에서는 율법을 주관적으로 어기는 것과 객관적으로 어기는 것 사이에 날카로운 구별이 지어진다. 그리고 신비스럽고 적의 있는 힘에 대하여 조심하는 일과 호의적인 신의 특권에 대한 존경에 기초하여 조심하는 일이 구별된다. 이와 같이 무서워서 금기 사항을 지키는 일과 거룩한 도덕적 힘에 대한 경외에서 금기사항을 지키는 것 사이에는 커다란 차이가 있다. 그리하여 이제 터부는 그 의미가 달라진다. 그저 물질적인 것이 문제가 아니라, '정신'이, '마음'이 문제가 된다.[30]

그리하여 이제 터부 제도는 인간에게 무수한 '의무(義務)'와 '책임(責任)'을 부과한다. 이 모든 의무는 하나의 공통적인 특성을 가지고 있다. 그 의무들은 소극적인 것이어서 적극적 이상과는 거리가 멀다. 터부 제도를 지배하고 있는 것은 '공포(恐怖)'인데, 공포는 오직 금할 줄만 알고 이끌어 갈 줄은 모른다. 그것은 위험에 대하여 경계하게 하지만, 인간 속에 새로운 도덕적 에너지를 불러일으키지는 못한다. 터부 제도가 발전할수록 인간의 생활은 얼어붙고 완전히 수동적으로 된다. 하지만 터부 제도는 그 모든 결함에도 불구하고 인간에 의하여 발견되었던 '사회적 억제'와 '의무'의 유일한 제도였다. 그것은 사회 질서 전체의 모퉁잇돌이었다. 사회

29 Cassirer, *EoM*, 106쪽.
30 Cassirer, *EoM*, 107쪽.

조직의 모든 영역이 터부에 의하여 통제되었다. 재산의 소유도 결혼도 터부에 의하여 이루어졌다. 어떤 토지를 점유하거나 어떤 여자와 약혼하는 최초의 방식은 터부의 기호로 그것들에다가 표시를 하는 것이었다. 이 복잡한 터부 제도를 없애버리는 것은 종교가 할 수 없는 일이었다.[31]

위대한 종교적 교사들은 인간의 마음을 새로운 방향에로 인도하였다. 그들은 인간의 마음속에 하나의 새로운 적극적인 힘, 즉 금기가 아니라 영감(靈感)과 갈망(渴望)의 힘(power of inspiration and aspiration)을 발견하였다. 그들은 수동적 복종을 '적극적 종교 감정'에로 전환시켰다. 터부 제도는 결국 인간의 생활을 견딜 수 없는 무거운 짐이 되게 할 우려가 있다. 인간의 생존 전체, 육체적 생존이나 도덕적 생존을 막론하고 그 생존 전체가 이 제도의 계속적 압력 밑에 질식하고 있다. 종교가 개입하는 것은 바로 여기에서이다. 높은 수준에 도달한 윤리적 고등 종교들 — 이스라엘 예언자들의 종교, 조로아스터교, 그리스도교 — 은 하나의 공통된 과제를 스스로 정하고 있었다. 이것들은 터부 제도의 참을 수 없는 무거운 짐을 가볍게 해준다. 그것들은 종교적 의무에서 '억압(restriction)'이나 '강제(compulsion)'만을 보지 않고, 인간의 '자유(freedom)'라고 하는 이상을 실현시키는 수단을 보았다.[32] 그런 의미에서 종교는 인간의 정신을 억누르는 것이 아니고 깊은 '자유의 감정'을 주는 것이어야 한다. 진리가 우리를 자유롭게 한다. 종교는 죽음의 마당에서도 마음의 깊은 기쁨과 완전한 자유를 주었다. 여기에 인간에게 있어서의 종교의 의의가 있다.

31 Cassirer, *EoM*, 107쪽.

32 Cassirer, *EoM*, 108쪽.

4. 종교의 정치화, 정치의 종교화

우리는 이상의 논의를 통해서 신화적 사고와 종교적 사고의 공통점을 찾아낼 수가 있다. 말하자면 논리적 사유보다는 '감정'에 근거하고 있다는 점, '생명의 연대의식'에 기초하고 있다는 점, '죽음'의 사실을 부정한다는 점, '조상숭배'를 중요시 한다는 점 등이 그것이다. 이제 우리의 관심은 그렇다면 종교는 왜 정치화되는가? 그리고 정치는 왜 종교화 되는가? 하는 점이다. 종교와 정치의 밀접한 상관성을 어떻게 설명해 낼 수 있을까?

카시러는 앞에서 논의했던 신화 혹은 신화적 사고에 부정적 기능이 들어있음을 밝혀내고 있다. 그러니까 원시인의 신화적 사고는 순기능뿐만 아니라 역기능도 있음을 카시러는 강조한다. 신화는 기본적으로 세상에 대한 인식적 사변적 해석이 아니다. 그것은 실제의 생활 형식에 뿌리를 두고 있다. 신화는 우리가 그것을 의식상 이루어진 행위 내에서 이해할 때에 비로소 이해하기 쉬워진다. 원시인들에게서는 일상생활에서의 실용적 지식에 대한 합리적이며 경험적인 법칙이 존재한다. 신화와 그것에 맞는 의식적 실행들은 특히 '위기상황'에서, 그리고 '결과가 불확실한 상황'에서, 말하자면 생명 순환적 과도기에 중요한 역할을 수행한다.[33] 카시러에 따르면, 신화는 공동체에 '형식'을 제공하며, 이러한 사회적 형식은 위기가 발생할 때 파괴되지 않는다는 점을 보증한다. 만일 엄청난 위기 상황이 벌어졌을 때, 그것이 사회 경제적 성격을 지닌다면, 이때 신화는 '정치적 기능'을 수행하게 된다. 그래서 신화는 각 개인에게 무조건적으로 집단과의 일체감(一體感)을 심어준다. 카시러는 이것을 신화의 '정치철학으로의 침투(浸透)'라고 말한다. 카시러가 볼 때, 현대 정치사상의 발전에

33 Cassirer, *MS*, 279쪽.

있어서 가장 중요하면서 가장 두려운 양상은 하나의 새로운 세력의 출현, 그러니까 신화적 사고를 바탕으로 하는 세력의 출현에 있다.[34] 그런 점에서 정치 제도들 가운데 몇몇의 경우에는 신화적 사고가 이성적 사고보다 우세하였다고 카시러는 확신하고 있다.

필자가 볼 때, 이러한 신화적 사고는 종교적 사고와 결합하고, 또한 그것이 정치세력과 결탁하게 된다. 이렇게 하여 종교는 서서히 정치화의 길을 걷게 되고, 정치(세력)는 종교화의 길을 걸음으로써 공동체 속에서 더욱 공고해진다고 여겨진다. 카시러는 신화 혹은 종교의 정치화 현상을 이미 『국가의 신화』(*The Myth of State*, 1945)에서 날카롭게 분석한 바 있다. 카시러는 그것을 20세기의 대표적인 정치적 신화라는 이름으로 세상에 고발하였다. 여기에서는 그 가운데 칼라일(Carlyle, Thomas, 1795-1881)의 '영웅숭배론'에 대한 카시러의 분석을 재검토하면서, 우리사회에서도 종교가 왜 정치화되고, 또는 정치가 종교화되는지 그 원인을 찾아보도록 한다.

칼라일이 1840년 5월에 행한 강연 "영웅, 영웅숭배 및 역사에 있어서의 영웅적인 일에 관하여"[35]는 자신의 의도와는 관계없이 이후 국가사회주의, 즉 독일 나치즘의 이데올로기에 결정적으로 기여하게 되었다고 카시러는 판단한다.[36] 그렇다면 도대체 칼라일의 기본 입장은 무엇인가? 칼라일은 인간의 사회적 문화적 생활에 있어서 가장 오래된 공고한 요소는 다름 아닌 영웅숭배라고 보았다. "영웅숭배는 가장 고결하고 신에 가까운 형태의 사람에 대한 충성심으로부터 무한한 경배(敬拜)요 복종(服從)이며 열광(熱狂)이다. 그것은 바로 그리스도교 자체의 맹아가 아닌가?"[37] 칼라

34 Cassirer, *MS*, 3쪽.

35 Thomas Carlyle, *On Heroes, Hero Worship and the Heroic in History*, Oxford University Press, London: Humphrey Milford, 1841, Reprinted, 1904, 1906, 1909, 1920, 1924, 1925, 1928. 번역서로 『영웅숭배론』(박시인 역), 을유문화사, 1963.

36 Cassirer, *MS*, 190쪽.

37 Cassirer, *MS*, 192쪽.

일은 이와 같은 생각에서 더 나아가 역사적 생활 전체를 위인들(영웅들)의 생활과 동일시하였다. 따라서 그의 관점에서는 위인들이 없으면 역사도 존재하지 않게 된다. 여기서 카시러는 칼라일의 영웅을 '변형된 성자', 다시 말하면 '세속화된 성자'로 파악한다. 그런 측면에서 칼라일에게서의 영웅은 '시인(詩人)'일 수도 있고, '왕(王)'일 수도 있으며, '문인(文人)'일 수도 있다. 어쨌든 이러한 현세적인 성자들이 없다면, 우리는 살 수가 없다고 한다. 여기서 문제가 되는 것은 과연 영웅은 누구인가? 하는 점이다. 이 문제에 대해서 칼라일은 즉답은 피하고 있으며, 다만 누가 위대한 영웅적인 사람들이었는가를 밝히고 있다고 카시러는 말한다. 말하자면, 카시러가 볼 때 칼라일의 영웅론에 대한 주장은 그 근거와 기준이 모호한 점이 들어있다.

카시러에 따르면 칼라일의 영웅숭배론의 형이상학적 전제를 제공해 준 이는 피히테(Fichte, Johann Gottieb, 1762-1814)이다. 18세기 철학자들은 철저한 개인주의자들이었고, 그들은 '이성의 평등(平等)'에 대한 그들의 맹신에서 인간의 '평등한 권리(權利)'라는 주장을 이끌어 내었다. 그런데 피히테는 이성의 평등에 대한 주장을 한갓 주지주의적 편견(intellectualistic prejudice)으로 파악하였다.[38] 피히테는 이성이 실천이성, 즉 도덕적 의지를 의미한다면, 그것은 결코 평등하게 분배되어 있지 않다고 말한다. 그것은 어디서나 발견될 수 있는 것이 아니라, 실제에 있어 소수의 위대한 인격 속에 집중되어 있다는 것이다. 이들이 다름 아닌 영웅들이며, 인류 문화의 최초의 개척자들이라고 한다.[39] 피히테의 이러한 생각을 이어받고 있는 칼라일에 따르면, 영웅숭배가 인간 본성 속에 있는 '근본적 본성'이며, 만일 이것이 전적으로 말살되면 인류를 절망에 빠뜨릴 것이라고 주장한

38 Cassirer, *MS*, 215쪽.
39 Cassirer, *MS*, 216쪽.

다.[40] 그래서 현대의 파시즘 옹호론자들은 칼라일의 영웅숭배론과 관련하여 칼라일의 말들을 쉽게 정치적 무기로 전환시킬 수 있었다. 그래서 칼라일의 정치이론은 근저에 있어서 변장되고 변형된 칼빈주의라고 할 수 있다고 카시러는 지적한다.[41] 참된 자발성은 선택된 소수의 사람을 위해서만 있다. 다른 사람들, 그러니까 버림받은 대중은 이렇게 선택된 자, 말하자면 통치자로 태어난 자들의 뜻에 복종하지 않을 수 없게 된 것이다.

그런데 여기서 카시러는 칼라일이 말하는 '영웅주의'와 '리더십'의 개념이 현대 파시즘 이론에서 말하는 것과는 분명한 차이가 있다는 사실을 지적한다. 다시 말하면, 칼라일에게서는 참 영웅과 가짜 영웅을 쉽게 분간할 수 있는 두 가지 기준이 있는데, 그것은 바로 '통찰력(insight)'과 '성실성(sincerity)'이다.[42] 칼라일은 큰 정치투쟁에 있어서 거짓말이 절대로 필요하지 않으며, 또한 이것이 정당한 무기가 될 수 없다는 사실을 말하고 있는데, 카시러는 이 점을 매우 긍정적으로 평가하고 있다. 또 다른 측면에서 카시러는 칼라일의 이론과 다른 유형의 영웅숭배론을 구별하고 있다. 칼라일이 영웅들에게서 가장 찬탄한 부분은 '감정의 성실성(誠實性)' 뿐만 아니라 '사상의 명석성(明晳性)'이다. 이 두 요소의 균형이 참 영웅의 두드러진 특징이 된다고 칼라일은 파악하였다.[43] 그리고 칼라일의 이론에 있어서 영웅들의 성격을 이루는 것은 인간 속에 있는 모든 '생산적'이고 '건설적인' 힘의 매우 다행스러운 결합에 있다. 그리고 이 모든 힘들 가운데 '도덕적 힘(moral force)'이 최고의 지위를 차지하며, 또 압도적인 역할을 맡는다. 칼라일의 철학에서 '도덕성(morality)'은 부인과 부정의 세력에 대한 긍정의 세력을 의미한다. 여기서 중요한 것은 긍정된 것보다도 오히려 긍

---

40 Cassirer, *MS*, 216쪽.
41 Cassirer, *MS*, 193쪽.
42 Cassirer, *MS*, 216쪽.
43 Cassirer, *MS*, 217쪽.

정의 행위 자체 그리고 이러한 긍정의 행위의 강도이다.[44]

바로 이러한 부분에서 카시러는 칼라일의 이론이 파시즘 옹호자들에 의해 그 원래의 중심적 주장과는 상당히 왜곡된 채 이해되어졌음을 지적하고 있다. 그렇기에 칼라일을 영국 제국주의의 아버지로 평가해 버리는 일군의 견해들도 있지만, 카시러가 볼 때 중요한 사실은 바로 다음과 같은 점에 있다. 말하자면, 한 민족의 진정한 위대성은 '도덕적 생활'과 '지적 성취들의 강도 및 깊이'에 있지, '정치적 열망' 속에 있는 것이 아니라는 점이다.[45] 이러한 관점에서 카시러는 20세기 제국주의 및 국가주의와 칼라일의 영웅숭배론은 근본적인 차이가 있다는 사실을 밝혀내었다. 칼라일이 '힘은 정의다(Might makes right)'라고 말한 사실이 있다고 하더라도, 이때 '힘'은, 물리적인 의미보다는 오히려 '도덕적' 의미로 이해되고 있다는 사실에 카시러는 주목한다. 그 점에서 영웅숭배는 언제나 '도덕적 힘에 대한 숭배(the worship of a moral force)'를 의미하는 것이다. 칼라일이 가끔 인간의 본성에 대해 깊은 불신을 가지고 있는 듯이 보이지만, 사실은 '인간은 결코 자기 자신을 야수적인 힘에 전적으로 내어 맡기지 않고, 오히려 항상 도덕적 위대성에 내어 맡긴다'라고 말할 정도로, 그는 인간성에 대해 신뢰하고 있었고 낙관적이었다고 카시러는 평가한다.[46] 비록 칼라일의 영웅숭배론이 왜곡되어 적용되었지만, 중요한 것은 칼라일 사상의 본래적 취지와 뜻을 제대로 확인하자는 것이 카시러의 주된 입장이다.

우리는 칼라일의 영웅숭배론이 나치 정권의 통치이데올로기로 사용되고, 대중을 억압하고 통제할 수 있는 정치 이념으로 사용된 현상을 주목할 필요가 있다. 위기 발생 시에 집단과의 무조건적인 일체감을 심어주고, 공동체의식을 더욱 강화시켜주는 이런 현상은 그 이면에 신화적 사고와

44 Cassirer, *MS*, 218쪽.

45 Cassirer, *MS*, 222쪽.

46 Cassirer, *MS*, 223쪽.

종교적 사고가 정치세력과 교묘하게 결탁한 결과임을 우리는 결코 잊어서는 안 될 것이다. 우리가 칼라일의 영웅숭배론을 재검토하는 이유도 바로 거기에 있다.

5. 맺는 말: 합리적인 사회를 기대하며

지금까지 우리는 카시러의 시선을 좇아 서구 사회에서 진행된, 특히 20세기 독일사회를 중심으로 유럽전역에 퍼져나갔던 나치즘의 속성을 신화와 종교, 종교와 정치의 맞물림과 엇물림의 시각으로 살펴보았다. 이제 이러한 카시러의 관점을 우리사회 내부를 들여다보는 거울로 삼아보고자 한다. 우리사회에서 종교와 정치는 어떤 관계에 있을까? 사실, 종교와 정치는 성(聖)과 속(俗)의 관계이기도 하다. 물론 그 영역의 주체는 인간이다. 그렇기에 그 관계가 더러는 밀착되기도 하고 더러는 소원하기도 하다. 우리사회에서 일어나고 있는 성(聖)과 속(俗)의 관계는 전자에 가깝다. 그래서 종교(종교인들)가 제 역할을 하지 못하고 있다는 비판을 받고 있다. 필자가 생각하기에 우리사회에서 종교와 정치는 '비판적 긴장관계'가 가장 바람직하다고 본다. 그 이유는 무엇인가?

먼저 성속(聖俗)의 밀착관계의 대표적 사례인 종교의 정치화 현상이 초래하게 되는 여러 문제들 때문이다. 현재 우리사회에서는 특정 종교(기독교)가 집권세력과 유착관계에 있다. 이는 문화·예술·종교정책의 수립과 집행에 있어서 종교편향, 특히 기독교편향을 가져오는 결정적 계기가 된다. 우리의 경우, 2010년 G20 정상회의 개최를 계기로 대대적인 도로정비 작업을 한 적이 있다. 이때 서울 강남지역의 경우 각 도로변의 기독교 교회들은 모두 세밀하게 표시하였으나, 불교 사찰들은 모두 누락된 사건을 목격하였다. 또한 2011년 국가 예산안 책정에서도 불교 사찰에서 시행하는 템플스테이 예산안이 기독교단체의 반대로 대폭 삭감 내지 폐지된 사건을 접할 수 있었다. 그렇다면 이러한 사건들은 어떤 결과를 초래하였는가? 당장 불교계에서는 집권당과의 관계를 청산하기로 하고, 모든 대화 채널을 중단해 버렸다. 적어도 현재 한국사회에서는 최대 규모의 종교인 불교의 소외 현상이 극에 다다르고 있다. 대화와 소통이 자취를 감춰버렸다.

다음으로 종교와 정치가 소원해질 경우 어떤 현상이 벌어질까? 종교가 정치현실을 철저히 외면하고, 오직 내세와 개인의 구원과 해탈에만 관심을 보인다면, 종교는 사회적 기능을 상실하게 된다. 그런 현상이 더욱 강해지면, 종교는 이제 스스로 종교로서의 자정(自淨) 기능을 상실하게 된다. 그렇게 되면 종교는 타락하게 되고, 종교권력은 성(聖)을 빙자한 속(俗)의 세계와 결탁하게 된다. 우리는 최근 기독교 일각에서 벌어지고 있는 일련의 사건들을 통해서 그런 현상을 목격하게 된다. 먼저 전국의 대형교회들을 중심으로 담임목회자의 세습이 대표적인 예다. 교회를 사유화한 결과다. 이런 현상에 대해 교회내부의 비판의 목소리는 작기만 하다. 사회와 다른 잣대를 교회에 적용하고 있기 때문이다. 또 2010년 후반기에 서울의 불교 사찰인 봉은사에 개신교 단체 회원들이 들어가 소위 '땅밟기'를 하여 불교계와 충돌을 일으킨 사건이 있었다. 이 또한 기독교 교리에만 집착한 나머지 타종교를 배척한 데서 비롯된 사건이다. 이는 기독교의 사회적 역할과 책임보다는 기독교 중심주의의 배타적 가치관 때문에 벌어진 것으로, 종교(기독교)의 사회적 기능을 망각한 대표적인 경우들이라 할 수 있다. 그 결과 한국사회에서 개신교는 2010년 신뢰도 조사에서 20% 안팎의 지지만을 받고 있을 뿐이다.[47] 개신교는 한마디로 우리사회의 신뢰상

47 『국민일보』, 2010년 12월 14일자 〈미션라이프〉 면 기사 참조. 이 조사에 따르면, 한국에서 종교 신뢰도는 가톨릭 41.4%, 불교 33.5%, 기독교 20%로 나타났다. 이 조사에서 흥미로운 부분은, 교회 신뢰도를 높이기 위해 바꿔야 할 대상으로는 28.3%가 '교회지도자들'을 지적했고, 20.7%

실의 주범이 되었다.

되돌아보면, 우리 민족은 생생하고 독특한 역사적 체험을 가지고 있다. 멀게는 중국과 러시아의 위협에 맞섰고, 가깝게는 일본의 강압과 북한의 도발에 맞서 함께 일체감을 느끼며 공동체를 지켜왔다. 여기에는 종교의 벽, 신분의 벽, 문화의 벽이 없었다. 모두가 하나라는 혈연공동체의 의식만이 작용했기 때문이다. 긍정적으로 말해 신화적이고 종교적인 감정공동체가 가능했기 때문이다. 그런데 오늘의 한국사회는 뒤틀린 감정공동체, 즉 나만의 종교공동체, 나만의 정치공동체만 있을 뿐이다. 신화 · 종교 · 정치가 비정상적으로 상호침투한 결과이다. 이것을 정치권력은 교묘하게 작동시키고 있고 활용하고 있다. 대중에게는 오로지 맹목(盲目)만이 남게 되고, 우리는 비극(悲劇)의 현장 속으로 더욱 깊이 빠져들고 있다. 아리아드네의 실은 어디서 찾아야 하는가? 종교와 정치가 '비판적 긴장관계'에 놓여 있어야 하는 이유가 바로 여기에 있다.

가 '교회운영', 18.8%가 '교인들의 삶', 15.9%가 '교회의 전도활동'을 꼽았다. 그리고 어떤 부분이 개선되어야 하는가? 라는 질문에 응답자의 38.8%가 '교인과 교회지도자들의 언행일치', 29.7%가 '타종교에 대한 관용', 13%가 '재정사용의 투명화', 12.3%가 '사회봉사'를 들었다.

제4장
에른스트 카시러와 폴 리쾨르의 문화관 비교

— 언어 · 상징 · 신화를 중심으로

1. 시작하는 말

오늘 우리 현대인들의 삶은 과거 그 어느 때와 비교하더라도 상대적 풍요 속에 있다고 말할 수 있다. 일상의 삶에서 누리는 기능적 편리함, 정보의 넘쳐남, 제도의 합리성, 민주화된 의식, 과학적 사유방식 등이 이를 입증하고 있다. 더욱이 현대인의 삶은 전기매체의 발달에 의한 매체중심의 삶, 특히 인터넷을 중심으로 한 정보사회의 한 복판을 지나고 있다. 그러면서도 현대인은 여전히 과거의 그들이 경험하고 고민했던 실존의 문제들을 고스란히 간직한 채로 살아간다. 사람과 사람 사이의 관계를 고민하고, 그 과정에서 출생과 죽음에 대해, 사랑과 이별에 대해, 현재와 미래에 대해, 이 세상과 저 세상에 대해, 궁극에는 인간과 신에 대해 나름 고민한다. 그 고민의 표현방식은 과거에 비해 보다 세련되고 설득력 있어 보인다. 이 과정에서 현대인들도 여전히 과거로 되돌아가려는 경향을 엿보이는 부분이 있다. 그것은 바로 신화(神話)에 대한 관심이다. 이러한 관심은 우리의 문화생활 속에서 직간접적으로 나타나고 있다.

인간의 앎의 문제와 관련하여 인간과 자연의 관계는 어떻게 설정되어야 하는가? 원시인들의 사유구조와 현대인의 사유구조는 어떻게 다르고 동일한 면은 무엇인가? 혹시라도 원시인의 사유구조 속에 현대인이 직면하고 있는 문제를 해결할 만한 단초가 있다면 그것은 무엇이겠는가? 그들의 사유방식의 특징은 무엇이고, 자연과 세계를 어떻게 이해했는가? 이런 문제의식 속에서 하나의 길을 찾아보고자 하는 것이 이 글의 목적이다. 다시 말해서 원시인의 사유방식에 들어 있는 신화적이고 상징적인 요소가 지니고 있는 철학적인 의미를 밝히는 것이 이 글의 주된 목적이다. 그리고 그것이 현대의 철학사조와 어떻게 연결가능한지 그 통로를 찾는 것이 이차적인 목적이다. 그래서 우리는 이런 연구를 위해 신화와 상징의 문제를 인간이해의 필수적인 조건으로 삼았던 카시러의 견해를 살펴보고, 이를 현대 해석학과 관련지어 새롭게 논의하는 리쾨르의 견해를 검토하고자 한다.

우선 카시러나 리쾨르 모두 인간의 인식방법에 대해서 문제제기를 한 후 자신들의 견해를 밝혀 나아가고 있다. 두 사람의 공통점은 지금까지의 철학의 흐름에서 '직접적'이고 '논리적'인 인식방법이 널리 행해졌다고 판단한다. 그러나 이러한 방법이 인간에 대한 보다 풍부한 이해를 가져다주지 못했다고 평가하고, 인간이해의 길에 있어서 '간접적'이고 '매개적'이면서 '우회적'인 방법을 제시하고 있다. 그러면 먼저 카시러를 좇아 그 길을 따라가 보도록 하자.

2. 카시러 문화철학에서의 언어와 상징 그리고 신화

1) 카시러 문화철학에 나타난 인간관의 특징[1]

카시러 철학은 크게 독일 관념론의 흐름 속에서 벗어나지 않고 있다. 특별히 칸트의 형식철학(The philosophy of Form)에 크게 영향 받고 있다. 칸트에게서 형식 개념은 그의 사유체계 전체의 기반을 이루고 있다. 이미 알고 있다시피, 칸트는 자연과학적인 세계인식과 경험주의적인 인식의 한계를 지적하면서 동시에 이를 극복할 수 있는 대안을 그의 도식적인 철학으로 설명했다. 이를 우리는 코페르니쿠스적인 천문학과 비교할 만한 새로운 철학적인 천문학이라 부르기도 한다.[2] 카시러가 칸트에게 영향 받았다고 하는 이유는, 칸트가 인간의 인식의 한계를 지적해냈는데 그러한 방식을 카시러는 언어이해에 적용하고 있기 때문이다. 다시 말하자면, 칸트에게서 세계는 인간의 감성과 오성의 형식에 따라서 구성된다. 그와 유사하게 카시러는 인간 언어의 상징적인 기능이 신화나 종교를 구성한다고 말한다.

카시러의 상징주의 철학은 우선 인간이란 무엇인가라는 물음을 제기하고 이에 대하여, '상징적 동물'이라는 정의를 내린 후 인간의 모든 활동에 있어서 상징적인 기능을 밝히고 있다. 인간의 문화는 바로 인간 활동의 소산이요, 인간의 상징적 기능의 소산이다. 그러므로 카시러에게 있어서 상징주의는 인간문화의 본질과 본성을 파악하는 열쇠가 된다. 카시러는 『상징형식의 철학』 제1권에서 칸트의 세 가지 판단이 인간정신의 서로

---

1 카시러 문화철학의 전체적인 윤곽과 상징철학, 상징에 대한 구체적인 논의는 신응철, 『카시러의 문화철학』(한울출판사, 2000)과 『문화, 철학으로 읽다』(북코리아, 2009) 참조 바람.

2 Ernst Cassirer, *Philosophie der symbolischen Formen,* Erster Teil, Die Sprache, Wissenschftliche Buchgesellschaft Darmstadt. 1973, *The philosophy of Symbolic Forms*, Vol. 1(trans, Charls W. Hendel), Yale Univ, 1955, 2쪽(이후 독일어 원본은 *PdSF*로 표기함).

다른 측면을 다루고 있음을 언급하면서 "이성의 비판은 문화의 비판으로 된다(Die Kritik der Vernunft wird damit zur Kritik der Kultur)"[3]고 말하고 있다. 그래서 칸트의 인식의 문제를 카시러는 문화영역 전반에로 확대시켜 나아가는 것이다. 인간은 상징을 사용함으로써 그 주변 환경의 구체적인 개별사물과의 직접적인 관련을 넘어서서 또한 세계의 전체적인 주체적 시야를 얻을 수 있었다. 그렇기 때문에 카시러에게 있어서 상징(Symbol)이란 인간 정신이 그것을 통해서 외부세계 혹은 내부세계를 이해하고 관계하는 그리고 의미를 지닌 매개물이라 할 수 있다. 그러면 왜 카시러는 상징에로 관심을 돌릴 수밖에 없었는가? 인간의 자기인식과 상징은 무슨 관련이 있는 것인가?

생물학자 웍스퀼(Johannes von Uexküll)은 생물학의 여러 원리에 관한 새로운 일반적인 도식을 전개했다. 생물학은 보통 경험적 방법에 의해 발전되는 하나의 자연과학이다. 그는 경험적 원리에 근거해서 설명하고 있는데, 모든 생물에게 동일한 하나의 절대적인 실재가 있다고 가정하는 것은 매우 유치한 독단이라고 주장한다. 생물은 무한히 많은 차별성을 띠고 있으며, 서로 다른 생물들의 수만큼이나 서로 다른 구조와 양식을 가지고 있다는 것이다. 그는 동물의 구조를 메르크네츠(Merknetz)와 비르크네츠(Wirknetz), 즉 수용계통과 운동계통으로 설명한다. 유기체는 이 두 계통의 협동과 평형이 없으면 살아남을 수 없다. 수용계통은 바깥의 자극을 받아들이는 작용을 하고, 운동계통은 바깥의 자극에 반응하는데 이것들은 일종의 동물의 기능 고리(Funktionskreis)이다.[4]

이런 웍스퀼의 도식을 카시러는 인간 세계의 기술과 그 특성 묘사에 이용한다. 그렇게 할 수 있는 이유는 인간세계도 다른 모든 유기체를 지

3 Ernst Cassirer, *PdSF*, 11쪽.
4 Ernst Cassirer, *EoM*, 24쪽.

배하는 생물학적 법칙에 대해 예외가 되지 않기 때문이라고 말한다. 그런데 카시러는 인간 세계에서의 인간생활의 특수한 표적으로 나타나는 하나의 새로운 특징을 발견하게 된다. 모든 동물의 종(種)에서 볼 수 있는 수용계통과 운동계통 사이에서 카시러는 인간에게 있어 '상징계통(symbolic System)'[5]이라 할 수 있는 제3의 연결물을 들추어내고 있다. 이 상징계통이 인간생활 전체를 변형시킨다고 한다. 이를테면 인간은 현실의 하나의 새로운 차원 속에서 살고 있다. 생물의 반동과 인간의 반응 사이에는 의심할 여지없이 차이가 있다. 첫째는 외부로부터의 자극에 대해서 직접적이고 즉각적인 응답이 주어진다. 둘째 경우는 응답이 지체된다. 이때 응답은 느리고 복잡한 사고 과정에 의해 중단되고 늦어진다. 인간은 이제 다시는 한갓 물리적인 우주에만 머물러 살지 않고 상징적인 우주에서 살게 된다. 언어 · 신화 · 예술 및 종교는 이 우주를 이루고 있는 것들이다. 이것들은 상징의 그물을 짜고 있는 가지각색의 실이요, 인간경험의 엉클어진 거미줄이다. 인간은 사물들 자체를 다루는 대신 어떤 의미에서는 쉴 새 없이 자기 자신과 이야기하고 있다. 인간은 언어형식 · 예술적 심상 · 신화적인 상징 혹은 종교적 의식에 깊게 둘러싸여 있으므로 이러한 인위적인 매개물의 개입에 의하지 않고서는 아무 것도 볼 수 없고 또 알 수 없다.

이러한 방식에 근거해서 카시러는 인간에 대한 고전적 정의를 수정하고 확대해 나가고 있다. 현대의 비합리주의의 온갖 노력에도 불구하고 '이성적 동물'이라는 인간의 정의는 그 힘을 잃지 않았다. 합리성은 실로 모든 인간 활동의 고유한 모습이다. 그러나 신화자체는 단순히 미신이나 심한 망상의 막된 집적이 아니다. 신화는 그저 혼돈하기만 한 것이 아니다. 왜냐하면 체계 혹은 개념의 형식을 가지고 있기 때문이다.[6] 그렇다고

5 Ernst Cassirer, *EoM*, 24쪽.

해서 신화의 구조를 합리적인 것으로 특징짓는 일이 가능하다는 것은 아니다.

카시러는 언어가 가끔 이성이나 이성의 원천과 동일시되어 왔음을 지적한다. 그러나 이러한 정의가 전분야에 걸쳐 고루 들어맞지 않음은 쉽게 알 수 있다. 예컨대 개념적 언어와 더불어 정동적인 언어가 있으며, 논리적 혹은 과학적 언어와 더불어 시적 상상의 언어가 있다. 그래서 카시러는 '본래 언어란 사고나 사상을 표현하는 게 아니라 감정과 감동을 표현'[7] 한다고 말한다. 이성이라는 말이 인간문화 생활의 여러 형태를 그 모든 풍부함과 다양성에 있어서 전체적으로 이해하는 데는 매우 부적당하다고 카시러는 파악하고, 이 모든 인간문화의 형태는 상징적인 형태이기에 인간을 이성적 동물로 정의하는 대신, '상징적 동물(animal symbolicum)'로 정의하고 있다. 카시러가 인간을 '상징적인 동물'로 정의한 데는 그럴만한 이유가 있다. 그것은 언어의 기원과도 밀접한 연관이 되어있다. 카시러는 언어의 문제를 심도 있게 검토하면서 특별히 언어의 상징적인 기능에 집중한다.

2) 문화철학의 관점에서 본 언어의 기원 문제

카시러는 비코(Vico), 하만(Hamman)에게서 말해지는 언어의 기원 문제를 살피고 나서 낭만주의에서의 논의를 덧붙이고 있다. 우선 비코는 정신의 일반 형이상학 영역에서 언어의 문제를 제기하기 시작했는데, 그중에서도 시와 신화적 사고의 기원을 밝혀내고자 했었다. 비코는 언어의 기원이 밝혀지면 이는 곧 언어를 주요매개로 하는 문학, 그 밖의 일반과학의 근본

6 Ernst Cassirer, *EoM*, 25쪽.

7 Ernst Cassirer, *EoM*, 25쪽.

문제까지도 밝힐 수 있다고 보았기 때문에 그에게서 언어의 기원 문제는 곧 '문학의 기원'이나 '일반과학의 기원' 문제와 동일한 것이었다. 비코는 언어의 원어(原語, Urwort)가 오직 계약에 기인하고 있다는 이론에 반대하면서 그것의 의미간의 자연적인 관련성을 주장했다. 이런 주장을 하는 데는 순전히 사변적인 '어원학(語源學, Etymologie)'이 추구하고 있는 원어에 대한 탐구는 잘못되었음을 지적하기 위해서였다. 그래서 비코는 모든 원어는 '단음절'의 뿌리를 가지고 있다고 주장한다.[8] 그런데 그 원어는 의성어에 의해 자연음으로 재생되든지 아니면 감정의 직접적인 표현으로 쾌와 불쾌, 슬픔과 기쁨, 두려움과 놀라움의 감탄사로 재생된다는 것이다. 비코는 이러한 주장의 근거로 병리학적인 언어장애를 지닌 사람들이나 어린아이들에게서 나타나는 말(speech)은, 항상 명사는 동사에 선행한다는 사실에서, 그리고 독일어의 경우 첫 번째 단어들은 단지 단음절의 감탄사였다는 사실에서 이를 입증해 주고 있다. 감탄사가 만들어진 것은 대명사, 불변화사(partikeln) 다음에 이루어졌고, 그 뒤에 명사가, 그리고 동사가 만들어졌으며 마지막으로 단어가 만들어졌다는 것이다. 정리하자면 비코에게서 언어의 기원이 되는 원어는 단음절로 이루어져 있고 이는 감탄사였으며, 감탄사는 정동의 표현이라는 것이다. 카시러는 바로 비코의 이런 견해를 받아들여 '언어는 정동의 표현'[9]이라고 정의한다.

J.G. 하만은 '언어는 이성의 어머니요, 계시의 어머니이다. 그리고 그것은 알파요 오메가이다'[10]라고 말하고 있다. 또 다른 곳에서는 '이성은 언어요, 로고스이다'라고 쓰고 있다.[11] 하만은 언어를 논증적인 개념을 위한 계약 기호들의 집합체로서 본 것이 아니라, 명백하면서도 불명확하며, 신

---

8 Ernst Cassirer, *PdSF*, Erster Teil, 92쪽.
9 Ernst Cassirer, *PdSF*, Erster Teil, 90쪽.
10 Ernst Cassirer, *PdSF*, Erster Teil, 94쪽.
11 Ernst Cassirer, *PdSF*, Erster Teil, 94쪽.

비하면서도 계시적으로 우리를 둘러싸고 있는 신적인 삶의 대응물이자 상징으로 파악하고 있다. 여기서 알 수 있는 점은 하만의 경우 언어의 기원을 신적인 위치에까지 거슬러 올라가기 때문에 그에게서 비롯되는 언어관은 신비적인 요소를 지니고 있다 할 수 있다. 이런 하만의 사유방식에서 카시러는 '언어의 상징적 기능을 자신의 언어관의 핵심적 요소로 수용하고 있다.

다음으로 헤르더(Herder)는 라이프니츠의 영향을 받아 언어를 '반성의 산물'로 바라보고 있다.[12] 헤르더에게서 문제의식은 비록 언어가 감정과 그것의 직접적 본능적 표현에 근거하고 있다 하더라도 그리고 언어가 의사소통의 필요에서 기원하는 게 아니라 외침소리(Geschrei)나 거칠고 분절된 소리에서 기원하고 있다 하더라도 그와 같은 소리의 집합은 결코 언어 '형식'을 구성할 수 없다는 것이다. 그래서 그는 라이프니츠의 의식의 통일, 곧 정신적 활동의 통일성에 의해 그리고 정신이 그 자체를 영속적이며 동일한 모나드로서 이해하는 종합의 통일성에 의해서만 가능하게 된다고 한 점을 따라 인간적 '반성능력' 개념을 말하게 된다. 헤르더는 언어를 '직접적인 감각의 산물'로 해석하는 동시에 '반성의 산물'로 해석하고 있다. 그렇게 해석하는 이유는 반성은 감정을 구성하는 요소이기 때문이다. 그리고 순간적인 감각자극을 결정적이고 구별적이며 정신적인 '내용'으로 만드는 것은 바로 반성(Reflection)이기 때문이다. 그래서 지각자체는 그것의 정신적인 통일에 의해서 특별한 형식의 요소를 담게 되었으며, 완전히 전개되었을 때 그것은 단어와 언어형식 안에서 표상 되게 된다. 그렇기 때문에 언어는 결코 단순히 만들어진 것(Gemachtes)이 아니라 그 속에서 필연적인 과정에 의해 생성된 것(Gewordenes)이다.[13] 그것은 의식자

12 Ernst Cassirer, *PdSF*, Erster Teil, 96쪽.
13 Ernst Cassirer, *PdSF*, Erster Teil, 97쪽.

체의 종합적인 구조 안에 있는 하나의 요소이다. 헤르더가 반성적이라 불렀던 사고의 유형이 어느 정도는 상징적 사고에 의존하고 있다는 것을 보여주고 있다고 카시러는 파악한다.

마지막으로 낭만주의는 언어를 '유기적 형식(organische Form)'의 개념[14]으로 설명하고 있다. 낭만주의의 유기체(organismus) 개념은, 자연의 단일한 요소를 지배하는 것이 아니었고, 특별하고 제한된 객관적 현상의 그룹을 지칭하는 것도 아니었다. 말하자면 이는 중간항(Medius terminus)과도 같은 것인데, 자연과 자유, 존재와 도덕법칙은 바로 이 중간 항을 통해서 서로서로 관련 맺고 있다. 낭만주의에서 언어의 성격은 전체(Ganze)적인 것이었다. 낭만주의 유기체 개념은 생물학에서 말하는 유기적인 의미가 아니라, 인간 사유의 전체는 언어라는 중간적인 매개를 통해서 형성되며 언어를 통해서 보편 개념 또한 나타나게 된다고 본 것이 낭만주의 입장이라 할 수 있다. 이러한 낭만주의 언어관을 카시러는 수용하는데, 언어란 단지 사유수단, 논증을 위한 계약 기호가 아니라는 점, 그래서 언어의 상징적 기능을 통해서 인간은 인간과 세계의 문제를 풀고 있음을 재확인하고 있다.

이상의 각각의 경우를 통해서 카시러는 언어의 최초의 시작에로 소급해 가보면, 언어란 단순한 표상의 표출적인 기호뿐만 아니라 감각자극과 정동적인 기호였다고 말한다.[15] 그리고 이미 고대인들은 언어가 감정으로부터, 감각의 파토스로부터, 쾌와 불쾌로부터 유래함을 알고 있었다. 인간의 시각·청각·쾌·불쾌감은 맨 먼저 나타나는 특징이며 그래서 우리의 감각경험과 감정의 표현과 같은 것이다. 인간의 감각은 그들의 물리적 정신적인 것과 인종적인 구성에 따라서 변화하며 그렇기 때문에 보다 일반

---

14 Ernst Cassirer, *PdSF*, Erster Teil, 97쪽.

15 Ernst Cassirer, *PdSF*, Erster Teil, 91쪽.

적인 단어나 언어의 형태와 관련 맺게 된다고 카시러는 파악한다.[16] 결국 언어의 기원 문제를 밝히기 위해서는 지금까지의 철학이 시도했었던 인식이론의 측면에서보다는 오히려 주관적인 표상의 측면에서, 즉 언어는 정동이나 감각에서 유래하고 있다는 관점에서 논의해 들어가야 한다는 것이 카시러의 입장이다.

3) 인간의 언어와 상징과의 관계

상징적 사고와 상징적 행동이 인간생활의 가장 특색 있는 면들 가운데 하나라는 것, 그리고 인간문화의 진보전체가 이 조건들에 기초를 두고 있다는 것은 부인할 수 없는 일이다. 카시러는 상징작용이 동물의 세계와 구별되는 인간의 고유한 현상임을 밝히기 위해서 언어와 상징의 관계를 설명해 주고 있다. 말에 있어서 최초의 가장 근본적인 층은 분명히 정동의 언어이다.[17] 물론 낱말이 단순히 감정표출이 아닌 일정한 수사법적, 논리적 구조를 가진 문장의 일부라는 견해도 있다. 그렇다하더라도 이들 이론적인 언어가 최초의 정동적인 언어요소와 단절되어 있다고 주장되지는 않는다. 왜냐하면 순전히 형식적인 수학의 문장을 제외한다면, 어떤 감동이나 정동에도 전혀 물들지 않은 문장이란 거의 찾아볼 수가 없기 때문이다. 정동적인 언어와 비슷한 예는 동물의 세계에서도 찾아볼 수 있다. 그래서 카시러는 그 같은 구별을 위해 명제적인 언어와 정동적인 언어를 인간세계와 동물세계를 구분하는 경계점으로 사용한다.

카시러는 신호(sign)와 상징(symbol)을 구별한다.[18] '상징은 단순히 신호로 환원할 수 없는 것이다. 신호와 상징은 서로 다른 두 개의 논의의 세계

---

16 Ernst Cassirer, *PdSF*, Erster Teil, 91쪽.
17 Ernst Cassirer, *EoM*, 29쪽.
18 Ernst Cassirer, *EoM*, 31쪽.

에 속하는 것으로, 신호는 물리적 세계의 일부요, 상징은 인간의 의미세계의 일부이다. 신호는 '조작자(operater)'이고, 상징은 '지시자(designator)'이다.[19] 신호는 신호로 이해되고, 사용될 때에도 역시 일종의 물리적 혹은 실체적 존재이며, 상징은 다만 기능적인 가치를 가진다고 카시러는 말한다. 이러한 카시러의 견해는 현대 심리학자 손다이크(Thorndike)가 '동물은 그것에 관하여 생각하는 일은 전혀 없고, 다만 그것을 생각할 따름이다'[20] 라고 언급함으로써 더욱 확고하게 되었다.

카시러는 헬렌 켈러의 성장과정을 살펴보면서, 말의 영역에 있어서 재료가 되는 신호들에 생명을 주고 '그것들로 하여금 말하게 하는' 것은 그것들의 일반적인 상징적인 기능이라고 주장한다. 헬렌 켈러가 신호와 몸짓을 사용하다가 낱말, 즉 상징을 사용하게 된 결정적인 단계는 모든 사물에는 이름이 있다는 사실을 그녀가 깨달은 이후였다는 것이다. 모든 것에 이름이 있다는 것은, 상징적 기능이 특수한 경우에만 국한되어 있지 않고 인간 사고의 전 분야를 감싸는 보편적 적용성의 원리라는 것을 말해준다. 상징은 보편적이기만 한 것은 아니다. 또한 대단히 가변적이라고 카시러는 말한다. 동일한 의미가 여러 가지 언어들로 표현될 수 있고, 또 단일한 언어의 한계 안에서 만도 어떤 한 가지 사상이나 관념이 아주 다른 여러 가지 용어들로 표현될 수 있다. 기호나 신호는 그것이 일정하게 그리고 독특하게 지시하는 사물에 관계되어 있다. 구체적이고 개별적인 기호는 그 어떤 것이나 하나의 개별적인 사물을 지시한다. 그러나 진정한 인간의 상징은, 제일성(uniformity)이 아니라 변통성(versatility)을 그 특징으로 한다.[21]고 카시러는 강조한다. 그것은 고정되어 있거나 불변적인 것이 아니라 자유로이 변한다는 의미이다.

---

19 Ernst Cassirer, *EoM*, 32쪽.
20 Ernst Cassirer, *EoM*, 32쪽.
21 Ernst Cassirer, *EoM*, 36쪽.

4) 문화적 삶에서 신화와 종교의 의미

인간 문화의 모든 현상 가운데 신화와 종교는 그저 논리만으로 분석하기에는 가장 힘든 것들이다. 신화는 언뜻 보기에는 한갓 하나의 혼돈, 즉 조리에 맞지 않는 관념들의 무더기인 것 같다. 이미 신화와 종교는 중세 철학의 주요 과제이기도 했었다. 종교는 인간에게 절대적인 진리를 가지고 있다는 것을 자부하지만 그 역사는 과오와 이단의 역사로 얼룩졌음을 우리는 알 수 있다. 신화나 종교에 대해 논리적 과학적인 학문이론으로 접근한다면 매번 만족할 만한 결과를 얻기 어렵게 된다. 그래서 카시러는 그런 문제를 해결하기 위해서는 관점의 전환이 이루어져야 한다고 말한다. 그 관점이란 다름 아닌 인간의 문화철학이다. 인간의 문화철학은 형이상학적 체계나 신학적 체계와 똑같은 문제를 다루는 게 아니다. 여기서는 신화적 상상과 종교적 사상의 내용을 탐구하는 게 아니라, 그 형식을 탐구한다. 실제 신화적 사고의 주제, 주장 및 동기는 헤아릴 수 없을 만큼 많다. 그러나 신화적 창작의 다양성과 불일치에도 불구하고 신화를 만들어 내는 기능은 실제에 있어서 그 동질성을 잃지 않고 있다. 종교적 상징은 쉴 새 없이 변하지만, 그 밑에 흐르는 원리, 상징적 활동 자체는 언제나 동일하다.

그런데 우리가 신화를 이론으로서 다룬다면, 커다란 난점에 봉착하게 된다. 신화는 그 진정한 의미와 본질에 있어서 비이론적이기 때문이다. 우리들이 취하는 논리는 경험적 혹은 과학적 진리에 대한 우리의 모든 개념과 똑같은 기준에서 논할 수 없다. 그렇다하더라도 신화를 만들어 내는 기능의 창작물들이 반드시 하나의 이해할 만한 '철학적 의미'를 가지고 있다는 것은 인정된 사실이다. 그래서 카시러는 만일 신화가 온갖 심상과 상징 밑에 이 의미를 감추고 있다면, 이것들을 드러내고 밝혀내는 것이 철학의 과제라고 주장한다.

우리가 잘 알고 있듯이 스토아학파 이후로 철학은 비유적 해석의 특별한 그리고 매우 정교한 기술을 발전시켜 왔다. 수세기 동안 그러한 비유적 해석이 상징이나 신화 세계에 접근할 수 있는 유일한 방법이라고 여겨졌다. 그러나 신화적 현상에 대한 '설명(explanation)'은 결국에 가서 이러한 현상을 완전히 부정하게 되고 만다. 왜냐하면, '설명'이란 검증 가능한 관찰영역에 대한 자연과학적인 기술방식이기 때문이다. 그래서 신화의 세계는 하나의 인위적인 세계요, 다른 어떤 것을 위한 가장인 것처럼 보이게 된다. 그러면 어떻게 다시 접근해야 하는가? 여기에는 객관적인 방법과 주관적인 방법이 있을 수 있다. 객관적인 방법이란 신화적 사고의 대상들을 분류하는 것이고, 주관적 방법은, 그 동기들을 분류하는 것이다. 이러한 방식을 취하고 있는 것이 현대 민속학과 심리학이라 할 수 있다. 그 한 예로 심리학의 경우, 프로이트는 정신분석학 신화이론에서 모든 신화적 창작이 하나의 동일한 심리적 주제(성욕)의 여러 변화상이며 가장이라고 선언하였다. 프로이트에게서 얻을 수 있는 점은 우리로 하여금 지적환원의 과정에 의하여 신화적 세계를 이해할 수 있다는 것이다.

한편 카시러는 신화가 이론적인 요소와 예술창작의 요소를 지니고 있다[22]고 말한다. 그래서 신화는 시(詩)와 흡사하다고 말한다. 그렇지만 신화와 예술 사이의 특수한 차이를 카시러는 인정한다. 신화적 상상 속에는 언제나 믿음의 활동이 내포되어 있다. 그 대상의 실재성에 대한 믿음이 없으면, 신화는 그 기반을 잃고 말 것이다. 이 점에 있어서 신화적 사고와 과학적 사고를 비교하는 것이 가능하기도 하다. 양자는 모두 실재를 탐구하기 때문이다. 현대 인류학에서 이러한 관련성은 제임스 프레이저에 의해 강조되었다. 프레이저는 마술과 우리들의 과학적 사고방식을 구분하는 분명한 경계선이 없다고 주장한다. 사실 과학의 사실들은 항상 이론적인

22 Ernst Cassirer, *EoM*, 75쪽.

요소를 내포하는데, 이 이론적인 것은 다름 아닌 상징적인 것이다. 과학적 사실의 대부분은 관찰될 수 있는 사실이기 이전에 먼저 가설적인 사실이었다. 얼핏 보기에 과학적인 사실은 필연적인 사실인 듯 보이지만, 경험관찰에 의해 증명되었기 때문에 우연적인 참만을 나타낼 뿐이다.

다른 한편 신화에는 개념적인 구조와 지각적인 구조가 있다[23]고 카시러는 지적한다. 이러한 구조는 조직되어 있지 않으면서 혼동되어 있는 관념들의 단순한 무더기가 아니다. 그것은 일정한 지각양식에 의거하고 있다. 만일 신화가 세계를 하나의 다른 방식으로 지각하지 않는다면, 그것은 그 특별한 양식으로 세계를 판단하거나 해석할 수 없다. 신화적 사고의 성격을 이해하기 위하여 우리는 지각(perception)의 심층으로 돌아가지 않으면 안 된다. 우리들이 행하는 경험적인 사고에는 분석적인 과정이 내포되어 있다. 신화적 세계는 이를테면 사물들과 성질들, 실체들과 속성들로 되어 있는 우리들의 이론적 세계보다 훨씬 유동적이며 변동성 있는 단계에 있다. 이러한 차이를 파악하고 기술하기 위하여, 우리는 신화가 주로 지각하는 것은 객관적 성격들이 아니라 상모적(physiognomic)인 성격들이라고 말할 수 있다.

자연은 그 경험적 혹은 과학적 의미에서 '일반법칙에 의하여 결정되는 한에서의 사물의 존재'라 정의될 수 있다. 이런 유형의 자연은 신화에는 없다. 신화의 세계는 극적인 세계로서, 행동과 힘의 세계이고, 서로 충돌하는 세력들의 세계이다. 자연의 모든 현상 속에서 신화는 이 세력들의 충돌을 본다. 신화적 지각은 언제나 이 여러 정동적 성질을 간직하고 있다.[24] 거기서 보이는 것이나 느껴지는 것은 무엇이든지 어떤 특별한 분위기에 둘러싸여 있는데, 이 분위기는 즐거움 혹은 슬픔 · 괴로움 · 흥분 ·

23 Ernst Cassirer, *EoM*, 76쪽.
24 Ernst Cassirer, *EoM*, 76쪽.

환희 혹은 우수의 분위기이다. 이러한 분위기 속에서는 '사물들'에 관해 말할 때 그 사물들을 생명 없는 물건으로서 혹은 냉담한 물건으로서 말할 수가 없다. 모든 대상은 다정하거나 악의에 차있으며, 우애적이거나 적의를 가졌으며, 친밀하거나 무서워서 기분이 나쁘며 또는 마음을 끌고 황홀하게 하는 것이 아니면 징그럽고 위협적이다.[25] 카시러는 신화적인 지각 경험을 오늘날의 우리들도 이 기본 형태를 쉽사리 재구성할 수 있다고 말한다. 그 이유는 문명화한 인간의 생활에 있어서도 이것이 그 본래의 힘을 결코 잃지 않고 있기 때문이라는 것이다.

만일 우리가 신화적 지각과 신화적 상상의 세계를 설명하고자 한다면, 우리는 인식과 진리에 대한 우리들의 이론적 이상들의 견지에서 이 두 가지 면을 비판함으로써 시작해서는 안 된다. 오히려 카시러는 신화적 경험의 질들은 그것의 '직접적인 성질'에서 보아야 한다고 말한다. 왜냐하면 여기서 우리에게 필요한 것은 한갓 사상이나 신념의 설명이 아니라 신화적 생활의 해석이기 때문이다. 신화는 오직 행동에 의해서만 기술될 수 있다. 원시인은 그 감정과 정동을 한갓 추상적인 상징들로 표현하지 않고 구체적이고 직접적인 방식으로 표현한다. 그리고 신화와 원시종교의 구조를 알기 위해서는 표현의 전체를 연구해야 하는데, 뒤르켐이 이에 관한 명료한 이론을 제시해 주고 있다. 뒤르켐은 우리가 신화의 원천을 물리적 세계에서, 자연현상의 직관에서 찾는 한 우리는 신화를 적절하게 설명할 수 없다는 원리에서 출발한다. 신화의 참된 모형은 자연이 아니라 사회라고 그는 말한다. 그 모든 근본 동기는 인간의 사회생활의 투영이다. 이 투영들에 의하여 자연은 사회적 세계의 영상이 되며 또 그 여러 근본적 자태, 그 조직과 구성, 그 구분과 세부적 구분을 전부 반영한다. 카시러는 뒤르켐의 설명에서 일반적인 특징을 발견한다. 즉 신화사상이란 '선논리

25 Ernst Cassirer, *EoM*, 76쪽.

적 사고'로 기술되어 있다는 점이다. 설혹 신화적 사고가 여러 가지 원인을 요구한다 할지라도 이 원인들은 논리적인 것도 아니요 경험적인 것도 아니며, '신비적인 원인들'이라는 것이다.

확실히 신화를 지적인 것으로 보려는 모든 시도, 즉 신화를 이론적 혹은 도덕적 진리의 비유적인 표현으로 설명하려는 모든 시도는 완전히 실패했다고 카시러는 파악한다. 그 시도들은 신화적 경험의 근본 사실을 무시하였기 때문이다. 신화의 진정한 하층구조는 사고로 되어 있지 않고 감정으로 되어 있다. 신화와 원시종교는 결코 전혀 조리가 서지 않는 것이 아니며, 또 아무 의미나 이유가 없는 것도 아니다. 그러나 그 조리는 논리적 규칙보다도 오히려 '감정의 통일'에 더 의거하고 있다.[26] 이 통일은 원시적 사고의 가장 강렬하고 가장 심원한 여러 충동 가운데 하나이다. 그런데 과학적 사고는 현실을 기술하고 설명하는데 보통 분류와 체계화의 방법을 채택한다. 이 방법의 핵심은 생명을 개개의 부분으로 구별한 것이다. 말하자면, 식물계와 동물계, 종, 속, 과, 목 …… 등으로. 그런데 원시인의 정신은 이런 방식을 배제한다. 그들이 느끼는 생명은 여러 부분으로 나뉘어져 있지 않다. 그래서 어떤 한 부분과 부분이 끊겨있지도 않게 된다. 서로 다른 영역 사이에 있는 경계들은 넘을 수 없는 장벽이 아니다. 이 경계들은 유동하고 있고 변전(變轉, fluctuating)한다.[27]

원시적 심성의 특색을 이루는 것은 그 논리가 아니라 그 일반적 생활감정이다. 원시인은 사물들을 분류하는 박물학자의 눈을 가지고 있지 않다. 원시인의 자연관은 이론적인 것도 실천적인 것도 아닌 공감적(sympathetic)인 것이다.[28] 만일 우리가 이 점을 보지 못한다면, 우리는 신화세계로 나아가는 길을 찾을 수 없다고 카시러는 말한다. 신화의 가장 근본적인 특

---

26 Ernst Cassirer, *EoM*, 81쪽.

27 Ernst Cassirer, *EoM*, 81쪽.

28 Ernst Cassirer, *EoM*, 82쪽.

성은 사고의 특별한 방향이나 인간적 상상의 특별한 방향이 아니다. 신화는 정동의 소산이며, 그 정동적 배경은 그 모든 창작물을 그 자신의 특수한 빛깔로 물들이게 된다. 이것은 바로 생명의 연대성(solidarity of life)[29]을 말해 준다고 카시러는 강조한다. 그리고 원시인들이 지녔던 생명의 통일에 대한 확고한 신념이 생명사회(the society of life)로 이어지게 된다고 카시러는 말한다.

이제 카시러의 사상이 현대의 리쾨르에 와서는 어떤 식으로 변모되는지 고찰하도록 하겠다. 리쾨르의 경우 언어나 상징에 대해서 논의할 때, 카시러가 칸트적인 방법을 사용하고 있다면 그는 해석학적인 방법으로 접근해 가고 있음을 알 수 있을 것이다.

3. 리쾨르의 해석학에서 언어와 상징 그리고 신화

1) 신화와 상징에 대한 리쾨르의 해석학적 착상

리쾨르는 1950년대부터 자신의 주요저작을 통해서 기호·꿈·상상·텍스트·이야기 등을 통해 나타난 다양한 의미를 재해석하는데 열중하였다. 왜냐하면 인간의 인식에 있어서 가장 명증적인 출발을 시도했던 후설의 선험적 자아의 의식분석은 실패했다고 판단하기 때문이다. 후설은 모든 인식의 출발점으로써 순수 반성적 의식에서 출발하고 있다. 그러나 리쾨르는 역사와 문화의 의미화라는 긴 우회로를 통해서 순수반성 의식이 성취되어야 한다고 보고 있다. 그래서 인간적 주관은, 자기 자신에 의해서가 아니라 단지 외부세계의 기호를 해석함으로써 자신을 해석할 수 있다

29 Ernst Cassirer, *EoM*, 82쪽.

고 본다. 인간은 자기 충족적인 사유하는 자아가 아니라 자기의식을 갖기 전에 언어를 사용하고 있다는 것을 발견하는 육화된 존재이다. 그렇기 때문에 리쾨르는 데카르트적인 개념모델을 따르지 않고 해석학적인 입장을 따르고 있다. 해석학은 간접적인, 매개된, 알 수 없는, 복잡한 그리고 다양하게 나타나는 기호의 선재성을 주장하기 때문이다. "아르키메데스적인 기점에서 출발하는 철학에 반대하면서, 기호의 매개성은 이미 거기에 있는 언어와 의미에서 출발한다. 그것은 이미 있어왔던 언어 내에서의, 그리고 또 어떤 의미에선 이미 모든 것이 말해진 것 안에서 출발한다. 그것은 무전제가 아니다. 이미 모든 것이 전제된 것 안에서 그리고 그것을 가지고 생각되기를 원한다."[30] 이렇듯 리쾨르는 해석학을 통해서 현상학적 의식의 한계를 드러내고 있다. 그것은 다름 아니라 현상학에서 궁극적으로 취하는 합리성의 개념이 소유라기보다는 계획이며, 철학의 시작이라기보다는 목적으로 남아있어야 한다는 것이다.

상징과 신화의 해석을 통해서 인간의 본성을 해명하고자 하는 리쾨르의 해석학적 착상은 순수의식 외에 어떠한 전제도 인정하지 않는 후설의 절대적 출발이념을 거부한다. 그에게서 인간의 사유는 후설이 관념론적 현상학적 입장에서 보는 바처럼 순수한 사유도 아니며, 직접성의 사유도 아니다. 그것은 매개된 것이며 더욱더 의식화된 과제이며, 따라서 간접적으로 인식될 수 있다. 이러한 간접성이란 곧 사유의 사유물인 노에마, 대상이고, 넓은 의미에서는 언어 · 상징 · 신화이다. 우리의 사유는 절대적인 기점이 있는 것이 아니라 프로이트가 정신분석에 밝힌 것처럼 억압의 역동성에 의해서 영향 받고 있다고 리쾨르는 본다. 그래서 그는 프로이트의 정신분석이론을 수용하고 있다.[31] 진정한 사유는 절대적인 시작의 이념에

30 리처드 커니, 『현대유럽철학의 흐름』(임헌규 외 역), 한울, 1992, 112쪽.
31 Paul Ricoeur, *The Question of the Subject: The Challenge of Semiology*, 238쪽.

서 출발하는 것이 아니라 언어와 상징이라는 구체적인 전제에서부터 출발한다. '상징들의 명상은 언어의 충만과 이미 거기에 있는 의미의 충만으로부터 시작한다. 그것은 이미 시작되었고 모든 것이 어떤 의미에 있어서 이미 말해진 언어 안에서 시작한다.'[32] 리쾨르는 일상적인 언어에서부터 시작해서 그 근원인 원초적인 언어, 곧 상징과 신화라는 '언어의 충만성'을 회복하고자 한다. 그래서 이 원초적인 고백 속에 나타난 인간의 근원적인 체험을 밝히고자 하는 것이다.[33]

리쾨르는 언어에서 그 출발점을 갖고자 한다. 특히 그는 언어의 全영역 내에서 특수한 위치를 지닌 원초적 언어인 상징에서 출발하고자 한다. 이 상징은 '사유가 존재 안에 있으며, 그 반대가 아니다'[34]라는 사실을 생각하는 이유를 제시한다. 이제 리쾨르가 상징이론을 어떤 식으로 전개하고 있는지를 살펴보도록 하겠다.

2) 상징에 대한 역사적 현상학적 분석

『악의 상징론』에서 리쾨르는 상징과 신화 속에 나타난 상징적 표현을 해석학적으로 해명함으로써 인간의 본성을 해명하려고 한다. 상징과 신화를 해석하는 방법에 있어서 리쾨르는 현상학적 판단중지를 언어적 영역에서 수행함으로써 일차적 소박성은 괄호 안에 넣고, '상상적 변양'을 수행함으로써 이차적 소박성을 드러내고 있다.[35] 리쾨르는 상징과 신화를 구분한다. 상징은 원초적인 해석학이요, 신화는 일차적 자발적 해석학이

---

32 Paul Ricoeur, *The Hermeneutics of Symbols & Philisophical Reflection I, in The Conflict of Interpretations*, 287-288쪽.

33 김영한, 『하이데거에서 리쾨르까지』, 박영사, 1989, 479쪽.

34 Paul Ricoeur, *The Symbolism of Evil*, New York: Harper & Row, 1967, by E. Buchman, 356(이후 *SoE*로 표기함).

35 Paul Ricoeur, *SoE*, 103쪽.

다. 원초적인 상징은 언어철학의 기저에 있다. 리쾨르는 원초적인 상징을 '얼룩의 유사물인 부정, 이탈의 유사물인 죄과처럼 자발적으로 형성되고, 직접적으로 의미 있는 유사적 의미'로서 이해한다.[36] 리쾨르는 신화를 '상징의 종(種, Species)'으로 본다. 신화란 '비판적 방법에 따르면 역사의 시간과 공간과 연결될 수 없는 시간과 공간 속에서 설명되고 이야기 형식으로 전개된 상징'이다.[37] 신화란 원초적인 상징에다 이야기 형식을 부가한 서술적인 상징이다. 리쾨르의 예에 의하면 추방이란 인간소외의 일차적 상징이나, 낙원으로부터 아담과 이브의 추방사건은 전설적인 인물들, 장소, 시간, 일화 등을 주입하는 신화적 이야기이다.

신화와 상징은 형식적인 차이가 있음에도 불구하고 상징적 표현의 근본 구조적 지향성을 공유하고 있다. 즉 지향성이란 우선 문자적인 것이고, 유비적인 것이다. 유비적 지향성은 문자적 지향성으로부터 야기된다. 다의적, 은유적, 상징적 의미란 일의적, 문자적, 일상적 의미의 기반 위에서 공감적 상상을 통해서 구성된다. '악의 상징은 처음 단계의 의미를 지니는 어떤 것으로부터 출발되고, 자연에 대한 경험, 공간 속에서의 접촉, 인간의 태도로부터 나오게 된다.'[38] 그리고 상징이 지니는 애매성은 이중적 지향의 구조, 곧 문자적 의미와 비유적 의미 사이의 관계에서 일어난다. 상징의 자발성이란 그것의 충만성이다. '상징이란 우리로 하여금 잠재적 의미에 참여하도록 하고, 우리로 하여금 상징된 것에 동화되도록 하는 원초적인 의미의 바로 그 운동이다.'[39] 상징은 잠재적인 전체로서 '언어의 출생지'요 '언어의 원래적인 충만성'이다. 일차적 지향성과 이차적 지향성 사이의 친밀한 연결은 상징 언어로부터 일차적 내용을 통해서 이

36 Paul Ricoeur, *SoE*, 18쪽.

37 Paul Ricoeur, *SoE*, 18쪽.

38 Paul Ricoeur, *The Hermeneutics of Symbols*: I, 289쪽.

39 Paul Ricoeur, *The Hermeneutics of Symbols*: I, 290쪽.

차적 내용에 접한 언어를 산출해 낸다. 그러므로 상징은 사상을 불러일으킨다.[40]

여기서 리쾨르가 말하는 상징이란, 이중적인 의미를 지닌 언어체계를 말한다. 그리고 리쾨르는 "해석은 언어에 '대한(of)' 해석이기 이전에 언어에 '의한(by)' 해석이다"[41]라고 주장한다. 왜냐하면 우리가 실존적 현장에 도착하기 이전에 우리는 이미 타자에 의해서 형성되고 있는 언어에 귀속되어 있기 때문이다. 그리고 이 언어는 반성에 있어서 긴 해독과정을 거쳐야만 회복될 수가 있기 때문이다. 리쾨르에게서 선험적인 현상학이 구체적인 화신(incarnate), 한계상황(죽음, 질병, 전쟁위기) 등으로 넘어가는 이유는 무엇인가? 그 이유는 인간은 죽을 수밖에 없는 존재이고, 이 점이 철학적 자아의 본래적인 모습이기 때문이다. 그러면 선험적 자아는 왜 투명한 자아를 확신하지 못하는가? 그것은 '신체성'과 관련되기 때문인데, 신체성이란 죄, 유한성, 결점 등이 있다는 의미이고, 달리 말해서 우리의 의식이 '신체적인' 비자발성과 직면하고 있다는 뜻이다.

후기 후설이 생활세계로 돌아가 상대적 주관적 영역의 다원적 측면을 현상학적 기술로써 들추어내는 것처럼, 리쾨르는 언어적 영역으로 들어와 악의 상징이 지니는 다양한 의미의 차원을 현상학적 방법으로 드러내고 있다.[42]

---

40 Paul Ricoeur, *SoE*, 173쪽. "the symbol gives rise to thought".

41 Paul Ricoeur, What is a Text?, in *Hermeneutics & the Human Sciences*, Ed, J. B. Thompson, Cambridge Univ., Press, 1982, 163쪽. 이 표현은 아리스토텔레스적인 해석개념을 리쾨르가 받아들이는 대목이다. 아리스토텔레스적인 해석개념에는, 동일한 텍스트 속의 몇몇 의미 담지자들 간의 역동적인 관계를 이해하기 위한 방식이 정확히 마련되어 있지 않다. 왜냐하면, 해석은 말(speech)의 이론을 전제하지 리쾨르적인 텍스트이론을 전제하지 않기 때문이다. 발음에 의해 분절된 소리들은 정신 상태의 심볼들이며, 쓰인 단어들은 말 속에서 발화된 단어들의 심볼들이다. 그러므로 아리스토텔레스적인 해석은 말의 의미론적인 차원과 혼동되기도 한다.

42 김영한, 『하이데거에서 리쾨르까지』, 박영사, 491쪽.

3) 신화의 상징기능

리쾨르는 신화에 대한 현대인의 이해를 돕기 위해서 '비신화론화(非神話論化, demythologization)'[43]라는 용어를 사용한다. 이 말은 현대인의 사유방식 속에서 신화를 제거해 버리자는 의미가 아니라 신화에 대한 잘못된 지식 곧 잘못된 신화론을 제거하기 위해서 이 용어를 사용한다. 리쾨르는 신화를 중시하되 신화를 직접적인 로고스로는 보지 않는다. 그는 신화를 신화(미토스)로서만 보고 있다. 신화를 신화로서만 본다는 말은 신화의 상징기능, 다시 말해 무엇을 드러내는 기능[44]을 인정하고 그러한 면을 살펴보겠다는 뜻이다.

리쾨르는 상징과 신화의 일반론에 대해서 논하지는 않고 인간의 악(惡, human evil)과 관련된 신화적 상징들을 세 가지 주제로 논하고 있다.

① 악의 신화(the myth of evil)의 첫 번째 기능[45]은 인류 전체를 하나의 이상적인 이야기(ideal history) 속에서 터득하는 것이다. 모든 시간을 대표하는 어떤 시간을 통해 '사람'이 구체적인 보편인으로 나타난다. 마치 아담이 사람을 나타내는 것과 같다. 그래서 신화 속의 어떤 경험은 어떤 경험으로 끝나지 않고 경험의 '원형(archetype)'이 된다. 신화 속에는 대표인이 들어 있어서 사람과 실존에 대해 말하고 있다.

② 신화에 나오는 보편인은 어떤 방향을 향한 움직임을 지닌다.[46] 신화로 말미암아 인간의 경험 속에 어떤 운동이 생긴다. 잘못의 처음과

43 Paul Ricoeur, *SoE*, 162쪽.
44 Paul Ricoeur, *SoE*, 162쪽.
45 Paul Ricoeur, *SoE*, 162쪽.
46 Paul Ricoeur, *SoE*, 163쪽.

나중을 말함으로써 신화는 인간경험에 어떤 방향과 긴장을 준다. 그래서 체험은 단순히 지금만의 체험이 아니게 된다. 지금의 경험은 처음과 나중 사이, '창세'와 '종말' 사이에서 일어나는 어떤 움직임의 한 순간이다. 신화를 통해서 인간의 상실과 구원이라고 하는 기본 역사가 인간 경험을 관통하는 것이다.

③ 신화는 인간실존의 수수께끼에 도달하려고 한다.[47] 부정(defiled)과 죄(sinful)와 죄과(guilty)로 얼룩진 현실과 순결한 피조물인 본래적 현실 사이의 불일치라는 수수께끼에 도달하려고 한다. 신화는 이야기(narration)를 통해서 이 과정을 더듬는다. 여하튼 신화는 존재론적인 측면을 지닌다. 인간의 본질과 실존이 단절되었으면서 연결된 그 관계를 신화는 다루고 있다고 리쾨르는 파악한다.

이상의 세 가지 기능, 즉 보편성과 방향성과 존재론적 탐구라고 하는 세 기능을 통해 신화는 무엇을 드러낸다. 그러나 하나의 언어를 다른 하나의 언어로 바꾸는 번역을 통해서 신화의 뜻을 찾을 수는 없다. 그러면 어떻게 해야 신화의 뜻을 올바로 이해할 수 있는가?

신화를 올바로 보기 위해서는 그것을 '원인과 설명'으로 보아서는 안 된다고 리쾨르는 주장한다. 신화를 철학적으로 취급하는 데 있어서 꼭 염두에 두어야 할 점을 리쾨르는 언급하고 있다. 철학자들이 신화를 거부하는 까닭은 신화의 설명이 소크라테스 이전의 합리성과 맞아떨어지지 않는다는 데 있다고 리쾨르는 진단한다. 그는 신화를 설명이 아니고 하나의 개방, 발견으로 보고 있다. 이러한 관점을 위해서 리쾨르는 신화의 상징기능으로 되돌아가고 있다. 상징은 어떤 경험의 차원을 여는 것이며, 만일 상징이 없다면 그 경험은 갇혀져 있고 감추어져 있게 된다. 그러므로 이

47 Paul Ricoeur, *SoE*, 163쪽.

제 문제는 신화가 어떤 면에서 상징이냐 하는 점을 밝혀내어야 한다.

리쾨르는 신화의 상징적인 면을 고찰함에 있어서 종교현상학자들(반 데어 레우, 렌하르트, 엘리아데 등)의 신화의식 연구를 인용한다.[48] 종교현상학은 신화의 문제를 새롭게 제기하는 데 공헌했기 때문인데, 말하자면 신화들 속에 들어 있는 이야기와 인물들의 모태가 되는 구조를 밝혀냈고 그 구조에서 신화의 기본 범주를 찾아냈다. 그것은 바로 성스런 것과의 관계 또는 참여이다. 종교현상학자들에 따르면, 신화-이야기(myth-narration)는 어떤 가상의 얘기나 우화를 만들어 내는 것이라기보다는 현실 전체와 실제적으로 관계하는 의식에서 나오는 것이다. 여기서 우리에게 중요한 것은 모든 이야기나 우화나 전설 밑에 깔린 이 의식이 왜 하필이면 '이야기'라는 형식을 통해서 말로 되었는가 하는 점이다. 결국 우리는 신화의 두 가지 특징을 고려해야 한다. 하나는 말이라는 점이고 또 하나는 말 중에서도 이야기라는 점이다. 신화가 이야기 형식을 취하고 있는 이유를 알기 위해서는 신화나 제의가 드라마의 양식을 지니고 있는 이유를 살펴보면 알 수 있다. 결론적으로 신화가 유연하고 상상력을 발동하고 사건들로 이루어진 이야기인 것은 첫째, 성스런 무엇을 상징적으로 표현할 기호들이 필요하기 때문이며 둘째, 원초적 시간(primordial time)이 드라마의 성격을 띠고 있기 때문이다. 그러므로 신화의 시간은 처음부터 원초적 드라마(primordial drama)에 의해 모양이 갖춰지게 된다.[49]

4) 언어와 신화 그리고 상징

앞서 언급했듯이 리쾨르는 현상학의 이성적인 선험적 자아의 이념보다

---

48 Paul Ricoeur, *SoE*, 167쪽.
49 Paul Ricoeur, *SoE*, 170쪽.

는 인간의 유한성, 오류가능성을 받아들인다. 이는 인간이 곧 상황 속에 처해있는 중간자라는 의미이다. 이러한 인간의 가장 원초적인 언어를 리쾨르는 서구의 종교적 문화전통으로 부터 가져온다. 유한과 무한 사이의 인간 실존에게서 나타나는 오류가능성, 즉 악의 가능성은 인간의 언어능력에서 나타난다. 그래서 리쾨르의 관심은, 악의 가능성이 어떻게 해서 악의 현실성으로 되는가 하는데 있다. 그 문제의 근원을 되짚어 보면, 악의 실제적 체험이 내포된 영역이란 고백의 언어(language of avowal)이다. 이 고백의 언어란, '얼룩(stain)', '죄(sin)', '죄과(guilty)' 등 기본적인 상징들을 말한다. 이 세 가지 주요 상징들 중 얼룩은 더럽혀졌다는 느낌을 추상적이고도 불명료하게 표현한 말인데, 그러면서도 이 이차적 지향성은 얼룩에 대한 일차적 지향성, 즉 문자적 얼룩을 통해 알려지고 구성된다. 고백이 철학의 관심 영역으로 된 맨 처음 일은 어거스틴의 원죄론에서이다. 그런데 기독교적인 원죄론은 교리화 되어 있고, 사변화 되어 있다. 즉 인간론을 밑바탕으로 하고 있는 원죄론은 영지주의적인 것과 관련을 맺고 있다. 그런데 리쾨르는 원죄를 합리적으로 설명해 온 것에 문제가 있다고 보고, 사변에서 나온 표현인 '합리성'에서 죄 체험으로 다시금 더 근원적인 곳으로 추구해 들어가고 있다. 그는 사변에서 죄 체험으로 가는 도중에 신화가 있다고 말한다. 신화를 현대인들은 우화성이 있다는 이유로 그냥 넘겨버리려 하고 있다. 하지만 신화란 "태초의 사건에 대한 전승된 이야기로서 오늘날 예배 행위의 바탕을 이룬다." 그리고 "인간의 자기이해를 가능케 하는 모든 사고와 행위의 틀을 결정한다."[50] 오늘날 신화는 현대인들에게 하나의 신화일 뿐이다. 현대인들은 그들의 비판적인 정신을 따라 신화의 시간을 실제 역사와 연결시키지 않으며, 신화의 준거 틀이 지금의 어떤 장소를 가리킨다고 보지 않는다. 그래서 신화에서 어떤 최초의 사실

---

50 Paul Ricoeur, *SoE*, 162쪽.

에 대한 설명을 해 보려는 의도를 버려야 한다는 것이 비신화화[51]의 주제이다. 그러나 리쾨르는 여기서 다음과 같이 주장한다.

> "신화는 어떤 시각을 열어 준다. 사람에 대해 무엇을 탐구하고 이해하게 하는 시각을 열어 준다. 즉 신화에는 사람과 성스런 무엇과의 관계를 발견하고 밝히는 능력이 들어 있다. 나중에 우리는 그것을 신화의 '상징기능'이라 부를 것이다. 신화는 그처럼 양면성을 지닌다. 과학의 세계관 앞에서 비신화화 되지만, 다른 한편으로는 상징이라고 하는 엄숙한 기능을 가진다. 그리하여 신화는 오늘날 사고방식의 한 차원을 이루고 있다."[52]

> "결국 신화는 회상과 예측을 통해 인간현실에 대한 총체적인 이해를 가져다준다."[53]

리쾨르의 논의는 사변의 산물인 원죄론에서 타락의 신화로, 다시 타락의 신화에서 죄의 고백으로 거슬러 간다. 고백은 체험의 표현이며, 갈피를 모르고, 복잡하고, 물음투성이의 그런 체험이다.[54] 죄는 나로 하여금 나를 이해하지 못하게 한다. 하나님은 숨었고, 세상 돌아가는 일은 더 이상 의미가 없다. 바로 그 물음의 선상에서, 다시 말해 무의미의 위협에 맞서기 위해서 신화는 "어떻게 악이 시작되었는지"를 얘기하는 것이다. 죄는 사람이 물음을 묻게 되는 가장 중요한 계기이다. "사람의 마음속에 있는 자아의식은, 상징을 통해 형성된다. 그리고 그 1차 상징이 저절로 해석학을

---

51 비신화화(非神話化)란 말은 원래 불트만의 용어로서, 그는 신화 속의 신비적인 요소를 제거하자는 주장을 한 것이 아니라 신화가 지닌 신비적인 요소의 실존적인 의미를 들추어 내려했던 것이다. 이러한 불트만의 사상 속에서는 신화가 지닌 거룩성 같은 요소는 인정되지 않게 된다. 그러나 리쾨르는 불트만의 비신화화란 용어를 받아들이면서도 그와는 다른 점은, 신화속의 상징이 지닌 양면성을 모두 인정하고자 하는 입장이라 할 수 있다.

52 Paul Ricoeur, *SoE*, 5쪽.

53 Paul Ricoeur, *SoE*, 6쪽.

54 Paul Ricoeur, *SoE*, 7쪽.

일으키는 단계에 가서야 추상 언어가 생긴다."[55]

인간의 언어에서 드러나는 '오류의 가능성'에 대한 리쾨르의 연구는 순수한 '반성'이었다. '악의 현실'에 대한 연구는 '죄'의 고백을 통해서 할 수 있다. 반성과 고백 사이의 차이는 명백하다. 반성은 신화나 상징이 필요 없다. 그것은 직접 합리성으로 이루어진다. 그러나 합리적 반성으로는 악에 대한 이해의 문이 열리지 않는다. 죄의 고백은 반성과는 다른 경험에서 나올 뿐만 아니라 전혀 다른 언어를 사용한다. 말하자면 상징 언어다.

상징은 언어를 주어 고백을 낳는다.[56] 상징을 통해 인간은 언어이기를 계속한다. 여기서 중요한 점은 이것이다. 해석학 없이는 상징 언어가 없다는 것이다. 꿈꾸고 환희 하는 인간이 있는 곳에, 일어나 해석하는 인간이 있다. 꿈꾸고 환희 하는 것 역시 언어이다. 그런데 그 언어에는 일관성이 없기 때문에 해석학을 통해 일관된 언어로 들어가게 된다. 그렇다고 해서 인간이 1차 원시성[57]으로 돌아갈 수 있을까? 그것은 불가능하다. 직접적이고 즉각적인 믿음은 아주 잃어버렸다. 그러나 그처럼 우리 현대인이 원초적 믿음과 성스러운 상징에 따라서 살 수는 없지만, 비판을 통해 2차 원시성으로 나아갈 수 있다. 즉 해석을 통해 잃어버린 소리를 다시 듣게 된다. 상징이 의미를 선물하고 지성이 그것을 풀어내는 것은 모두 해석학 안에서 일어나는 일이다.

그러면 해석학은 그런 문제를 어떻게 해결하는가? 상징은 불러일으키고, 비판적 지성은 해석하는 그 운동을 해석학적 순환관계로 본다. 그 순환은 말하자면, "믿어야 안다. 그러나 알아야 믿는다."[58]라는 식이다. 곧

---

55 Paul Ricoeur, *SoE*, 7쪽. 이 말은 곧 후설과의 차이점을 나타내는 것으로서, 순수 자아의식을 부정하는 말이다.

56 Paul Ricoeur, *SoE*, 350쪽.

57 Paul Ricoeur, *SoE*, 355쪽. 리쾨르가 말하는 1차 상징(원시성)이란, 생생한 흠의 체험, 죄 체험, 허물체험을 가리키며, 2차 상징이란 이들 상징을 매개시켜 주는 신화같은 것을 말한다.

그것은 진부한 순환이 아니며 죽은 순환은 더욱 아니다. 이해하고 알려면 믿어야 한다. 해석자는 자기가 묻고 있는 의미의 세계 속에 이미 살고 있지 않으면 본문이 말하는 것을 알 수가 없다. 우리가 찾는 2차적인 직접성 곧 2차 원시성은 해석학 이외의 다른 곳에서는 얻을 수 없다. 해석을 통해서만 믿을 수 있기 때문이다.

리쾨르에게서 모든 상징은 히에로파니(hierophany, 신의 현현)요, 인간과 성스런 무엇과의 관계를 표현한다.[59] 만일 상징을 단순히 자아의식을 드러내는 것으로 본다면 상징의 존재론적 기능을 무시하게 된다. 결국 상징이 말하는 것은, 삶의 터인 존재 한가운데 처한 인간의 상황이다.[60] 그러므로 상징의 인도를 받는 철학자는 자아인식의 담을 헐고 반성의 특권을 제거해야 한다.

4. 맺는 말: 상징과 신화의 철학적 의미

지금까지 우리는 카시러와 리쾨르의 상징과 신화이론을 대략 살펴보았다. 이제 맨 처음 제기했던 문제의식을 염두에 두면서, 이들의 상징이론이 어떻게 자연과 세계를 이해하는 새로운 방식이 될 수 있을까를 생각해 보기로 하겠다. 이 작업은 상징과 신화가 지니고 있는 철학적 의미를 들추어냄으로써 접근해 볼 수 있을 것이다. 우리의 관심은 카시러와 리쾨르의 상징이론 내용이 어떻게 다른지에 있지 않다. 우리는 카시러와 리쾨르의 사유들 속에서 그리고 그들의 상징이론의 내용 중에서 어떤 부분이 현대

---

58 Paul Ricoeur, *SoE*, 351쪽.

59 Paul Ricoeur, *SoE*, 356쪽; M. 엘리아데, 『상징 · 신성 · 예술』(박규태 역), 서광사, 1991, 31-32쪽과 D. M. 라스무센, 『상징과 해석』(장석만 역), 서광사, 1991, 52쪽. 이 두 사람도 리쾨르와 동일한 입장을 취하고 있다.

60 Paul Ricoeur, *SoE*, 356쪽.

사회가 직면하고 있는 문제에 대한 해결의 실마리가 될 수 있는지를 밝혀내는 데 있다.

카시러의 경우 그가 가장 문제 삼고 있는 부분은 인간의 자기인식에서의 위기상황이다. 그래서 그는 새로운 인간의 자기상을 묻고 있는데, 동물들에게서 널리 볼 수 있는 수용계통과 운동계통 이외에 인간에게만 주어지는 '상징계통'이라는 것을 발견해 낸다. 바로 이 상징 계통이 인간생활 전체를 변형시켜 준다고 그는 믿고 있다. 그런 점에서라면 리쾨르의 경우 역시 신화는, 태초의 사건에 대한 전승된 이야기로서 뿐만 아니라 인간의 자기이해를 가능케 하는 모든 사고와 행위 틀을 결정해 준다고 보고 있다. 그 이유는 그 속에 '상징적인 기능'이 들어있기 때문인데, 이 기능은 양면성을 지니고 있다는 것이다. 즉 인간에게 어떤 새로운 시각을 열어주기도 하고, 사람과 성스런 무엇과의 관계를 발견하고 밝혀준다는 것이다. 결국 이 신화나 상징의 양면성을 통해서 인간현실에 대한 총체적인 이해가 가능하다는 것이다.

다음으로 카시러와 리쾨르의 공통점은 인간인식의 '매개성', '간접성'을 강조하는 점이다. 카시러의 경우 언어형식, 예술적 심상, 신화적인 상징 등의 매개물을 통해서 인간이 세계를 인식한다고 파악하고 있고, 인간이 사용하는 언어는 '감정과 정동의 표현'이라는 것이다. 그에게서 상징은 인간의 의미세계의 일부분이고, 상징적인 기능은 인간의 사고에 있어서 보편적인 현상이라고 말한다. 리쾨르의 경우 신화나 상징은 다의적, 은유적, 상징적인 의미를 지니고 있다고 파악한다. 이 말은 일의적이거나 문자적인 의미 기반 위에서 공감적 상상을 통해서 구성된다는 것이다. 여기서 공감적 상상이란 매우 중요한 표현인데, 카시러의 경우도 비슷한 표현을 하고 있다. 카시러는 신화의 세계에는 행동과 힘이 들어있고, 정동적인 성질이 들어있다고 파악한다. 이 말은 사물(넓게는 자연)을 생명 있는 대상으로 간주한다는 의미이다. 그래서 사물을 대할 때 공감적인 태도가 나타나게 된다. 물론 이런 유형은 원시인의 사고 속에서 볼 수 있다. 공감적(sympathetic)이란 생명의 연대성을 말하는 것이며, 생명의 연대성을 통해서 생명사회로 나아가는 것을 의미한다. 똑같은 표현이 리쾨르에게서도 보인다. 상징과 신화의 자발성을 말하는 대목에서 상징의 자발성이란 언어의 충만성을 드러내는 것이며, 이 속에서 언어나 상징 신화가 지닌 잠재적인 의미에 참여하게 된다고 말한다. 이런 생각의 밑바탕에는 인간을 중간자로서 바라보는 관점이 전제되어 있다.

리쾨르의 악의 1차적인 상징들 —— 부정 · 죄 · 죄과 —— 에 대한 분석에서 가장 핵심적인 요소로 우리는 '관계적 사고'를 이끌어 낼 수 있다. 인간과 성스런 무엇과의 관계, 인간과 신과의 관계를 언급하는데 리쾨르는 그 관계를 '인격적 대화상황'[61]으로 파악한다. 그런데 인간이 저지른 이러한 대화관계의 파기는 곧 악의 상징들을 야기한다. 그렇기 때문에 리쾨르의 시종일관된 관심은 인간과 성스런 것 간의 관계회복, 대화상황의 재개에 있다. 이는 인간의 입장에서 보면 철저히 자신이 저지른 죄의 고백의 차원, 반성의 차원을 통해서 가능하며, 신적인 입장에서는 그것이 용서의 차원으로 된다. 문제는 대화관계를 파기시킨 인간의 고백이 선행되어야 한다는 것이다.

이상에서 우리는 신화를 논리적 혹은 도덕적 진리의 비유적 표현으로 보면 결코 신화가 지닌 참 의미를 파악할 수 없다는 점을 알 수 있었다. 그런 의미에서 카시러는 신화와 상징 이면의 '의미'를 밝혀내는 것이 철학의 과제라고 말한다. 인간과 자연을 결코 분리된 세계로 파악하는 게 아니라 하나의 유기체적인 형식으로 파악하고 있는 점이 카시러와 리쾨르 사유의 가장 큰 공통점이다. 그래서 이들은 감정의 표현, 감정의 통일, 공감적, 생명의 연대, 생명사회 그리고 참여라는 용어를 강조해서 언급하

---

61 Paul Ricoeur, *SoE*, 69쪽.

고 있다. 이렇게 할 때 비로소 인간에 대한 이해, 자연과 세계에 대한 이해에 하나의 실마리를 얻을 수 있을 것이다.

우리는 카시러와 리쾨르의 상징·신화에 대한 논의를 살펴봄으로써 앞서 제기했던 문제의식에 대해 하나씩 하나씩 그 해결책에 접근해 보았다고 여겨진다. 사실상 현대에 직면하고 있는 문제점들은 새롭게 '관점의 변화'를 요구하고 있다. 이런 면에서 기존의 과학주의 일변도의 사고방식을 언어의 상징기능에 의한 공감적 태도로 그리고 유기체적인 태도로 전환시킨다면, 자연과 인간의 연대성 더 나아가 자연과 인간의 생명의 공동체를 지향할 수 있게 된다. 인간의 사고방식 안에는 양면적인 측면이 누구에게나 다 들어있기 때문에 지금까지 간과되어왔던 부분을 다시금 회복시키기만 하면 이러한 일련의 작업은 성과를 거둘 수 있게 된다. 상징과 신화가 지니는 철학적인 의미란 바로 그런 부분에서 찾아질 수 있는 것이다.

제5장
프랜시스 쉐퍼의 문화관

1. 시작하는 말

이 장은 문화를 논의하는 다양한 영역들 중에서도 예술의 분야, 특히 예술비평의 문제와 관련하여 "기독교적 예술비평은 가능한가?"의 문제를 해명하는 데 목적이 있다. 기독교적 예술비평이 가능하다면, 우리는 그 근거로서 어떤 원칙과 방법을 제시해야만 한다. 그리고 그것이 철학이나 예술 일반에서 통용되는 비평의 방식과 비교하여 어떤 차이점이 있는지, 나아가 어떤 설득력을 지닐 수 있는지가 설명되어야만 한다.

그래서 나는 이 문제를 기독교철학자이자 신학자인 프랜시스 쉐퍼(Francis A. Schaeffer, 1912-1984) 견해를 중심으로 논의하고자 한다. 그 이유는 이들의 관점이 철저하게 기독교 세계관과 성경적 관점에 근거하고 있기 때문이다. 현재 국내에 소개된 기독교적 예술비평에 관한 전문적인 연구가 거의 없는 상황을 감안한다면, 이 논의는 나름의 의의를 충분히 가질 수 있을 것으로 판단한다.

2. 예술의 종교적 기능, 기독교와 예술

기독교적 예술비평에 대한 본격적인 논의에 들어가기 전에 우선 종교(기독교)와 문화 그리고 예술의 관계에 대해 잠시 살펴보고자 한다. 이들 관계에 대한 개략적인 통찰은 기독교적 예술비평을 보다 심도 있게 논의할 수 있는 토대가 될 것이다.

먼저 종교와 문화의 관계에 대해서, 폴 틸리히(Paul J. Tillich, 1886-1965)는 『문화의 신학』(*Theology of Culture*, 1959)에서 "종교는 문화에 의미를 주는 실체이며, 문화는 종교의 근본적인 관심이 그 자신을 표현하는 형식의 전부"[1]라고 말하였다. 그러니까 종교는 문화의 실체이며, 문화는 종교의 형식이다. 모든 종교적 활동은 조직화된 종교 안에서만이 아니고, 또한 영혼의 가장 깊은 운동에서도 문화적으로 형성된다는 것이다. 이러한 실체와 형식으로서의 종교와 문화의 관계를 생각하면, 재래적인 성속(聖俗)의 이분법이 사라지게 되는 것이다.

대표적인 문화비평가 중의 한사람인 한스 로크마커(Hans R. Rookmaaker, 1922-1977)는 『현대 예술과 문화의 죽음』(*Modern Art and The Death of a Culture*, 1970)에서 기독교와 문화의 관계를 밝힌다는 것은 두 가지 사항에 대해 답하는 것이라고 말하였다. 하나는, 기독교인은 주변 문화, 그러니까 세속적인 문화에 대해 어떤 태도를 취해야 할 것인가, 다른 하나는 과연 어떤 식의 문화가 기독교적인 삶의 방식의 결정체로서 형성되어야 하는가이다. 이 둘

1 폴 틸리히, 『문화의 신학』(김경수 역), 현대사상사, 1974. 52쪽 참조.

에 대한 대답은 서로 밀접하게 연관되어 있다.[2]

그리고 예술과 종교의 공동과제를 설명하면서 콜링우드(Robin G. Collingwood, 1889-1943)는 예술은 순수한 상상력이고, 종교는 믿음에 의거한 상상력이라고 말하였다. 예술은 그가 상상하는 것을 실재한다고 보지 않지만, 종교는 그가 상상하는 것을 실재한다고 본다. 예를 들면 허깨비와 선녀를 보는 것은 예술이고, 그것을 믿는 것은 종교이다. 고대로 올라갈수록 양자의 구별이 힘들지만, 예술의 지도 원리가 미(美)인데 반해, 종교의 지도 원리는 '성스러움'이다. 그러나 이 양자가 모두 '진리(眞理)'로 향하는 상징성을 지니고 있다는 것이다.[3] 이런 점에서 예술과 종교는 같은 뿌리에서 나왔다고 할 수 있다. 그러니까 미적 경험과 종교적 경험이 어떤 공통적인 뿌리를 갖고 있다는 것이다.[4]

그렇다면 기독교를 포함한 종교 예술은 어떤 기능을 가지고 있는 것일까? 한국의 대표적인 예술철학자였던 조요한(1926-2002)에 따르면, 감정의 움직임이 있는 일체의 유정중생(有情衆生)이 색상(色相)만 보고 실상(實相)을 보지 못하는 것을 예술작품에 담아 사람의 가슴에 깨우치게 하는 것이 종교 예술의 기능이다. 다시 말해, 인간이 진리에의 길을 찾아가도록 교리나 신조로써 밖에서 강조하는 것이 아니라, 내부의 정신적 힘에 의해 찾아가도록 도와주고 뒷받침해주는 것이 종교 예술의 사명인 것이다.[5]

유한한 인간이 무한한 세계를 동경하고, 그곳을 향해 창을 여는 정신활동은 상징적 매개로써만 이루어질 수 있다. 일시적인 것을 통하여 영원한 것을 불투명하게나마 표현하는 상징은 단순한 '전달'이 아니라, 인간의 깊은 '통찰'이다. 그것은 의미세계를 열어준다는 뜻에서 세계 개방성이다.

---

2 Hans R. Rookmaaker, *Modern Art and the death of a Culture*, Inter Varsity Press, 1970. 번역서로 『현대 예술과 문화의 죽음』(김유리 역), IVP, 1993, 40쪽 참조.

3 Robin George Collingwood, *Speculum Mentis*, Clarendon Press, 1924. 128쪽 참조.

4 조요한, 『예술철학』, 미술문화, 2003, 381쪽 참조.

5 조요한(2003), 같은 책, 404쪽 참조.

종교가 예술에서 가장 충족하게 표현되고, 위대한 예술작품이 종교적인 까닭은 인간이 희구해마지 않는 의미세계를 열어주기 때문이다. 아름다움에 대한 예술가의 창조적 체험은 원래 신(神)으로의 향상이었다. 절대자를 향해 창을 여는 일이었다.[6]

그렇다면 기독교와 예술의 관계는 어떠한가? 기독교는 예술에 대해 어떤 입장을 취할 수 있는가? 그리스도인은 예술에 대해 어떤 태도를 취해야 하는가?

예술에 대한 기독교적 논의를 다루다 보면 크게 두 가지 입장에 직면하게 된다. 하나는 성경의 말씀에 근거해서 예술작품 및 예술 활동에 대해서 부정적인 측면에서 접근하는 경우다. 다른 하나는 역시 성경에 근거하여 그와 같은 활동에 대해 긍정적이면서도 적극적인 측면에서 접근하는 경우이다.

먼저, 예술작품 및 예술 활동에 대해 부정적인 측면에서 접근하는 경우를 보자. 이 입장은 성경의 다음의 구절을 그 근거로 제시한다.

> "너를 위하여 <u>새긴 우상을 만들지 말고</u> 또 위로 하늘에 있는 것이나 아래로 땅에 있는 것이나 땅 아래 물속에 있는 것의 <u>아무 형상이든지 만들지 말며</u> 그것들에게 절하지 말며 그것들을 섬기지 말라 나 여호와 너의 하나님은 질투하는 하나님인즉 나를 미워하는 자의 죄를 갚되 아비로부터 아들에게로 삼 사대까지 이르게 하거니와"(출 20:4-5)

이 성경 구절에 근거해 본다면, 새긴 우상(carved image)을 만드는 행위, 즉 조형 예술작품을 제작하는 행위는 계명을 거역하는 행위가 된다. 따라서 예술 창작 활동에 대해 소극적이며 부정적인 태도를 취하게 되는 것이다.

---

6 조요한(2003), 같은 책, 398쪽 참조.

다른 한편, 후자의 경우는 성경의 다음의 구절을 근거로 제시한다.

> "너희는 자기를 위하여 우상을 만들지 말지니 목상(carved image)이나 주상(sacred pillar)을 세우지 말며 너희 땅에 조각한 석상(engraved stone)을 세우고 그에게 경배하지 말라 나는 너희 하나님 여호와임이니라"(레 26:1)

이 입장에서는 계명이 금하고 있는 것은 조형 예술작품을 만드는 것 자체에 있기보다는, 하나님 이외의 다른 것, 특히 예술작품을 숭배하는 것이라고 파악한다. 그러니까 문제는 예술작품의 창작의 의도나 목적이 하나님을 경배하기 위한 것에 있기보다는, 인간 자신을 위한 것, 이를테면 인간의 안위나 욕구의 충족을 위한 것에 있을 때 잘못이 있다는 것이다. 나는 기독교적 예술비평은 전적으로 후자의 관점에서 진행되어야 한다고 생각한다. 때문에 이 글에서의 논의도 그와 같은 입장에서 전개할 것이다.

3. 프랜시스 쉐퍼의 문화예술론

1) 예술의 성경적 근거: 예술작품의 원(原)제작자로서 하나님

우리가 예술의 성경적 근거나 성경 속에 나타나는 예술에 대한 논의를 할 때, 프랜시스 쉐퍼의 견해는 예술에 대한 긍정적 입장을 대변할 수 있는 매우 유익한 관점을 제공해 준다고 필자는 판단한다. 그래서 그의 입장에 근거해서 기독교적 예술비평을 위한 기본 토대를 네 부분으로 나누어 살펴보고자 한다.

예술의 성경적 근거에 대해서 살펴보면서 우리의 관심은 이제 예술 창작의 장본인인 인간에 대해서 생각하게 된다. 이 말은 인간의 손을 통해서 만들어진 예술작품이기에 예술작품의 제작자는 자연스럽게 인간 자신이라고 할 수 있을 것이다. 그렇다면 이런 생각은 성경적 관점과 일치하는 것이라 할 수 있을까? 이 부분과 관련하여 쉐퍼의 대답은 흥미롭다. 쉐퍼는 예술작품의 가장 근원적인 예로서 구약 성경에 나오는 성막의 제작 과정을 들어 예술작품의 원(原)제작자는 '인간'이 아니라 '神', 바로 '하나님'이라고 주장한다.[7] 쉐퍼는 어떤 근거에서 그와 같은 주장을 하는 것일까?

모세가 시내 산 위에 있는 동안에 하나님은 그에게 성막을 어떻게 지어야 할 것인가에 대해 특별히 가르쳐 주셨다. 하나님은 모세에게 이스라엘 사람들의 금과 은, 비단 옷감과 염색한 양 가죽, 질 좋은 목재와 보석들과 같은 것들을 모으도록 명하셨다. 그러고 나서 하나님은 다음과 같이 말씀하셨다.

> "무릇 내가 네게 보이는 대로 장막의 식양(pattern of the tabernacle)과 그 기구의 식양을 따라 지을지니라"(출 25:9)

여기서 우리가 주목해야 하는 점은, 그 양식이 어디서 온 것인가? 하는 점이다. 그것은 인간이 창안해 낸 것이 아니라, 바로 하나님이 주신 것이다. 그러니까 사람이 아니라 하나님이 성막의 건축가였다. 우리는 이 사실을 성경의 다음의 구절에서 확인할 수 있다.

> "너는 삼가 이 산에서 네게 보인 식양대로 할지니라"(출 25:40)

> "너는 성막을 만들되 양장 열 폭을 가늘게 꼰 베실과 청색 자색 홍색

---

7 Franscis A. Schaeffer, *The Complete Works of Franscis A. Schaeffer Vol. 2: A Christian View of the Bible as Truth*, Inter-Varsity Press, 1972(『프랜시스 쉐퍼 전집』 2권: 기독교 성경관(권혁봉 역), 생명의 말씀사, 1994, 번역본 쪽수 인용함), 520쪽 참조.

실로 그룹(cherubim)을 공교히 수놓아 만들지니"(출 26:1)

"너는 산에서 보인 식양대로 성막을 세울지니라"(출 26:30)

성막이 어떻게 지어져야 하는가를 거듭해서 설명하실 때마다 "너는 이렇게 만들지니 ……"라는 구절이 등장한다. 그러니까 모세가 해야 할 일을 하나님께서 자세하게 말씀하셨던 것이다.

2) 예술의 성경적 근거: 예술작품 양식의 창안자로서 하나님

다음으로, 하나님께 예배를 드리는 장소인 성막에 사용되었던 예술작품에 주목해 보자. 먼저 지성소의 예술작품에 관한 내용을 찾아볼 수 있다.

"금으로 그룹 둘을 속죄소(the mercy seat) 두 끝에 쳐서 만들되"(출 25:18)

여기서 그룹(cherubim)은 어떤 예술작품인가? 이것은 천사들 가운데 한 무리를 말한다. 그리고 이것을 만드는 데 사용된 예술양식(樣式)은 조형예술로서 환조(丸彫)[8]로 표현된 것이다. 천사를 나타내는 조상(彫像)을 오직 한 사람 대제사장이 1년에 단 한번 들어가는 지성소에 두어야 했던 것이다. 그리고 이것은 하나님 자신의 명령에 의한 것이었다.

이렇듯 구약 성경에 나타나는 예술작품은 우선 '종교적인 기능'을 수행하게끔 만들어졌음을 알 수 있다. 말하자면 예술작품으로서의 기능이 한정되어 있었다는 사실이다. 그런데 우리는 구약 성경에서 예술작품이 종교적 기능이외에도 자연적인 아름다움을 재현하는 순수 미적 기능을 수행하도록 만들어진 경우도 또한 찾아볼 수가 있다. 지성소 바깥에 위치한

---

8 물체의 형상을 완전히 입체적으로 새기는 조각 기법의 한 가지

등대(燈臺)가 그 경우다.

"너는 정금으로 등대를 쳐서 만들되 그 밑판과 줄기와 잔과 꽃받침과 꽃을 한 덩어리로 연하게 하고 가지 여섯을 등대 곁에서 나오게 하되 그 세 가지는 이편으로 나오고 그 세 가지는 저편으로 나오게 하며 이편 가지에 살구꽃 형상의 잔 셋과 꽃받침과 꽃이 있게 하고 저편 가지에도 살구꽃 형상의 잔 셋과 꽃받침과 꽃이 있게 하여 등대에서 나온 여섯 가지를 같게 할지며"(출 25:31-33)

"등대 줄기에는 살구꽃 형상의 잔 넷과 꽃받침과 꽃이 있게 하고 등대에서 나온 여섯 가지를 위하여 꽃받침이 있게 하되 두 가지 아래 한 꽃받침이 있어 줄기와 연하게 하며 또 두 가지 아래 한 꽃받침이 있어 줄기와 연하게 하며 또 두 가지 아래 한 꽃받침이 있어 줄기와 연하게 하고 그 꽃받침과 가지를 줄기와 연하게 하여 전부를 정금으로 쳐 만들고"(출 25:34-36)

위의 인용 구절에 묘사된 등대는 하나의 예술작품이다. 그런데 이 등대는 어떻게 장식되었는가? 그것은 천사들을 표현한 것이 아니라 '자연적인 것들', 즉 꽃, 꽃 봉우리, 자연적인 아름다움을 표현하는 것으로 장식되었음을 알 수 있다.[9] 그리고 이런 것들을 하나님의 명령에 따라 예배를 드리는 장소 안에 두었던 것이다.

한편, 구약 성경 출애굽기 후반부에서 우리는 제사장의 '의복'에 관한 묘사를 볼 수 있다. 이 부분은 우리에게 예술 혹은 예술작품의 본질이 무엇인지에 대해 암시해 주고 있다.

"그 옷 가장자리로 돌아가며 청색 자색 홍색실로 석류를 수놓고 금방울을 간격하여 달되"(출 28:33)

---

9 『프랜시스 쉐퍼 전집』 2권, 521쪽 참조.

여기에서 알 수 있는 사실은 대제사장이 지성소에 들어갈 때에는 자신의 의복에 '자연'을 묘사하는 장식을 달고 나아갔다는 점이다. 쉐퍼는 이 대목을 주목한다. 통상적으로 석류는 자연 상태로는 붉은 색이지만, 그러나 이 석류는 파란색, 자주색, 주홍색도 될 수 있다. 자주색과 주홍색은 석류가 자라면서 자연적으로 색깔이 변하는 것이라고 생각할 수 있지만, 파란색은 그렇지 않다는 것이다. 그러니까 이 말에 담겨있는 뜻은, 자연의 어떤 것에서 자극을 얻어 원래의 모습과는 다른 무엇을 만들 자유가 있으며, 또한 그것을 하나님 앞에 바칠 수 있다는 것이다. 바꾸어 말해서, 예술은 있는 그대로를 묘사한다는 부정적 의미의 '사진'과 같은 것일 필요가 없다는 말이다.[10]

이러한 논의를 통해서 우리는 성경 속에 등장하는 예술작품이 '종교적인 기능' 이외에도 자연의 아름다움을 드러내는 '미적 기능'도 수행했다는 사실을 엿볼 수가 있다. 동시에 하나님께서 이런 예술작품을 만들라고 명령했을 때에는 반드시 어떤 예술가들이 그것들을 만들어야만 했다는 사실도 볼 수가 있다. 이것은 예술의 두 측면을 말해 주는 것이다. 그러니까 예술작품은 '창조성'의 측면과 '기술'의 측면을 동시에 가지고 있다. 출애굽기 37장 7절에 "금으로 그룹 둘을 속죄소 양편에 쳐서 만들었으되"라고 할 때, 언약궤(the ark) 위에 있는 그룹은 별안간 하늘에서 나타난 것이 아니다. 그 누군가의 손을 더럽혀 가면서 만들어야 했고, 또 누군가는 그것을 만들기 위해 기술적인 문제들을 해결해야만 했다. 그래서 쉐퍼는 현대의 예술가들이 씨름하고 있는 바로 그 문제를 구약 성경 시대의 그들도 씨름해야만 했다고 설명한다.[11]

---

10 『프랜시스 쉐퍼 전집』 2권, 522쪽 참조.

11 예술에서의 '창조성' 개념과 '기술' 개념의 관련성 문제는 타타르키비츠(Wladyslaw Tatarkie wicz, 1886-1980)의 논의에서도 잘 확인할 수 있다. 타타르키비츠에 따르면, '예술(art)'이라는 말은 라틴어 '아르스(ars)'에서 유래되었는데, 아르스는 희랍어 '테크네(τέχνη)'를 번역한 것이다. 희랍시대의 '테크네'는 솜씨, 즉 물품, 가옥, 동상, 배, 침대, 단지, 옷 등을 만드는 데 필요한 솜씨뿐만

또한, 성막과 마찬가지로 성전도 인간이 설계한 것이 아니다. 구약 성경은 그 설계가 하나님에게서 나온 것임을 입증하고 있다.

> "다윗이 전의 낭실과 그 집들과 그 곳간과 다락과 골방과 속죄소의 식양을 그 아들 솔로몬에게 주고 또 성신의 가르치신 모든 식양 곧 여호와의 전의 뜰과 사면의 모든 방과 하나님의 전 곳간과 성물 곳간의 식양을 주고"(대상 28:11-12)

그리고 계속해서,

> "다윗이 가로되 이 위의 모든 것의 식양을 여호와의 손이 내게 임하여 그려(the Road made me understand **in writing by His hand** upon me) 나로 알게 하셨느니라"(대상 28:19)

성전과 관련하여 다윗이 하나님에 대하여 경험한 것은 단순히 종교적 체험만이 아니었다. 다윗의 경험 중 일부는 성전을 어떻게 만들어야 하는가를 보여주는 명제적인 계시를 포함하고 있었다. 그러니까 다윗은 성전을 어떤 모양으로 만들어야 할지에 대해 하나님이 글로 써서 알게 해 주셨다고 말하고 있다.[12] 이로써 우리는 예술작품의 양식의 원래 창안자는 인간이 아니라 하나님 자신이라는 사실을 다시 한번 확인하게 된다.

아니라 군대를 통솔하고 토지를 측량하여 청중을 사로잡는 데 필요한 솜씨까지를 뜻했다. 이 모든 솜씨들이 '아트'라 지칭되어, 건축가, 조각가, 도공, 양복장이, 전략가, 기하학자, 변론가 등이 '아트'라 불렸던 것이다. 솜씨는 규칙들에 대한 지식에서 발휘되는 것이어서, '규칙'과 '법칙'이 없이는 아트도 없었다. 말하자면 건축가의 아트는 조각가, 도공, 기하학자, 전략가 등의 아트와는 다른 그 나름의 규칙을 갖고 있었던 것이다. 그렇게 해서 '규칙' 개념이 '예술' 개념과 정의 속으로 들어왔다. 규칙 없이 단순히 영감이나 환상으로부터 무언가를 하는 일이란 고대인이나 스콜라 철학자들에게 있어 예술이 아니었다. W. 타타르키비츠, 『미학의 기본 개념사』(손효주 역), 미진사, 1990, 25쪽 참조.

12 『프랜시스 쉐퍼 전집』 2권, 523쪽 참조.

3) 예술의 성경적 근거: 아름다움의 원형으로서 하나님

기독교와 예술의 관계에 눈을 떴던 네덜란드의 개혁신학자 아브라함 카이퍼(Abraham Kuyper, 1837-1920)는 예술가가 추구하는 '아름다움'의 원천은 하나님이라고 주장한다.[13] 그리고 구약 성경에서 다윗은 다음과 같이 노래한다. "내가 여호와께 청하였던 한 가지 일, 곧 그것을 구하리니, 곧 나로 내 생전에 여호와의 집에 거하여 여호와의 아름다움을 앙망하며, 그 전에 사모하게 하실 것이라."(시: 27:4) 다윗이 소원은 여호와의 집, 즉 성막에서 '여호와의 아름다움을 경험하는 일이었다.[14] 이와 관련하여 조직신학자 웨인 그루뎀(Wayne Grudem)은, 하나님의 아름다움은 하나님의 성품 가운데 가장 최종적이고 궁극적인 것, 즉 '완전성'과 연결된 속성이라고 말한다. 이 아름다움은 온 우주에서 바라고 기대할 수 있는 가장 최상의 것이 성취된 상태를 의미한다.[15]

이와 같은 맥락에서 다시 성경으로 돌아가 보자. 그러면 성전 안에는 무엇이 있었는가? 거기에는 예술작품이 가득 차 있었다. 성전은 아름답게 보이기 위하여 보석들로 온통 장식되었다.

> "또 보석으로 전을 꾸며 화려하게 하였으니 그 금은 바르와임 금이며"(대하 3:6)

사실상 보석들을 사용할 실용적인 이유는 없었다. 보석들은 공리적인 목적도 가지고 있지 않다. 하나님은 단순히 성전이 아름답기를 원하셨던

---

13 Abraham Kuyper, *Lectures on Calvinism*, Grand Rapids: Eerdmans, 1994, 156쪽. 번역서로 『칼빈주의 강연』(김기찬 역), 크리스챤다이제스트, 2002, 190쪽 참조.

14 최태연, 「예술은 어떻게 성립하는가」, 『성경과 신학』 제36권, 기독교연합신문사, 2004, 17쪽 참조.

15 Wayne Grudem, *Bible Doctrine*, ed. by Jeff Purswell, Leicester, IVP, 100쪽; 최태연(2004), 같은 글, 17쪽 참조.

것이다. 그러니까 하나님은 아름다움에 관심을 가지고 계신다.

> "또 금으로 전과 그 들보와 문지방과 벽과 문짝에 입히고 벽에 그룹들을 아로새겼더라"(대하 3:7)

우리는 앞서 지성소의 그룹은 환조로 표현된 예술작품이었다는 사실을 살펴보았다. 그런데 위 구절은 양각(陽刻)으로 얕게 새긴 부조(浮彫)로 된 작품에 관한 것이다.[16] 그러니까 보이는 곳곳에 부조 작품이 있었다. 그리고 "지성소 안에 두 그룹의 형상을 새겨 만들어 금으로 입혔으니"(대하 3:10)라는 구절로 보아, 성전에는 또한 환조로 된 작품도 있었음을 알 수 있다. 그리고 하나님이 아름다움에 관심을 갖고 계신다는 측면을 결정적으로 보여주는 구절을 찾아볼 수 있다.

> "성소같이 사슬을 만들어 그 기둥머리에 두르고 석류 일백 개를 만들어 사슬에 달았으며 그 두 기둥을 외소 앞에 세웠으니 좌편에 하나요 우편에 하나라 우편 것은 야긴이라 칭하고 좌편 것은 보아스라 칭하였더라"(대하 3:16-17)

위 구절을 통해 보면, 성전에는 지주없이 독립해서 서 있는 두 기둥이 있었다. 그 기둥들은 무게를 지탱해야 하는 건축학적 역할이 전혀 없었고 공리적인 공학적 중요성도 전혀 없었다. 그 기둥들은 순전히 하나님께서 아름다움을 위하여 그곳에 두라고 명하셨기 때문에 건축한 것이었다. 그 기둥의 머리 부분에는 사슬에 매달린 석류가 있었다. 그것은 예술작품 위에 또 예술작품을 만들어 놓은 것이라 할 수 있다. 이것은 넋이 나갈 정도로 아름다운 것이다.[17]

---

16 『프랜시스 쉐퍼 전집』 2권, 524쪽 참조.

"그 가장자리 아래에는 돌아가며 소 형상이 있는데 매 규빗에 소가 열씩 있어서 바다 주위에 둘렸으니 그 소는 바다를 부어 만들 때에 두 줄로 부어 만들었으며 그 바다를 열 두 소가 받쳤으니 셋은 북을 향하였고 셋은 서를 향하였고 셋은 남을 향하였고 셋은 동을 향하였으며 바다를 그 위에 놓았고 소의 뒤는 다 안으로 두었으며"(대하 4:3-4)

이 구절에서 우리는 다시금 환조로 된 조형 예술작품이 성전에 놓여진 사실을 알게 된다. 천사들은 양각으로 얕게 새겨진 그룹으로 표현되었다. 움직이지 않는 것은 꽃과 석류를 새긴 것으로 나타내고, 움직이는 것은 황소처럼 생긴 모양으로 표현되었다. 그러므로 비종교적인 주제를 다룬 조형 예술작품이 예배를 드리는 곳의 중심에 놓여졌던 것이다.[18] 그밖에도 우리는 열왕기상 6장 29절("내외소 사면 벽에는 모두 그룹들과 종려와 핀 꽃 형상을 아로새겼고")와 7장 29절("변죽 가운데 판에는 사자와 소와 그룹들이 있고 또 변죽 위에는 놓는 자리가 있고 사자와 소 아래에는 화환 모양이 있으며")에서도 실용적인 기능 때문이 아니라 단지 아름다움을 위하여 예술작품을 두었던 사실을 확인해 볼 수 있다.

하나님이 아름다움에 관심을 보이는 것은 하나님이 아름다움의 원천이며, 동시에 모든 미적 가치의 근원이라는 사실을 보여주는 것이라 할 수 있다. 구약성경 창세기 1장 31절[하나님이 그 지으신 모든 것을 보시니 보시기에 심히 좋았더라(Then God saw everything that he had made, and indeed it was very good)]"은 이 사실을 더욱 명료하게 제시해 주고 있다.

4) 성경 속의 예술: 성경에 등장하는 예술 장르

한편 성경 속에 등장하는 조형예술 이외의 예술 장르로는 '시(詩)', '음

17 『프랜시스 쉐퍼 전집』 2권, 524쪽 참조.
18 『프랜시스 쉐퍼 전집』 2권, 525쪽 참조.

악', '드라마', '춤'이 있다. 먼저 구약 성경의 시편은 대표적인 경우라 할 수 있다. 그 외에도 사무엘하 1장 19-27절은 세속적인 찬양으로서 사울과 요나단을 국가의 영웅으로 찬양하기 위하여 다윗이 지은 시이다. 그리고 성경에서 가장 두드러지게 나타나는 세속적인 시로는 솔로몬의 아가서가 있다. 쉐퍼는 그리스도인들이 이 시를 교회에 대한 그리스도의 사랑을 나타내는 것으로만 생각하는 것은 편협하다고 지적한다. 남자와 여자 사이의 모든 올바른 관계는 그리스도와 교회 사이의 관계에 대한 예표이므로 아가서는 그리스도와 교회의 관계를 묘사한다고 볼 수가 있다. 그렇지만 아가서는 여기에서 더 나아가 성적인 관계, 즉 한 여자에 대한 한 남자의 놀라운 관계도 포함되어 있다는 것이다.[19]

음악 역시 성경이 무시하지 않는 예술의 한 장르다. 가장 멋진 음악 작품 가운데 하나는 히브리인들이 바로의 군대로부터 구원을 얻은 후 불렀던 노래일 것이다. 구약 성경 출애굽기 15장에는 수백만에 달하는 거대한 이스라엘 백성들의 무리가 홍해 저편에 모여 서로 돌아가면서 노래를 하는 광경이 있다. 그것은 하나의 예술작품이다.

> "아론의 누이 선지자 미리암이 손에 소고를 잡으매 모든 여인도 그를 따라 나오며 소고를 잡고 춤추니 미리암이 그들에게 화답하여 가로되 너희는 여호와를 찬송하라 그는 높고 영화로우심이요 말과 그 탄자를 바다에 던지셨음이로다 하였더라"(출 15:20-21)

여기서 우리는 남자들이 운율에 따라 노래를 부르고(출 15:1-19) 미리암이 인도하는 여자들은 합창을 하는 장면을 본다.

한편 성전 안에도 음악이 있었음을 알 수 있다. 역대상 23:5에는 "사천은 문지기요 사천은 다윗의 찬송하기 위하여 지은 악기로 여호와를 찬송

---

19 『프랜시스 쉐퍼 전집』 2권, 533쪽 참조.

하는 자라"고 기록되어 있다. 이어서 6절에 보면 "다윗이 레위의 아들 게르손과 그핫과 므라리의 각 족속을 따라 그 반열을 나누었더라"고 덧붙이고 있다. 이것을 달리 표현하면, 다윗이 오늘날 우리가 '합창'이라고 부르는 형태를 만들려고 파트별로 노래하는 자들을 구분하였다는 말이다.[20]

다음으로 드라마의 경우도 성경에서 찾아 볼 수 있다. 구약성경 에스겔서 4장 이하에서다.

> "너 인자야 박석을 가져다가 네 앞에 놓고 한 성읍 곧 예루살렘을 그 위에 그리고 그 성읍을 에워싸되 운제를 세우고 토둔을 쌓고 진을 치고 공성퇴를 둘러 세우고 또 전철을 가져다가 너와 성읍 사이에 두어 철성을 삼고 성을 향하여 에워싸는 것처럼 에워싸라 이것이 이스라엘 족속에게 징조가 되리라"(겔 4:1-3)

위 구절은 무엇을 말해 주는가? 쉐퍼에 따르면 이것은 드라마였다. 박석에는 예루살렘의 윤곽을 그린 그림이 간단한 배경으로 그려져 있었기 때문에, 사람들은 에스겔 선지자가 묘사하는 내용이 무엇인지를 모를 수가 없었다. 하나님의 명령에 따라 예루살렘이 포위될 것을 드라마의 형식으로 백성들에게 가르친 것이다.[21]

마지막으로 구약 성경에 등장하는 춤의 경우는 다음의 성경 구절 속에서 잘 확인해 볼 수 있다.

> "아론의 누이 선지자 미리암이 손에 소고를 잡으매 모든 여인도 그를 따라 나오며 소고를 잡고 춤추니"(출 15:20)

> "춤추며 그의 이름을 찬양하며 소고와 수금으로 그를 찬양할지어다"

---

20 『프랜시스 쉐퍼 전집』 2권, 534쪽 참조

21 『프랜시스 쉐퍼 전집』 2권, 536쪽 참조

(시 149:3)

"소고 치며 춤추어 찬양하며 현악과 퉁소로 찬양할지어다"(시 150:4)

"여호와 앞에서 힘을 다하여 춤을 추는데 때에 베 에봇을 입었더라"(삼하 6:14)

"여호와의 궤가 다윗성으로 들어올 때에 사울의 딸 미갈이 창으로 내다보다가 다윗왕이 여호 와 앞에서 뛰놀며 춤추는 것을 보고 심중에 저를 업신여기니라"(삼하 6:16)

이상의 구절들 가운데 하나님께서 백성들의 춤추는 것을 즐거워하셨던 사실을 보여주는 역사적인 기록은 출애굽기와 사무엘하 편의 내용이다. 이중 사무엘하 편의 다윗왕의 경우를 살펴보자. 하나님의 언약궤를 자기의 성(城)으로 옮겨오던 일은 유대인들에게는 대단히 중요한 순간이었다. 그때까지 성 밖에 있었던 언약궤가 이제 성 안으로 옮겨지고 있고, 하나님께 경배를 드리면서 다윗은 기쁨에 넘치고 있다. 그런데 다윗이 에봇(ephod)[22]을 입고 있었다는 사실이 흥미롭다. 그 말은 곧 다윗이 이교도들의 풍습처럼 벌거벗고 춤을 춘 것이 아니었다는 뜻이다. 그럼에도 불구하고 다윗의 아내는 그것을 보고 싫어했다. 하지만 하나님은 그것을 기뻐하셨으며, 다윗의 아내는 다윗을 비난했기 때문에 하나님의 책망을 받았다.[23]

이상에서 우리는 예술의 성경적 근거와 성경 속에 나타난 예술에 대해 쉐퍼의 견해를 중심으로 살펴보았다. 이를 통해서 우리는 예술의 근원적인 쓰임새와 목적 그리고 그 기능에 대해 성경적 관점을 확인할 수 있었

22 베로 만든 에봇은 유대 제사장의 제의(祭衣)를 일컬음.

23 『프랜시스 쉐퍼 전집』 2권, 537쪽 참조.

다. 이제는 그와 같은 성경적 관점에 근거해서, 우리의 현대적인 삶의 한 가운데서 일어나고 있는 다양한 대중문화 및 대중예술의 현장에서 직접 활용할 수 있는 실제적인 관점에 대해 쉐퍼의 목소리를 듣고자 한다.

4. 기독교적 예술비평의 실제적 관점들

이제 그리스도인들이 예술작품을 감상하고 비평할 수 있는 실질적인 관점에 대해 언급하고자 한다. 쉐퍼는 예술에 대해 기독교인들이 취할 수 있는 11가지 관점을 제시한 바가 있다.

첫째, 예술작품은 그 자체로 가치가 있다고 보는 관점이다.[24] 예술은 단순히 지적인 내용을 분석하거나 평가할 대상이 아니다. 예술은 즐기는 것이다. 성경은 성막과 성전에 있었던 예술작품들이 아름다움을 위한 것이었다고 말한다. 그렇다면 예술작품은 왜 가치 있는가? 먼저 예술작품은 '창조성'에서 나온 것이며, 창조성은 하나님이 창조주이시므로 가치가 있다. 다음으로 예술작품은 창조물로서 가치가 있다. 왜냐하면 인간은 하나님의 형상으로 창조되었으므로 인간은 사랑하고 생각하고 감정을 느낄 수 있을 뿐만 아니라 창조할 능력도 가지고 있다. 창조주의 형상을 지닌 인간은 창조성을 발휘할 소명이 있다. 창조적으로 되거나 혹은 창조성을 발휘한다는 것은 하나님의 형상의 일부이다. 그러므로 창조성은 우리의 인간됨의 본질에 속한다. 그렇지만, 여기서 한 가지 사실에 유의해야 한다. 즉 창조성은 그 자체로 좋은 것이지만, 인간의 창조성에서 나온 모든 것이 좋은 것은 아니라는 사실이다. 왜냐하면 인간은 하나님의 형상대로 창조되었지만 타락했기 때문이다.

---

24 『프랜시스 쉐퍼 전집』 2권, 542쪽 참조.

둘째, 예술로 표현된 것은 그 세계관이 무엇이든지 간에, 그 세계관이 진리이든 거짓이든 간에, 그 세계관을 강화해 준다는 사실을 주목할 필요가 있다.[25] 이 점은 기독교적 예술 비평이 작품 비평에 있어서 수용할 부분과 비판할 부분을 가려내는 데 중요한 역할을 할 수 있을 것이다.

셋째, 시(詩)든 산문이든 간에, 모든 형태의 글에서 통상적인 구문 속에 있는 단어들의 통상적인 정의가 '연속성'을 지니고 있는가 아니면 '단절'되고 있는가의 여부가 커다란 차이를 만들어 낸다는 사실이다.[26] 만일 통상적인 언어 사용 방법에 단절이 생기면, 저자가 말하는 내용을 독자나 청중이 알아들을 방법이 전혀 없게 된다.

넷째, 예술작품이라는 사실이 곧 그것을 신성(神聖)하게 만들지는 않는다.[27] 이 말은 위대한 예술가들이 글이나 그림으로 세계관을 묘사했다고 해서 그 세계관을 자동적으로 받아들여야 한다는 것은 아니라는 사실을 그리스도인들이 인식해야 한다.

다섯째, 예술작품을 평가하는 데에는 4가지 기본적인 기준이 있다. 그것은 ① 기교의 우수성(technical excellence), ② 타당성 ③ 지적인 내용, 전달하고 있는 세계관, ④ 내용과 수단의 통합성이다.[28] 이 네 가지 기준이 통합성의 관점에서 적용되어야 한다. 먼저, 기교의 우수성은 특히 회화의 경우에 해당하며, 만일 예술가의 세계관이 기독교적 세계관과 다를지라도 그의 기교가 뛰어나다면 그것 자체를 공정하게 인정하고 평가해 주어야 한다. 창조적 능력과 기교의 우수성은 중요한 척도이기 때문이다. 다음으로, 타당성은 예술가가 자신과 자신의 세계관에 정직한가 아니면 돈을 위해서 인정받기 위해서 예술 활동을 하는가를 평가하는 기준이다. 그리고

---

25 『프랜시스 쉐퍼 전집』 2권, 545쪽 참조.
26 『프랜시스 쉐퍼 전집』 2권, 546쪽 참조.
27 『프랜시스 쉐퍼 전집』 2권, 548쪽 참조.
28 『프랜시스 쉐퍼 전집』 2권, 549-555쪽 참조.

예술가의 세계관을 반영하는 내용과 관련해서는, 그리스도인에 관한 한 예술작품을 통해 나타나는 세계관은 궁극적으로 성경적인 관점으로 제시되어야 한다. 예술가의 세계관은 하나님의 말씀의 판단에서 자유로울 수 없다. 이런 점에서 예술가는 과학자와 마찬가지이다. 마지막으로, 예술작품을 평가하는 척도는 예술가가 전달하려는 메시지에 어울리는 표현 수단을 얼마나 잘 사용하였는가 하는 점이다. 왜냐하면 참으로 위대한 예술작품들은 그 내용과 양식이 서로 연결되어 있기 때문이다.

여섯째, 예술 형태는 순수한 공상에서부터 자세한 역사에 이르기까지 모든 종류의 메시지에 사용될 수 있다는 사실이다.[29] 어떤 예술작품이 환상의 형태나 서사시 혹은 그림의 형태로 존재한다는 사실이 예술작품에는 아무런 명제적 진술도 없다는 의미는 아니다. 산문으로 명제적 진술을 할 수 있는 것처럼, 시나 회화에서도, 또한 실질적으로 모든 예술 형태에서 명제적 진술은 가능한 것이다.

일곱째, 예술의 양식은 변화한다. 그리고 그 변화가 잘못된 것은 아니라는 사실이다.[30] 시간의 흐름에 따라 예술 형식과 언어에 변화가 생길 뿐 아니라, 다양한 지리적 요인과 서로 다른 문화 때문에 예술 형식의 차이가 생겨나게 된다.

여덟째, 경건한 표현양식 혹은 불경건한 표현양식과 같은 구별은 전혀 없다는 사실이다.[31] 그런 구별은 하면 할수록 점점 더 혼란스러워질 뿐이다. 그러니까 표현양식과 메시지를 구별할 필요가 있는 것이다. 표현양식 자체는 특정한 세계관이나 메시지를 전달하기 위한 상징적 체계 혹은 전달수단으로 발전되어 왔을 뿐이다.

아홉째, 기독교 세계관은 장조(長調)적 주제와 단조(短調)적 주제로 구분

29 『프랜시스 쉐퍼 전집』 2권, 555쪽 참조.
30 『프랜시스 쉐퍼 전집』 2권, 556쪽 참조.
31 『프랜시스 쉐퍼 전집』 2권, 559쪽 참조.

할 수 있다.[32] 단조적 주제는 반역한 세상에의 비정상적인 모습이다. 이를테면 하나님께 반역하고 그리스도께 돌아오지 않는 사람들의 모습이다. 그리고 그리스도인의 생활에도 패배와 죄악의 측면이 있다. 반면 장조적 주제는 삶의 충만한 의미와 목적성을 말한다. 이를 형이상학의 측면에서 설명해 보면 이와 같다. 즉, 하나님이 존재하고 계신다. 그러므로 모든 것은 불합리하지 않다. 인간은 하나님의 형상대로 창조되었고 따라서 중요한 존재이다. 그리고 도덕적 측면에서 설명하면 이와 같다. 즉, 하나님은 우주법칙이 되는 인격을 가지고 계신다. 거룩하신 하나님 앞에서 인간은 죄인이라는 사실이다. 그렇지만 하나님께서 그리스도의 지상 생활과 죽음과 부활을 통하여 이 문제의 해결책을 주셨다는 사실이다. 이렇듯, 그리스도인들이 만들어내는 예술에는 장조적 주제만이 있는 것이 아니라, 단조적 주제들도 들어있다는 사실을 인식할 필요가 있는 것이다.

열 번째, 기독교 예술은 언제나 종교적인 주제만을 다루는 종교 예술이 결코 아니라는 사실이다.[33] 인간은 하나님의 형상으로 창조되었기 때문에 가치 있는 존재이며, 따라서 인간 그 자체가 기독교 예술의 중요한 주제이기도 하다. 감정과 육체와 생명을 가진 인간 그 자체는 시와 소설의 중요한 주제이다. 하나님이 지으신 세계에서 개인은 가치 있는 존재이다. 따라서 기독교 예술은 개인을 다루어야 한다. 이런 점에서 기독교 예술은 한 그리스도인 개인의 삶의 전체의 표현이다. 그리스도인인 예술로 표현하는 것은 삶의 총체성이다.

마지막으로, 모든 예술가는 개개의 예술작품을 만드는 문제뿐만 아니라 자신의 작품 전체를 확립해야 하는 문제를 안고 있다.[34] 그러니까 그리스도인의 삶이 예술작품이 될 수 있고, 또한 그렇게 되어야만 한다. 그리스

---

32 『프랜시스 쉐퍼 전집』 2권, 563-566쪽 참조.
33 『프랜시스 쉐퍼 전집』 2권, 567-569쪽 참조.
34 『프랜시스 쉐퍼 전집』 2권, 569-571쪽 참조.

도인의 삶은 상실과 절망의 세상 한 가운데서 진실되고 아름다운 것이 될 수 있다.

이상에서 우리는 기독교적 예술비평의 실제적인 관점 11가지에 대해 쉐퍼의 관점에서 살펴보았다. 나는 이러한 쉐퍼의 관점이 예술비평에 그대로 활용될 수 있다고 본다. 다만, 쉐퍼의 관점에서 아쉬운 점이 있다면 이런 것들이다. 예술과 자본의 결탁, 예술과 권력의 유착, 예술의 이데올로기화 현상 등의 문제는 다루어지지 않고 있다는 점이다.

5. 맺는 말: 기독교적 예술비평과 타 학문과의 소통

지금까지 우리는 기독교적 예술비평의 원리와 방식에 대해 집중적으로 살펴보았다. 그런데 이와 같은 기독교적 예술비평은 일반 분과 학문에서 벌어지는 비평의 영역과 어떻게 소통될 수 있을까? 세계관이든, 가치든, 이념이든, 인간관이든 간에, 서로 소통할 수 있는 지점을 확보할 때, 비로소 기독교적 예술비평은 더욱 확고한 분과 학문의 위치를 점할 수 있을 것이다.

우리에게 기독교 문화비평가로 잘 알려져 있는 한스 로크마커(Hans R. Rookmaaker, 1922-1977)는 『현대 예술과 문화의 죽음』(*Modern Art and the death of a Culture*, 1970)에서 '예술의 규범과 구조'에 대해 다음과 같이 말한 바 있다.

> "예술가는 모름지기 자기 자신의 통찰력, 그 자신의 시각, 그 자신의 깨달음을 제시해야 한다. 소위 불후의 명작이라고 일컬어지는 작품들에는 실상 그러한 것들이 담겨있다. 진리는 실재와의 개념적 합일 — 이

성주의적 진리관 ― 을 의미하지 않는다. 성경은 진리를 '행하는 것'에 대해 말하고 있다. 진리를 행함은 곧, 하나님께서 인간에게 요구하시는 관계성에 부합되게 사랑과 자유 안에서 행동하는 것이다. 어떤 면에서 예술은 그것이 개념적인 실재에 부합되는 실재를 묘사한다는 의미에서 '참된 것' 이상으로 진리를 '행하는' 편에 위치한다. 예술은 그 본연의 예술적 방식으로 진리를 행한다."[35]

이와 같은 맥락에서 로크마커는 '진실성', '품격', '적법성', '사랑할 만한 미(美)점', '기릴 만하고 찬탄할 만한 미(美)점' 등이 삶을 위한 규범이라면, 그에 못지않게 예술을 위한 규범이기도 하다고 말한다.[36] 그러므로 예술 행위를 하면서 이러한 규범들을 무시하는 것은 관람자를 부당하게 대우하는 것과 마찬가지가 된다. 그런데 그와 같은 삶의 규범, 예술의 규범은 왜 사라지게 되었는가? 오늘날의 사상적, 환경적, 문화적, 예술적 상황을 감안해 볼 때, 예술의 규범적 요청을 강하게 주장하는 로크마커의 입장은 우리에게 더욱 긴요하게 와 닿는다.

나는 앞에서 살펴본 쉐퍼의 기독교적 예술비평의 원리와 방식이 그리스도인들을 포함한 우리 현대인들에게 왜 필요한지, 그리고 어떤 측면에서 타 분과 학문과도 소통될 수 있는지를 잠시 생각해 보면서 글을 맺고자 한다. 이 대목에서 나는 기독교적 관점이 아닌 미술사학자였던 제들마이어(Hans Sedlmayr, 1896-1985)의 시각을 말하고자 한다. 굳이 내가 제들마이어의 관점을 얘기하는 것은 '미학' 혹은 '미술사학'이라는 분과 학문의 관점이지만 이것이 기독교적 관점과 연결되고 소통될 수 있는 공통의 요소를 제공해 주고 있기 때문이다.

제들마이어는 『현대 예술의 혁명』(*Die Revolution der modernen Kusnt*, 1957)에

---

35 한스 로크마커(1993), 같은 책, 297쪽 참조.
36 한스 로크마커(1993), 같은 책, 303쪽 참조.

서 현대 예술은 "무성한 해석의 숲 속에서 대책 없이 길을 잃고 헤맬 것"[37]이라고 예견하였다. 그는 무엇 때문에 그와 같은 전망을 하고 있는 것일까? 제들마이어는 예술에서의 '중심(中心)의 상실'을 보았던 것이다.

> "자율적인 인간이란 없으며, 있을 수도 없는 것으로 이해된다. 그것은 자율적인 예술, 자율적인 건축, 자율적인 회화 등이 있을 수 없는 것과 마찬가지이다. 자연이며 초자연으로 존재한다는 것은 인간의 본질에 속한다. 인간 속에 있는 인간적인 것과 신(神)적인 것은 인간적인 것에 피해를 주지 않고서는 분리되지 않는다. 인간은 신적인 정신을 지니는 자 일 때만 완전한 인간이다."[38]

제들마이어가 '중심의 상실'이라고 표시하고 있는 예술에서의 여러 장애는 인간에게서 본질적으로 불가능한 신(神)적인 것과 인간적인 것의 '분리'에서 찾을 수 있다. 그러니까 인간과 신(神) 사이의 '균열'과 인간과 신(神), 신인(神人)을 이어주는 '중재자의 상실'에서 찾을 수 있다. 인간이 잃어버린 중심이라는 것은 바로 신(神)이다. 그리고 질병의 가장 깊은 핵심은 허물어진 신(神)과의 관계이다.[39] 그렇다면 어떻게 중심의 상실을 극복할 수 있는가?

제들마이어에 의하면, 그 처방은 새로운 상태 안에서 인간의 영원한 상(像)을 확립해 재형성시키는 것이다. 그러나 이런 영원한 상은 인간 자신이 생각해 낼 수 있는 것이 아니다. '인간적인 것'이라는 것은 인간이 잠재적으로 신(神)의 닮은꼴이며, 하나의 세계 질서에 편입되어 있다는 신념 없이는 확립될 수가 없다고 제들마이어는 보았다.[40] 그러니까 우리 모두가 신

---

37 Hans Sedlmayr, *Die Revolution der modernen Kunst*, Rowohlt Taschenbuch Verlag GmbH, Reinbek bei Hamburg, 1957. 번역서로 『현대 예술의 혁명』(남상식 역), 한길사, 2004, 38쪽 참조.

38 Hans Sedlmayr, *Verlust der Mitte*, Otto Müller Verlag, Salzburg Wien, 1948. 번역서로 『중심의 상실』(박래경 역), 문예출판사, 2002, 323쪽 참조.

39 Hans Sedlmayr, 『중심의 상실』, 323쪽 참조.

(神)에 의해 창조된 자라는 의식을 지녀야 비로소 가능하다는 것이다. 제들마이어는 『중심의 상실』 마지막 페이지를 다음과 같이 맺고 있다.

> "예술에 관해서는, 그러나 비어 있는 '중심'에 무엇인가를 가져다 놓는다는 것이 아직 가능하지 않으며, 아마 오랫동안 가능하지 않을지도 모르겠다. 그런데 그때 적어도 '상실한 중심'에는 완전한 인간, 즉 인간을 위해 비워놓은 왕좌가 있다는 사실을 뚜렷하게 의식하지 않으면 안 된다. 이러한 의식이 주어지고, 그것을 보유하는 사람들은 새로운 시대에 아직 발을 들여놓을 수 없더라도 볼 수는 있을 것이다."[41]

---

40 Hans Sedlmayr, 『중심의 상실』, 465쪽 참조.
41 Hans Sedlmayr, 『중심의 상실』, 469쪽 참조.

제6장

헬무트 리처드 니버의 문화관

오늘날 기독교와 문화의 관계설정을 염두에 둘 때, 변혁주의적 문화관을 가장 분명하게 제시한 인물로 헬무트 리처드 니버(Helmut Richard Niebuhr, 1894-1962)를 꼽는 데 이견을 내는 사람은 드물다. 그만큼 니버의 견해는 기독교 문화권 세계에 큰 영향을 미쳤으며, 한국의 기독교계와 개혁주의 신학 진영에도 많은 영향을 주었다. 그가 구분하고 있는 다섯 가지 유형의 기독교 문화관은 이미 '기독교적 문화읽기'를 위한 고전으로 정평이 나 있다.

지금 우리가 다시 니버를 꼼꼼하게 읽어보려는 이유는 기독교 문화학의 논의에 있어서 특히 문화관 비평에 있어서 절대 빠질 수 없는 사유 틀을 우리들에게 제공해 주기 때문이다. 니버 자신의 기독교 문화관에 대한 풍성한 논의들을 통해서 우리는 이 시대에 맞는 선교 전략의 하나로서 '문화선교(文化宣教)'를 위한 전략적 도움을 얻어낼 수 있을 것이다. 그러니까 니버의 논의는 문화선교에 있어서 문화 변혁의 원리와 지향점을 분명히 확인하는 계기가 될 수 있을 것이다.

1. 문화에 대한 규정

니버는 자신의 『그리스도와 문화』(*Christ and Culture*, 1956)[1] 제1장에서 이 책의 저술의 목적은 그리스도와 문화의 문제에 대한 기독교의 전형적인 해답들을 제시함으로써, 다양한 그룹들 간의 상호 이해에 보탬을 주는 데 있다고 밝히고 있다. 그럼 니버의 문화에 대한 규정부터 살펴보기로 하자.

니버는 문화를 "인간 활동의 전적인 과정과 그 활동의 전적인 결과들"이라고 규정하고, 또한 "인간이 자연적인 것 위에 억지로 뒤집어씌운 인공적인, 제2의 환경"으로 규정한다. 그래서 그는 문화는 언어, 관습, 이념, 신념, 전통, 사회조직, 전해 받은 공예품, 기술적인 진전, 그리고 가치 등으로 구성된 것이다.[2]

2. 문화의 성격

첫째, 니버는 문화는 사회 안에서의 인간의 생활에 불가피하게 얽혀있기 때문에, 언제든지 '사회적인 성격'을 갖는다고 말한다. 그래서 니버는 "문화의 본질적인 사실은 인간들을 항구적 그룹들로 조직화한 것이다"[3]

---

1 Helmut Richard Niebuhr, *Christ and Culture*, Harper & Row Publishers, New York, 1951. 번역서로 『그리스도와 문화』(김재준 역), 대한기독교서회, 1986(이후 번역서의 쪽수를 표기함).

2 『그리스도와 문화』, 40쪽 참조.

3 Malinowski, *A Scientific Theory of Culture and Other Essays*, 1944, 43쪽.

라고 주장하는 말리노프스키(1884-1942)의 견해를 수용한다. 그런 점에서 니버는 문화를 사람들이 받고 또 물려주는 '사회적 유산(遺産)'이라고 말한다. 문화는 온전히 사사로운 것이어서 사회생활 속에서 끌어낸 것도 아니고, 그 속에 들어가는 것도 아닌 것은 문화의 한 부분이라고 말할 수 없다. 그와 동시에 사회생활이란 것은 언제나 문화적인 것이다. 결국 문화와 사회적 실존은 뗄 수 없는 관계에 있다.[4]

둘째, 니버는 문화를 '인간의 성취(成就)'로 파악한다. 인간이 어떤 목적을 가지고 노력해서 이루었다는 사실을 들어 '문화'는 '자연'과 구별된다. 문화는 인간의 마음과 손이 만든 것이다. 인간 아닌 것의 매개를 통하여 주어진 것이라든지, 또는 인간을 통해 왔다할지라도 그것이 결과에 대한 의도나 진행과정에서의 통제 없이 되는 대로 온 것이라면, 그것은 문화라 할 수가 없다. 그러므로 문화는 언어, 교육, 전통, 신화, 과학, 예술, 철학, 정치, 법률, 의식, 신앙, 발명, 기술 등을 포함한다. 그런 의미에서 자연의 선물은 인간의 의도나 의식적 노력 없이 받아지고 전해질 수 있다. 그러나 문화의 선물은 그 받는 사람의 편에서 애쓰는 것이 없이는 결코 가질 수가 없는 것이다.[5]

셋째, 니퍼는 문화를 '가치(價値)의 세계'로 파악한다. 인간의 성취물은 다 어떤 목적 또는 목적들을 위하여 고안된 것이다. 문화를 고안자나 사용자의 마음에 있는 어떤 목적과 관련시키지 않고서 말할 수는 없다. 말리노프스키 역시 문화를 "목적을 가진 활동들의 조직된 체계(an organized system of purposive activities)"[6]라고 보고 있다. 그런 점에서 문화가 지니는 목적은 심미적 만족, 사회적 조화, 선, 유용성 등이라고 니버는 말한다.[7]

---

4 『그리스도와 문화』, 41쪽 참조.
5 『그리스도와 문화』, 41쪽 참조.
6 Malinowski, *A Scientific Theory of Culture and Other Essays*, 1944, 5장·6장 참조.
7 『그리스도와 문화』, 42쪽 참조.

넷째, 니버는 "모든 문화는 다원주의(多元主義)를 지향하는" 특징이 있다고 파악한다. 어느 때, 어느 곳에서든지 인간이 구하는 문화의 가치는 단 하나가 아니다. 사회는 그 수다한 가능성을 실현하려고 시도한다. 그 하나 하나가 고도로 복잡한 것이며, 각기 많은 목표와 교체된 관계를 가지고 있는 많은 기관들로 구성되어 있다.[8] 문화는 언제나 평화와 번영, 정의와 질서, 자유와 공동복리, 진리와 미, 과학적 진리와 도덕적 선, 기술적 숙련과 실제적 지혜, 거룩함과 생활의 연결을 추구한다. 이런 다수의 가치들 가운데 하나님의 나라도 한 몫들 수가 있다.[9]

우리 기독교인들은 그리스도의 권위 아래서 살며, 동시에 이러한 문화의 권위 아래서 살고, 또 모든 기독교인들 위에 이 문화는 자기 권위를 주장하는 것이다. 우리는 어떤 때 인간의 근본 문제는 '은혜'와 '자연'의 문제라고 선언한다. 그러나 인간 실존에 있어서는 문화에서 분리된 자연이란 이해할 수 없는 것이다. 어떤 경우에 있어서도 우리는 자연에서 도피할 수 없는 것처럼, '문화'에서도 도피할 수가 없다. "자연의 사람(Naturmensch)이란 존재하지 않는다."[10] "원시인의 눈으로 이 세계를 보는 사람은 하나도 없기 때문이다."[11]

이상과 같은 문화의 성격을 염두에 두면서 니버는 그리스도와 문화의 상관관계를 규정하는 다섯 가지 유형의 기독교 문화관을 제시하고 있다. 말하자면, 대립유형, 일치유형, 종합유형, 역설유형, 변혁유형 이상의 다

---

8 Ruth Benedict, *Patterns of Culture*, 1934, 제2장; Malinowski, *A Scientific Theory of Culture and Other Essays*, 1944, 10장 · 11장 참조.

9 『그리스도와 문화』, 46쪽 참조.

10 Malinowski, *Encyclopedia of Social Science*, Vol. Ⅳ, 621쪽 참조.

11 Ruth Benedict, *Patterns of Culture*, 1934. 2쪽 참조. 번역서로는 『문화의 패턴』(김열규 역), 까치, 1993. "이 세계를 원시인의 눈으로(원래대로) 보는 사람은 아무도 없다. 인간은 이 세계를 어떤 일정한 경향의 관습과 제도와 사고방식으로 손질하고 편집ㅎ여 보는 것이다. 심지어 그가 철학적인 탐구를 한다고 하더라도 이와 같은 일상의 상투적인 견해를 넘어설 수는 없다. 참과 거짓에 대한 그의 개념 자체에까지도 그의 특별한 전통적인 관습이 관련되어 있다." 『문화의 패턴』 16쪽 일부 인용.

섯 가지이다. 대립유형(type of opposition)은 이것이냐 저것이냐의 결단을 요구하고, 터툴리안, 중세기의 수도원 규정, 톨스토이에서 찾아볼 수 있다. 일치유형(type of agreement)은 양자 사이의 근본적 일치를 주장하고, 19세기 자유주의 신학, 즉 문화기독교주의가 대표적이다. 종합유형(type of synthesis)은 양자의 종합을 시도하고, 토마스 아퀴나스와 그의 추종자들이 대표적이다. 역설유형(type of paradox)은 양자 사이의 역설적 관계를 주장하고, 루터와 루터주의, 키에르케고르가 대표적이다. 마지막으로 변혁유형(type of transformation)은 그리스도를 문화와 사회의 변혁자로 주장하고, 바울, 요한, 어거스틴, 캘빈, 칼뱅주의가 대표적이다.[12]

3. '대립유형'이란 무엇인가?

니버에 의하면 기독교 문화관 중 대립유형을 가장 명시적으로 보여주는 것은 신약성경의 요한 1서의 내용이다. "이 세상이나 세상에 있는 것들을 사랑치 말라 누구든지 세상을 사랑하면 아버지의 사랑이 그 속에 있지 아니하니"(요1 2:15). 여기서 '세상'이란 악의 세력아래 점령되어 있는 영역이어서 암흑의 지역이며, 빛의 나라의 시민들로서는 들어가서는 안 되는 곳이다. 그리고 '세상'은 거짓과 미워함과 살인으로 그 특색을 삼는다. 이것은 가인의 후예이다(요1 5:19,[13] 1:6,[14] 2:8-9,[15] 3:11-15[16]). 이것은

---

12 『그리스도와 문화』, 48-52쪽 참조.

13 "또 아는 것은 우리는 하나님께 속하고 온 세상은 악한 자 안에 처한 것이며"(요1 5:19).

14 "만일 우리가 하나님과 사귐이 있다하고 어두운 가운데 행하면 거짓말을 하고 진리를 행치 아니함이거니와"(요1 1:6).

15 "다시 내가 너희에게 새 계명을 쓰노니 저에게와 너희에게도 참된 것이라 이는 어두움이 지나가고 참 빛이 벌써 비침이니라. 빛 가운데 있다 하면 그 형제를 미워하는 자는 지금까지 어두운 가운데 있는 자요"(요1 2:8-9).

16 "우리가 서로 사랑할지니 이는 너희가 처음부터 들은 소식이라. 가인 같이 하지 말라 저는 악한

세속사회로서 육신의 정욕과 안목의 정용과 생의 교만으로 지배되어 있다. 따라서 일시적이고, 지나가는 가치와 관련된 문화인 반면, 그리스도는 영원한 말씀을 가지고 있다. 따라서 신자(信者)의 충성은 온전히 새 질서, 새 사회와 그 주님에게로 향하는 것이다.[17] 이것은 두 길이라는 교리로 표현되었다. 두 길이 있으니 생명으로 인도하는 길과 사망으로 인도하는 길이 그것이다. 생명으로 인도하는 길이 곧 기독교인의 길이다.[18]

1) 터툴리안의 문화배격적 입장

신약성경의 기자 외에 그리스도와 문화를 대립유형으로 파악한 이는 초기 기독교 교회의 터툴리안(Tertullian, 160-220)이었다. 북아프리카 출신의 신학자였던 터툴리안은 예수 그리스도의 주권(Lordship)에 모든 것을 집중시켰다. 동시에 그리스도의 계명들(예컨대, 원수까지도 사랑하라, 악에 대항하지 말라, 노하지 말라, 음욕을 품지 말라)에 순종하는 엄격한 도덕과 그리스도의 주권을 결부시켰다. 그리고 그는 요한1서의 특징인 적극적이고 따뜻한 '사랑' 대신에 주로 소극적인 '도덕', 즉 죄를 피하라든지, 장차 올 무서운 심판에 대비하라든지 하는 것을 더 강조하였다. 그리하여 그는 하나님 아들로 말미암은 하나님의 '은혜'를 감사히 받으라는 교훈 같은 것은 그리 강조하지 않았다. 결국 이런 입장이 문화를 배격하는 데에도 그대로 적용되고 있는 것이다.[19]

니버는 신자(信者)의 투쟁은 '자연'을 상대로 한 것이 아니라 '문화'를

자에게 속하여 그 아우를 죽였으니 어찌 연고로 죽였느뇨 자기의 행위는 악하고 그 아우의 행위는 의로움이니라. 형제들아 세상이 너희를 미워하거든 이상히 여기지 말라. 우리가 형제를 사랑함으로 사망에서 옮겨 생명으로 들어간 줄을 알거니와 사랑치 아니하는 자는 사망에 거하느니라"(요1 3:11-15).

17 『그리스도와 문화』, 55쪽 참조.

18 『그리스도와 문화』, 57쪽 참조.

19 『그리스도와 문화』, 59쪽 참조.

상대로 해야 한다고 주장한다. 그것은 죄(罪)가 가장 많이 있는 곳은 '문화의 영역'이기 때문이다. 터툴리안은 '원죄(原罪)'가 사회를 통하여 전승된다는 사상에 밀접하게 접근하고 있었다. 그러니까 나면서부터 아기들의 주의를 둘러싸고 있는 추악한 습관과 그 모든 인공적인 훈련을 온통 제거해 버린다면, 그들의 영혼(靈魂)은 선(善)하게 남아 있을 거라는 생각이다. 우주와 영혼은 본래 선한 것이다. 왜냐하면 그것은 하나님이 지으신 것이기 때문이다. 그렇지만 그것은 사회적인 추악한 관습과 문화 때문에 타락(墮落)된다는 것이다. 터툴리안에 따르면 그리스도인이 배격해야 할 세상은 특별히 '이교(異敎)'사회와 그 종교(宗敎), 즉 다신론적 우상숭배, 그 신조와 의식, 그 정용적인 것과 상업화된 것 등이다. 이런 종교가 온갖 다른 사회적 활동과 기관에 침투해 있기 때문에 기독교인은 그리스도에 대한 충성(忠誠)과 그것들을 타협(妥協)시키려는 위험에 부딪히고 있다는 것이다.[20]

그리고 터툴리안은 핍박자로부터 신자를 보호하려는 입장에서 『변증론』(*Apology*)을 저술했고, 여기에서 그는 이교 신앙으로 부패해 있는 '사회적 회합' 또는 '직장'에서 사직하라고까지 권면하고 있다.[21] 이러한 배격적 태도는 '병역의무의 기피', '법정투쟁의 기피', '철학과 예술에 대한 거부' 반응으로 이어졌다. 그러니까 "스토아, 플라톤, 또는 변증법적 철학으로 얼룩진 기독교를 집어치우라!" "우리는 예수 그리스도를 가진 다음에 또 다시 기묘한 논쟁을 일삼을 필요가 없다. …… 우리가 그리스도의 신앙을 가지고 있는 한 또 다른 신앙을 원할 이유가 없는 것이다."[22] 터툴리안은 소크라테스의 수호신인 다이몬(diamon)에서 한 악마를 발견할 뿐이었다. 그리고 그는 '헬라의 제자'와 '하늘의 제자'와는 아무런 공통점이 없다고

20 『그리스도와 문화』, 60쪽 참조.
21 『그리스도와 문화』, 60쪽 참조.
22 『그리스도와 문화』, 61쪽 참조.

주장한다. 헬라의 제자는 진리를 부패하게 만든다. 그들은 자기 자신들의 명예(名譽)를 탐한다. 그들은 말만하고 실행은 못하는 자들이다. 이렇듯, 헬라철학에 대한 터툴리안의 적대적 태도는 "모순 되기에[비합리적이기에] 나는 믿는다(Credo quia absurdum est)", "아텐이 예루살렘과 무슨 상관이냐(Quid Athenae Hierosolymis?)"라는 유명한 명제에서 나타나고 있다. 터툴리안은 같은 맥락에서 예술에도 부패의 오점(汚點)이 퍼지고 있는 것을 지적하고, 극장, 비극, 음악에서도 죄의 사역자 됨을 지적하고 있다. 이런 측면에서, 니버는 터툴리안이 교회 사상사(思想史)에서 반문화운동의 최선봉에 선 인물이라고 지적한다.[23]

2) 톨스토이의 문화배격적 입장

톨스토이(Tolstoi, Lev Nicolaevich, 1828-1910)는 귀족(貴族)으로 태어났고, 풍부한 유산(遺産)을 받았을 뿐만 아니라 『전쟁과 평화』, 『안나 카레리나』의 작가로 유명했다. 그렇지만 그는 중년기를 지나면서 존재의 무의미함과 사회가 평가하는 모든 가치들의 무가치함을 느낌으로써 자신의 생활에 결정적인 위기를 경험했다. 톨스토이에 있어 예수는 언제나 위대한 입법자로서, 그의 계명은 인간의 진정한 본성과 타락하지 않은 이성의 명령에 부합되는 것이었다.[24] 그래서 그는 자신의 생애의 대변혁에 관해 이렇게 쓰고 있다. "나는 그리스도의 교훈(教訓)을 그의 계명에서 이해하였다. 그리고 그것을 지키는 것이 나에게 축복이 되며, 동시에 모든 사람에게 축복이 된다는 것을 알았다. 그리고 이 계명을 지키는 것이 만물의 근원되는 이의 뜻이며, 그 근원에서 나의 삶도 유래한 것임을 나는 깨달았다.

---

23 『그리스도와 문화』, 61쪽 참조.
24 『그리스도와 문화』, 64쪽 참조.

이 계명을 지키는 것이 '구원(救援)'을 가능케 하는 유일한 것이다. 이것을 깨달았을 때, 나는 예수가 메시야, 그리스도일 뿐 아니라 진실로 세계의 구원자란 것을 이해하고, 도 믿게 되었다."[25]

톨스토이는 새 율법, 특히 마태복음 5장에 기록된 산상설교를 '글자그대로 해석하는 것'과 '그것을 꼭 그대로 지키려고' 준엄하게 결의한 것은 그의 회심을 가장 극단적인 사건으로 만들었다. 톨스토이는 자신의 책『나의 신앙 또는 나의 종교』에서 신약성서를 이해하려면, 본문에 첨가된 교회의 온갖 주석을 제거하고, 본문의 글자 그대로 이해해야 한다는 결론에 도달하였다. 그리고 예수 그리스도의 계명들은 하나님의 영원한 법칙의 선포라고 간주하였다. 톨스토이의 이런 관점에서 보면 예수는 모세의 율법을 폐하였다. 그가 온 것은 옛 율법을 재강조하기 함이라든가, 자신이 삼위일체의 제2의 인격임을 가르치기 위해서가 아니었다.[26]

톨스토이에 따르면 복음서를 충실히 해석하는 것은 예수가 제시한 새 계명을 따르는 것이다. 새 계명을 그는 5개 항목으로 총괄하고 있다.

> 첫째 계명은 "모든 사람과 화평하게 살라. 어느 누구에게라도 분노(忿怒)로 대하는 것을 정당하다고 생각하지 말라. …… 너와 다른 사람들 사이에 무슨 적의(敵意)라도 있거든 미리 그 적의를 없애버리라. 그리하여 그것이 타올라서 너를 멸망시키지 못하게 하라."
>
> 둘째 계명은 "성(性) 관계의 욕망을 하나의 향락(享樂)으로 삼지 말라. 한 남자는 한 아내를 가지고, 한 아내는 한 남편만을 가져야 한다. 그리하여 자기 아내나 자기 남편 외에 다른 사람과 성적 연합을 범하는 것은 어떤 구실에든지 용납하지 말아야 한다."
>
> 셋째 계명은 "아무와도 어디서든지 무엇에 대해서든지 결코 맹세(盟誓)하지 말라. 모든 맹세는 악한 목적을 위하여 강요된 것이다."

---

25 『그리스도와 문화』, 64쪽 참조.

26 『그리스도와 문화』, 65쪽 참조.

넷째 계명은 "행악자에게 폭력(暴力)으로 항거하지 말라. 악을 악으로 대항하지 말라. 그들이 너를 때리거든 참으라. 그들이 너의 재산을 가져가거든 주어 버리라. 너희를 일시키거든 일하라. 네가 네 소유라 생각하는 것을 그들이 가져가거든 그대로 주라."

다섯째 계명은 "명백하고 중요하고 실행성 있는 규범(規範)이다. …… 제나라와 다른 나라의 차별(差別)을 만들지 말라. 그런 차별로 말미암아 생기는 모든 것에 가담하지도 말라. 외국과 원수를 맺지도 말라. 전쟁하지 말라. 전쟁하는 데 가담하지도 말라. 전쟁을 위한 군비도 가지지 말라. 다만 어떤 민족이나 어떤 국가임을 막론하고, 모든 사람에 대하여 내 나라 백성에게 대하듯 하라."[27]

이상의 다섯 가지 율법을 공포함으로써 그리스도는 하나님의 나라를 건설하였다고 톨스토이는 믿었던 것이다. 그렇지만 톨스토이는 그중에서도 '무저항주의'가 전체의 열쇠가 된다고 생각하였다.

예수 그리스도의 계명에 순종하려는 경건에 그림자처럼 따라다니는 것은 모든 문화적 제도에 대한 철저한 반항 태도이다. 톨스토이에 따르면 문화적 제도란 착잡한 과오의 기반 위에 서있는 것이어서 인간의 현세 생활에 불가피적으로 섞여 이는 악을 시인한다. 삶은 외적인 법칙에 의하여 지배되는 것이므로 인간이 자기 노력에 의하여 축복받을 수는 없다는 것을 믿으며, 죽음의 공포, 자기의 실존과 참 생명을 일치시키는 것, 무엇보다도 폭력을 믿고 또 그대로 실행하는 것 등이 문화의 그릇된 기반(基盤)을 구성하고 있다는 것이다.[28] 그런 측면에서 톨스토이는 터툴리안처럼 인간성(人間性) 자체 안에 악이 있다고 생각하지 않고, '문화적 제도 안에만' 악이 있다고 생각하였다. 그래서 문화의 모든 국면들, 국가, 교회, 재산제도, 철학, 과학, 예술 등도 비난의 대상이 된다. 그래서 톨스토이에게

27 『그리스도와 문화』, 65쪽 참조.
28 『그리스도와 문화』, 66쪽 참조.

서는 선한 정부라는 말은 있을 수 없는 말이다. 톨스토이에게 '국가'와 '기독교적 신앙'은 양립할 수 없다.[29] 왜냐하면 국가는 권력욕과 폭력 행사의 근거 위에 서 있음에 반하여, 기독교인의 생활은 사랑과 겸손과 용서와 무저항 등이어서 이런 생활은 정치적 법령이나 제도와는 온전히 떠나 있는 것이다. 그래서 톨스토이는 국가의 악행(惡行)에 대항하기 위해서는 완전한 불참(不參)의 길 밖에는 없다고 주장한다.[30]

한편 톨스토이는 '교회(敎會)'를 가리켜 그들 자신의 무오성(無誤性)을 주장하는 '자기중심적 조직체'라고 비난한다. 교회는 국가의 종이며, 폭력과 특권의 통치를 옹호하는 자이며, 불평등과 재산 소유를 변호하며, 복음을 위조하거나 애매하게 하는 기관이라는 것이다. "교회라는 이름을 가진 모든 교회들은 다 반(反)기독교적 제도들이다. 그것은 그들의 '교만'과 '패역'과 '고집'과 '완고'와 '죽음' 때문에 기독교인의 생활의 '겸손'과 '참회'와 '온유'와 '발전'과 '생명'에 온전히 적대하고 있다. 그리스도는 교회를 창설하지 않았다. 교회는 악마의 발명품이다. 적어도 정직한 인간이라면, 복음을 믿으면서, 동시에 '신부'나 '설교자'로 머물러있을 수는 없을 것이다. 모든 교회는 다 마찬가지로 그리스도의 율법을 배반(背反)하고 있다. 교회와 국가는 둘 다 '폭력'과 '기만'의 제도화를 대표한다."[31]

마지막으로 톨스토이는 터툴리안과 마찬가지로 철학과 과학, 예술 등을 배격하였다. 철학과 과학은 무용할 뿐만 아니라, 허위의 근거 위에 수립되어 있기 때문이다. 예술의 경우, 거기에는 선한 것과 악한 것의 구별이 있다고 톨스토이는 말한다. 『햄릿』이나 "제9교향곡"은 특권 계급을 위해 고안된 귀족문화이며 악한 예술이다. 이에 비해 감정의 진지한 표현과 교류를 위해 유용한 예술도 있는데, 그것은 기독교적 도덕의식에 일치되는 것

29 『그리스도와 문화』, 67쪽 참조.
30 『그리스도와 문화』, 67쪽 참조.
31 『그리스도와 문화』, 68쪽 참조.

이라고 말한다.[32]

톨스토이가 터툴리안과 다른 점은, 터툴리안에게는 그리스도의 인격과의 헌신적 태도와 고백이 있으나, 톨스토이에게는 그리스도 자신보다 그리스도의 법(法)을 더 중요하게 생각했다는 점이다. 그 점에서 톨스토이는 터툴리안보다 더 율법적이었다. 또 톨스토이는 '행함으로 의롭다 함을 얻으려는' 극단적인 행위주의자의 대표였다. 그에게서 그리스도는 새 율법의 교사였을 뿐이다.[33]

3) '대립유형'의 기독교 문화관에 대한 비판

이제 이와 같은 대립유형의 기독교 문화관이 가지고 있는 한계점에 대해 살펴보도록 하자.

① 문화와 그리스도를 대립적으로 생각한 입장은 기독교 신앙의 사회 문화적 타당성(妥當性)과 책임성(責任性)을 간과하는 오류에 빠지게 된다. "아덴과 예루살렘이 아무런 관계가 없다"고 하는 터툴리안의 반(反)문화적 명제에 대해서, 사도 바울의 로마서 12장의 세대를 변혁시키는 명제, 로마서 13장의 모든 권력에 복종하며, 권력은 하나님으로부터 나온다는 적극적인 문화적 명제가 제시된다. 니버에 의하면 그리스도께서는 인간을 단순히 자연적 존재로만 보지 않고, '문화 안에 있는 존재', '문화 속에 침투된 존재'로 보았다. 인간은 문화적 언어로 말할 뿐 아니라 그것으로 생각하고 있는 것이다. 대립유형을 주장하는 극단적 기독교인은 엄밀히 보자면, 자기들이 표

32 『그리스도와 문화』, 69쪽 참조.
33 『그리스도와 문화』, 70쪽 참조.

면적으로 배척하고 있는 문화 또는 문화의 어느 부분을 언제나 이용하고 있는 것이다.[34] 예컨대 요한 1서의 기자는 그가 배격하는 영지주의 철학의 용어를 차용하고 있고, 로마의 클레멘트는 半스토아 철학의 사상을 사용하였고, 터툴리안은 그가 말하는 거의 모든 경우에 자기가 로마인이라는 증거를 보여주고 있다.

② 대립유형이 가지고 있는 반(反)문화적 사고는 '이성'과 '계시'를 극단적(極端的)으로 구분하는 이원론 사상으로 변질될 가능성이 있다. 극단주의자들도 '이성'은 문화 사회 안에서 발견되는 지식의 방법과 내용을 의미하는 것으로 사용하려는 경향을 취한다. 이에 반해 '계시'라는 말은 예수 그리스도에게서 연유되고, 기독교 사회 안에 머물러 있는 기독교적 하나님에 대한 지식과 의무를 지적하는 것이다. 이러한 입장은 이성을 훼손하고, 계시를 더 높이려는 의도와 결부되어 있다.[35]

③ 극단주의자들은 문화 안에는 죄(罪)가 가득하다고 본다. 그러니 기독교인들은 어둠에서 나와 빛 안에 있는 사람들이다. 그러므로 기독교인이 세상으로부터 분리하는 근본적인 이유는 거룩한 공동체를 부패로부터 보존하려는 데 있다. 이는 인간의 죄의 유전(遺傳)을 '사회적 겨지'에서 설명하려는 경향이 된다. 그렇지만 터툴리안으로부터 톨스토이에 이르기까지 극단주의자들의 금욕적 생활, 성, 음식과 금식, 분노, 수면에 이르기까지 그 실천하기 어려움은 그들이 당면하는 죄의 유혹이 다만 문화에서만 온다는 것보다는 그들 자신의 본성(本性) 속에서 샘솟고 있다는 것을 반증(反證)하는 것이라 할 수 있다.[36]

④ 대립유형의 문화관이 가지고 있는 가장 큰 한계는 자연의 창조주,

34 『그리스도와 문화』, 75쪽 참조.
35 『그리스도와 문화』, 82쪽 참조.
36 『그리스도와 문화』, 84쪽 참조.

역사의 지배자, 그리고 피조물에 내재한 영과 기독교인 공동체 안에 있는 영, 이런 이들과 예수 그리스도와의 관계성 문제이다. 톨스토이의 경우, 삼위일체 교리를 아무 윤리적 의미도 없는 것으로 여길 뿐만 아니라, 부패한 교회의 부패한 발명이라고 하였다. 이들은 부패치 않는 자연적 인간의 본성이 문화 속에서 부패되어지고 있다는 '윤리적 이원론'을 주장하는데, 이 이원론은 실재의 본체론적 이원론으로 변질될 가능성이 있다. 결국 이들은 이 세계를 그리스도에게 반대되는 원리에 의하여 지배되는 물질적 영역과 영적인 하나님에 의하여 인도되는 정신적 영역의 둘로 구분하려는 유혹에 빠지는 것이다.[37]

4. '일치유형'이란 무엇인가?

어떤 문화 안에 복음이 들어올 때 거기에는 예수가 그들 사회의 메시아요, 그들 사회의 희망과 열망의 성취자요, 그들 사회의 진정한 신앙의 완성자요, 그 가장 거룩한 정신의 원천이라고 환호하는 이들이 있다. 이들이 취하는 입장은 그리스도와 문화의 일치유형이다. 이들은 한편으로는 그리스도를 통해서 문화를 '해석(解釋)'한다. 즉 문화 안에 있는 가장 중요한 요소들은 그리스도의 사역과 인격에 가장 '일치(一致)'되는 것이라고 설명한다. 다른 한편 그들은 문화를 통하여 그리스도를 '이해(理解)'한다. 그러니까 그리스도의 교훈과 행동, 그리고 그리스도에 관한 교리 등에서 문명 안에 있는 최선의 것과 일치된다고 보이는 것들을 선택하여 그것을 그리스도와 조화시킨다. 이 입장에 해당되는 사상은 초기 기독교에서는 기독

37 『그리스도와 문화』, 87쪽 참조.

교 영지주의(Christian Gnosticism)와 19세기 있어서는 문화-프로테스탄티즘(Culture-Protestantism)[38]이다.

1) 기독교 영지주의와 아벨라르드의 입장

그리스도를 온전히 문화적 용어로 해석하고 사회적 신념 또는 관습과 그리스도와의 사이에 아무런 긴박감도 인정하지 않으려는 극단적 경향을 대표한 그룹은 기독교 영지주의자들이었다. 여기에는 바실리데스(Basilides), 발렌티누스(Valentinus), 시몬 마그누스(Simon Magnus)가 대표적이며, 이들은 당시 대부분의 교회에서 이단자(異端者)로 정죄되었다.

기독교 영지주의자들은 조잡하고 낡은 유대교적 신관(神觀)과 역사관에서 '복음(福音)'을 해방시키며, '기독교 신앙'을 지식인의 지성에까지 끌어올리려고 노력하였다. 그리하여 기독교의 인기를 높이며, 그 능력을 증진시키려 하였다. 이를 위해서 이들은 다신론(多神論)과 우상숭배(偶像崇拜)의 조잡한 형식에서 벗어나 존재의 정신적 깊이를 인식하는 데까지 이르렀다. 더 나아가 그들은 하나의 교리체계를 수립하였는데 그 내용은 다음과 같다. 타락된 물질계에 갇히고 미혹되어 있는 영혼들에 대한 우주적 구원자가 예수 그리스도라는 것이었으며, 참된 속량적인 계시자, 존재의 신념과 인간의 상승 또는 전락에 관한 참된 지식의 회복자도 예수 그리스도라는 것이었다.[39]

이것은 기독교 영지주의자들이 그 당시의 문화에 기독교를 조화(造化)시키려 한 가장 명백한 요소였으며, 그리스도의 인격과 사역에 대한 그들의 '과학적', '철학적' 해석이었던 것이다. 그러나 이런 시도는 모든 문화 속

---

38 김영한은 Culture Protestantism을 '문화기독교주의'로 번역하고 있다. 김영한, 『한국기독교문화신학』, 성광문화사, 1995, 110쪽 이하 참조.

39 『그리스도와 문화』, 92쪽 참조.

에 기독교를 동화(同化)시키는 결과를 가져왔다. 이렇게 설명된 기독교는 하나의 종교적 또는 철학적 체계로 되어버렸다. 따라서 인간의 영혼을 다루는 하나의 종교로서의 기독교는 인간의 全생활에 주권적 명령을 내릴 수는 없을 것이다. 이들에게서 예수그리스도는 영의 구주요, 삶의 구주는 아니었다.[40] 하나님 아버지는 만물의 근원도 아니며, 그 통치자도 아니라는 것이다. 새 백성 또는 교회 대신에 그들은 계몽된 자들의 모임을 가졌다. 그들은 문화 저편에 있는 종국을 찾는 자이면서도 문화와 갈등이 없는 채 문화 안에 살 수 있는 자들이었다. 문화적 생활에 동참하는 것은 그들에게 아무 특이한 사건이 아니었다.

기독교 영지주의자들의 의견에 다르면, 예수 그리스도를 아는 지식이란 문화생활 안에 자리 잡고 있는 인간 성취의 절정으로서 영적, 정신적 문제라는 것이다. 이것은 진보(進步)한 영혼들만이 능히 가질 수 있는 것이며, 이것은 그러한 영혼들의 진보와 종교적 획득이다. 이것은 물론 '윤리(倫理)'와 관계되어 있다. 어떤 경우에는 아주 엄격한 생활행위로 나타나지만 또 어떤 때에는 방종, 음란한 일까지도 시인한다. 결과적으로 이 윤리는 그리스도의 '계명'이라든지, 새 공동체에 대한 신자(信者)의 '충성(忠誠)'에 근거한 것이 아니다. 이것은 물질적, 사회적 세계 위에 있는 지극히 고귀한 운명(運命)에 대한 '개인적 열망의 윤리'였다. 문화 문제의 관점에서 보면, 그리스도를 그 당시의 과학과 철학에 조화시키려는 한 영지주의자들의 노력은 하나의 방편이었고, 목적이 아니었다. 그들이 성취한 것은 새 신앙과 묵은 계시 사이에 있는 모든 긴장을 제거한다는 것이었다. 결국 영지주의는 하나의 형이상학(形而上學)이요, 하나의 영지(Gnosis)요, 일종의 신비적 종파는 되지만 전생활을 지배하는 신앙이 되지는 못했다.[41]

---

40 『그리스도와 문화』, 93쪽 참조.
41 『그리스도와 문화』, 94쪽 참조.

한편 2세기의 기독교 영지주의자들과 비슷한 입장을 위한 이로 중세시대 초기 스콜라 신학자인 아벨라르드(Peter Abélard, 1070-1142)가 있다. 그는 신앙(信仰)을 진술하는 데 있어서 하나님과 그리스도에 대한 교회의 신조와 행위에 대한 그리스도의 명령을 문화 내의 최선의 요소와 일치시키는 데까지 나아갔다. 기독교는 실재(實在)에 관한 '철학적 지식', '생활 개선의 윤리'로 표시되었다. 그의 도덕적 속죄론은 오직 한번의 속죄 행위라는 전통적 개념을 대치하려는 것이었다. 아벨라르드에 있어서 예수 그리스도는 '위대한 도덕 교사'였다. "그가 육신으로 계실 때 그의 전생활의 행위는 …… 우리를 가르치려는 의도에서 된 것이었다."[42] 아벨라르드에 따르면, 신약성경의 산상수훈은 바르게 살려는 선량한 인간들을 친절하고 관대하게 인도하는 말씀들이며, 그들의 정신적 지표(指標)를 제공한 것이다. 따라서 아벨라르드에게서는 그리스도와 문화 사이에 생기는 온갖 충돌은 다 제거되었다. '교회'와 '세상' 사이에 있는 긴장성은 사실 교회 측이 그리스도를 잘못 이해한 데서 생기는 것이라고 아벨라르드는 판정하였다.[43]

2) 문화-프로테스탄티즘과 리츨의 입장

니버에 의하면 18세기 계몽주의 시기 이후에도 아벨라르드의 추종자는 많았다고 한다. 예컨대 로크, 라이프니츠, 칸트, 제퍼슨 등이 여기에 해당된다. 니버가 보기에 이들에게서 예수 그리스도는 위대한 '계몽가'이자 '교사'이다. 모든 사람을 문화로 인도하여 지혜와 도덕의 완전과 화평을 얻게 하려는 위대한 교사였다.[44]

---

42 『그리스도와 문화』, 95쪽 참조.
43 『그리스도와 문화』, 96쪽 참조.
44 『그리스도와 문화』, 98쪽 참조.

19세기에 문화–프로테스탄트는 슐라이어마허(Schleiermacher, Friedrich Ernst Daniel, 1768-1834)에 의해 대표된다. 그의 『종교론』(1799)은 "종교를 멸시하는 자들 가운데 있는 문화인"을 위한 것이었다. 이 책에서 '문화'라는 용어는 사회 안에서 가장 자의식적인 지성적, 심미적 사람들의 전문적 업적을 의미하며, 동시에 슐라이어마허 자신을 가리키는 것이다.[45] 그는 넓은 의미에서 문화의 대표자로 자처한 것이었다. 슐라이어마허에게서 그리스도는 신약성서의 예수 그리스도보다는 '유한'과 '무한' 사이에 있는 중보적 원리로서의 그리스도를 제시되어 있다. 그리스도는 문화 안에 속하여 있다. 왜냐하면 '무한을 향한 감각과 취향', 문화의 모든 작용에 수반되는 '거룩한 음악'이 없이는 문화 자체가 메마르고 썩어 버리기 때문이다.[46] 니버에 따르면 슐라이어마허는 그리스도를 문화에 조화시키는 동시에 가장 그리스도에게 적합하다고 생각되는 요소들을 뽑아내어 그것을 그리스도에게 일치시키는 점에서 문화–프로테스탄트의 대표자라고 할 수 있다.

슐라이어마허에 의해 대표되는 문화–프로테스탄트는 19세기 후반 리츨(Albrecht Ritschl, 1822-1889)에 의해 절정에 이른다. 리츨의 신학에는 두 주춧돌이 있다. 그것은 '계시'와 '이성'이 아니라 '그리스도'와 '문화'였다.[47] 모든 것에 대하여 자명한, 이성의 어떤 궁극적 진리를 추구함으로써 기독교의 자기비판이 가능하며, 또한 그것부터 시작해야 한다고 하는 사상을 그는 거부하였다. 리츨에게서 신학이란 "기독교의 본래적 내용을 적극적인 형식으로 진술하는 것이며, 그것의 재료 내용은 신약성서 이외의 다른 어느 곳에서도 얻을 수 없는 것"이라고 주장하였다.[48]

45 『그리스도와 문화』, 98쪽 참조.
46 『그리스도와 문화』, 98쪽 참조.
47 『그리스도와 문화』, 100쪽 참조.
48 A. Ritschl, *Rechtfertigung und Versoehnung*, 3rd ed., 1889, Vol. Ⅱ, 18쪽. 『그리스도와 문화』, 100쪽 참조.

성서의 권위에 대한 프로테스탄트 교리의 핵심은 '교회'가 그리스도의 기초인 것이 아니라, '그리스도'가 교회의 기초가 되는 것이다. "교회 창설자의 인격이 …… 기독교인의 세계관의 열쇠요, 기독교인의 자기비판 및 도덕적 노력의 표준이 되는 것이다. 뿐만 아니라 기도와 같은 특별히 종교적인 행동이 어떻게 실천되어야 한다는 표준도 그리스도 자신에서 찾아야 한다는 것이다."[49] 그러므로 리츨은 그의 신학적 임무를 시작함에 있어서 결정적으로 '기독교 공동체'의 일원이라는 점에서 출발하였다. 그런데 기독교 공동체는 신약성서에서 진술된 예수 그리스도 이외의 다른 아무데서도 그 원천을 발견할 수 없는 것이다.[50]

니버에 따르면, 리츨은 '기독교 공동체' 이외의 또 하나의 출발점을 가지고 있다. 그것은 다름 아닌 자연을 지배하려는 인간 의지를 그 원리로 삼고 있는 '문화적 공동체'이다. 현대인으로서 또는 칸트주의자로서의 리츨은 인간의 상황은 근본적으로 자연과 대립하는 상태라고 이해하고 있다. 그렇지만 도덕적 사상가로서 그는 인간성 자체 위에 양심의 내적 법칙을 새겨 주는 '윤리적 이성'의 성과에 더 큰 관심을 가지지 않을 수 없었다. 따라서 리츨은 "자연과 스스로 구별된 인간이라는 점과 자연을 대항 또는 극복함으로 그 자신을 유지해 가려고 노력하는 인간"이라는 것을 기정사실로 수락하였다.[51]

모든 문화는 그 출발점이 자연과의 충돌에 있는 것이며, 그 목표는 인간적, 도덕적 존재자로서의 승리에 있는 것이다. 그리하여 칸트의 용어대로 하면, '목적의 왕국'이요, 신약성서의 용어로서는 '하나님의 나라'를 성취하는 것이다.[52] 이 두 가지 출발점을 가진 리츨은 양극의 긴장성, 존

---

49 A. Ritschl, *The Christian Doctrine of Justification and Reconciliation: The Positive Development of the Doctrine*, 1900, 202쪽.

50 『그리스도와 문화』, 101쪽 참조.

51 A. Ritschl(1900), 같은 책, 219쪽, 222쪽 참조.

52 『그리스도와 문화』, 102쪽 참조.

재의 제 단계, 또는 기타의 것을 채용함으로써 두 구별된 원리를 결합시키려고 노력하는, 말하자면 중도적 기독교인의 부류에 속한다고 니버는 말한다.

리츨은 기독교는 하나의 중심을 가진 원이기보다는 두 초점을 가진 타원형이라고 말한다.[53] 한 초점은 '의인' 또는 '사죄'요, 다른 한 초점은 인격자들로 된 온전한 사회를 획득하기 위한 '윤리적 노력'이다. 그러나 이 두 이념 사이에는 아무런 충돌이 없다. '사죄'는 죄인들로 하여금 거듭거듭 실패한 다음에도 또 다시 일어나 그들의 윤리적 임무를 수행하게 하는 하나님의 우의(companionship)를 의미하기 때문이다. '교회'와 '문화 공동체' 사이에도 이원성이 있다. 그러니까 거기에는 아무 충돌도 있을 수 없다고 리츨은 주장한다. 그렇기 때문에 리츨은 교회를 세상에서 격리시키는 수도원 운동이나 경건주의적 행위를 가장 매섭게 공격하였다.[54] 만일 기독교 교회가 그 안에서 되는 모든 일들을 예수 그리스도와 관련시키는 공동체라면, 그것은 또한 그 안에서 보편적인 하나님 나라를 성취하기 위하여 서러 다른 국민들이 사랑으로 연합하여 한 성원을 이룬 진정한 윤리적 사회의 형성이기도 할 것이다.

리츨에 따르면 기독교인의 '직업(職業)'과 '소명(召命)'에도 이원성이 있다. 만일 기독교인의 동기가 이웃 사랑에 있다면, 그는 도덕적 공동체 안에서 가정, 경제, 국가, 또는 정치 등의 생활을 진행시킴으로써 하나님 나라를 추구하는 직무를 수행할 수 있을 것이다. 진실로 가정, 사유재산, 개인의 독자성과 존엄 등은 도덕적 건전성과 품격의 조성에 없어서는 안 될 본질적인 선(善)이다. 다만 공동선(common good)을 위한 시민으로서의 사업에 종사함으로써 또는 그의 사회적 소명에 충실함으로써만 그리스도를

---

53 『그리스도와 문화』, 102쪽 참조.
54 『그리스도와 문화』, 102쪽 참조.

본받는 데 진실할 수 있는 것이다.[55]

리츨은 예수 그리스도 자신 안에도 이원성이 있다고 말한다. 그러니까 '제사장'과 '예언자'가 그것이다. 그리스도는 은혜에 의존하고, 성례전에 힘쓰고, 기도에 힘쓰는 공동체에 속해 있으며, 동시에 자연을 정복하는 자유인을 만들기 위하여 많은 제도들을 통해 윤리적으로 정진하는 문화적 공동체에도 속해 있다. 그러니까 여기에는 아무런 갈등이나 긴장도 없다. 제사장이 사죄를 위하여 중보하는 것은 예언자의 이상이 실현되게 하기 위함이며, 기독교 공동체의 '창설자'는 동시에 문화사(文化史)에 획기적인 전진을 보게 한 '도덕적 영웅'이었다.[56]

리츨이 기독교와 문화의 완전한 화해를 성취한 것은 주로 그의 '하나님 나라' 이념에 의한 것이었다. 리츨이 말하는 '하나님 나라'라는 이 이념은 두 가지 뜻을 가지고 있다. 하나는 인간들의 가치를 실현하고 보존하려는 인간의 온갖 노력에 있어서 예수가 그 지도자라는 것이다. 다른 하나는 19세기의 문화적 제 이념으로 이해된 그리스도라는 것이다. "'하나님 나라'라는 기독교 이념은 인류의 연합을 의미한다. 그 연합은 모든 성원들의 전혀 자연적 사정과 특수 사정을 초월한 호혜적 도덕 행위에 의하여 성립되는 것이며, 외연적으로나 내적으로나 가장 포괄적인 것이다."[57] 결국 리츨의 문화주의 사상에는 예수의 종말론적 희망과 하늘과 땅의 주가 되시는 초월적 하나님의 현재적 통치사상이 결여되어 있다. 모든 것은 사람과 사람의 일에 관련되어 있다. 그 결과 하나님 나라가 '인간의 형제됨(brotherhood)'이라는 윤리적 당위성으로 변형되고 있다.[58]

---

55 A. Ritschl(1900), 같은 책, 661쪽 이하 참조.

56 A. Ritschl(1900), 같은 책, chap. VI 참조.

57 A. Ritschl(1900), 같은 책, 284쪽 참조.

58 『그리스도와 문화』, 104쪽 참조.

3) '일치유형'의 기독교 문화관에 대한 비판

① 니버는 문화-프로테스탄티즘이 신약성서에 있는 예수의 모습을 끊임없이 왜곡(歪曲)시키는 경향이 있다고 비판한다. 말하자면, 이 입장에서는 예수는 영적 지식이나 논리적 이성이나, 무한에 대한 의식, 내적인 도덕률, 또는 형제애 등의 이념을 뜻한다는 것이다.[59]

문화의 그리스도를 주장하는 이들은 문화에 대립하는 그리스도를 주장하는 이들과 교회의 신학에 대한 일반적 태도와 입장이 서로 동일하다 니버는 말한다. 그러니까 극단주의자들과 마찬가지로 그들도 신학 자체를 의심한다는 것이다. 그러나 그 의심하는 이유는 상반된다. 극단주의자들은 신학으로 말미암아 '세상적인 지혜'가 '계시의 영역'을 침범한다는 이유에서 신학을 불신한다. 그러나 문화적 기독교에서는 계시가 이성의 측면에서 볼 때 불합리하다는 점에서 신학을 의심한다.

② 양자는 모두 '이성'과 '계시'를 분리시키는 경향을 취한다. 반문화주의자들은 문화 안에 유포되어 있는 인간 이성은 하나님의 계시를 이해하기엔 오류투성이요, 기만이라고 보며, 계시를 위해서 이성을 포기해야 할 것을 주장한다. 그러나 문화주의자들은 이성을 하나님과 구원에 이르는 길로 이해하며, 예수 그리스도는 종교적 도덕적 이성의 역사 안에 나타난 천재로 이해한다. 그리고 계시는 지능이 낮은 일반인에게 지성적인 진리를 가르치기 위한 우화적(寓話的)인 장식이며, 역사 안에서의 이성의 성장의 본질적인 과정에 대한 종교적 이름에 불과하다.[60]

---

59 『그리스도와 문화』, 114쪽 참조.
60 『그리스도와 문화』, 115쪽 참조.

③ 극단적 기독교인(대립유형)과 문화적 기독교인(일치유형)은 죄(罪), 은혜(恩惠)와 율법(律法), 삼위일체(三位一體)의 견해에 있어서 서로 통한다. 그런데 이들의 결정적인 오류는 원죄(原罪) 사상, 즉 인류 전체에 미치고 있는 의미에서의 통전즉 부패성(腐敗性)을 인정하지 않고 있다는 사실이다. 니버는 이 점을 비판의 대상으로 삼는다.

④ 극단주의자들과 같이 문화의 그리스도 신자들도 '율법'과 '은혜'의 양극성을 논할 때, '율법' 편으로 기울어진다는 사실이다. 인간은 하나님과 사변적, 실천적 이성의 법칙에 순종함으로써 진리 해득자와 천국 시민으로서의 높은 운명을 성취할 수 있다고 그들은 생각한다. 결국 하나님의 은총 행위는 인간들의 계획에 대한 보조에 불과한 것이 된다. 이런 맥락에서 문화적 기독교는 적어도 현대에 있어서는 언제나 극단으로 '자기 신뢰'에 기울어지는 휴머니즘적 운동을 만들어내고 있다고 니버는 비판한다.[61]

5. '종합유형'이란 무엇인가?

이 유형에 속한 기독교인은 그리스도와 문화의 문제를 다루는 경우에 있어서, 언제든지 그리스도와 문화가 "이것이냐 저것이냐"의 관계에 있는 것이 아니라, "이것도 저것도"의 관계에 있는 것이라고 본다. 영지주의자들은 그리스도를 온전히 타계적(他界的) 존재로 삼으려 했고, 문화주의자들은 예수를 온전히 이 세상 사람으로 그리려 했다. 하지만 종합주의자들은 '그리스도'와 '문화'를 둘 다 긍정(肯定)함으로써 그리스도는 이 세상과 저 세상에 함께 주가 되신다고 고백하였다.[62] 이런 입장은 2세기 변증학

61 『그리스도와 문화』, 118쪽 참조.

자들, 그중에서도 순교자 저스틴(Justin Martyr)과 터툴리안과 동시대인인 알렉산드리아의 클레멘트, 그리고 중세 시대의 아퀴나스가 가장 대표적인 사상가이다.[63]

1) 클레멘트의 그리스도와 문화의 종합

클레멘트(Clement of Alexandria, 150-215)는 교양인에게 기독교를 효과적으로 설명하기 위해서 헬라철학에 대한 적극적인 평가를 시도했다. 그에게 있어서 헬라인들이 주장하는 인간 본성에 심어져 있는 이성은 하나님의 로고스에서 기원하고 있으며, 따라서 율법이 유대인에게 몽학선생이었던 것처럼, 헬라철학은 신앙과 지식을 받아들이기 위한 영혼의 예비 정화 작용을 한다고 보았다.[64]

최초의 기독교윤리 교수였던 클레멘트는 자신의 실제적인 교훈의 진리를 보증해 주는 자로서 플라톤, 아리스토텔레스, 제논, 아리스토파네스, 메난더에 이르기까지를 안심하고 인용하였다. 그러면서 그는 스토아적 '초연성(超然性)'과 기독교적 '사랑'은 서로 반대되는 것이 아니라고 보았다. 그것은 구원으로 향하는 길에서의 두 구별된 단계를 보여주는 것이다. 자기 수양(修養)의 방법으로 구원을 추구하는 것과 그리스도의 구원 행동에 '응답'하는 것은 동일한 인간 행위라 할 수는 없지만, 그렇다고 그 둘이 온전히 상반되는 것도 아니라고 보았다.[65]

클레멘트는 자신의 『교훈자』에서 기독교인의 훈련에 관하여 말하고 있다. 거기서 그는 주께서는 친절하고 지혜로운 교사여서 그에게 맡겨진 영

62 『그리스도와 문화』, 124쪽 참조.
63 『그리스도와 문화』, 127쪽 참조.
64 김영한(1995), 115쪽 참조.
65 『그리스도와 문화』, 128쪽 참조.

혼들을 향상시켜 유덕한 생활을 할 수 있도록 훈련하는 것을 목적으로 하고 있다고 말한다. 또한 그리스도가 목적하신 바가 '교육'이라는 위대한 '문화사업'이었고, A.D. 200년 알렉산드리아에 있는 도덕적으로 진지하고 지혜로운 어느 이교(異敎) 교사가 그 제자들에게 했으리라고 생각되는 것과 별로 다를 것이 없다고 말하였다. 그런 측면에서 클레멘트 자신이 말하는 기독교윤리와 『교훈자』에서의 표현들은 그 당시에 유행하던 스토아 학파의 도덕 교본과 그 내용이 거의 같은 것이었다.[66]

클레멘트는 기독교인에게 '자기 수양'과 '지적 훈련'에 정진하기를 권면하였다. 그리하여 결국에 가서는 그들 자신이나 그들의 문화나 그들의 지혜에 대하여 스스로 염려할 필요가 없는 생활에 이르도록 준비하게 하려는 것이었다. 그 점에서 클레멘트의 그리스도는 '문화의 그리스도임'과 동시에 '모든 문화 위에 있는 그리스도'이다.[67]

클레멘트로 말미암아 이 세상 생활의 요청과 신약성서의 종합이 윤리면에서 뿐만 아니라, 철학과 신앙의 관계에서도 성취되었다. 그는 그 당시의 사변적 체계에 예수를 전적으로 조화시키려는 해석을 추구하지도 않았으며, 그렇다고 헬라 철학은 세상 지혜라고 배격하는 일도 하지 않았다. 헬라 철학은 오히려 '진리의 명석한 이미지'이기에 하나님이 헬라 사람들에게 주신 선물이었다. 이것은 히브리인을 그리스도에게 인도한 율법과 같이 헬라인을 그리스도에게 이끌어 온 선생이었다는 것이다.

이런 관점에서 클레멘트는 다음과 같이 말한다. "하나님께서는 문화를 사용하라고 권하신다. 그러나 우리로 하여금 세속 문화 안에서 배회하며 거기서 시간을 허비하게 하려는 것은 아니다. 왜냐하면 하나님께서 각 세대에게 유익하도록 적당한 시기에 문화를 주신 것은 주님의 말씀을 위하

---

66 『그리스도와 문화』, 129쪽 참조.
67 『그리스도와 문화』, 131쪽 참조.

여 미리 훈련시키려는 의도에서 하신 것이기 때문이다."[68]

니버에 따르면 클레멘트가 문화에의 존중과 그리스도에 대한 충성을 결부시키려 한 때는 아직도 교회가 불법 단체로 취급받던 시대였다. 그러므로 그의 이와 같은 태도는 위대한 사회 제도의 유지와 개선을 위한 의무감에서라기보다, 건전한 도덕과 학문을 지속하려는 교회의 '책임감'에서 취해진 것이다. 이것은 문화를 기독교화하려는 것보다도 기독교인을 문화적으로 만들려는 데 더 많은 관심을 표시하고 있다.[69]

2) 토마스 아퀴나스의 그리스도와 문화의 종합

니버에 의하면 기독교 역사상 최대의 종합주의자는 토마스 아퀴나스(Thomas Aquinas, 1225-1274)이다. 그는 그리스도와 문화의 문제에 있어서 "둘 다" 긍정한다는 식의 해답을 주고 있다. 그러나 그의 그리스도는 훨씬 문화를 초월해 있다. 그리고 그는 그리스도와 문화 사이에 있는 구분(區分)을 결코 위장하려 하지 않았다. 그 자신의 생활 태도가 이 두 주장, 두 희망, 두 출발 등의 통일의 방법을 암시하고 있다. 토마스는 청빈(淸貧)과 동정(童貞)과 복종(服從)의 서약에 충실한 수도사였다. 극단적 기독교인들과 함께 그는 세속 세계를 거부했다. 그러나 그는 교회 안에 있는 수도사이면서도 또한 문화의 수호자, 학문의 육성자, 국민의 재판자, 가정의 보호자, 사회적 종교의 통솔자였다.[70] 토마스의 사상 체계에서 보면, 철학과 신학, 국가와 교회, 세속 윤리와 기독교 윤리, 자연법과 신법, 그리스도와 문화 등의 사이에 혼동 없는 결합을 성취하였다.[71]

68 『그리스도와 문화』, 131쪽 참조.
69 『그리스도와 문화』, 132쪽 참조.
70 『그리스도와 문화』, 132쪽 참조.
71 『그리스도와 문화』, 133쪽 참조.

토마스의 생각에 의하면, 헬라인의 이성, 아리스토텔레스의 이성, 즉 이 문화의 이성이 이해하는 자연은 그 성격상 목적(目的)을 가지고 있다. 자연은 하나님이 지으신 바이며, 따라서 사람을 향한 하나님의 목적과 인간의 요구를 제시하는 성격을 가지고 있다. 이성을 가지고 있는 우리의 본성은 '하나님의 선물'이며 동시에 '인간의 활동'이라고 생각할 때, 우리의 존재에 내포된 목적은 우리의 가능성을 완전히 실현시키는 데 있다. 즉 보편적 진리 속에 나타난 진리, 보편적 선(善) 속에 나타난 의지로 실현시켜야 한다고 토마스는 확신한다.[72]

"인간의 의지는 보편적 선(善)에 머물지 않는 한 안정을 얻을 수 없다. 그런데 보편적 선은 아무 피조물 안에서도 발견될 수 없고 다만 하나님 안에서만 찾을 수 있다. 그러므로 하나님만이 인간의 마음을 채워주신다."[73] 그리고 토마스에 따르면 인간의 마음 안에 있는 것 곧 최선의 활동과 최선의 능력도 사변적인 이해에 불과하다. 그러므로 "인간의 최후 그리고 완전한 행복은 신적 본질(divine essence)에 대한 비전 안에서만 찾아질 수 있다." "모든 이성적 존재는 이 신적 본질을 이해하는 데서 그 최후의 목적을 달성하는 것이다. 그러므로 이해에 의하여 인간 이성은 그 목적으로서의 하나님을 얻는 것이다."[74]

그리고 토마스는 '인간적 선행과 도덕의 길'과 '복음에 의한 은혜의 길'을 구분한다. 후자는 인간적인 능력으로 도달할 수 없고, 하나님의 은혜에 의해 할 수 있는 길이다. 하나님의 은혜는 가정, 국가, 교회 등 사회적 제도에 두루 미치고 있다. 그러므로 은혜의 길과 도덕의 길은 서로 연속적이며, 후자는 전자의 목적적 의도를 실현 가능케 하는 것으로서 종합적으로 사고한다.[75]

---

72 『그리스도와 문화』, 134쪽 참조.

73 Thomas Aquinas, *Summa Theologica*, Ⅱ-Ⅰ, Q. ii. art. viii.

74 *Summa Theologica*, Ⅱ-Ⅰ, Q. iii. art. viii.

한편 토마스는 인간의 사회생활 법칙을 복음서에서 찾으려 하지 않았다. 이 법칙들은 이성으로써 발견되어야 한다는 것이다. 그것은 넓은 원칙에서 하나의 '자연법(自然法)'을 구성한다. 이것은 공통적 인간 존재의 주어진 조건 하에서 인간 생활을 영위하고 있는 모든 이성적 인간에게 식별될 수 있는 법이다. 그리고 이것은 궁극에는 창조주요 통치자인 하나님의 마음 안에 있는 영원한 법, 즉 '신법(神法)'에 근거하고 있다. 그러므로 신법은 부분적으로는 자연법과 일치하며, 어떤 부분에서는 인간의 초자연적인 생활법칙으로서 자연법을 초월한다.[76]

이와 같은 맥락에서 '교회'는 신법의 관리자로서 세상 생활의 질서를 도와준다. 그렇기에 교회는 국가 위에 위치한다. 그리고 토마스의 종합이론에 의하면 세상의 모든 제도들은 서로 유기적으로 관련되어 있다. 그래서 이 제도들은 하나님에서 시작해서 교황, 신부, 군주와 귀족계급, 그리고 아래로 백성이 위치하는 위계질서로 존재하게 된다. 그렇지만 이러한 위계질서는 공통된 정신과 피치자의 동의를 전제로 하며, 각자의 그룹이나 개인에게 각기 자기의 직접적인 임무를 수행하기 위한 어느 정도의 독립성이 부여되어 있는 것이 특징이라고 할 수 있다.[77]

3) '종합유형'의 기독교 문화관에 대한 비판

① 니버는 종합유형의 기독교 문화관은 예술과 과학, 철학, 법학, 정치에 심원한 영향을 준 것을 인정하다. 특히 헬라철학의 지혜와 로마의 법이 현대 문화에 중개되는 데 이 입장이 결정적인 역할을 담당

75 W. Weischedel, *Der Gott der Philosophen*, München, 1975, 131쪽, 134-135쪽; 김영한(1995), 118쪽 참조.
76 『그리스도와 문화』, 138쪽 참조.
77 『그리스도와 문화』, 140쪽 참조.

하였다. 그런데 이러한 종합유형의 입장은 인간의 행위 안에 내포된 '근본 악'을 진지하게 대결하지 않고, 신의 은혜에 독립되어 그 자체의 이성적 신 인식과 윤리성을 인정하는 잘못된 전제 위에 서 있다.[78]

② 종합유형의 입장은 인간의 범죄와 그리스도의 구속의 절대 필요성을 인정하지만, 실제로 인간은 그 의지와 본성에 있어서 전적으로 부패되어 있다는 사실을 인정치 않는다. 그렇기에 종합주의자의 기획 자체 안에 필연적 오류가 발생할 요소가 있다는 것이다. 그러니까, 그리스도와 문화, 하나님의 일과 사람의 일, 일시적인 것과 영원한 것, 법과 은혜 등을 사상과 실천의 한 체계 안에 넣어 버리려는 노력은 결과적으로 '상대적(相對的)'인 것을 '절대화(絶對化)'하며, '무한(無限)'한 것을 '유한(有限)'화 하며, '생명(生命)'적인 것을 '물질화(物質化)'하는 경향을 가지게 된다는 것이다.[79]

③ 종합유형의 입장은 사람들로 하여금 그리스도와 복음을 '제도화(制度化)'하려는 경향을 가지게 한다는 점이다. 그리스도와 법이 교회의 법에 일치하지 아니하고, 그의 은혜의 효능이 사회적 종교적 제도, 즉 교회의 직무에 국한되지 아니하며, 그리스도의 주권이 그의 후계자로서 자처하는 사람들의 통치와 동일시되지 아니한다면, 그런 종합이 가능하다고 생각될지 모른다. 사회적 종교적 제도인 교회가 다른 모든 일시적 질서와 같은 한 부분이며, 국가, 학교, 경제 제도 등과 같이 인간의 업적에 속하는 것인 한, 종합주의적 해답이 가능하게 된다는 것인지도 모른다. 여기서 니버는 묻는다. 어떻게 그럴 수 있는가? 만일 그리스도의 법, 은혜, 통치가 제도화된 것이 아니라면,

78 『그리스도와 문화』, 150쪽 참조.
79 『그리스도와 문화』, 147쪽 참조.

온갖 종합론은 여전히 잠정적인 것이 될 것이며, 격렬한 공격의 대상이 될 것이다.[80]

6. '역설유형'이란 무엇인가?

역설유형을 주장하는 기독교 문화관은 기본적으로 인간은 문화에 속해 있는 자로서 거기에서 벗어날 수 없다고 간주한다. 그리고 하나님께서 문화 안에서, 또 문화로 말미암아 그를 붙들어 주신다는 것도 인정한다. 그러니까 이 입장을 취하는 이들은 부패된 문화 속에서 작용하는 하나님의 은혜를 '인정(認定)'하고 있다는 점이다. 역설유형을 가장 명료하게 표현하면, 그리스도와 문화의 문제에 있어서 인간은 율법과 은혜, 하나님의 진노와 긍휼, 계시와 이성, 창조주와 구속주, 인간의 의(義)와 하나님의 의 사이의 긴장 관계 속에서 살아간다는 사실이다. 인간은 이러한 긴장 속에서 말하고, 행위하며 살아간다는 것이다.[81] 이 입장을 주장하는 이로는 바울, 루터, 19세기의 키에르케고르와 트뢸취(Troeltsch)가 있다.

1) 바울과 루터의 그리스도와 문화에 대한 역설적 입장

바울은 인생의 문제점은 하나님의 의와 인간의 의 사이에 놓여있다고 보았다. 하나님이 선하시므로 사람을 선하게 만들려고 원하는 그 선(善)과, 사람이 스스로 자신 안에 가지려고 추구하는 독립적 선(善)의 두 가지 사이에 놓여있다는 것이다.

---

80 『그리스도와 문화』, 149쪽 참조.
81 『그리스도와 문화』, 158쪽 참조.

바울의 입장에서 본다면, 하나님과의 만남은 문화적 제도와 특징들, 모든 인간적 업적을 이중의 의미에서 상대화 하였다. 그것들은 모두 죄 아래 포함되었다. 그럼에도 불구하고 인간은 주님의 은혜와 거룩한 침입을 향하여 열려 있다. 인간이 문화적으로 유대인이건, 이방인이건, 야만인이건, 헬라인이건, 하나님의 '진노' 앞에서는 '범죄(犯罪)'한 인간으로서 같은 수준에 서 있는 것이다. 또한 문화 안의 어떠한 위치에서든, 모든 문화 속에서 문명 생활 안에 있는 모든 인간의 활동과 지위가 무엇이든, 그들은 모두 그리스도의 '구속' 사업의 공적에 동일하게 종속되어 있는 것이다.[82]

바울의 관점에서 보면, 그리스도의 십자가와 부활을 통해서 인간은 죽음의 공포와 절망과 불신앙에서 구속되었다. 이것은 인간 자신 안에서가 아니라 하나님 안에서 이루어진 것이다. 이는 율법으로써는 도저히 성취할 수 없었던 것이다. 이것은 그리스도의 영의 내적 샘에서부터 흘러나온 것이다.[83]

한편 루터(Martin Luther, 1483-1546)의 그리스도와 문화의 관계에 대한 역설적인 이해는 이신득의(以信得義) 사상에 근거하고 있다. 루터는 인간은 불의(不義)하지만, 하나님께서 의롭게 여겨 주시므로 의인이 되고, 의로운 삶을 살 수 있음을 깨달았다. "의인(義人)은 동시에 죄인(罪人)이다"[84]라는 명제는 루터가 이해한 그리스도인의 실존의 역설적 구조를 잘 드러내 주고 있다. 그리스도인의 삶은 값 없이 주시는 은사에 입각해서 하나님의 뜻을 순종하는 삶이요, 따라서 복음의 위로와 즐거운 순종, 사랑과 진노, 용서와 심판의 내적 투쟁의 긴장 속에서 전개된다.

루터는 『기독교인의 자유』에서 다음과 같이 쓰고 있다. "믿음으로부터

---

82 『그리스도와 문화』, 163쪽 참조.

83 『그리스도와 문화』, 163쪽 참조.

84 P. Atthaus, *Die Theologie Martin Luthers*, 1963, 211쪽; 김영한(1995), 121쪽 참조.

주 안에서의 사랑과 기쁨이 흘러나온다. 그리고 사랑으로부터 기쁘고, 즐겁고, 자유로운 마음으로 이웃을 섬기는 봉사가 생겨난다. 그 이웃 봉사는 그 이웃이 은혜를 느끼든 안 느끼든, 칭찬하든 욕하든, 소득이 있든 없든, 그런 것에는 아무런 관심도 가지지 않는다 하늘에 계신 그의 아버지께서 모든 것을 모든 사람에게 풍성하게 한없이 나누어 주시며, 해를 선인과 악인에게 함께 비춰주시는 것 같이, 그의 자녀들도 범사에 그렇게 하며 범사에 참는 것이다. 그리고 그들이 그리스도를 통하여 하나님을 볼 때 하나님께서는 그렇게도 위대하신 시혜자(施惠者)시라는 것을 알고 즐거운 마음으로 값없이 주는 기쁨을 누리게 되는 것이다."[85]

그리고 루터는 『강도와 살인 폭도인 노인을 책함』에서는 다음과 같이 쓰고 있다. "이 사건에 있어서 영주들이나 군왕들이 기억해야 할 것은, 그들이 이런 자들에게 사용하기 위한 검을 맡은 하나님의 일꾼이며, 그의 진노를 집행할 종이라는 것이다. …… 지금 여기에는 잠 잘 시간도 없다. 인내와 긍휼을 운운할 곳도 없다. 지금은 칼을 쓸 시절이요, 은혜 베풀 때는 아니다."[86]

이처럼 루터에게서 이런 조율의 이원적 선언의 병립은 다른 데서도 많이 발견된다. 그는 이성과 철학, 상업과 거래, 종교적 제도와 의식, 국가와 정치에 대하여 이중적인 태도를 가지고 있는 것처럼 보인다. 그리고 그는 일상적인 삶과 영적인 삶, 외적인 것과 내적인 것, 육신과 영혼, 그리스도의 통치영역과 인간의 문화나 업적의 세상 등 사이에 날카로운 '구별(區別)'을 하고 있다. 그러나 루터가 양자를 구별하기는 했지만, '분리(分離)' 시키지는 않았다. 그러니까 그리스도 안에 있는 생활과 문화 안에 있는 생활, 하나님의 나라와 세상의 나라가 밀접하게 관련되어 있는 것이다.[87]

---

85 *Works of Martin Luther*, Philadelphia, 1915-1932, Vol. Ⅱ, 338쪽.
86 *Works of Martin Luther*, Philadelphia, 1915-1932, Vol. Ⅳ, 251쪽.
87 『그리스도와 문화』, 173쪽 참조.

루터의 이러한 입장에서 대해서 니버는 그리스도와 문화의 문제에 대한 루터의 해결책은 행위의 '본질(What)'과 '방법(How)'에 대한 이원론이라고 평가한다.[88] 문화가 우리에게 기술을 제공해 준다면, 신앙은 그 기술을 쓰는 정신과 목적을 제공한다. 이 양자는 서로 침투해 있으며 큰 긴장 속에 있다. '문화'는 잠정적 가치에 관계하지만, '신앙'은 영원한 하나님의 의에 관계한다. 루터에게서 시간과 영원, 문화와 그리스도 사이의 이율배반과 딜레마는 이 세상 안에서는 해결되지 않고, 그리스도 재림의 종말론적 사건 속에서 그 해결책을 찾는다.[89]

2) 키에르케고르와 트뢸취의 그리스도와 문화에 대한 역설적 입장

키에르케고르(Søren Aabye Kierkegaard, 1813-1855)는 기독교인의 생활의 이원적 성격을 지적하였다. 그러니까 이원적 성격이라 함은 '영원(永遠)'과의 긴밀한 내적 관계, 그리고 동시에 '타인(他人)'과 '사물(事物)'에 대한 전혀 드러나 보이지 않는 외적 관계를 말한다. 그런 의미에서 키에르케고르가 투쟁한 이원성은 한마디로 '유한(有限)'과 '무한(無限)'의 문제였다.[90]

키에르케고르는 '개체'로서 자신의 고독 속에서, 기독교인의 참된 사랑의 성격을 아름답게 분석하였다. 그러나 그는 사랑받을 존재에 대해서보다도 사랑이라는 덕 자체에 더 많은 관심을 가지고 있었다. 그가 그리스도와 문화의 문제를 다루는 경우에 한해서는 종합주의자나 이원론자보다도 배타적 기독교의 정신을 더 많이 가지고 있었다. 배타적 기독교 중에서도 수도사의 정신보다도 은자(隱者)의 정신에 더 가깝다. 그는 이렇게 쓰고 있다 "영적인 인간이란 고독을 견딜 수 있는 존재라는 점에서 우리

---

88 『그리스도와 문화』, 176쪽 참조.
89 『그리스도와 문화』, 179쪽 참조.
90 『그리스도와 문화』, 180쪽 참조.

와 다른 인간이다. 영적 인간으로서의 위치는 고독을 견디는 능력과 비례한다. 인간이란 끊임없이 타자들, 즉 군중을 요구하고 있기 때문이다."[91]

키에르케고르에게서 고독한 개체는 그의 사상의 주제가 되고 있다. 그에게서 개인들은 '나와 너'의 관계에서만 존재할 수 있다는 사실에 대한 진정한 의식이 없다. 따라서 '우리'를 위한 감정은 거의 전적으로 결핍되어 있다. 그러므로 문화 사회란 것은 키에르케고르의 관심사가 못된다.[92]

한편 트뢸취(Ernst Troeltsch, 1865-1923)는 그리스도가 문화와 얼마나 엉켜 있는가의 문제를 이중의 딜레마로 경험하였다. 한편으로 그는 서양의 문화적 종교였던 '기독교의 절대성'에 관한 문제를 상대로 투쟁하였으며, 다른 한편으로 '양심의 도덕'과 '사회적 도덕' 사이에 생기는 충돌에 관심을 가지고 있었다. 여기서 그가 말하는 사회도덕이란, 국가와 국민, 과학과 예술, 경제와 기술 등으로 말미암아 대표되는 제 가치의 획득과 보수를 지향하는 것이다. 이런 관점에서 트뢸취는 기독교가 진실로 상대적인 종교였다고 주장한다. 그러나 이것을 통하여 인간에게 절대적인 주장이 임한다. 이 주장이 다만 서양인에게만 임했다 할지라도, 이것이 상대성 가운데 나타난 하나의 절대임에는 틀림없는 것이다.[93]

트뢸취는 예수의 주장을 '양심의 윤리'와 일치시켰다. 아무리 양심의 성장이 역사적인 것이라 할지라도, 여전히 그것은 자유의 인격성을 습득하고 옹호해야 한다는 명령과 더불어 역사적 인간에게 대결하는 것이다. 그리고 트뢸취는 윤리적 의식 안에 있는 '양심' 이외에 또 하나의 도덕으로서 '문화적 가치'를 인정한다. 그가 말하는 문화적 가치는 인간의 제도들이 나타내고 있는 객관적, 의무적인 선(善)들, 그러니까 정의, 평화, 진

---

91 『그리스도와 문화』, 181쪽 참조.

92 『그리스도와 문화』, 181쪽 참조.

93 Ernst Troeltsch, *Glaubenslehre*, 100쪽; *Christian Thought*(1923), 22쪽; 『그리스도와 문화』, 182쪽 참조.

리, 복지 등을 말하는 것이다. 그는 양심과 문화적 가치의 대립과 긴장을 강조하고 있다. '양심'은 초역사적이다. 그것은 죽음을 비웃는다. 하지만 '문화적 가치'의 도덕은 역사적이며, 따라서 사라질 사물의 보존에 관심을 두고 있다. 트뢸취의 입장에서는 결국 우리는 다만 '믿음으로써만' 의롭게 되는 것이다.[94]

3) '역설유형'의 기독교 문화관에 대한 비판

① 역설유형의 기독교 문화관은 '중간 시간'에 살고 있는 기독교인의 현실적인 투쟁을 잘 반영해 주고 있다. 그리고 이 입장은 은혜의 시간에 살면서 그가 열렬하게 희망하고 있는 영광스러운 시대의 윤리를 그대로 실행하지 못하고 갈등 속에서 투쟁하고 있음을 잘 반영시켜 주고 있다. 무엇보다도 이 입장은 '경험'에 합치된다는 점에서 보다 잘 이해될 수 있고 설득력을 지니고 있다.[95]

② 이 입장은 인간 부패성의 깊은 뿌리를 드러내 보이려고 힘썼다. 그 결과 기독교와 문화, 그 양편에 활기를 회복시켰다. 기독교에 대해서는 그리스도 안에 있는 하나님의 은혜가 얼마나 위대한지, 그리고 살아계신 주님을 대신해 온 관습이나 조직 등으로부터 해방을 가져왔다. 문화에 대해서는 무사(無私)의 정신을 가져옴으로써 문화의 법 또는 복음의 법이 직접 요구하는 바나 또는 저기 자신에게 돌아올 수 있는 이득을 추구하지 않게 했으며, 주어진 상황 속에서 무엇이 이웃에게 봉사하는 것인지, 그 주어진 상황이란 참으로 어떤 것인가 하는 것에 더 많은 관심을 가지게 하였다.[96]

---

94 Ernst Troeltsch, *Glaubenslehre*, Pt. Ⅱ, "The Ethics of Cultural Values", 71쪽; 『그리스도와 문화』, 183쪽 참조.

95 『그리스도와 문화』, 185쪽 참조.

③ 그렇지만 역설유형에 들어있는 이원론은 기독교인을 '반(反)율법주의'로 인도하며 동시에 문화적으로 '보수주의(保守主義)'에 빠지게 한다는 점이다.[97] 사회와 이성의 모든 법칙과 인간의 모든 사업을 상대화 하는 것은 경솔한 생각을 가진 사람들이거나 절망적인 사람들에게 문명 생활의 법칙을 외면할 구실을 제공한 것이 사실이다. 그리고 문화적으로 보수주의의 경향을 보인다는 비판은 루터 자신이 당시의 주요 문화적 제도들과 관례 중 다만 한 가지, 즉 '종교적 제도'와 '관습'만의 개혁에 깊은 관심을 가지고 있었을 뿐이라는 사실이다. 그 이외 것들에 있어서는 가령, 노예제도, 사회 계급제도 등은 국가와 경제생활의 존속과 함께 비교적 변함없이 그대로 유지되기를 원하고 있었다는 이유에서이다.[98]

7. '변혁유형'이란 무엇인가?

그리스도와 문화의 관계에 대한 변혁주의자들의 이해는 인간의 전적인 부패성과 그에 대한 하나님의 심판과 죄인을 은총으로 구속하신 하나님의 은혜를 강조한다는 점에서 역설유형의 이원론자들의 입장과 가깝다.[99]

변혁유형의 입장에서 보면, 죄는 인간 영혼 속에 깊이 뿌리박고 있으며, 인간 행위 전반에 속속들이 퍼져 있으며, 그 병상(病狀)은 아무리 각양각색일지라도 그 부패성에는 차별이 없다. 그러므로 인간이 자기의 영광을 높이는 모든 문화활동, 그것이 개인적이든 사회적이든, 한 국가의 일원이

96 『그리스도와 문화』, 187쪽 참조.
97 『그리스도와 문화』, 187쪽 참조.
98 『그리스도와 문화』, 188쪽 참조.
99 『그리스도와 문화』, 190쪽 참조.

든 인류의 일원이든 이를 막론하고 예외 없이 하나님의 심판 아래 놓여 있다. 하나님께서는 자기의 이익을 구하지 아니하시는 분이시다. 변혁주의자들은 이 문화의 자기 모순성 안에서 문화의 자기 '파멸성'을 발견한다. 그러나 그와 동시에 이런 문화가 하나님의 주권적 통치 밑에 있다는 것을 그들은 믿고 있다. 그러므로 기독교인은 주님께 순종하는 가운데 문화활동을 수행해야 한다는 것이다.[100]

1) '변혁유형'의 기독교 문화관이 갖는 신학적 이념

첫째, 변혁주의자들의 견해를 규정하는 제1의 신학적 이념은 '창조'와 관련된다. 역설유형의 이원론자들은 그리스도의 십자가와 부활에 의한 속량에 너무나 치중하기에 '창조'는 거기에 비하면 서론에 불과한 것으로 되어버렸다. 변혁주의에서는 창조와 구속, 성육신과 속죄 등의 모든 주제를 한 운동 속에 통일하기를 원한다. 문화에 대한 변혁주의자의 사상 속에 나타난 '창조'는 물론 그리스도의 성육신 사업에 대한 이들의 이해가 갖는 영향력은 뚜렷하다. 육신이 되어 우리 가운데 거하신 말씀, 창조의 세계 속에서 아버지의 사업을 행하는 아들이 인간 문화 속으로 들어오셨다는 것이다.[101]

둘째, 인간의 사업과 관습에 대한 변혁주의자의 견해를 규정하는 제2의 신학적 이념은, 창조 때 선(善)에서 타락한 인간의 본성(本性)에 대한 이해이다.[102] 이원론자들은 창조와 타락을 거의 영지주의적 용어로 표시했는데, 그러니까 유한한 자아의 창조물이나 물질 자체가 타락에 빠진 것 같이 말하는 것이다. 그래서 몸 안에 있게 된다는 것은 그리스도로부터 떠

100 『그리스도와 문화』, 191쪽 참조.
101 『그리스도와 문화』, 192쪽 참조.
102 『그리스도와 문화』, 193쪽 참조.

나 있다는 것을 의미한다. 때문에 육신 안에 선한 것이란 없다. 변혁주의자들은 인간의 근본적인 타락을 주장하는 교리에서는 이원론자들과 합치된다. 그러나 변혁주의자들은 그 타락을 창조로부터 구분하며, 또한 육체적 생명의 상태로부터 구별한다. 타락은 창조의 반대요, 결코 그 계속은 아니다. 이것은 전적으로 인간의 행동이요, 결코 하나님의 행동은 아니다. 이것이 결과적으로 육체에 영향을 주는 것은 사실이나, 그렇다고 신체적이거나 형이상학적인 것은 아니다. 이것은 도덕적이요, 인격적인 것이다. 하나님을 배반한 인간에게 미치는 결과는 인간 편에서만 나타나고 하나님 편에서는 나타나지 않는다. 여기서 타락의 결과라는 말의 의미 내용은 '부패(腐敗)'이다.[103]

셋째, 창조와 타락에 대한 이런 신념을 가지고 변혁주의자들은 그들의 제3의 신학적 관점을 연결한다. 그것은 역사는 근본적으로 다만 인간이 만들어 내는 사건들의 과정이 아니라, 언제나 하나님과 인간의 극적인 상호 행동에서 생겨지는 것이므로 역사 안에서 하나님은 어떤 일이든지 하실 수 있다는 것을 주장하는 역사관이다.[104] 변혁주의자들에게 역사는 하나님의 능력 있는 행위와 이에 대한 인간의 응답을 기술한 이야기이다. 이들에게서 종말론적 미래는 종말론적 현재로 되어 있다. 여기서의 '영원(永遠)'이란 시간이전의 하나님의 행동이나 시간이후의 하나님과 함께하는 생명보다도, '시간 안에서의 하나님의 임재(臨齋)'를 의미한다. 그러므로 '영생(永生)'이란 '지금 여기'에 있는 실존의 특질이다. 그렇기에 변혁주의에서는 창조에서 주어진 것을 보존한다거나 최후의 속량에서 주어질 것을 위한 준비라기보다도 '현재의 갱신(更新)'에 대한 하나님의 가능성에 더 많은 관심을 가지고 있다.[105]

---

103 『그리스도와 문화』, 194쪽 참조.
104 『그리스도와 문화』, 194쪽 참조.
105 『그리스도와 문화』, 195쪽 참조.

2) 어거스틴의 변혁주의적 문화 사상

어거스틴(Augustin, 354-430)은 그리스도로 말미암는 문화적 변혁을 주장한 신학자였다. 그가 변혁주의를 내세운 것은, 이 입장이 창조, 타락, 중생에 대한 그의 근본 이론에 들어맞았고, 이교도와 기독교인의 생활을 함께 경험한 그의 생애, 그리고 기독교에 미친 그의 감화 등으로도 짐작할 수가 있을 것이다.[106]

어거스틴에 있어서 그리스도는 '문화의 변혁자'이다.[107] 이 말의 뜻은 그리스도가 인간 생활의 방향을 전환시키며 다시 생기를 불어 넣으며 거듭나게 한다는 데 있다. 그 인간 생활이란 것은 온갖 인간 사업에 표현된 것으로서 본래는 선한 본성을 가진 것이었으나 현재는 사실상 전도(顚倒)되고 부패한 것이며, 그 부패 때문에 시간성과 죽음의 저주 아래 있는 것이요, 그 저주는 외부로부터 가해진 벌이라기보다는 본질적인 자기모순에서 오는 것이라고 하였다.

어거스틴은 하나님의 세계가 본래 선하다는 것을 『참회록』에서 다음과 같이 설명하고 있다. 모든 피조물이 선(善)하다는 것은 첫째는 모든 존재와 가치의 근원이며 중심이신 하나님 보기에 좋았고, 다음으로 아름다움과 피조물 간의 상호 봉사라는 질서 안에서 볼 때 좋았다는 의미이다. 존재하는 모든 것이 선하다고 할지라도, 어거스틴은 인간의 선한 본성이 부패되고, 그 인간의 문화가 또한 왜곡(歪曲)된 것이어서 부패한 본성이 왜곡된 문화를 산출하고, 왜곡된 문화가 다시 인간의 본성을 썩게 하는 것이다. 인간의 영적, 심리적, 생리적, 그리고 사회적 부패는 그가 악한 존재가 되었다는 것을 뜻하는 것은 아니다.[108]

---

106 『그리스도와 문화』, 207쪽 참조.
107 『그리스도와 문화』, 208쪽 참조.
108 『그리스도와 문화』, 209쪽 참조.

그러면 어거스틴은 죄를 어떻게 보고 있는가? 인간의 원천적인 선(善)이 하나님을 섬기는 것으로 되어 있는 만큼, 그의 원천적인 죄(罪)는 하나님으로부터 떠나 자기 자신이나 또는 어떤 더 낮은 가치로 돌아가는 것이다. 어거스틴은 그래서 악을 이렇게 정의한다. "인간 의지가 그 자신 이상의 것을 포기하고 더 낮은 것으로 전향(轉向)할 때 그것이 악이 된다. 그것은 낮은 것 자체가 악하기 때문이 아니라, 전향 자체가 악하기 때문이다."[109] 여기서 원천적 죄는 하나님의 말씀으로부터 떨어져 나가는 타락(墮落)이라든지, 하나님을 거역하는 불복종(不服從)이라든지, 사악(邪惡), 말하자면 본성에 반대되는 것, 인간 본위의 삶, 혹은 교만(驕慢) 등 여러 가지로 설명할 수 있을 것이다.

다음으로 어거스틴은 원천적인 죄의 결과로서 인류의 '사회적 죄악성'에 대해 언급한다. 어거스틴은 이 부분을 이렇게 쓰고 있다. "본성적으로는 그렇게도 사회적이면서, 그 부패성으로는 그렇게까지 비사회적인 것은 이 인류 외에 다시없을 것이다. 인간의 사회는…… 우리의 공통된 본성의 친교로써 어느 정도 결속되어 있다 할지라도, 그 대부분은 서로 나뉘어 '대립(對立)'되고 있다. 가장 힘센 자는 다른 자들을 '압박(壓迫)'한다. 그것은 모두들 자기의 '이익(利益)'과 '욕심'을 따라가기 때문이다."[110] 어거스틴은 사람들이 그 사회 안에서 훈련받은 가장 유덕하다는 덕(德) 자체도 왜곡되어 있다고 본다. 심지어 사람들이 용기, 신중, 절제 등의 덕목을 이기적 또는 우상숭배적인 목적을 위하여 사용할 때 그것은 '화려한 악'이 된다고 말한다.[111]

어거스틴에 의하면, 이처럼 전도(顚倒)된 본성(本性)과 부패(腐敗)된 문화(文化)를 가진 인류에게 죄가 전염시킨 죽음에 이르는 병을 고치고 갱신시

---

109 Augustin, *City of God*, XII, 6; 『그리스도와 문화』, 210쪽 참조.
110 Augustin, *City of God*, XII, 27; 『그리스도와 문화』, 211쪽 참조.
111 『그리스도와 문화』, 211쪽 참조.

키기 위하여 예수 그리스도께서 오셨다. 그의 생애와 죽음으로 말미암아 위대한 '하나님의 사랑'과 깊은 '인간의 죄'가 사람들 앞에 밝히 드러나게 되었다.

하나님께서는 부패된 인간의 개인적 및 사회적 실존을 여러모로 통치하고 계신다. 그는 선한 본성에 대하여서는 가장 선한 창조주이시며, 동시에 악한 의지에 대하여서는 가장 정의로운 통치자이시다. 사람들은 선한 본성을 악하게 사용하지만, 하나님께서는 인간의 악한 의지까지도 선하게 사용하신다.[112]

하나님으로서 예수 그리스도는 우리의 '목적(目的)'이시고, 사람으로서 그는 우리의 '길'이시다.[113] 한편으로 인간의 교만(驕慢)을 낮추고, 자기 자신에게서 떠나게 하며, 다른 한편으로 하나님의 사랑을 계시하고 오직 한 분 선하신 이에게 귀의(歸依)하게 함으로써 그리스도께서는 부패해진 것을 회복시키고 전도된 것을 바르게 하신다. 때문에 그는 인간의 감정을 변혁시킨다. 인간이 그들의 전도된 문화 안에서 발달시키는 도덕적 덕성은 새로운 은혜로 보충되는 것이 아니라, 사랑으로 변혁(變革)되는 것이다.[114] 이러한 변혁은 문화, 사회, 정치, 경제, 제도, 나아가 개인의 이성과 도덕성까지도 포함한다.

3) '변혁유형'의 기독교 문화관에 대한 비판

① 변혁유형의 기독교 문화관이 기독교 신앙과 문화의 관계를 정립하는 데 유일한 길은 아닐 것이다. 다만 가장 설득력 있고, 영향력이 큰 것만은 사실이다. 니버 자신도 이 입장에 충실하다고 해야 할 것

---

112 Augustin, *City of God*, XI, 17; 『그리스도와 문화』, 212쪽 참조.
113 Augustin, *City of God*, X. 24; 『그리스도와 문화』, 212쪽 참조.
114 『그리스도와 문화』, 213쪽 참조.

이다. 그렇지만 니버 스스로 언급하듯이 어떤 유형의 기독교 문화관이 더 타당한지, 그리고 더 요구되는지는 전적으로 각개 신자나 책임적 공동체의 자유로운 결단에 맡겨야 한다. 그 점에서 기독교인의 정답(the Christian answer)제시는 불가능하다고 할 수 있다.[115]

② 한국사회의 상황을 염두에 둔다면, 변혁유형의 기독교 문화관이 가장 선호되고 있다고 할 수 있다. '변혁'의 유형이 성서적이며 기독교 신앙이 지니는 문화적 과제를 수행할 수 있는 범주라고 김영한은 주장한다. 김영한은 특히 변혁유형의 문화관 가운데 성서에서의 바울과 요한의 사상과 어거스틴의 사상, 나아가 칼뱅주의의 사상(카이퍼)의 계보를 지지하고 있다.[116] 이런 관점에서 니버의 변혁주의 문화관을 한국의 신학 진영에서는 개혁주의 문화론으로 연결하고 있는데, 여기에는 이근삼, 손봉호, 서철원, 김영한, 이정석, 강영안, 신국원, 최태연 등이 이러한 전통에 서 있다.

③ 변혁유형의 기독교 문화관에서 나타나는 문제 중의 하나는 니버의 그리스도와 문화의 관계 설정 부분이다. 그가 그리스도와 문화를 '영속적 문제'로 파악하는 것과 양자의 관계를 "와(and)"로 묶고 있는 방식이다. 물론 "와(and)"는 적대나 대립을 적극적으로 내포하지는 않는다. 하지만 그것은 은연중에 둘을 대조 혹은 변증법적으로 연결되어야 할 관계를 설정하는 면이 있다. 여기서 신국원은 변혁주의를 결코 신앙과 문화의 관계를 병립이나 대립이 암시될 수 있는 방식으로 생각하지 않는다. 그 대신 '문화'가 '신앙'에 기초한 것으로 본다. 이런 이유에서 신국원은 니버가 진정한 의미에서의 변혁이 아니라 네 번째 모델인 역설유형에 가까운 것이 아닌가 하는 의문

115 『그리스도와 문화』, 231쪽 참조.
116 김영한(1995), 135쪽 참조.

을 제기한다.[117]

④ 그런데 변혁유형의 기독교 문화관의 한 특징은 문화 내의 '대립(對立)'을 직시하는 데 있다. 신국원에 따르면, 대립은 이원론과는 다르다. 종교적 방향의 대립이지 실재의 어떤 부분들이 구조적으로 대립되는 이원성이 아니다. 이를 바로 파악하지 못하는 경우, '죄'와 '구속'의 대립으로 이해하는 대신 '기독교'와 '문화'의 대립으로 이해하는 경우가 있다는 것이다. 나아가 무지 / 교육, 원시 / 문명, 음 / 양, 질서 / 혼돈, 형상 / 질료, 통일성 / 다원성, 객관성 / 상대성, 남 / 녀, 노 / 소 등의 대립으로 이해하는 경우도 있다는 것이다. 신국원에 따르면, 잘못된 '대립'의 이해는 죄를 '구조'의 문제로 만드는 경향이 있다고 지적한다. 죄를 구조화한다는 것은 본래 창조에 문제가 있었거나 잠복해 있던 것이 발현된 것이다. 그리고 '구속'을 '구조의 변혁'으로 오해하게 된다. 타락 후에도 세상은 하나님과 대립을 이룰 수 없다. 죄와 자율에 빠지긴 했으되 피조물은 역시 통일성을 가지고 타락한 존재이다. 죄의 원리는 전적 부패요 전적 파괴의 원리이다.[118]

---

117 신국원, 『문화이야기』, 서울: IVP, 2002, 114-125쪽 참조.

118 신국원, 「변혁적 문화관의 의미」, 『기독교문화, 소통과 변혁을 향하여』, 문화선교연구원, 2005, 158-159쪽 참조.

PART

II

현대 기독교철학의 제문제

제7장

마르틴 부버의 기독교철학과 그 해석

– 부버의 〈나-너〉 철학에 대한 틸리히와 가다머의 해석을 중심으로

1. 시작하는 말

사람은 홀로 있는 존재가 아니라 더불어 있는 존재이다. 서로가 기대어 완전한 인격체로 성장해 간다. 그러나 우리는 더러는 어떤 문화적 영향 때문에, 더러는 사회적 관계 때문에, 종교적 의식 때문에 더불어 살기보다는 홀로 살아가는 길을 택하기도 한다. 그 길에 접어드는 순간 우리는 실존적 고뇌에 빠지게 된다. 소외감 때문이다. 오늘날에는 첨단 과학기술문명의 덕분으로 일상생활의 다변화된 방식이 사람살이의 관계맺음 방식에도 많은 영향을 주고 있다. 현대인은 물질적 풍요를 누리되 인간 사이의 진정한 관계의 풍요는 누리지 못하고 있다. 사람 사이의 관계의 단절이 그 원인이다. 그러면 이 관계를 어떻게 복원시켜야 할까? 그보다 앞서 관계 단절의 원인을 어디에서 찾아야 할까?

우리는 이런 물음을 종교를 통해서, 문화를 통해서, 정치를 통해서, 사회체제를 통해서 나름대로 해결할 수도 있을 것이다. 그렇지만 필자는 그 원인을 인간의 실존 상황에 대한 분석에서 시작하는 것이 효과적일 수 있다고 생각한다. 실존 상황을 분석한다는 말은 우리의 하루하루의 삶을 되돌아볼 수 있는, 우리가 관계 맺고 있는 사람들과의 관계를 되돌아볼 수 있는, 그래서 그것을 통해서 삶의 진정한 의미를 성찰해 본다는 의미이다. 이런 관점에서 부버의 〈나-너〉의 철학 사상은 우리의 관심을 끌기에 충분하다. 사람이 사람과, 세상과, 신과 관계 맺는 여러 유형을 예리하게 포착한 그의 시선은 오늘 우리를 향해서도 무언의 메시지를 전달하고 있는 것으로 보인다. 그는 왜 그토록 '만남'과 '대화'와 '관계'의 중요성을 강조했던 것일까?

이 글은 오늘 우리에게서 부버의 〈나-너〉 철학 사상의 의미가 무엇인지를 되짚어보려는 데 목적이 있다. 이를 위해서 먼저 부버의 〈나-너〉 철학의 핵심 부분을 살펴보고, 부버 사상에 대한 틸리히의 종교 문화적 해석과 가다머의 해석학적 이해 방식을 살펴보고자 한다. 틸리히는 부버의 〈나-너〉 철학 사상에서 실존적 요소, 신비적 요소, 종교와 문화의 관계에 대해 기독교가 의미 있게 다루어야 할 부분을 꼼꼼하게 제시하였다. 가다머는 현대 해석학에서 특히 전통을 비롯한 해석학적 경험과 관련하여 부버의 〈나-너〉 관계를 재평가하고 있다. 마지막으로 필자는 부버 사상의 해석과 재평가를 토대로 한국사회에서의 종교(특히 기독교)의 사회적 역할과 책임의 문제를 언급하면서 논의를 맺도록 한다.

2. 부버의 〈나-너〉 철학의 구조

부버(Martin Buber, 1878-1965)[1]는 현대인들이 기계 기술문명의 발전에 따르는 대중 사회적 상황, 수평화의 진행 속에서 아무런 내적 관계도 없이 살아가며, 스스로 사람으로서의 가치와 존엄을 송두리째 잃어가는 인간소외의 심각한 위기를 간파한 철학자였다. 그는 이 문제를 해소하기 위해서 『나와 너』를 출간하였고, 이 책을 통해서 인간의 자기상실, 이른바 아토화를 인간과 인간 사이의 관계가 깨어진 데서 오는 것으로 보고, 이를 결코 객체화될 수밖에 없는 주체이자 인격으로서 공존하는 나와 너의 만남, 나와 너의 대화를 통해 회복하고자 하였다. 그래서 부버는 만남의 철학자, 관계의 철학자, 대화의 철학자로 불려 지게 되었다.

부버는 1923년 『나와 너』(*Ich und Du*)에서 인간성을 규정하는 두 개의 근원어를 제시한다. 하나는 〈나-너〉(Ich-Du)의 관계요, 다른 하나는 〈나-그것〉(Ich-Es)의 관계이다.[2] 〈나-너〉의 관계는 내가 '나'의 온 존재를 기울여 말할 수 있는 데 비해, 〈나-그것〉의 관계는 '나'의 온 존재를 기울여 말할 수 없다. 〈나-너〉의 관계가 인간의 주체적 체험, 즉 인격의 세계를 말한다면, 〈나-그것〉의 관계는 인간의 객체적 경험, 즉 지식의 세계를 일컫는다.[3] 좀 더 부연하자면, 〈나-너〉의 관계에서 '나'는 '너'로 인해 비로소 '내'가 된다. '내'가 되면서 '나'는 '너'라고 말한다.[4] 그래서 모든 참된 삶은 만남이다. 특히 타자와의 관계에서 가장 중요한 것은 인격적인 부분이다. 나와 너 사이의 긴밀한 상호 인격 관계에서 우리는 인격으로서의

---

1 부버는 유대인으로 1878년 오스트리아 비인에서 태어났다. 베를린대학의 W. 딜타이와 G. 짐멜의 영향을 많이 받았으며, 1904년(26세) 비인 대학에서 셀링에 관한 연구로 박사학위를 취득했다. 이후 비인을 중심으로 시온주의 운동을 적극적으로 전개했고, 에크하르트(Meister Eckhart)를 비롯한 독일 신비주의 사상가들의 영향 하에 하시디즘 연구에 몰두하기도 하였다. 1916년(38세) 잡지 『유대인(*Der Jude*)』을 창간하여 8년간 편집과 주필로 활동하였으며, 1923년(45세) 『나와 너』의 출간 이후 프랑크푸르트대학 교수로 초빙받아 1933년까지 재직하였으나 1934년 나치 정부에 의해 박탈당하게 되었다. 1938년(60세)에 예루살렘 히브리대학 사회학과 교수가 되어 종교·문화적 시온주의 운동을 주도했으며, 일생동안 자신의 학문사상을 삶의 현장 속에서 실천하며 살았던 철학자요 종교인이었다.

2 부버, 『나와 너』, 5쪽.

3 부버, 『나와 너』, 6쪽.

4 부버, 『나와 너』, 17쪽.

자신을 깨달을 수 있을 뿐만 아니라 또한 다른 사람을 하나의 인격으로서 만나게 된다. 이에 반해 〈나-그것〉의 관계에서는 다른 사람이 '그것', 즉 비인격적 존재가 된다. 〈나-그것〉의 관계는 다른 사람을 하나의 사물과 같이 다루어 자기의 수단으로 삼거나, 사람과 사람 사이의 문제를 조건과 조건, 사물과 사물 사이의 문제 같은 것으로 만들어 버린다. 이러한 관계는 과학적 관찰, 지식의 획득, 종교적 교리의 설정, 철학적 인식 등 다양한 형태로 나타날 수 있다.[5]

그런데 문제는 이러한 〈나-그것〉의 관계망 속에서 나타나는 생활상의 성과나 문명상의 성과를 우리가 부정할 수가 없다는 데 있다. 왜 그런 현상이 일어나는 것일까? 그러니까 〈나-너〉의 세계와 〈나-그것〉의 세계는 따로 떨어져 존재하는 별개의 것이 아니라, 하나인 세계 전체, 모든 사람, 모든 인간 활동이 이 둘의 상호관계, 이중적 관계 속에 들어있기 때문이다. 말하자면 세계는 사람이 취하는 이중의 태도에 따라서 사람에게 이중적이 된다.[6]

부버는 일상생활에서의 의식이나 행동, 법이나 정치, 경제 분야를 포함한 대규모의 조직적 활동에 이르기까지 우리의 삶은 〈나-너〉의 방식보다는 〈나-그것〉의 방식에 더욱 지배되고 있음을 진단하였고, 이런 현상을 〈나-너〉의 관계의 회복을 통해 극복하고자 한 것이다.

부버는 〈나-너〉의 관계에서 '너'는 언젠가는 '그것'으로 변할 수밖에 없는 현대인의 비극적 상황 속에서 '너' 속에서 '그것'이 아닌, '영원한 당신'을 찾아내고 그 길을 제시하고 있다. 이 세상에 있는 모든 '너'는 그의 본질상 '사물'이 되거나, 다시금 '사물성'으로 돌아가게 되어 있다.[7] 부버는 뭇 관계의 연장선은 영원한 당신 안에서 서로 만난다고 말한다. 모든

---

5 부버, 『나와 너』, 7쪽.
6 부버, 『나와 너』, 5쪽, 44쪽.
7 부버, 『나와 너』, 25쪽.

낱낱의 '너'는 '영원한 당신'을 들여다보는 틈바구니이다.[8] 우리가 '너'로 만나는 우리와의 관계에 들어서는 모든 '너'는 하나의 조망을 이루며, 바로 이 〈나-너〉의 관계의 연장선에서 '영원한 당신'과의 관계에 들어가게 된다. 그래서 사람은 근원어 〈나-너〉가 강하면 강할수록 더욱 인격적으로 된다. 그리고 〈나-너〉의 근원어가 강하게 되는 것은 그의 '너'가 '영원한 당신'이 될 때 정점에 다다른다. 이 영원한 당신은 여러 가지 이름으로 불려 왔지만, 역시 '신(神)'[9]이라고 부르는 것이 가장 자연스럽다고 부버는 말한다. 우리는 '너'를 '영원한 당신'이라고 부를 때, 또한 그렇게 대할 때, 우리의 '나'는 인격적 존재의 가장 깊은 경지에 이르게 되는 것이다. 이렇게 하여 부버는 인간의 세계에는 두 가지 근본적인 질서가 있다고 말한다. 하나는 〈나-너〉의 근원어에 바탕을 둔 참다운 대화(對話)가 이루어지는 '인격 공동체'라면, 다른 하나는 다른 사람을 자기의 욕망을 충족시키기 위한 수단, 즉 '그것'으로만 바라보는 〈나-그것〉의 근원어에 바탕을 둔 독백(獨白)만이 이루어지는 '집단적 사회'이다.

3. 부버의 〈나-너〉 철학에 대한 틸리히의 문화신학적 이해

틸리히(Paul Tillich, 1886-1965)[10]는 종교와 문화의 관계를 항상 염두에

---

8 부버, 『나와 너』, 97쪽.

9 부버, 『나와 너』, 98쪽.

10 틸리히는 1886년 독일 출생으로 1905년 할레대학에서 신학을 공부하였고, 1910년(24세) 브레슬라우대학에서 셸링에 관한 연구로 철학박사학위를 취득하였다. 1차 세계대전 때 1914년부터 1918년까지 4년간 군목으로 참여하였고, 이 전쟁의 경험을 통해서 인간 실존의 어두운 심연을 보았으며, 이후 종교사회주의 운동(religious socialism)에 깊이 관여하게 되었다. 틸리히는 전쟁의 경험을 통해서 이전의 철학적 관념론과 신학적 초월주의에서 벗어나 보다 구체적이고 현실적인 토대 위에서 신학적 사유와 행위를 전개하였다. 1932년 종교사회주의 운동의 경력과 유대인 학생들을 도우면서 반체제 행위를 한 혐의로 프랑크푸르트대학 교수직을 박탈당하게 되었다. 훗날 틸리히는 비(非)유대인 교수로서 독일 대학에서 해직당한 최초의 교수가 되는 영광을 얻었다고

둔 철학자요 신학자였다. 흔히들 종교를 현대 문화의 특정한 영역, 혹은 기능 정도로 받아들이지만, 틸리히의 생각은 달랐다. 말하자면 종교는 인간정신 생활의 특별한 여러 기능들 중의 하나가 아니라 모든 기능들에 대한 깊이의 차원(the depth dimension)이며, 궁극적 관심(ultimate concern)[11]이라는 것이다. 그래서 틸리히는 종교와 문화의 관계에 대해서 이렇게 말한다. "궁극적 관심으로서의 종교는 의미를 부여하는 문화의 실체이며, 문화는 종교의 기본적 관심사가 표현되는 전체의 형식이다. 다시 말하면 종교는 문화의 실체이며, 문화는 종교의 형식이다."[12] 그러니까 궁극적 관심의 직접적 표현이 문화의 양식(style)이다. 문화의 양식을 이해할 수 있는 사람은 그 문화가 갖고 있는 궁극적 관심과 그 문화가 갖고 있는 종교적 실체를 발견할 수가 있다는 것이다. 틸리히가 '문화신학(Theology of Culture)'

회고하기도 하였다. 이후 라인홀드 니버의 초청으로 미국 유니온신학교 교수(1933-1955)로서 조직신학, 철학, 역사를 아우르는 철학적 신학 분야의 세기적 사상가가 되었다. 틸리히의 생애에 대한 보다 상세한 부분은 박만, 『폴 틸리히: 경계선상의 신학자』, 살림출판사, 2003, 32-43쪽; 김경재, 『폴 틸리히의 생애와 사상』, 대한기독교출판사, 1978; *Paul Tillich: Theologian of the Boundaries*, ed. Mark Kline Taylor, Minneapolis; Fortress Press, 1991. 참조 바람.

11 틸리히가 말하는 '궁극적 관심'이란, 성서의 계명, 즉 주 곧 우리 하나님은 유일한 주시다. 네 마음을 다하고 목숨을 다하고 뜻을 다하고 힘을 다하여 주 너의 하나님을 사랑하라(막 12:29)의 추상적 번역이다. 종교적 관심은 궁극적인 것이다. 먼저 종교적 관심은 다른 모든 관심에게서 궁극적 의미를 박탈함으로써 그것들을 예비적인 관심으로 만든다. 다음으로 이 궁극적 관심은 무조건인 것이다. 궁극적 관심은 모든 성격이나, 욕망이나 환경의 조건으로부터 독립되어 있다. 다음으로 이 무조건적 관심은 총체적인 것이다. 즉 우리 자신이나 우리 세계의 어느 부분도 이것으로부터 배제되어 있지 않다. 그로부터 도피할 수 있는 곳은 아무 곳에도 없다. 끝으로 이 총체적 관심은 무한한 것이다. 따라서 우리가 궁극적이며, 무조건적이며, 총체적이며, 무한한 것인 종교적 관심에 직면한다면, 우리에게는 이완이나 휴식의 어떤 순간도 있을 수 없는 것이다. 다음으로 '관심'이란 말은 종교적 경험의 '실존적' 성격을 지시한다. 우리가 '종교의 대상'에 대해서 말하려면 반드시 동시에 그의 대상으로서의 성격을 제거하지 않고서는 말할 수 없다. 이런 점에서 볼 때 궁극적인 것은 오직 궁극적 관심의 태도를 지닌 자에게만 주어지는 것이다. 궁극적인 것은 궁극적 관심의 상관자이다. 폴 틸리히, 『조직신학 1』(유장환 역), 한들출판사, 2001, 27쪽 인용. 틸리히의 문화신학의 의의에 관해서는 김영한, 『한국기독교 문화신학』, 성광문화사, 1995, 24쪽 참조 바람.)

12 Paul Tillich, *Theology of Culture*, ed. by Robert C. Kimball, Oxford University Press, 1959. 번역서로 『문화의 신학』(남정우 역), 대한기독교서회, 2002, 52쪽(이후 『문화신학』으로 표기하고 번역본의 쪽수를 표기함); 박만, 『폴 틸리히: 경계선상의 신학자』, 살림출판사, 2003, 72-73쪽.

라는 말을 할 때, 문화적 창조에 대한 교회의 통제에 대한 것을 말하려는 것이 아니었다. 오히려 그는 문화적 창조 속에 나타난 종교적 차원을 해명하려고 하였다.[13]

틸리히는 1910년 「셸링의 실증철학에서의 종교사의 개념: 그 전제들과 원리들」로써 브레슬로우대학에서 철학박사 학위를 받은 후, 1919년 국제 칸트학회 베를린 지회에서 강연한 적이 있는데, 그때 강연의 제목이 "문화신학의 이념에 대하여(Über die Idee einer Theologie der Kultur)"였다. 그 후 철학, 신학, 예술, 정신분석학, 과학, 교육, 종교, 문화관계를 다룬 15편의 논문을 엮어 영어권 독자들을 위해 1959년 『문화신학』을 간행하였다. 이 책에서 틸리히는 마틴 부버의 사상에 대해 새롭게 조명하고 있다. 틸리히가 부버의 사상을 새롭게 조명한다는 말은 부버의 사상 전반을 평가하는 것이 아니라, 프로테스탄트 신학 진영이 부버의 종교적 메시지와 그의 신학사상으로부터 무엇을 전수받아야 하는지를 세밀하게 그리고 설득력 있게 제시하고 있다는 말이다. 그러니까 틸리히는 부버의 사상에 기대어 20세기 프로테스탄트 신학 진영 자체에 대한 비판, 나아가 기독교문화에 대한 자기 성찰적 비판을 수행하였던 것이다. 오늘 우리가 틸리히의 생각을 다시금 펼쳐 보려는 것은 어쩌면 틸리히 본인이 고민하였던 시대적 고민해결 방식을 우리 시대에 그대로 적용해 보려는 염원을 그대로 간직하고 있다고 해도 과언이 아니다.

틸리히는 부버 사상의 중요성을 크게 세 가지 차원에서 조명하고 있다. 첫째는 예언자적 종교에 대한 부버의 실존적 해석, 둘째 예언자적 종교 내에서의 한 요소로서 신비주의의 재발견, 셋째는 예언자적 종교와 문화의 관계에 대한 부버의 이해에 관한 것이다. 이제 이 문제를 하나씩 검토

---

13 틸리히가 말하는 종교와 문화의 관계는 기독교문화학의 논의에서도 대단히 중요한 의미를 지니고 있다. 이에 대한 상세한 논의는 신응철, 『기독교 문화학이란 무엇인가』, 북코리아, 2006, 제1장 참조 바람.

해 보기로 하자.

틸리히는 부버 사상의 전개과정에서 종교에 대한 실존적 해석을 가장 잘 나타내고 있는 작품으로 『나와 너』를 들고 있다. 틸리히는 부버의 이 책에 대해 단박에 종교적 성명서이며 인식적 분석서라고 간주하였다. 어떤 이유 때문일까? 틸리히는 『나와 너』(*I and Thou*)에서 '그리고 당신(and Thou)'이라는 표현이 갖는 기능은 종교적 경험의 성격을 근본적이면서도 구체적인 방식으로 표현한 것으로 이해하였다.[14] 부버는 그 책에서 〈나-당신〉의 관계와 〈나-그것〉의 관계를 구별한다. 이러한 구별은 실존주의의 주요 문제, 말하자면 어떻게 '그것'이 아니라 '나'이며, '내'가 될 수 있는가, 어떻게 하나의 사물(a thing)이 아니라 한 인격(a person)이며 한 인격이 될 수 있는가, 어떻게 결정된 존재가 아니라 자유하며 자유로운 존재가 될 수 있는가 하는 문제를 내포한다.[15] 틸리히가 보기에 부버는 당시(20세기 초)의 실존주의 사상이 나타나기 이전부터 이미 예언자적 종교를 기반으로 하여 그리고 그 힘에 의해서 이러한 질문들을 제기하고 대답하였던 것이다. 이러한 측면은 바로 인식적 분석의 차원과 연관된다는 것이 틸리히의 생각이다.

부버의 〈나-너〉 관계의 실존론적 해석을 통해서, 틸리히는 인간 실존의 비극적 운명, 우울한 운명(melancholic fate)을 포착해 내고 있다. 부버에 따르면, '당신'을 만나고 당신을 당신으로 받아들이는 것 이외에 '내'가 될 수 있는 길은 없다. 유한한 '당신' 속에서 '영원한 당신(eternal Thou)'을 만나고 받아들이는 것 이외에 '당신'을 만나고 받아들일 수 있는 다른 길이란 없다.[16] 그런데 이러한 〈나-당신〉의 관계가 시나브로 〈나-그것〉의 관계로 변형되는 형국이 되고 말았다는 것이다. 틸리히는 이런 현상을 인

---

14 틸리히, 『문화신학』, 193쪽.

15 Tillich, Paul., *Systematic Theology*, Vol. II, The University of Chicago Press, 1951, 30쪽.

16 틸리히, 『문화신학』, 193쪽.

간관계에서, 인간의 문화현상에서, 종교현상에서 예리하게 포착해내고 이를 실존적 비극, 인간의 우울한 운명이라고 에둘러 말하고 있다. 그렇다면 이런 비극적 현상은 어떤 형태로 나타날까? '당신'은 하나의 사물이 되고, 우리를 인과법칙[17]하에서 시간과 공간[18] 속으로 몰아세운다. 두 측면이 포함된 관계라도 분리된 관계가 된다. 인간과 다름이 없는 하나님, 나무와 다름이 없는 인간은 '사물'이 되고 '대상'이 된다. 그리고 '나'는 그들과 완전한 관계를 가지지 못하면서 그들을 쳐다보는 주체가 된다. 단지 존재의 한 부분, 인식적 관심 또한 실천적 관심만이 존재할 뿐이다. 이것이 영원히 발생한다는 것, 그것이 인류의 역사 초기부터 발생해 왔다는 것과 인간이 의식적 삶을 영위하는 한 그것이 지속될 것이라는 것이 바로 틸리히가 말하는 인간의 우울한 운명이다.[19]

이제 틸리히는 부버의 이러한 사상을 프로테스탄트 신학에 적용하여 논의한다. 틸리히에 따르면 자유주의 프로테스탄트 신학은 18세기 계몽주의 시기의 이신론(Deism)의 융성이래로 현대과학에 의해서 해석된 세계와 성서적 하나님의 사상 사이를 중재하려고 시도했다. 문제는 이 양자를 어떻게 중재할 것인가? 하는 부분이었다. 자유주의 프로테스탄티즘은 성서의 하나님을 현대 기술문명의 그것-세계(It-world)에 적응시켰다. 이러한 그것-세계, 관계가 없는 대상 영역, 단순한 사물의 영역은 인간은 물론 자연까지도 포괄한다. 고전적인 뉴턴의 관점에 의하면, 자연이란 전체적으로 결정된 물체의 총체이다. 그리고 자연은 양적으로 측정될 수 있는 법칙에 따라서 움직인다. 그러한 자연관에서는 인간이 자신의 목적을 위해서 자연을 통제하기 때문에 자연적 대상에 대한 〈나-너〉 관계가 불가능하다. 하나님은 제한하는 개념이 된다. 다시 말해 그것은 하나님이 자연

17 부버, 『나와 너』, 67쪽.
18 부버, 『나와 너』, 132쪽.
19 틸리히, 『문화신학』, 194쪽.

의 절대적 한계로 옮겨져서 자연을 간섭할 수 없게 된다는 것을 의미한다. 이와 같은 원리가 점진적으로 과학적 심리학과 사회학에 의해서 인간과 사회에 적용되었다. 개인적 인격이 '생산'과 '소비'의 거대한 기계에 종속되며, 인간 자신은 '자극'과 '반응'의 법칙에 종속되는 기계가 된다. 그리하여 〈나-당신〉의 관계는 정서와 주관적 감정으로 인도되고 만다.[20] 틸리히는 자유주의 프로테스탄티즘이 종교와 문화를 위해서 이러한 상황이 안고 있는 위험성을 인식하기는 했지만, 결과적으로 이러한 상황과 맞서 싸우지는 못했다고 진단한다. 그 이유는 무엇 때문인가? 한마디로 말해서 '그것' 지향적인 현대의 세계관을 그들이 극복하지 못했기 때문이다.

프로테스탄트 신학 변증학자들은 전체의 사물들 안에 신적 존재를 위한 자리가 있다는 것, 인격성과 세계와의 능동적 상호관계가 신적인 존재에 돌려져야 한다는 것을 입증하려고 시도했다. 경험주의 신학은 이 존재가 과학적 탐구의 일반적 방법으로 접근될 수 있다는 것을 입증하려고 시도했다. 말하자면, 이러한 시도들은 〈나-그것〉의 영역에 머무르게 된다. 그들은 '그것-세계'를 초월하려고 하지만, 그들은 처음부터 '그것'을 받아들였기 때문에 승리할 수가 없었다. 그들은 결국 '그것' 지향적인 현대의 세계관의 궁극적 전제들을 극복하지 못했던 것이다.[21] 그 결과 자유주의 프로테스탄티스트들은 〈하나님-인간〉 관계를 신빙성 있게 해석할 능력을 갖지 못하게 되었다. 틸리히는 부버의 실존적인 〈나-당신〉의 철학은 상황의 심층에까지 도달하며, 현대의 문명 속에서 '당신'과 '나'에 대한 '그것'의 뒤틀린 승리를 바로잡는 일에 결정적 도움이 될 수 있다고 확신하였다. 그래서 틸리히는 이렇게 말한다. 자유주의 프로테스탄트 신학은 〈나-당신〉의 관계를 〈나-그것〉의 관계로 변형시켰다. 합리적 방법이

---

20 틸리히, 『문화신학』, 195쪽.
21 틸리히, 『문화신학』, 195쪽.

나 비합리적 방법에 의해서건, 도덕이나, 교리나, 제의에 의해서건, '영원한 당신'이 조작되는 곳에서는 어디서나 신적인 '당신'은 '그것'이 되고, 그 신성을 상실한다. 틸리히는 부버의 〈나-당신〉의 철학은 정통주의와 자유주의 신학에 모두 도전하면서 그 양자택일을 넘어서는 길을 지향하고 있다고 주장한다.[22]

다음으로 부버 사상에서 나타나는 신비주의적 요소에 대해 살펴보자. 부버는 1900년 초 에크하르트(Meister Eckhart, 1260-1329)를 비롯한 독일 신비주의 사상가들의 깊은 영향을 받고 있었고, 또한 유대교 사상에 들어있는 신비적 전통들에 많은 영향을 받았다. 그리고 부버 자신은 신비주의 사상과 신비주의 운동에 대한 해석에 여러 가지 방식으로 공헌해 왔다. 특히 부버는 하시디즘(Hasidism)[23]의 연구를 통하여 터득한 유대교의 가장 본질적인 경건의 체험은 이후 그의 사상과 생애를 결정하는 결정적 요인이 되었다. 유대교 사상과 프로테스탄티즘은 모두 그 자체 안에 신비주의 형태를 발전시켜 왔었다. 그런데 신비주의는 자유주의 신학은 물론 정통주의 신학의 대표자들에게 예언주의의 기초 위에서 허용된 것의 한계를 침해하는 것으로서 간주되었다.[24] 19세기의 프로테스탄티즘은 '나' 지향

---

22 틸리히, 『문화신학』, 196쪽.

23 하시디즘(Hasidism)의 원어 하시딤(Hasidim)은 기원전 2세경 안티오쿠스 4세의 헬레네화 운동에 반항한 엄격한 팔레스티나의 유대인 무리를 가리키는 말이었다. 그 후 이 말은 중세 초기에 들어서면서 하나님 앞에 경건하게 사는 사람들을 가리키게 되었으며, 다시 13세기에 와서 유다(Judah)라는 신비가가 『하시딤의 책』을 저술하여 이 말의 내용에 신비주의적 성격을 주었다. 그러나 하시딤이 아닌 하시디즘이란 말이 생긴 것은 17세기에 성자 유디(Yehudi)가 나타난 다음부터다. 그는 차임 말라기(Chaim Malachi)와 힘을 합쳐 기도를 주로 하는 신비적 경향을 띤 부흥운동을 일으켜 유대교의 일파를 형성, 1,500명의 신도를 이끌고 1720년에 예루살렘을 순회하여 그곳에 성당을 세웠다. 이 성당은 그 후 아랍 사람들에 의해 파괴되었지만 지금도 그 유적이 남아 있다. 이 하시디즘은 18세기에 이르러 바알 셈 토프(Baal Shem-Tov)에 의해 이론화되었으며, 이것이 폴란드와 우크라이나로부터 동유럽의 유대인 사이에 급속히 퍼져나가 오늘에 이르고 있다. 이것은 좁은 의미의 하시디즘이며, 그 대체적인 특징은 현세, 곧 나날의 삶에서 하나님을 향하여 그의 영광에 참여하는 즐거운 예배를 강조하는 신비적, 민주적, 대중적인 점에 있다(부버, 『나와 너』, 181쪽 인용).

적인 현대의 세계관 앞에서의 굴복과 관련해서 특히 강력한 반(反)신비적 감정을 발전시켰다. 경건주의(Pietism)는 가톨릭의 잔재로 간주되었고, 신비적 연합은 비(非)프로테스탄트적인 것으로 비판되었으며, 형이상학에 함축되어 있는 신비적 요소들까지도 추방하려고 시도하였다. 그리하여 기독교의 메시지는 도덕적 기준에 의해서 측정되었고, 자연에 대한 합리적, 건전한 통제와 그에 부응하는 사회 조직의 요구에 적응되었다.

틸리히는 20세기 초엽의 프로테스탄트 신학 진영에서도 여전히 반(反)신비적 편견은 널리 퍼져있었지만, 신비주의 수호자들도 등장하고 있었음을 지적한다. 예컨대 루돌프 오토(Rudolph Otto, 1869-1937)는 신(神)을 완전한 타자, 완전한 현전자, 두려운 신비로 묘사하였다. 오토는 종교의 근본경험을 설명하는 과정에서 두려운 신비란 일상적 경험의 공포와는 달리 사람의 지체를 마비시키며 멈칫하게 하고 오싹 소름끼치게 하는 정서라고 말하였다.[25] 이 밖에도 제1차 세계대전 이후 도스토옙스키와 러시아 난민들에 의해서 중재된 동방 정교회 기독교의 영향, 동양과 서양의 위대한 신비주의자들에 대한 강렬한 관심, 형이상학적 사고와 그에 부응하는 예술적 표현들의 새로운 발흥 등이 프로테스탄트 신학으로 하여금 신비주의의 문제를 더욱 더 진지하게 다루도록 관심을 불러일으켰다고 설명하고 있다. 이런 상황에서 하시디즘에 대한 부버의 재해석은 매우 가치있는 일이 되었다. 틸리히는 기본적으로 부버의 하시디즘에 대한 재해석이 예언자적 종교와 모순되지 않고, 오히려 그것을 강화시켜주는 신비적 가능성을 보여주었다고 매우 긍정적으로 평가한다.

독창적인 하시디즘은 18세기 중엽에 폴란드 유대교 사상에서 본격적으로 성장했다. 하시디즘은 유대적 전통의 틀 안에서 엄격하게 지켜진 하나

24 틸리히, 『문화신학』, 197쪽.

25 부버, 『나와 너』, 103쪽.

의 운동이었다. 하시디즘은 유대교적 전통을 개혁하기를 원한 것이 아니라 강력하게 만들기를 원했다. 유대교적 신비주의에 의하면 인간은 신적인 연합과의 만남에서 하나의 연합체가 되어야한다. 그러나 인간은 신적인 존재와 융합할 수가 없다. 인간과 '영원한 당신' 사이의 〈나-당신〉의 관계가 적어도 초월될 수 없고, 이 세상에서는 초월되지 않는다. 그러므로 행동을 위해서, 이 세상에서의 삶을 위해서, 모든 것 속에 있는 신적인 기반을 인식하기 위해서, 신비적 연합은 인간의 자기 자신과의 연합이며 하나님과의 연합이다.[26] 부버에게서는 물론 하시디즘에서도 종교는 세계의 신성화이다. 종교는 모든 것 속에서 신적인 것을 본다는 이중적 의미에서의 신성화이다.

그렇다면 부버 자신이 직접 참여했던 이러한 하시디즘 종교의 특징은 무엇인가? 하시디즘에서는 성(聖)과 속(俗)을 구별하는 이원론적 태도를 배격한다. 하시디즘 종교의 결정적인 특징은 '교리'와 '제의'의 준수에도 불구하고, '기도'와 '명상' 속에서 개인적 영혼과 하나님 사이의 지속적인 대화를 강조함에도 불구하고, 그것이 이 세상을 바라보고 이 세상 속에서 행동하는 방식이라는 것이다. 왜냐하면 세계 안에서의 '행동'이 인간을 위해서만 아니라 하나님을 위해서도 중요성을 갖기 때문이다. 하나님이 세계 속에 존재하는 한, 인간은 하나님의 운명에 대해 책임이 있다. 인간은 자기 자신 안에서와 이 세계 안에서 파괴된 일치를 재건하도록 부르심을 받았다. 하나님은 인간을 기다리고, 인간의 행동에 대한 대답은 신적인 은총이다. 인간의 행동은 금욕주의나 비범한 행위의 방식으로 이루어지는 것이 아니다. 그것은 순간의 신성화이며, 그것은 특수한 상황에서 특수한 개인에게 요구되는 단순한 행위이며, 그것은 익명의 사람들, 어린이와 소박한 사람들의 행동이다. 그러한 행동이 신성화 속에서 수행된다면, 그러

---

26 틸리히, 『문화신학』, 198쪽.

한 행동은 하나님의 나라의 도래를 준비한다. 그것은 다름 아닌 메시아적 행동이다.[27]

부버의 경우 하시디즘과의 만남에서 처음에는 신비적 측면에 매료되었으나, 점차적으로 행동적 측면의 중요성을 깨닫게 되었다. 부버는 자신의 『황홀경적 신앙고백』(*Ekstatische Konfessionen*)에 대한 서문에서 '하나님과의 연합'을 강조했다. 부버는 하나님과의 연합에서 '하나님'과 '세계'와 '자아'의 차이점이 사라진다고 보았으나, 나중에는 '흡수의 교리(doctrine of absorption)'를 맹렬하게 비판하였다. 무슨 이유 때문일까? 부버에 의하면 그것은 살아있는 실재가 아니며, 따라서 그것(It)의 가장 세련된 표현이다. 흡수의 교리는 '당신(Thou)'을 제거하고 '나'를 제거하려는 시도라는 것이다. 흡수의 교리는 세계를 무시하고, '영원한 당신'을 상실한다. 흡수의 교리는 존재의 가장자리에서의 가능성이기는 하지만 부버는 그 궁극적 중요성을 부정하였다. 오히려 부버는 '영원한 당신'과의 만남에서 '내'가 성취되는 '일상생활과의 연합'이 중요하다고 보았다.[28]

마지막으로 종교와 문화의 관계에 대한 부버의 이해를 살펴보도록 하자. 틸리히는 '나'와 '영원한 당신' 사이의 종교적 만남과 '나'와 인간적인 '당신' 사이의 문화적 만남의 관계에 대한 부버의 사상은 프로테스탄트 신학자들의 관심을 불러일으킬 충분한 가치가 있다고 생각하였다. 1차 세계대전이후 독일에서 나타난 종교사회주의 운동의 중심인물이었던 틸리히로서는 종교의 사회적 역할에 관심이 많았고, 이 점에서 부버의 〈나-당신〉의 철학에서 전개된 관점을 적극 수용하고자 하였다. 당시 틸리히 자신을 포함하여 종교사회주의자들이 직면하고 있었던 핵심 문제는 이런

27 틸리히, 『문화신학』, 199쪽.
28 틸리히, 『문화신학』, 199쪽.

것이었다. 종교는 도대체 어떤 신학적 근거에서 사회주의나 다른 구체적 정치사상이나 사회사상을 지지할 수 있는가? 물론 기독교의 기원에 대해서 최소의 통찰을 얻은 사람에게라도, 예수를 사회주의자로 만들거나 예언자적 메시지를 어떤 경제적 프로그램과 혼동하는 것은 불가능하다. 그리고 어떤 성서적 진술로부터 정치적 행위의 구체적인 법칙을 이끌어내는 것도 마찬가지로 불가능하다. 성서, 특히 신약성서는 제도적 명령이나 조언을 제공해 주지 않는다. 만일 성서가 그렇게 한다면, 또는 그렇게 한다고 보일지라도 성서는 기록된 역사적 상황에 의한 것이다. 그러므로 종교사회주의는 사랑과 정의의 원칙의 빛에서 본다면, 사회주의가 후기 산업사회의 구체적인 상황에서 나온 요구라고 주장한다. 그러나 이것은 개인적 기독교인에 의한 판단의 문제이며, 교회의 교리가 될 수는 없다. 교회는 사랑과 정의의 원칙을 선포해야 하며, 이러한 원칙의 빛에서 주어진 실재를 비판해야 한다. 그러나 교회는 그 구체적인 적용에 대해서는 결정할 수가 없다. 적어도 프로테스탄트 교회는 이것을 자발적인 집단의 용기와 직관과 모험에 맡겨야 한다.[29]

한편 부버는 모든 종교사회주의자들과 같이 부르주아 사회에 대한 마르크스의 비판을 수용하는 반면에 마르크스의 반(反)종교적 편견에 대해서는 거부한다. 부버는 모든 종교사회주의자들과 더불어, 마르크스가 제시한 현대 자본주의 사회에서의 인간의 '자기소외론', 인간이 하나의 '물건'이 된다는 이론, 양적으로 계산될 수 있는 노동력의 일부가 된다는 이론을 받아들인다. 그렇지만 부버는 모든 종교사회주의자들과 같이 특정한 집단, 즉 프롤레타리아의 혁명적 승리, 이 승리에 따르는 새로운 제도들이 인간 본성의 변화를 초래할 것이라는 마르크스의 신념을 거부하였다. 부버가 볼 때, 그와 같은 마르크스의 신념은 〈나-그것〉의 관계에 따르는

29 틸리히, 『문화신학』, 201쪽.

사고이며, 그 결과 '당신(Thou)'의 상실을 의미하게 될 것이다. 그런데 틸리히가 볼 때, 부버의 경우에서도 〈나-당신〉의 관계에서 출발하여 그런 관계를 '공동체'로 확대시켜야만 했다. 다시 말해 〈나-당신〉의 관계를 정치, 외교관계, 경제, 교육을 포함한 사회의 영역에로 확장시켜야 했지만, 사실상 부버는 그런 점에서는 소극적이었다.[30] 종교사회주의 운동의 핵심부에 있었던 틸리히로서는 부버에게서 보여 지는 그와 같은 측면은 못마땅한 부분이었을 것이다.

틸리히를 포함한 종교사회주의자들의 시각에서 공동체란 구성원들끼리 공동의 정신적 기반과 진정한 〈나-당신〉의 관계를 함께 나누는 집단의 살아있는 연합이다. 사회주의는 바로 그러한 공동체들에서 실현된다. 사회주의는 국가에 의해서 창출될 수 없고, 오직 사회주의를 스스로 실현하고 개인 생활에서 사회주의를 지향하며, 공동의 중심의 힘 속에서 '영원한 당신'과의 관계를 실현하는 소집단들에 의해서만 창출된다. 그 점에서 공동체는 메시아적 범주이다. 그리고 사회주의는 메시아적 성취의 방향에서 활동한다. 사회주의는 모든 사람이 부르심을 받는 메시아적 활동이다.[31] 이러한 부분은 종교사회주의에 대한 고도의 '정신주의적 해석'이라고 틸리히는 말하고 있다. 이러한 해석은 초기 프로테스탄티즘에서 사회윤리를 지향하는 정신주의적 태도와 크게 일치하는 부분이기도 하다. 그렇기에 이제 프로테스탄트 신학에서 문제는 사회주의가 악한 것인가? 라는 물음보다는 사회주의가 충분한가? 라는 물음에 답하는 일이다. 틸리히에 따르면 사회주의는 확실히 충분하지가 않다. 사회주의는 국가, 정치권력을 거의 완전히 악마들에게 맡기고, 절대화된 〈나-그것〉의 관계에 맡겨버리기 때문이다. 국가도 〈나-당신〉의 관계를 위한 잠재력을 가지고

30 틸리히, 『문화신학』, 202쪽.
31 틸리히, 『문화신학』, 202쪽.

있다. 그리고 창조된 모든 것이 신적인 것에 포함되고 신성화될 수 있다면, 이것이 그렇게 되지 말라는 이유는 없다. 종교사회주의자들이 부버에게 동의하지 않는 점이 바로 여기에 있다. 그리고 이것이 부버가 그 운동의 가장자리에 머물게 된 이유라고 틸리히는 밝히고 있다.[32] 부버가 시온주의 운동과의 관계에서 항상 특별한 입장을 취하게 된 것도 바로 이와 똑같은 이유에서다. 말하자면, 부버는 한편으로는 시온주의 운동을 공동체를 창조하려는 메시아적 시도라고 주장하지만, 다른 한편으로는 시온주의 운동을 한 국가를 창조하려는 정치적 시도라고 보아 이를 거부하였다. 부버의 입장과 달리 틸리히는 '국가'라는 외피가 없이는 '공동체'가 존재할 수 없다는 것을 역사를 통해서 알 수 있다고 말한다. 이 점은 사회·정치현실을 바라보는, 그리고 종교와 문화의 관계를 바라보는 부버와 틸리히 관점의 현격한 차이라고 할 수 있다.

4. 부버의 〈나-너〉 철학에 대한 가다머의 해석학적 이해

한편 부버의 〈나-너〉의 철학 사상은 가다머(H. G. Gadamer, 1900-2002)의 해석학에서도 중요한 의미를 던져주고 있다. 특히 가다머는 해석학적 경험 내지 이해의 역사성에 대한 부분에서 부버의 〈나-너〉 관계를 직접 인용하면서 영향사 의식의 성격에 대해 설명하였다. 가다머는 방법론적 차원의 역사의식을 대신해서 진정한 역사의식을 기술하려고 하였다. 이 새로운 역사의식을 그는 영향사 의식이라고 규정한다. 그러니까 이를 굳이 규정하자면 역사가 항상 그 위에서 작용하게 되는 의식, 혹은 역사적으로 작용하는 의식이다.[33] 가다머는 영향사 의식이 헤겔적인 역사의식

---

32 틸리히, 『문화신학』, 203쪽.

과는 다르다고 말한다. 그 이유는 헤겔의 역사의식은 반성의 영역에서 이루어지며, 역사와 현재의 매개를 뜻하는 것이기 때문이다. 가다머의 영향사 의식도 물론 사변적 변증법적 인식이다. 그렇지만 이 인식은 이성의 자기매개가 아니라 경험자체의 구조를 뜻한다는 점에서 헤겔과의 차이가 있다.

가다머는 영향사 의식의 본성을 밝히기 위해서 부버가 말한 세 가지 종류의 〈나-너〉 관계 유형을 해석학적 경험에 적용하여 사용한다. 첫째는 한 영역 내에서 '대상'으로서의 너, 둘째는 '반성적 투사'로서 너, 셋째는 '전통의 발화자'로서 너이다. 이 중에서 가다머가 영향사 의식의 특징으로 염두에 두고 있는 것은 바로 세 번째 유형이다.

우선 첫째 유형의 〈나-너〉 관계에서 타자는 나의 경험 영역 안에 있는 특수한 것, 즉 나의 목표를 달성하기 위한 '수단'이 될 수 있는 것으로 간주된다. 타자는 나의 경험 영역에 있는 하나의 '대상'이 된다. 만약 이 모델이 '전통'에 대한 해석학적 관계에 적용된다면, 우리는 쉽게 '방법주의'와 '객관성'의 신화에 함몰되고 만다. 따라서 전통은 우리와는 분리된 하나의 대상이 되며, 우리와는 전혀 무관한 사물처럼 드러나게 된다. 방법주의와 객관성이라는 잣대에 근거하여, 우리는 전통에 대한 모든 주관적 요인들을 제거하기만 한다면 전통에 대한 확실한 인식을 가질 수 있다고 하는 환상에 빠져 우리 스스로를 기만하는 결과를 초래하게 된다. 이와 같은 방법 지향적인 객관성은 자연과학의 영역을 지배하고 있으며, 최근 들어 사회과학에서도 그 영향이 점차 강하게 나타나고 있다고 가다머는 진단하고 있다.

두 번째 유형의 〈나-너〉 관계에서는 첫 번째 유형에서처럼 타자를 사

33 H. G. Gadamer, *Wahrheit und Methode*, J.C.B. Mohr, Tübingen, 1960, 1986, 251쪽(이후 *WuM*으로 표기함). 번역서로는 『진리와 방법 1』(이길우 외 역), 문학동네, 2000.

물로 보는 것이 아니라 하나의 '인격체'로 파악한다. 하지만 가다머는 이러한 인격적인 관계가 여전히 '나' 속에 갇혀있을 수 있으며, 그렇기 때문에 사실상 나와 반성적으로 구성된 너와의 관계임을 보여준다고 말한다. 두 번째 유형의 〈나-너〉 관계는 직접적인 관계가 아닌 반성적 관계이다. 이러한 관계에 있는 인격체들은 각각 상대방의 반성적 활동을 무시할 가능성이 남아있다. 각각의 인격체는 그 자신의 반성을 통해서 타자의 요구를 알게 되며, 그 결과 그는 타자 자신보다도 타자를 더욱 잘 이해하게 된다.[34] 두 번째 유형에서 나오는 역사인식은 보편자와의 연관성 속에서가 아니라 오히려 특수성에 의하여 타자의 타자성을 인식한다. 그렇기 때문에 타자의 타자성과 과거의 과거성은 내가 너를 인식하는 것과 똑같은 방식, 즉 반성을 통해서만 인식된다. 이런 식의 이해는 역사를 대상화시켜버림으로써 결국은 역사의 진정한 유의미성을 파괴하게 된다.

세 번째 유형의 〈나-너〉 관계에서는 너에 대한 본래적인 '개방성'을 특징으로 한다. 이는 '나'로부터 의미를 투사하는 관계가 아니라 어떤 것이 저절로 말해지도록 하는 진정한 개방성을 갖는 관계이다.[35] 어떤 것이 자신에게 말해지도록 하는 사람은 근본적인 방식에서 개방적이다. 이러한 관계는 앞의 두 가지 〈나-너〉 관계에 비해 부버의 진정한 〈나-너〉 관계에 가깝다. 이는 지배하려하기 보다는 듣고자 하는 개방성이기 때문에 기꺼이 타자에 의한 자신의 변화를 감수한다. 바로 이 점이 영향사 의식의 기반이다. 역사적인 텍스트가 말 그대로 단지 역사적인 것으로만 읽혀지게 된다면, 현재는 이미 독단화 되어 문제의 영역에서 사라져버린다. 그리고 영향사 의식은 현재를 진리의 정점으로 보지 않는다. 오히려 영향사 의식은 작품의 진리가 자신에게 요구하는 것을 그대로 수용하기 위하여

34 Gadamer, *WuM*, 341쪽.
35 Gadamer, *WuM*, 343쪽.

스스로를 개방시킨다. 해석학적 의식은 방법적 자기 확신에서 완성되는 것이 아니라 독단적 사람과는 달리 경험을 중요시 하는 사람이 갖는 경험적 개방성에서 완성된다. 이것이 바로 영향사 의식의 본질적 특징이다.[36] 경험을 중요시 하는 사람은 단순히 객관화된 지식을 갖기보다는 오히려 그를 성숙시키고 그로 하여금 전통과 과거에 대해 개방적일 수 있도록 해주는 객관화할 수 없는 경험을 갖는다. 그렇기 때문에 영향사란 우리의 힘이나 규제 아래 있지 않다. 오히려 우리가 영향사 아래에 있다. 우리가 이해하는 곳이면 어디든지 영향사가 작용하고 있다. 말하자면 해석자는 늘 영향사의 지배력에서, 즉 해석자가 속해 있는 전통에서 대상이 이미 이해되던 방식에서 벗어나지 못한다. 이 때문에 이해작용은 더 이상 주관적 작용으로 간주되지 않고, 오히려 영향사의 한 측면으로 이해된다. 그런 점에서 가다머는 영향사적 의식이란 본래적으로 의식(Bewuβtsein)이기보다는 존재(Sein)에 가깝다[37]고 말한다.

가다머가 말하는 영향사(影響史) 개념은 경험적 자료의 연구에 의한 영향의 역사를 의미하는 것이 아니라, 이해 행위에서 필연적으로 의식 속에 발생하는 어떤 선험적인 것을 뜻한다. 그러니까 영향사란 전통에 속해 있는 것들에 대해 전통이 행사하는 영향력을 말한다. 그래서 전통에 속해 있는 것들은 전통을 거부하거나 그것에 반발하더라도, 여전히 전통의 제약을 받게 된다. 이를 테면 내가 무엇을 이해할 때 나에게 발생하는 것은 내가 항상 이미 어쩔 수 없는 어떤 상황에 처해 있다는 것이다.[38] 그래서 가다머는 영향사 의식을 해석학적 상황 의식이라고 말하기도 한다. 상황 개념은 인간이 맞설 수 없고 대상적인 지식을 가질 수 없다는 데 그 특징

---

36 Gadamer, *WuM*, 344쪽.

37 Gadamer, *WuM*, 261쪽.

38 가다머 해석학에서 해석학적 상황, 이해, 이해의 역사성, 전통, 영향사 의식의 대체적인 논의는 하이데거의 이해의 선구조 개념에 영향 받고 있으며, 이를 달리 표현하면 유한성의 해석학 전통에 서 있다고 말할 수 있다(M. Heidegger, *Sein und Zeit*, Tübingen, 1926).

이 있다. 인간은 상황 속에 존재하고 항상 이미 어떤 상황에 처해 있게 되는데 이 상황을 해명하는 일은 끝나지 않은 과제이다. 이것은 해석학적 상황, 즉 우리가 해야 할 전승과 맞서 있는 상황에도 마찬가지이다. 이 같은 상황의 해명, 즉 영향사적 성찰도 완성될 수 없는 것이지만 이러한 무완성의 특징은 성찰의 결여 때문이 아니라 우리라고 하는 역사적 존재의 본질 때문이다.[39]

가다머의 영향사 논의에서 중심이 되는 '상황' 개념은 '지평(Horizont)' 개념을 포함하게 된다. 지평이란 어떤 시점에서 볼 수 있는 모든 것을 포함하는 시각권을 뜻한다. 지평을 갖고 있는 사람은 이 지평 내부의 모든 사물의 의미를 원근 대소에 따라서 올바로 평가하게 된다. 마찬가지로 해석학적 상황의 완성은 전승 앞에 서 있는 우리들의 질문에 대한 올바른 문제 지평을 얻게 해 준다.[40] 그래서 역사적인 이해의 과제는 역사적 지평을 요구하게 된다. 현재의 지평은 과거가 없이는 절대로 형성되지 않는다. 그렇기 때문에 가다머에게서 이해란 상이한 지평들 간의 융합 과정들이다.[41] 이러한 지평융합의 과정은 역사적 문화적 기록물에 의해 규정되기보다는 지평과 지평 사이의 대화를 통해서, 질문과 응답의 교환 작용을 통해서 이루어진다.

그리고 가다머에게서 이해 개념은 어떤 의미에서 '적용' 개념에 가깝다. 이해 혹은 적용이란 해석 주체의 태도가 아니라 과거와 현재가 항상 매개되는 '전승사건 속으로 들어감'이다.[42] 과거의 텍스트를 이해한다는 것은 그것이 우리의 상황을 번역하는 것이고 텍스트 안에서 우리 시대의 질문에 대해 말하는 대답을 듣는 것이다. 적용의 해석학은 질문과 대답의 변

---

39 Gadamer, *WuM*, 285쪽.

40 Gadamer, *WuM*, 286쪽.

41 Gadamer, *WuM*, 289쪽.

42 Gadamer, *WuM*, 275쪽.

증법의 방식으로 진행한다. 어떤 것을 이해한다는 것은 우리가 그것 속에서 우리 질문에 대한 대답을 발견하도록 어떤 것을 우리에게 적용한다는 의미이다. 이해는 주관적 과정이 아니라 스스로를 전통 속에 위치 지움으로써 전통을 우리에게 전달해 주는 사건에 참여하는 문제이다.[43] 즉 과거와 현재를 지속적으로 매개시키는 전통 속에 삽입하는 것이다. 그러므로 이해는 전통의 흐름, 즉 과거와 현재가 뒤섞이는 순간에의 참여이다. 가다머는 이러한 이해 개념이 해석학 이론에서 수용되어야 한다고 주장하는 것이다.

지금까지의 가다머의 논의를 종합해 보면, 가다머는 부버의 〈나–너〉의 철학 사상을 다시금 〈나–너〉의 세 가지 유형을 통해 전통을 포함한 텍스트 해석과 타자 이해를 포함한 세계 이해의 문제에 적용하였다.[44] 특히 이해 행위를 전승사건 속으로 들어감으로 파악하고, 지평융합의 과정으로 파악한 점은 부버의 〈나–너〉 철학 사상의 대화적 측면, 상호 관계적 측면을 보다 구체화시키고 있는 부분이라 할 수 있다. 이제 여기에서는 가다머가 말하는 〈나–너〉 관계의 세 번째 유형, 즉 전통의 발화자로서의 너 부분에서 나타나는 '이해의 대화적 구조'[45]에 주안점을 두고 잠깐 살펴보도록 하자.

가다머에 따르면, 진정한 대화란 대화에 관여한 사람들이 각각 주제내용에 전적으로 관심을 갖고, 그것에 관한 진리에 도달하는 일에 관심을 갖는 그런 대화이다. 이것은 첫째로 가다머가 무지의 지(docta ignorantia)라고 간주한 것을 전제한다. 진정한 대화는 우리 자신의 오류가능성에 대한 인정, 즉 우리는 유한하고 역사적 피조물이며 따라서 헤겔적인 의미에서

---

43 Gadamer, *WuM*, 275쪽.

44 가다머의 이해 개념, 특히 예술작품의 이해와 관련하여 이를 맹렬히 비판하는 입장에 대해서는 신응철, 『문화, 철학으로 읽다』, 북코리아, 2009, 제5장 참조 바람.

45 이 부분은 가다머 연구가로 명성이 높은 조지아 원키(Georgia Warnke)의 분석에 터하고 있음을 밝혀 둔다. 『가다머: 해석학, 전통 그리고 이성』(이한우 역), 민음사, 1999, 179-182쪽 참조.

의 절대지를 갖지 못한다는 것을 인정하는 데서 출발한다. 그것은 다름 아닌 우리는 아는 것이 없다는 앎이며, 따라서 다른 견해들도 진리일 수 있다는 가능성에 대한 개방성이다. 둘째로 진정한 대화에 참여하고 있는 사람들은 각각 모든 참여자들의 입장이 가진 진정한 힘을 찾아내는 데 관심을 가져야 한다.[46] 대화 참여자들은 단순히 서로를 그냥 논파해 버리거나 의표를 찌르려고만 해서는 안 된다. 또 그들은 다른 사람들의 견해들을 그런 견해들이 나오게 된 조건들에로 환원시키려고 해서도 안 된다. 중요한 것은 어떤 사람이 말하는 바의 배후에 놓인 그의 의도가 아니라, 바로 그 말하는 바의 가능한 진리이다. 그래서 가다머는 이렇게 말한다. "따라서 진정한 대화를 위해서는 한 사람이 다른 사람을 존중하고, 그의 관점을 제대로 수용하고, 그의 개성의 차원이 아니라 그가 말하는 바의 차원에서 이해할 만큼 충분하게 그 사람의 내면에 들어가야 한다. 파악되어야 하는 것은 상대방의 의견의 내용적 타당성이며, 이렇게 되면 이들은 서로 주제내용을 둘러싸고 결합될 수 있다."[47]

여기서 가다머가 관심을 두고 있는 결합이란, 한쪽이 다른 쪽에 자신의 견해를 부과하거나 다른 쪽의 견해를 단순히 수용한 결과가 아니다. 오히려 개인이나 집단들이 어떤 주제내용에 관한 공유된 이해를 갖게 될 경우, 그들이 공유하고 있는 이해는 어느 한쪽의 소유물이 아니라 문제가 된 주제내용에 대한 새로운 이해를 나타낸다. 여기서 가다머의 모델은 소크라테스의 대화이다. 소크라테스의 대화에서는 대화 참여자들이 도달하게 되는 입장은 최초에 각자가 갖고 있었던 입장에 비해 중대한 진전을 이룩한 것이다. 그렇기에 이러한 대화의 과정은 '통합'과 '자기화'의 과정이다. 이는 대화 참여자들이 자신들의 입장을 포기한다는 뜻도 아니고, 그들이

46 조지아 원키, 같은 책, 180쪽.

47 Gadamer, *WuM*, 363쪽.

자신의 입장을 견지하기 위한 수단으로 다른 사람의 입장을 이용한다는 뜻도 아니다. 오히려 그것은 각각의 참여자들이 상대방의 의견을 고려하고, 자신들의 입장은 물론 상대방의 입장 중에서 옳은 것과 잘못된 것이 무엇인지를 보여주어, 서로가 최초에 가졌던 입장들 중 그 어느 것보다 진리에 근접하다고 인정하는 견해를 확립한다는 뜻이다.[48] 가다머에 따르면, "대화의 진리에서 드러나는 것은 로고스이며, 이것은 나의 것도 당신의 것도 아니다. 로고스는 대화에 참여한 사람들 각자의 주관적 견해들을 뛰어 넘어 있으며, 심지어 그것에 대해서는 토론을 주도하는 사람도 여전히 알지 못한다"[49]라고 말한다. 따라서 대화의 성공적인 결말은 공유된 이해이며, 그것은 모든 대화 참여자들이 최초에 갖고 있던 입장들의 변형을 담고 있는 것이다. 가다머는 이런 식의 공유된 이해와 변형은 이런저런 전통의 여러 측면들과 나눈 해석학적 대화의 성공적인 결말이기도 하다고 주장한다.[50] 결국 가다머에게서 진정한 이해란 어떤 사람이 자신의 선입견이나 바람을 이해하려는 대상에 투사하는 데서 생기는 것이 아니며, 또한 그 대상의 견해들을 전폭적으로 수용하는 데서 생기는 것도 아니다. 이해란 의견일치에 이르는 것과 같다.[51] 이를 가다머 식으로 직접적으로 표현하면 지평융합과도 같은 것이다.

48 Gadamer, *WuM*, 364쪽.
49 Gadamer, *WuM*, 350쪽.
50 조지아 원키, 같은 책, 182쪽
51 조지아 원키, 같은 책, 183쪽.

5. 맺는 말: 지금 여기에서 울리는 부버의 〈나-너〉 철학의 여운

틸리히는 『문화신학』 결론부에서 기독교 메시지의 초점을 어떻게 현대인들에게 맞출 수 있을까? 또한 복음이 어떻게 전달될 수 있을까? 라는 질문을 기독교 목사와 교사들을 향해 던지고 있다. 필자는 그 물음이 기독교인 전체에게도 공통적으로 주어질 수 있다고 생각한다. 틸리히는 우선 자신의 답변부터 예를 들어 제시한다. 말하자면 기독교에서 말하는 죄(罪) 개념을 현대인들에게 자기 자신으로부터의 '소외', 다른 사람으로부터의 '소외', 우리가 태어나고 되돌아가야할 기반으로부터의 '소외'라고 들려준다. 그리고 구원을 '치유'의 개념으로, 그리스도를 '치유자'로, 교회를 '새로운 존재의 공동체' 등등으로 새롭게 해석하였다.[52]

필자는 이제 틸리히가 부버의 〈나-너〉 철학을 해석하면서 강조하고자 했던 부분을 우리사회의 종교현실(특히 기독교)에 적용해 봄으로써 성찰의 계기로 삼아보고자 한다. 좁게는 우리 사회에 비춰진 기독교의 단면에 대한 반성이지만, 넓게는 종교문화의 현실에 대한 반성이면서 동시에 비판이라고 할 수 있을 것이다.

첫째, 부버가 말한 〈나-당신〉의 관계가 〈나-그것〉의 관계로 변형되는 실존의 비극적 운명에 대한 경고 부분이다. 실존의 측면만이 기형적으로 강조될 경우 우리 사회는 '나' 중심의 가치관, 혹은 '그것' 지향적 가치관에 매몰될 수밖에 없다. 기독교도 예외가 아니다. '나' 중심의 가치관은 교회의 연합, 교회의 일치보다는 개별교회 중심주의로 귀착하게 된다. 이는 동일 종교 내에서도 배타적, 경쟁적 태도를 가지게 함으로써, 종교의 기본 기능인 화해와 평화보다는 분열과 갈등을 조장하게 된다. 또한 '그것' 지향적 가치관은 한국교회가 내적 성숙보다는 외적 성장에 집착하고,

---

52 틸리히, 『문화신학』, 216-219쪽.

물량과 규모를 중시한 결과 대형화, 세속화의 길로 치닫게 되는 결과를 초래하게 되었다. 거대자본을 밑바탕으로 한 대기업이 중소기업이나 영세 상인들의 일터를 하나씩 잠식하듯, 이제 대형교회만이 살아남는 기형적 교회문화가 등장하기에 이르렀다.

둘째, 부버의 〈나-너〉 철학 사상이 터하고 있는 유대교 사상의 신비주의적 요소의 재발견과 관련하여, 부버는 신비적 경험, 신비적 체험의 중요성을 강조하면서 더불어 일상생활 속에서 종교적 신념을 실천하는 일을 특히 강조한 바 있다. 여기서 우리가 되돌아보는 것은 종교의 고유한 요소 가운데 하나인 신비적 체험을 부정하는 것이 아니라, 이 요소가 유달리 강조되고 있는 한국교회의 비정상적 모습이다. 교회나 기도원에서 행해지는 소위 불치병 환자들을 위한 안수(按手), 각종 부흥성회에서 강조하는 신비 체험, 주로 연말 년초에 행해지는 축복기도회, 그에 따른 광신적 종교의식 등이 한국교회 곳곳에 자라나고 있는 실정이다. 이러한 종교적 현상의 문제는 특정 종교단체를 사회와는 격리시키고 단절시켜 결과적으로 닫힌 공동체로 만들어버린다는 데 있다.

셋째, 부버의 〈나-너〉 철학을 통해 틸리히가 염두에 두고 있는 종교와 문화의 관계설정 부분이다. 현실종교는 사회·정치 환경 속에 존재하게 되고, 사회는 종교적 영향을 직간접적으로 받을 수밖에 없는 구조에 있다. 우리의 관심은 종교와 사회, 종교와 정치가 어느 정도의 거리두기를 해야 한다는 것이다. 오늘날 한국 기독교의 경우에만 국한해 보면, 종교와 정치가 위험스러울 정도로 유착되어 있다. 한국 교회공동체는 틸리히의 표현대로 새로운 존재들이 모인, 즉 〈나-당신〉의 관계로 맺어진 사랑의 공동체라기보다는 어느덧 〈나-그것〉의 관계로 맺어진 정치적 공동체로 탈바꿈해 있다. 급기야 '기독당', '기독교책임'과 같은 기독교를 표방한 정당까지도 나타나기에 이르렀다. 기독교를 포함한 종교지도자들의 정치적 행보가 가속화될수록 대중들에게 종교는 하나의 건전한 사회공동체를 유지하는데 있어서 걸림돌 역할[53]을 할 뿐이다. 궁극적으로 종교와 정치는 '비판적 거리두기'라는 긴장관계에 있을 때에 비로소 종교의 제역할, 그러니까 사회적 책임과 역할을 기대할 수 있을 것이다.

넷째, 부버의 〈나-너〉 철학을 통해 가다머가 강조하는 지평융합의 태도와 관련하여 우리는 한국 기독교의 배타성과 신학자들의 교조주의적 행태에 주목하고자 한다. 부버는 내가 너를 바라볼 때 너는 '대상'으로서의 너가 아닌 '인격체'로서 너이다. 뿐만 아니라 인격체를 넘어 '영원한 당신'으로서의 너를 지향하고 있다. 그런 태도를 취할 때 비로소 진정한 의미의 지평융합이 가능하다. 그런데 한국 기독교에 팽배해 있는 일반적인 인식은 우리사회에서 타종교를 거의 용인하지 않는 상황이다.[54] 또한 상아탑에서 활동하고 있는 신학자들조차 자유로운 지성적 연구보다 특정 교파의 교리에 얽매여 있게 되고,[55] 그 결과 생산적 창조적 연구보다는 교수로서의 권위를 내세워 현실문제와는 상관없는 도덕교사의 목소리만 되풀이하게 되었다. 적어도 학문적 양심을 가진 신학자라면 자유로이 여타의 분과학문과 소통하면서 심혈을 다해 연구에 매진해야 함에도 불구하고, 어느덧 우리 학계에서 신학자의 위상은 교조화된 권위에 안주하며 특권을 행사하는 한갓 '전통적 지식인'[56]으로 각인되고 있다. 한국 교회와

53 "어찌 그러하냐 이는 그들이 믿음을 의지하지 않고 행위를 의지함이라 부딪칠 돌에 부딪쳤느니라. 기록된 바, 보라 내가 걸림돌과 거치는 바위를 시온에 두노니 그를 믿는 자는 부끄러움을 당하지 아니하리라 함과 같으니라."(롬 9:32-33)

54 〈뉴스앤조이〉 2010년 10월 27일(수) 기사 참조, http://www.newsnjoy.co.kr. 2010년 10월 하순경, 기독교단체 중의 하나인 찬양인도자학교 '에즈 37' 회원들이 서울 강남의 불교 사찰 봉은사에서 땅 밟기 행사를 진행하고 이를 동영상으로 제작하여 유포한 사건이 일어났다. 이 사건에 대한 한국 기독교계의 반응을 주목해 볼 필요가 있다.

55 〈뉴스앤조이〉 2010년 11월 16일(화) 기사 참조, http://www.newsnjoy.co.kr. 예장고신 60회 총회에서 부산노회는 고신대 대학원에서 교회사를 가르치는 양낙홍 교수에 대해 교단의 역사를 왜곡하고 정체성을 훼손했다는 점, 교단의 기존 입장에서 벗어나 WCC 운동을 옹호했다는 점을 들어 그의 신학을 검증하기로 한 사건이다.

56 '전통적 지식인' 개념은 안토니오 그람시가 사용한 것으로, Antonio Gramsci, *Selections from the Prison Notebooks*, edited by Quintin Hoare and Geoffrey Nowell Smith, London: Lawrence &

신학자들의 이러한 당면 현실을 극복할 수 있는 지름길은 '내려놓음'[57]에 있다. 더 채우고 더 얻기 위한 전략상의 내려놓음이 아니라, 철저히 반성하고 회개하기 위한 내려놓음이다. 이것이 선행된 이후, 기독교는 타종교와 건강한 만남, 생산적인 대화를 지속해야 한다. 신학자들은 현실문제에 답하기 위한 보다 구체적인 대안을 교단과 교파를 넘어서 모색해야 한다. 그 과정에서 부단히 인접 학문과 소통해야 한다. 분과학문의 벽은 더 이상 걸림돌이 될 수가 없다. 그런 태도가 바로 지평융합의 태도요, 이를 토대로 비로소 우리는 종교(기독교)의 사회적 역할과 책임을 보다 더 심도 있게 논의할 수 있을 것이다. 오늘 여기에서 우리가 부버와 틸리히 그리고 가다머를 다시 읽는 이유도 바로 거기에 있다.

Wishart, 1971 참조. 그리고 '지식인'의 유형에 대한 논의는 신응철, 『기독교 문화학이란 무엇인가』, 북코리아, 2006, 제3장 참조 바람.

57 '내려놓음'의 의미는 다양하다. 문제는 왜 내려놓는가? 그래서 어떻게 하겠는가? 라는 물음이 중요하다. 그 점에서 필자가 말하는 내려놓음은 기독출판계에 한동안 유행했던 '내려놓음(이용규, 『내려놓음』, 규장, 2006)'의 의미와 다르다.

제8장

폴 리쾨르의 기독교철학(1)

– 악(惡)에 대한 해석학적 분석을 중심으로

1. 시작하는 말: 악에 대한 물음

악에 대한 문제를 고찰할 때 항상 꼬리표처럼 따라다니는 문제가 있다. 악의 근원을 문제시할 때, 악은 인간에게서 내부적(內部的) 문제인가? 아니면 외부적(外部的) 문제인가? 만약 악이 인간 내부적 문제라면 악에 관련된 모든 책임이 인간에게 돌려질 것이며, 그렇지 않고 악이 인간 외부적 문제라면 인간에게 부과된 짐을 어느 정도 덜어주는 결과를 가져오게 될 것이다.

이러한 문제를 해결하기 위해서 우리는 악(惡)이란 무엇인가? 라는 물음을 던져야 한다. 그런데 악이란 무엇인가라는 물음은 '악의 본질'에 대한 물음인가? 아니면 우리에게 부여되는 '악의 의미'에 대한 물음인가? 악에 대한 해석학적인 이해는 아마도 후자에 속한다고 할 수 있다. 악에 대한 해석학적 이해방식이 기존의 악에 대한 논의와 차이점은 무엇인가? 잘 알고 있듯이, 어거스틴은 악을 '선의 결여(Evil as privatio boni)'로 파악했다. 어거스틴에 따르면, 원래 모든 존재는 선하고 악은 선의 결여, 선의 타락, 선의 남용으로서 선에 기생하는 상태라 할 수 있다.[1] 이와 같은 어거스틴적인 선·악의 이해는 3세기경 페르시아의 마니(215-273)에서 유래하는 마니교의 영향 때문에 생기게 되었다. 마니교에서는 선을 빛으로, 악을 어둠으로 나타내면서, 선·악이 항상 공존한다고 주장한다. 따라서 악의 기원문제에 있어서도 처음부터 존재하는 악이 그 근원이 된다. 이렇듯 마니교의 세계관은 철저하게 이원론적이라 할 수 있다. 이러한 방식에서 악은 선과 대칭관계를 형성하고 있고, 선의 대응 축으로 악이 성립하게 된다. 결과적으로 세상은 선·악의 투쟁, 선·악의 팽팽한 긴장관계로 그려지게 된다. 이에 비해 해석학적인 이해방식에서는 악이 다른 방식으로 그려지는데 우리는 이 점을 리쾨르(Paul Ricoeur, 1913-2005)의 관점을 좇아 살펴보고자 한다.

2. 예비적 고찰

우리는 악의 문제를 논의하기 위해서 지금까지 체계적으로 연구되어 온 성과를 잠시 살펴볼 필요가 있다. 이들 연구 결과는 악의 문제를 접근하는 방식, 악에 대한 이해방식, 그리고 악의 해소방식의 측면에서 앞으로 논의하게 될 리쾨르의 관점과 좋은 비교가 될 것이다.

「악에 대한 윤리학적 고찰」[2]에서 이엽은, "자연적인 악(malum physicum)

---

1 김영태, 「악에 대한 종교철학적 이해: 유대교·그리스도교를 중심으로」, 한국정신문화연구원, 『악이란 무엇인가: 철학·종교에서 본 악과 고통의 문제』, 도서출판 창, 1992, 125쪽 참조.

2 이엽, 「악에 대한 윤리학적 이해」, 한국정신문화연구원, 『악이란 무엇인가』, 도서출판 창, 1992,

은 우리가 당할 수밖에 없는 즉 그것을 원인으로 해서 우리가 고통을 감수해야하는 것이지만, 도덕적인 악(malum morale)은 그 기준이 인간에게서 제시되듯이 인간 자신에게서 유래한다"고 말한다. 그는 자신의 주장의 근거를 칸트에게서 찾고 있으며, 칸트는 악의 기준은 물론 악의 원천 역시 인간의 주관에서 찾았다[3]고 말한다.

「악에 대한 유가 철학적 이해」[4]에서 곽신환은, 악을 우주론적, 심성론적, 이기철학적으로 해석하고 있다. 유가의 우주론에서 '악'은 양에 대해서는 음이며, 음에 대해서는 양의 조화에 대한 부조화를 말한다. 자연세계에서의 음과 양은 본디 대대관계 상관관계를 이루고 있으나 인간이 부조화를 빚어내기에 이에 감응하여 각종 재이 현상이 나타난다고 본다. 따라서 곽신환은 악은 하늘이 만든 것이 아니라 사람에 의하여 빚어진 것[5]이라는 사실을 밝히고 있다. 심성론적 악의 논의는 의리론적 성정론적 악의 이론을 다루고 있다. 의리론에서는 이욕이 악으로, 성정론에서는, 성은 순선 무악하고, 정에서 비로소 악이 문제 된다. 그러나 정 그 자체가 곧바로 악이 되는 것은 아니라고 한다. 악에 대한 이기론적 이해에서는 천리인욕적 악 개념을 다루고 있다. 여기서 천리는 순선하나 인욕은 악 또는 악의 가능성을 갖고 있다. 기질은 후천적 노력에 의하여 혼탁한 기를 청수한 기로 변화시킬 수 있다. 기질 변화에 힘쓰는 것은 악을 버리고 선을 행하기 위하여 노력하는 것에 다름 아니다. 그래서 성리학에서는 '기질변화'를 학문의 목표로 한다는 것이다.

「악에 대한 불교적 해석」[6]에서 김지견은, "악이란 현실에서 나쁜 행위

98-108쪽 참조 인용함.

3 위의 글, 101쪽.

4 곽신환, 「악에 대한 유가철학적 이해」, 한국정신문화연구원, 『악이란 무엇인가』, 도서출판 창, 1992, 161-185쪽 참조 인용함.

5 위의 글, 181쪽.

6 김지견, 「악에 대한 불교적 이해」, 한국정신문화연구원, 『악이란 무엇인가』, 도서출판 창, 1992,

로서 나타날 때 악의 모습이 된다. 이른바 나쁜 짓, 나쁜 행위, 즉 악업, 악행 등 나쁜 짓을 하는 사람을 악업인, 악행인이라 한다"고 쓰고 있다. 김지견에 따르면, 나쁜 행위는 신체를 통한 경우와 말(言)을 통한 경우가 있다. 한편 불교에서는 선행을 하라는 가르침과 선악을 초월하라는 설이 있다. 초창기 불교에서는 '집착'을 떠나서 서로 대립하는 두 개의 어느 한 측면에도 치우치지 않는다는 입장에 입각했었기 때문에 선악의 대립까지도 초월한다는 것이다. 그에 따르면, 불교에서는 악을 극복하는 방법으로써, 불살생(不殺生), 불투도(不偸盜), 불사음(不邪淫), 불망어(不妄語), 불음주(不飮酒) 이상의 다섯 가지 인격완성을 위한 도덕원리[7]가 제시된다고 한다.

이제 우리는 '악이란 무엇인가?'라는 물음을 리쾨르(Paul Ricoeur)의 관점을 좇아 살펴보려고 한다. 리쾨르 자신의 저서 『악의 상징』(*The Symbolism of Evil*, 1967)과 『해석의 갈등』(*The Conflict of Interpretations*, 1974)에서 악에 대한 해명을 차분하면서도 설득력 있게 전개하고 있다. 우리는 여기서 『악의 상징』 제1부를 중심으로 '악'이라는 용어가 어떤 단계를 통해 형성, 사용되고 있는지, 악을 나타내는 상징에는 어떤 것들이 있는지, 그리고 그러한 악의 상징들을 통해 형성된 악의 의미를 살펴보고자 한다. 따라서 이 글에서는 주로 악의 기원과 관련된 악의 1차 상징들을 분석하는 일에 주안점을 두고, 악의 2차 상징인 '신화(神話)'에 대한 분석은 미루어 두도록 한다.

143-157쪽.

7 위의 글, 152쪽.

3. 악에 대한 해석학적 이해

1) 악의 기원

철학에서 보통 악(惡)의 기원 문제를 다룰 때는 어거스틴이 정립한 '원죄론(original sin)'에서 시작하고, 인간의 잘못을 철학의 문제로 고찰할 때도 흔히 원죄론을 검토 비판하는 것에서 출발한다. 그러나 리쾨르는 악의 기원 문제를 살피기 위해서는 사변의 산물인 원죄론보다 더 근원적인 '생생한 체험(living experience)'으로 가야한다고 말한다. 생생한 체험으로 가기 위해서는 신화의 단계를 거쳐야 한다. 그런데 우화성(寓話性)이 있다는 이유로 신화를 그냥 지나쳐서는 안 된다. 왜냐하면 신화는 태초의 사건에 대한 전승된 이야기로서 오늘날 예배행위의 바탕을 이루고, 인간의 자기 이해를 가능케 하는 모든 사고와 행위의 틀을 결정하기 때문이다. 그래서 신화는 사람에게 무엇을 탐구하고 이해하게 하는 어떤 시각을 열어준다[8]고 그는 말한다.

다시 말해 신화에는 사람과 성스런 무엇과의 관계를 발견하고 밝히는 능력이 들어 있다. 리쾨르는 이것을 신화의 '상징기능(象徵機能)'이라 한다. 이제 사변에서 신화로 내려갔지만 다시 더 낮은 차원의 '체험'의 세계로 내려가야 한다. 자기 자신이면서 동시에 자기로부터 소외되는 체험은 곧 바로 물음형태의 언어차원이 된다. 그래서 체험의 표현은 '죄(罪)의 고백'으로 된다. 죄가 자기에 대한 소외(疎外)라고 한다면, 그 체험은 자연현상보다 훨씬 더 놀랍고 혼란스러운 물음 투성이가 된다. 그래서 체험은 모든 질문형태의 사고가 비롯되는 근원지가 된다. 죄는 나로 하여금 나를

---

8 Paul Ricoeur, *The Symbolism of Evil*, translated from the French by Emerson Buchanan, Boston: Beacon Press, 1967, 5쪽.

이해하지 못하게 한다. 하나님은 숨었고 세상 돌아가는 일은 더 이상 의미가 없게 된다. 즉 무의미(無意味)의 위협에 맞서서 신화는 "어떻게 악이 시작되었는가?"를 말하고 있다. 우리는 고백(告白)과 신화(神話)와 사변(思辨) 사이의 돌고 도는 원을 이해해야 하는데, 이것이 바로 악의 상징이다.

2) 악에 대한 일차 상징으로서 '부정'

① 부정

리쾨르는 '악(惡)'의 관념이 생겨나는 단계를 현상학적으로 분석, 기술하고 있다. 그의 논의에 따르면, 악에 대한 일차상징의 첫 단계는 '부정(不淨, Defile ment)'이다. 리쾨르에 따르면, '부정'의 단계는 객관적인 사건과 주관적인 사건으로 설명할 수 있다.[9] 부정은 물질적인 어떤 것, 즉 얼룩과 같이 번져 보이며, 보이지 않게 더럽히는 것을 말한다. 달리 말해, 부정은 책임적 주체가 더러워지는 것과는 관계없이 금기(禁忌)를 객관적으로 훼손하는 것을 가리킨다. 부정의 단계에서는 아직 악과 불행이 엉켜있고, 악을 행하는 윤리적 단계와 불행하게 된 우주적 생물학적 영역 — 고통, 죽음, 병, 실패 등 — 이 아직 구분되지 않고 있다.

부정의 단계는 주로 성(性)과 관련된 금기의 훼손을 다룬다. 근친상간, 남색, 낙태금지, 특정장소에서의 성교금지 따위가 기본적인 금기로 되어 있다. 부정이 성과 관련된다는 사실을 볼 때, 순결과 처녀성이 일치됨을 알 수 있다. 처녀성과 무접촉은 같이 간다. 결국 부정이란 접촉을 통해 오염시키는 물질 같은 것이다.

---

9 *Ibid.*, 26쪽.

② 윤리적 두려움

그런데 더럽히는 접촉은 두려움(fear)이라는 특별한 감정을 통해 주관적인 사건[10]으로 된다. 사람은 두려움을 통해 윤리세계에 들어가는 것이지 사랑을 통해 들어가는 것이 아니다. 이러한 두려움이 생기는 원인은, 부정에 대한 응보(vengeance)에 있다. 부정과 보복 그 둘은 뗄 수 없는 관계에 있다. 부정 타는 행위에는 반드시 응보 곧 보복이 뒤따른다. 부정에 대한 응보는 고난을 낳는다. 그리하여 응보를 매개로 모든 물리적 질서가 윤리적(倫理的) 질서로 된다.[11]

부정의 세계는 윤리적인 것과 물리적인 것이 분리되기 이전의 세계이다. 고난이 윤리적 의미를 담고 있으며, 윤리가 육체적 고통과 혼동되고 있다. 부정과 고난은 단단히 얽혀 있다. 여기서 최초의 인과관계가 만들어진다고 리쾨르는 파악한다. 오랫동안 인간은 부정과 고난의 연관성에서 최초의 '합리화의 도식(a scheme of rationalization)'[12]을 추리해 냈다. 윤리적 두려움 속에는 그런 모양의 '합리화'가 들어 있다. 그렇기 때문에 죄라는 윤리적 세계와 고난이라는 물리적 세계를 분리하기 위해서는 그 첫 번째 합리화를 제거해야 한다.

부정의 단계에서는 죽음의 문제도 도출된다. 고난을 벌로 보는 관점에서 소급해 올라가면 금기의 특징이 드러난다. 금기에는 이미 그것을 어겼을 때 치러질 응보의 그림자가 드리워져 있다. "이런 짓을 해서는 안 된다"가 무게를 갖는 것은, "그렇지 않으면 죽으리라" 때문이다. 터부(a taboo)란 다른 것이 아니라 금기에 들어 있는 벌의 경고이다. 금기의 위력이란 죽음의 위력이다.[13] 금기 속에 들어 있는 고난과 응보 때문에 성스

10 *Ibid.*, 29쪽.
11 *Ibid.*, 31쪽.
12 *Ibid.*, 31쪽.
13 *Ibid.*, 33쪽.

런 것은(the sacred) 초인간적인 파괴력으로 드러난다. 그래서 인간은 부정을 두려워하면서 초월자(the transcendent)의 파괴력을 두려워한다. 그렇기 때문에 사람은 초월자 앞에 설 수 없다. 리쾨르에 의하면, 그 같은 분노와 무시무시함과 죽음의 권능을 통해 성(聖)은 속(俗)과 분리된다.

③ 때(stain)의 상징성

부정의 표상은 반은 물리적이고 반은 윤리적인 이중성을 지니고 있다.[14] 그런데 종교적 제의(祭衣)가 가미되면서 물리적인 성격이 줄어들게 되었다. 부정은 그것이 제의적 청소의 대상이 되는 한 그 자체로 '악의 상징(a symbol of evil)'[15]이다. 부정과 때(stain)의 관계는 정화와 세탁의 관계와 같다. 부정은 단순한 때가 아니라 상징적 때다.

그런데 부정이 인간세계로 들어오는 것은 '말(speech, parole)'을 통해서이다.[16] 깨끗한 것과 더러운 것의 대립도 말로 이루어진다. 깨끗함과 더러움에 대해 하는 말이 그 둘의 대립을 만든다. 말이 없을 때, 때는 그냥 때일 뿐이다. 금기의 법은 이미 말이다. 제의의 여러 동작이 의미를 지니고 효과를 발휘하려면, 제의가 벙어리여서는 안 된다. 어떤 제의가 말없이 진행된다 하더라도 이미 그 바탕에는 말이 들어 있다. 이 말이 성스런 것의 체험을 전달할 수 있는 '상징 언어(a symbolic language)'로 된다. 그렇게 해서 '부정함(the impure)'과 '정함(the pure)'이라는 어휘들이 '죄과(罪過)' 느낌과 '죄의 고백'을 낳는 최초의 언어학적, 의미론적 모태[17]를 이루게 된다. 이러한 상징 언어의 형성에 가장 중요한 역할을 하는 것이 그리스 고전의 '비극(悲劇)'이다. 그리스 철학은 신화와 관련하여 성립되었

---

14 *Ibid.*, 35쪽.
15 *Ibid.*, 35쪽.
16 *Ibid.*, 36쪽.
17 *Ibid.*, 37쪽.

다. 신화 자체가 부정과 관련된 신앙과 제의에 대한 설명적, 서술적 주석이요 해석이다.[18]

④ 두려움의 승화

부정함의 '주관적' 측면인 두려움 역시 처음부터 정서 변형의 가능성을 품고 있다. 죄의 영역으로 가면서 두려움이 폐기되는 것이 아니라 그 의미가 바뀐다. 두려움이 윤리성을 띠게 되는 것 역시 말을 통해서이다. 말은 부정 있는 자아를 의식화하는 도구처럼 된다. 부정은 금기를 통해 말의 세계에 들어오기도 하지만, 고백을 통해 말의 세계에 들어오기도 한다. 자기 행실에 숨어 있던 의미를 완전히 드러내는 총체적 고백이 아주 겸손한 '죄의 고백'으로 나타난다. 이 고백의 언어(the language of confession)[19]는 주술적으로 이루어진다. 그래서 말은 상징행위의 연장선상에 있다고 볼 수 있다. 말해진 두려움은 이미 고백이다. 말에 업혀 비로소 두려움은 물리적이기를 넘어 윤리적 차원으로 된다. 이러한 윤리적 차원에는 세 단계[20]가 있다.

첫째, 정당한 벌의 요청(the demand for a just punishment)이다. 죄를 지었기 때문에 벌을 받는다는 것은 죄를 지으면 벌을 받아야 한다는 것이다. 두려움과 떨림 속에 퍼져있는 이 당위가 모든 벌의 원리이다. 아무리 정당하다 해도 벌을 받는 것은 역시 고통이다. 벌은 언제나 고통이다. 고통은 괴로운 것이며, 벌은 사람을 괴롭게 한다. 정당한 고난은 당해야 한다고 요청하면서 동시에 우리는 그 고난의 슬픔이 우리에게서 끝나기를 바란다. 복수를 두려워하는 마음속 깊은 곳을 들여다보면 질서에 대한 존중심이 있다. 응보의 고난을 두려워하며 감수하는 마음을 낳는 것이 바로

---

18 *Ibid.*, 39쪽.

19 *Ibid.*, 41쪽.

20 *Ibid.*, 42-43쪽.

질서에 대한 경외심이다.

둘째, 기대(the expectation)이다. 벌은 더 이상 성스런 것 앞에서 당하는 죽음이 아니라 질서를 위해 당할 고통이요 행복을 위해 당할 슬픔이 된다. 복수를 통해 의도된 것은 속죄다. 벌을 통해 부정을 지워버리려는 것이다. 결국 지워버리는 행위를 통해 의도된 것은 질서의 회복이다. 그런데 부정 있는 자 밖에서는 질서회복이 이루어 질 수 없다. 부정 있는 자 안에서 이루어진다. 따라서 복수와 속죄를 통해 의도되는 것은 교정이다. 곧 정당한 벌을 통해 흠 있는 자의 인격적 가치를 재건하는 것이다.

셋째, 희망(the hope)이다. 정당한 벌의 요청이 벌을 통한 질서회복의 기대와 맞물리는데, 그 기대에는 승화를 통해 두려움이 아예 없어지기를 바라는 희망이 들어 있다. 두려움의 완전한 폐지는 윤리의 종말론적 지평이요, 종말론적 장래라고 할 수 있다. 두려움을 내몰기 전에 사랑이 두려움을 바꾸고 변화시킨다. 사람은 충분히 사랑하지 못하기 때문에, 거꾸로 충분히 사랑받지 못한다는 두려움도 사라질 수 없다. 완전한 사랑만이 두려움을 몰아낸다.

3) 악에 대한 일차 상징으로서 '죄'

① 하나님 앞

'죄(罪, Sin)'의 관념은 '하나님 앞(before God)'이라는 범주에서 생긴다. 하나님 앞이란 전적 타자(the wholly Other)[21] 앞이 아니다. 헤겔은 불행의식을 분석하면서 하나님을 전적 타자로 보았지만, 그런 분석은 상당히 위험하다고 리쾨르는 말한다. 최초의 계기는 실존이 그 의미를 상실하는 상태가 아니다. 하나님의 존재 앞에서 하나님만 다고 사람은 아무것도 아닌, 그런

21 *Ibid.*, 57쪽.

상태가 아니다. 최초 계기는 '불행의식'이 아니라 '계약(the Covenant)', 곧 유대말로 베리트(the Berit)이다.[22] 하나님의 부재와 침묵 또는 그와 상응한 인간 실존의 위기와 공허 같은 것이 나타나는 것은, 그 이전에 만남과 대화의 차원이 있기 때문이다. 그러므로 죄의식에서 결정적인 것은 죄짓기 이전에 계약관계가 있었다는 점이다. 그 계약관계의 침해가 곧 죄이다.[23]

리쾨르는 구약성서에서의 야훼의 루아흐(ruah)는 다바르(davar), 곧 말(parole)이라고 주장한다.[24] 또 히브리어 다바르에 맞는 어휘가 그리스어 로고스(logos)밖에 없었다는 것은 우연하지 않다고 지적한다. 히브리어 다바르를 그리스어 로고스로 푼 것은, 하나님에게 붙잡힌 인간의 최초 상황은 언어의 세계로 들어올 수 있다는 점을 인정하고 있다. 왜냐하면 서로 부르고 찾고 하는 가운데 하나님이 하는 말과 사람이 하는 말이 있기 때문이다. 따라서 최초 상황은 큰 영(루아흐)의 권능과 힘의 측면에서 보면 어둠에 쌓여 있지만 말씀(다바르)의 측면이 있기 때문에 빛으로 나온다. 죄의 경험은 그처럼 하나님과 사람이 부르고 찾는 '대화관계(對話關係)' 속에서 생겨난다고 리쾨르는 파악한다.

② 무한한 요청과 유한한 계명

악의 의식에서 예언의 순간은 사람을 향한 하나님의 '무한한 요청(an infinite demand)'[25]이 드러나는 순간이다. 바로 그 무한한 요청 때문에 사람과 하나님 사이가 소원해지고 비탄감이 생기게 된다. 요청이 무한하다는 것은 인간의 죄악이 그만큼 뿌리 깊다는 것을 말해준다.

호세아(Hosea)는 부부관계(the conjugal bond)에 빗대어 죄의식(罪意識)을

---

22 *Ibid.*, 50쪽.
23 *Ibid.*, 51쪽.
24 *Ibid.*, 51쪽.
25 *Ibid.*, 55쪽.

말한다.[26] 그는 의례적(儀禮的)인 계약 대신 상호성에 의한 사랑의 계약을 제시한다. 간음은 죄를 가리키는 은유이다. 거기서 하나님은 이혼을 선언하는 남편으로 등장한다. 이혼의 상징은 처절하다. 그것은 하나님이 떠나간 후 버림받은 사람의 처지를 암시한다. 호세아가 말하는 하나님의 부재, 그것은 곧 현대인의 절망을 가리키는 것이다. 그것은 고통보다 더 나쁜 불안과 고뇌를 낳는다.

한편 이사야(Isaiah)는 하나님의 또 다른 측면을 본다. 거기서 죄의 새로운 차원이 열린다. 정의의 하나님, 갈라진 부부관계의 하나님 이후 이제 주권과 위엄의 하나님, 곧 거룩한 하나님(the holy God)이 등장했다. 그 앞에 설 때 사람은 그 '마음과 입술이 부정함'을 느낀다. 이제 죄는 주권침해의 모습을 띠게 된다. 그래서 죄는 교만과 오만이요 잘난 척 하는 것이 된다. 인간의 힘에 의지하는 것이 죄라면, 죄에서 벗어나 야훼에 대한 복종을 믿음이라고 본 사람은 이사야가 처음이라고 리쾨르는 말한다.

죄는 하나님을 전적 타자로 만들 수 있는데, 리쾨르는 이 문제를 올바로 이해하기 위해서 하나님과 사람의 계약관계를 자세히 살펴야 한다고 말한다. 이것은 무한한 요청과 유한한 계명(a limited imperative)의 변증법[27]을 고려해야 한다고 말한다. 한편, 죄의식은 이러저러한 잘못들을 넘어 '마음 속' 뿌리 깊은 악을 가리킨다. 다른 한편, 죄의식은 구체적인 법규를 위반하는 문제로 세분화된다. 거기서 예언자는 끊임없이 법규 위반의 문제에서 죄의 문제로 올라가려 한다. 반면에 죄의 문제에서 법규 위반의 문제로 내려가는 것이 율법주의이다. 이 둘의 변증법이 허물어지면, 하나님은 전적 타자가 되어, 하나님의 부재와 거리만 있게 되고 무한한 요청은 멀어져 버리고 만다. 그때 율법과 계명은 유한한 도덕심에 지나지 않

26 *Ibid.*, 57쪽.
27 *Ibid.*, 58쪽.

고, 인간이 스스로 자신을 의롭다고 하는 사태를 부추긴다. 그렇게 되면, 원래 '하나님 앞'이라는 범주를 구성했던 거리와(distance)와 현존(presence)의 패러독스가 죄의식의 중앙에서 폐기되고 만다.

③ 하나님의 노여움

이제 죄의식의 객관적 측면에서 주관적 측면을 고찰해 보자. 부정함의 의식에서 죄의식으로 발전하면서 두려움은 사라지지 않았다. 새로운 두려움이 생겼는데, 그것이 죄의식의 주관적 측면이다. 이 주관적 측면은 무한한 요청과 유한한 계명 사이의 계약관계를 살펴보면 된다.

두려움은 하나님 앞에 선 죄인의 상황을 말하고 있다. 거기에 상응하는 하나님의 표상은 '노여움(the Wrath)'[28]이다. 하나님이 악한 것이 아니다. 노여움이란 죄인에게 비친 거룩한 분의 모습이다. 이사야는 그리스어 휘브리스(hybris)[29]라고 하는 교만이 바로 죄라고 말하고 있으며, 그 모든 교만이 으스러지는 날이 바로 '야훼의 날'이라고 선포한다.

예언자들은 하나님의 노여움과 연관하여 즉각적인 재앙을 경고하면서 동시에 약속을 전한다. 그러므로 예언의 핵심은 파산선고가 아니라 재앙(the catastrophe)과 구원(the salvation)의 이중 현상이다. 그 이중의 신탁이 긴장을 유지한다. 그것이 계약의 특성[30]이다. 그런데 파멸과 구원의 변증법 속에서 일종의 집행유예(a respite)가 생겨난다. 다시 말해, 파멸의 여부가 인간의 선택에 달린다. "나는 생명과 사망을 네 앞에 놓았다. 생명을 택하라. 그러면 살리라."[31]

죄인은 하나님과 멀어진 '파멸의식' 속에서도 아직 하나님과 관계하고

28 *Ibid.*, 67쪽.

29 *Ibid.*, 65쪽.

30 *Ibid.*, 68쪽.

31 *Korean-English Bible*, Deuteronmy, 30:19., The new King James Version(『한영 성경전서』, 대한성서공회, 1986, 신명기, 311쪽).

있음을 발견한다. 리쾨르는 시편 51편을 좋은 예로 제시한다. 그 시에서 시편 기자는 하나님을 거슬러 죄를 지었다고 한다. 그러나 하나님을 '거슬렀다'는 고백은 "오 하나님, 내가 당신을 거슬러 범죄 하였나이다" 하는 탄원 속에 들어 있다. 이것은 대화관계 속에 들어 있다는 말이다. 그처럼 탄원의 부르짖음 속에서 죄인은 분명히 죄의 주체가 되고, 재앙의 하나님은 당신(Thou)이 된다. 여기서 리쾨르는 거룩성의 노여움이라고 했던 그 노여움은 말하자면 사랑의 노여움(the Wrath of Love)이라고 밝히고 있다.

④ 죄의 상징: '무(無)'로서의 죄

'계약'이 준-인격적 관계(a quasi-personalistic relation)[32]의 상징이라면 '죄의 상징'은 기본적으로 관계의 상실, 뿌리 또는 존재론적 기반의 상실을 가리킨다. 구원의 측면에서 거기에 맞먹는 기본 상징은 '돌아옴' 이라는 상징이다.

리쾨르는 죄에 해당하는 어원[33]을 살피고 있다. 첫째 어원은, 목표가 없다는 뜻의 'chattat'와 비뚤어진 길이라는 뜻의 'awon'이고, 둘째로는 비뚤어진 길이라는 의미의 라틴어 'peccatum'이 있다. 셋째로는 반항, 목이 뻣뻣함, 거역이라는 의미의 'peshá'가 있는데, 이는 이사야가 말한 'ΰβρις(hybris)'와 비슷하며, 마지막으로 죄인이 처해 있는 상황, 즉 벗어나 떨어져 있다는 의미의 'shagah'가 있다.

이러한 어원을 통해서 알 수 있는 사실은, 죄의 상징을 이루고 있는 것은 '끊어진 관계' 라는 개념이다. 없음, 빗나감, 거역, 벗어나 떨어져 있음 따위의 상징이 죄를 '無'로 보게 하는 새로운 관념을 형성한다. '無'는 우

32 Paul Ricoeur, *op. cit.*, 71쪽.
33 *Ibid.*, 72-73쪽.

상의 상징역할을 한다.[34] 야훼는 그 우상을 질투한다. 이미 아모스가 '善' '惡'의 문제를 '하나님'과 '無' 가운데 하나를 택하는 문제로 보았다.[35] 우상은 대표적인 '無' 곧 헛것이다. 우상을 기뻐하는 사람도 '無'가 된다. 이렇듯 우상과 우상숭배를 무로 보는 관점은 우리가 앞서 살펴 본 '야훼의 날'의 하나님의 노여움과 상응하게 된다.

죄의 상징은 죄를 넘어서는 것 곧 용서의 각도에서 보면 새로운 모습으로 부각된다. 하나님 쪽의 문제인 '용서'는 사람 쪽의 문제인 '돌아옴'과 짝을 이룬다. 용서는 노여움을 버리거나 잊는 것이다. 이처럼 하나님 쪽의 변화는 상당히 많은 의미를 함축한다. 새롭게 전개될 사람과 하나님 관계의 출처가 하나님이라는 얘기며, 그 주도권이 하나님에게 있다는 얘기다. 이제 용서와 고통의 관계에서도 새로운 관념이 생겨난다. 용서는 고통을 약하게 하지만 무엇보다도 용서를 통해 고난이 시험으로 바뀐다. 고통은 의식화하는 도구요 하나님을 고백하게 하는 길이 된다. 하나님과 계약 상황 속에 있음을 다시 깨닫게 된 것이 이미 완벽한 용서의 결과라고 보았다. 그러므로 고통은 벌에 속하면서 용서에 속한다. 동시에 '돌아옴'이 곧 '용서'가 된다.[36] 돌아옴으로 죄가 사라지고 죄인의 멍에가 제거된다.

모든 회개의 밑바닥에 그러한 '돌아옴'의 도식이 자리 잡고 있다. '돌아옴'의 상징은 다른 상징들과 맞물린다. 우선 '길'의 영상(the images of the way)[37]이 있다. 죄가 '굽은 길'이라면 돌아옴은 악한 길에서 돌이키는 것이다. 둘째, 돌아옴은 처음관계를 되풀이하는 것 곧 회복(a restoration)[38]이기도 하다. 바로 그 때문에 돌아옴은 때로 생명 반석 위에서 조용히 거하

---

34 *Ibid.*, 75쪽.

35 *Korean-English Bible*, Amos, 5:14-16, The new King James Version(『한영 성경전서』, 대한성서공회, 1986, 아모스, 5장 14-16, 1279쪽).

36 Paul Ricoeur, *op. cit.*, 79쪽.

37 *Ibid.*, 80쪽.

38 *Ibid.*, 80쪽.

는 안식과도 연관된다. 셋째, 돌아옴의 도식은 혼인의 은유와도 통한다. 여하튼 돌아옴이라는 낱말 짝의 상징성이 풍요롭게 되는데, 용서와 돌아옴의 상징에서 특정한 쪽을 강조하게 되면 우리는 그 어떤 신학도 해결하지 못하는 굉장한 패러독스에 빠지게 된다고 리쾨르는 말한다. 용서와 돌아옴의 상징은 은혜와 의지, 예정과 자유에 대한 신학적 논의를 미결정 상태로 남겨두지만, 그 대신 사변을 통해서는 분리되고 대립할 수밖에 없는 요소들을 초논리적으로 화해(the hyperlogical reconciliation)시킨다[39]고 리쾨르는 주장한다.

⑤ 죄의 상징: '실재'로서의 죄

죄는 헛된 '무(無)'다. 반면에 부정은 그 '뭔가 있는' 것이었다. '무'와 '뭔가 있는' 것은 서로 반대다. 그렇다고 죄의 상징이 부정과 반대되는 것은 아니다. 죄에는 또 다른 특징이 있다. 실재론적으로 볼 때, 키에르케고르가 말한 것처럼 죄 역시 실재적(positive)이다.[40] 부정이란 죄인이 자기 자신에 대해 느끼는 의식이요 따라서 거기서는 한 개인이 잘못의 '對者(for itself)'가 된다. 그러나 죄의 고백은 그렇지 않다. 그 고백은 예언자들이 폭로하고 드러낸 악의 실재를 바깥에서 본 것이다. 때문에 허물의식의 '주관성'과 죄의 '실재성(reality)'이 대조된다. 이 죄의 실재성은 죄의 존재론적 측면을 일컫는다. 리쾨르는 죄의 실재성의 다섯 가지 특징[41]을 말한다.

첫째, 죄는 뭔가 있는 것이다. 잊혀진 죄, 자기도 모르게 저지른 죄를 회개하라고 권면하는 것도 그와 같은 죄의 실재성 때문이다. 둘째, 죄가 주관적인 것으로 환원되지 않기 때문에 개인적인 차원으로도 환원되지 않는다. 죄는 처음부터 개인적이면서 공동체적이다. 셋째, 내 죄는 하나님

39 *Ibid.*, 81쪽.
40 *Ibid.*, 81쪽.
41 *Ibid.*, 82-85쪽.

의 관찰 하에 있다. 죄의 대자(對者)는 내 의식이 아니라 하나님이다. 넷째, 하나님의 눈길은 사람을 위축시키는데 있지 않고, 나의 상황을 밝히고 내 실존에 내려질 윤리적 심판과 정의를 드러내는데 의미가 있다.

이상의 분석을 통해, 죄는 '내면적'이면서 동시에 '객관적'이라는 것을 알 수 있다. 따라서 죄의 상징 속에 부정의 상징이 재등장하는 것이 죄 상징의 두 번째 차원이다. 다시 말해, 용서의 상징 속에 '깨끗이 씻는' 상징이 다시 등장한다. 돌아옴의 상징에 '대속(代贖)' 또는 '구속(救贖)'이라는 새로운 상징이 보태진다. 이 부분은 레위기 17장 10~11절에 잘 나타나고 있다. 피가 사람을 대신하여 속죄한다. 피의 상징은 선물 곧 은혜의 상징[42]이라는 것이다. 속죄 행위는 사람이 하지만 속죄 그 자체는 은혜다. 하나님이 '속죄한다(expiate)'는 것은 '용서한다(pardon)'는 말이다.

4) 악에 대한 일차 상징으로서 '죄과'

① 새로운 계기의 출현: 죄과

리쾨르는 지금까지의 악(惡)의 일차 상징으로서 부정, 죄 이외에 새로운 계기를 말한다. 그것은 죄과(罪過, Guilt)이다. '죄과'를 자세히 살펴보면 거기에 세 가지 방향[43]이 있다고 말한다. 첫째, 책임과 벌의 관계에 대한 반성에서 나오는 윤리적이고 법적인 방향, 둘째 예민하고 세심한 의식에 대한 반성에서 나오는 윤리적이고 종교적인 방향, 그리고 셋째, 저주받고 심판 받았다는 의식에 대한 반성에서 나오는 심리학적이고 신학적인 방향이다. 죄과라는 관념을 낳는 데는 이러한 세 가능성이 있는데, 이 세 가지 방향은 서로 대립하고 있기 때문에 파악하기가 어렵다.

---

42 *Ibid.*, 97쪽.

43 *Ibid.*, 100쪽.

리쾨르는 죄(Sin)가 잘못의 존재론적 계기라면, 죄과는 잘못의 주관적 계기[44]라고 말한다. 앞서 살펴보았던 부정에는 벌 받을 것이라는 두려움이 들어있었는데, 마찬가지로 죄과도 그와 같은 벌의 가능성이 내면화되어 의식을 내리누르는 것이다. 죄과는 죄의 열매이다. 그리고 어떤 기원과의 관계가 끊긴 것이다. 그런 의미에서 죄과는 죄가 내면화된 것이라 할 수 있다.[45] 죄를 고백하면서 죄가 내면화되고 그것이 개인적인 죄과로 바뀌게 된다.

그래서 이제 악을 개인적인 잘못으로 판단하게 되었다. 그 개인화로 말미암아 죄과는 죄 고백의 '우리'와 단절된다. 이와 관련하여 성서의 포로기의 예언자들에게서 공동체적인 죄가 개인적인 죄과로 바뀌는 것을 볼 수 있다. 이제 문제는 개인이다. 왜곡되거나 회심하는 것은 각 개인의 결단에 따른 것이요, 각자에 결단에 따라 의인(義人)도 되고 악인(惡人)도 된다. 예레미아가 특히 개인의 책임을 강조하고 있다.[46]

죄과에는 등급(degree)[47]이 있다. 죄는 있으면 있고 없으면 없는 것인데, 죄과는 많고 적음이 있다. 따라서 도덕뿐만 아니라 재판이나 형벌이 모두 죄과의 정도에 따라 이루어진다. 사람은 누구나 철저하게 죄인이지만 죄과에 있어서는 사람에 따라 차이가 있다. 죄과의 정도에 따라 고통의 정도도 정해진다.

---

44 *Ibid.*, 101쪽.

45 *Ibid.*, 103쪽.

46 *Korean-English Bible*, Jeremiah, 31:29-30, The new King James Version(『한영 성경전서』, 대한성서공회, 1986, 예레미야, 1102쪽). "그때가 오면, 사람들이 더 이상 아버지가 신 포도를 먹었기 때문에, 자식들의 이가 시게 되었다는 말을 하지 않을 것이다. 오직 각자가 자기의 죄악 때문에 죽을 것이다."

47 Paul Ricoeur, *op. cit.*, 107쪽.

② 죄과와 벌

리쾨르는 죄과(罪過) 의식이 우선 윤리적이고 법적인 방향에서 생긴다[48]고 말한다. 죄과가 나오면 으레 법정이 등장한다. 유대인들에게는 계약, 윤리적 단일신론, 하나님과 사람 사이의 인격관계에서 그 반대되는 개인의 죄과라는 축이 생겼다. 그러나 그리스인들에게서는 도시민의 윤리에서 비롯되었다. 다시 말하면, 죄과의 정도라는 관념이 유대인들에게서는 공동체의 고백에 대한 개인적인 측면이 부각되면서 생긴 것인 반면에 그리스인들에게서는 형벌의 발전과 같이 생겼다.

그리고 죄과 의식은 '꼼꼼함의 의식(the scrupulous conscience)'에서 생겨난다[49]고 말한다. 리쾨르는 죄과가 꼼꼼한 의식에서 비롯되기 때문에 이 '꼼꼼함의 의식'의 유형을 바리새주의(또는 유대주의)에서 살피고, 죄과 경험의 독특한 차원을 밝혀내고 있다.

바리새주의의 경험에 들어있는 죄과 의식은 꼼꼼함이다. 이 꼼꼼함은 일반적 합의를 거친 타율체제라 부를 수 있다. 유대주의에서 토라(the Torah)가 계시라고 하거나 계시가 토라라고 할 때 그 타율을 가리킨다. 토라는 계시다. 토라가 계시요, 계시는 토라라고 하는 얘기는 계시의 핵심이 행함과 관련된 가르침이라는 말이다. 결국 하나님은 윤리요, 하나님에 대한 사람의 관계는 가르침에 복종하는 관계이다.[50]

리쾨르는 바리새인들의 근본적인 한계는 하나님과 사람의 관계를 지시의 관계로 묶어 두는 것이라고 말한다. 지시의 관계는 명령하는 의지와 복종하는 의지의 관계다. 그리고 꼼꼼함은 도덕생활의 예배 의식화 또는 예배 의식의 도덕화[51]라고 정의할 수도 있다. 여기서 리쾨르는 두 가지

---

48 *Ibid.*, 108쪽.
49 *Ibid.*, 118쪽.
50 *Ibid.*, 127쪽.
51 *Ibid.*, 135쪽.

문제를 지적한다. 첫째, 하나님에 대한 사람의 관계가 오로지 그리고 본질적으로 행위의 실천이라 할 수 있는가? 둘째, 정확의 정신은 꼼꼼한 의식에 어떤 위험성을 초래할 수 있지 않는가? 말하자면, 꼼꼼함의 의식은 복종의 의도를 생각지 않고 그 형식에만 집착하기 쉽다는 것이다.

③ 죄과의 위기

리쾨르는 바리새인들의 순수한 태도를 이해하면서도 그들에게 결정적인 비판을 가한다. 만일 꼼꼼함의 의식이 움직이지 않고 정체되면 위선(hypocrisy)[52]에 빠져버리고 만다는 것이다. 그래서 그는 거짓 바리새인과 참된 바리새인의 관계를 살피기 위해 힐렐(Hillel)의 관점과 바울(St. Paul)의 관점을 살핀다. 간단히 힐렐의 관점은, 우리가 유대교의 내재적 입장에서 꼼꼼함의 의식을 준수하고 행함으로써 '선'(善)에 이르고 '구원(救援)'에 이른다는 생각이며, 반면에 바울에 관점은 타율화된 율법은 아무런 의미가 없으며, 율법자체가 죄에서 나왔기 때문에, 우리가 율법을 행함으로 선이나 구원에 이르는 것이 아니라 오히려 죄를 드러내고 죄가 있다는 사실을 명백히 해준다는 것이다.

리쾨르는 바울이 말하는 의롭게 여김(justification)의 상징에 주목한다. 바울이 말하는 '의로움', 곧 정의(옳음)는 저쪽에서 사람에게 오는 그 무엇이다. 미래에서 현재로, 바깥에서 안으로, 초월에서 내재로 오는 것이다. 그것은 사람의 '지식'과 '의지'와 '능력'과 관계없으며, 인간 이상의 것에 바탕을 두고서만 인간적인 것이 된다. 리쾨르는 바울과 유대교의 차이점을 한마디로 말한다. 유대교는 스스로 의롭게 되려는 것인데 반해, 바울은 사람이 의롭게 되는 것은 '율법'을 지킴으로써 되는 것이 아니라 율법의 행위와는 상관없이 믿음으로 된다[53]는 것이다. 이제 율법을 행함으로 의롭

52 *Ibid.*, 138쪽.

게 되는 것과 믿음으로 의롭게 되는 것, 스스로 영광 받는 것과 믿는 것, 공적과 은총의 문제가 우리 앞에 선택거리가 된다.

여기서 리쾨르는 우리에게 바울의 관점을 전하려고 한다. 리쾨르는 갈라디아서의 바울의 말을 인용한다.

> "율법은 그리스도께서 오실 때까지 우리에게 개인교사의 역할을 하였습니다. 그것은 우리로 하여금 믿음으로 의롭게 하여주심을 받게 하시려고 한 것입니다. 그런데 믿음이 이미 왔으므로, 우리는 이제 개인 교사 밑에 있지 않습니다."(갈, 3:23-24)

여기서 만일 우리가 개인교사 밑에 머무른다면, 우리는 율법의 노예가 된다고 리쾨르는 말한다. 그런데 율법체제에서 신앙의 체제로 가는 것은 점진적인 발전이 아니다. 그것은 넘쳐나 뒤집히는 것이다.

> "율법은 범죄를 증가시키려고 들어왔습니다. 그러나 죄가 많은 곳에 은혜가 더욱 넘치게 되었습니다."(롬 5:20)

리쾨르는 '죄의 넘침'에서 '은혜의 넘침(the superabundance of grace)'을 본다. 이 넘침의 교육학[54]은 사람 마음대로 되는 것이 아니다. 어떤 기교를 터득해서 은혜가 넘치게 하려고 죄를 많이 지을 수는 없다. '윤리'라는 노예 상태에 지나지 않는 단계를 통해서는 자유를 얻을 수 없음을 아는 것은, 구원받은 후의 일이다.

---

53 *Ibid.*, 148쪽.

54 *Ibid.*, 149쪽.

4. 리쾨르의 관점의 고유성

리쾨르의 악에 대한 분석 내용은 언뜻 보면, 기독교적인 관점과 비슷해 보인다. 그것은 리쾨르 역시 어거스틴의 '원죄론'을 언급하고 있기 때문이다. 하지만 악에 대한 논의에서 기독교적 관점의 출발점이 사변적인 원죄론 이라면, 리쾨르는 원죄론보다 더 근원적인 체험의 세계로 내려간다. 체험으로 가기 위해서는 신화의 단계(이 부분은 주로 악의 상징 제2부에서 논의된다.)가 필요하다. 그래서 그는 사변에서 신화로, 신화에서 체험의 세계로 내려간다. 리쾨르는 이 체험의 세계에서 악의 일차적이고 근원적인 상징들을 분석하고 검토한 후, 이를 이후 종교적인 관점과 연결시키고 있다. 이러한 일련의 분석은 철저히 해석학적(解釋學的)이고 현상학적(現象學的)인 방식을 통해서 진행된다.

리쾨르는 우선 악의 일차상징을 '부정(不淨)'으로 본다. 체험의 세계에서 부정은 우리에게 마치 '때'와 같은 물질적인 어떤 것을 가리킨다. 때는 정함이 없고, 더러운 상태를 일컫는다. 이 단계에서는 주로 성(性)의 접촉을 부정한 것으로 보았다. 더럽히는 접촉은 '두려움'이라는 감정을 통해 인간에게 주관적 사건으로 된다. 두려움은 부정을 저지르면 그에 따른 응보, 보복이 뒤따른다는 생각에서 생긴다. 부정은 말을 통해서, 그리고 죄의 고백을 통해서 인간세계로 들어온다. 이 죄의 고백은 주술적으로 이루어진다.

리쾨르는 다음으로 '죄'를 분석한다. 그는 하나님과 인간의 계약관계의 파괴, 대화관계의 단절을 죄라고 말한다. 계약관계가 파괴되면, 인간은 교만상태, 즉 휘브리스에 빠지게 된다. 이때 하나님의 노여움이 인간에게 비춰지게 된다. 이 하나님의 노여움은 '재앙'과 '구원'이라는 이중적 성격을 담고 있다. 만일 인간이 휘브리스 상태에 계속 안주하면, 하나님은 노여움으로, 재앙으로만 비치게 된다. 그러나 인간이 휘브리스 상태에서 '돌아옴' 상태가 되면, 하나님에게서는 '대속' 또는 '구속'이라는 상징이 열리게 된다. 리쾨르는 용서와 돌아옴의 상징이, 신학적으로 해결할 수 없는 은혜와 의지, 예정과 자유에 대한 논의를 초논리적으로 화해시켜준다고 말한다.

마지막으로 리쾨르는 '죄과'를 분석한다. 그는 죄가 내면화 된 것을 죄과라 말한다. 죄는 고백을 통해 내면화되고 그것이 개인적인 죄과로 바뀐다는 것이다. 이러한 죄과는 주로 윤리적이고 법적인 방향에서 생기며, 율법을 조목조목 지키겠다는 꼼꼼함의 의식에서 생긴다고 말한다. 리쾨르는 꼼꼼함 의식이 정체되고 움직이지 않으면 위선에 빠질 위험을 안고 있다고 말한다.

여기서 리쾨르는 인간이 의롭게 되는 문제에 직면해서 바리새파 사상과 바울의 사상을 대립시킨다. 율법을 지킴으로써 의롭게 되려는 입장과 믿음을 통해 의롭게 되려는 입장 중 리쾨르는 후자의 입장을 견지한다. 왜냐하면, 율법이 그리스도가 올 때까지는 개인교사 역할을 했지만, 그리스도가 온 이후에는 이제 더 이상 율법 밑에 있을 필요가 없다는 것이다. 인간은 율법 밑에 있으면 있을수록, 범죄만 드러나고, 죄로부터 자유롭게 되지 못하며, 오히려 율법의 노예로 되어버린다.

우리는 인간의 미약함, 인간의 불완전함을 인정하는 상태에서 인간이 의롭다 여김을 받을 수 있는 가장 합리적인 방법은, 바울적인 방식으로 가능하다는 리쾨르의 태도에 동조하지 않을 수 없다. 이런 측면에서 리쾨르의 악에 대한 해석은 설득력을 지니고 있다.

리쾨르는 악의 상징들이 부정, 죄, 죄과로 점차 발전한다고 본다. 물론 일정한 방향으로 일률적으로 진행되는 것은 아니다. 그렇지만 악의 상징의 진행에 대한 분석은 치밀하고, 유례가 없었던 관점이라 할 수 있다. 그는 부정, 죄, 죄과의 상호 변증법적 관계를 통해 '악'이라는 상징이 인간에게 어떤 의미로 작용하는지를 말하고 있다.

5. 리쾨르의 관점에 대한 비판

이제 우리는 악(惡)이란 선(善)의 대칭물이 아니고, 악함이란 선함의 대체물이 아니며 다만 인간 안에 있는 순결과 빛과 아름다움이 퇴색되고 희미해지고 추해진 것[55]임을 알게 되었다. 악이 아무리 뿌리 깊다 해도 선만큼 근원적이지는 않다. 리쾨르의 악에 대한 해석학적 분석은 많은 시사점을 던져 주고 있다. 그중에서도 우리에게 악의 본질이 무엇이냐의 논의보다는 악이 우리에게 어떤 의미로 작용하는가 하는 측면이 악에 대한 유용한 이해방식이라는 점이다. 그리고 악의 의미문제를 해명해 보면, 악이 선과 대결 형태로 있는 것이 아니고, 인간에게 내면화되고 개인화 되어 있다는 것이다.

이상의 리쾨르의 논의는 인간이 '저지르는 악' 과 '당하는 악' 을 '저지르는 악'의 측면에서 흡수하여 소화시키고 있음을 알 수 있다. 따라서 이러한 리쾨르의 논의는 개인적 측면의 종말론적 상태를 지나치게 강조할 경향을 배제하지 못한다. 우리가 결과론적으로 생각할 때, 리쾨르 식의 악의 이해가 '당하는 악'에 대해서는 너무나 소극적일 수밖에 없다는 것이다. 리쾨르는 마르크스, 헤겔, 니체, 프로이트의 관점을 너무나 소홀히 다루어 버렸다.[56] 우리는 '당하는 악'을 '저지르는 악'으로 해소시켰다고 해서 '당하는 악'의 문제가 완전히 해결되었다고 결코 말할 수 없기 때문이다.

---

55 *Ibid.*, 156쪽.
56 *Ibid.*, 145쪽.

제9장
폴 리쾨르의 기독교철학(2)

– 가다머와 하버마스의 해석학에 대한 리쾨르의 입장을 중심으로

1. 시작하는 말

최근 한국사회의 중심 담론 중의 하나는 이념 논쟁이다. 정치현상을 진단하거나, 문화현상을 설명하거나, 환경문제를 논의하거나, 아니면 남북문제를 언급할 때 반드시 이념이 등장하고, 그중에서도 보수냐 진보냐에 따라 입장이 나눠지게 된다. 이러한 보수와 진보라고 하는 각각의 이념은 새로운 합의와 타협을 이루는 전제조건이다. 그런데 우리 사회의 형편을 곰곰이 살펴보면 이러한 이념 및 이념 논쟁으로 인해 각 분야에서 갈등과 긴장, 불안과 위기의 국면을 초래하고 있는 실정이다. 이러한 상황에서 우리 모두에게 요구되는 자세는 어떤 것일까? 개별 가치관에 기인하여 만들어지는 이념들은 기본적으로 상이할 수밖에 없다. 다수의 이념들이 공존할 수밖에 없는 이유가 거기에 있다. 그렇다하더라도 '우리'라고 하는 공동체를 보존하고 공동체 구성원들의 공생의 삶을 위해서는 불가피하게 타협과 합의가 필요한 것이다.

사실, 서양철학사 전통에서도 보면 이러한 이념 논쟁은 다양한 방식으로 나타나고 있다. 여기서 우리가 주목하고자 하는 부분은 특히 현대 해석학에서 전개된 보수(保守)와 진보(進步) 논쟁이다. 논쟁의 핵심은 물론 해석학적 태도와 관계있다. 그러니까 전통(傳統)을 바라보는 해석학적 입장, 예컨대 전통에 대한 해석학적 위상 문제, 전통이 담당하고 있는 순기능과 역기능, 전통과 진리의 문제, 나아가 전통과 이데올로기 문제, 궁극적으로 해석학과 비판이론의 관계 등등이 있다.

필자는 이 글에서 '전통'과 '이데올로기'를 바라보는 해석학적 논의를 통해서, 보수와 진보의 의미를 다시 한번 되새겨보고, 이를 통해 우리사회에서 전개되고 있는 이념 논쟁에서 타협의 방식을 간접적으로나마 찾아보고자 한다. 이를 위해서 먼저 가다머(H.G. Gadamer, 1900-2002)와 하버마스(J. Habermas, 1929-) 그리고 리쾨르(P. Ricoeur, 1913-2005)를 중심으로 해석학이라는 분과학문이 전통과 어떤 식으로 관련되는지를 살펴보도록 한다. 이 과정에서 우리는 가다머 해석학의 보수적 측면과 하버마스 해석학의 진보적 측면을 확인할 수 있을 것이다. 그리고 보수적 입장과 진보적 입장에 대한 해석학적 의미를 살펴볼 것이다. 그리고나서 리쾨르의 시선을 좇아 가다머와 하버마스 해석학의 차이점과 공통점, 한계점과 보완점을 찾아낼 것이다. 그러니까 우리는 해석학적 종합을 통해서 보수 대 진보라는 이념 문제의 해결 방식을 살펴보고자 한다.

2. 가다머의 철학적 해석학의 핵심 개념들

먼저, 가다머의 해석학은 그의 주저 『진리와 방법』(*Wahrheit und Methode*, 1960)

의 부제 ── 철학적 해석학의 기본 특징들 ── 에서도 알 수 있듯이, '철학적 해석학'으로 특징지을 수 있다. 그의 철학적 해석학은 주로 '언어'와 '이해' 문제를 '존재론적'으로 규명하고 있다. 이 때문에 하버마스는 가다머의 해석학이 사회 현실과는 동떨어지게 되고, 그 결과 해석학의 영역을 축소시켜 놓았다고 비판한다. 하버마스의 이런 비판은 일면 타당하게 보일 수도 있지만, 가다머의 논의를 세심하게 좇아 보면 그렇지 않다는 사실이 드러나게 된다. 이 사실을 확인하기 위해서 우리는 가다머의 철학적 해석학의 여러 개념들 가운데 가장 핵심적인 것으로 '이해(理解)', '언어(言語)', '전통(傳統)', '권위(權威)' 개념을 살펴보아야 한다.

가다머에게서 '이해' 작용은 그 자체로 이루어지는 게 아니라 항상 앞선 이해를 근거로 해서 형성된다. 여기서 앞선 이해란 바로 '선판단(Vorurteil)'[1]을 말한다. 그럼 왜 가다머는 선판단에 주목하는 것일까? 그것은 바로 인간에게 '무전제적인' 이해란 결코 있을 수 없다는 것을 말하기 위해서이다. 가다머가 볼 때, 선판단이란 결국 우리가 배제해야 하거나 배제할 수 있는 그런 성질의 것이 아니라 우리가 역사를 이해할 수 있는 기반이다.[2] 그렇다면 이제 선판단의 정당성에 대한 인식론적인 근거가 문제일 수 있다. 가다머는 역사적인 해석학에 있어서 권위의 신봉과 전통의 인정에서 연유하는 선판단은 정당성을 가질 수 있다는 이유에서 선판단의 정당성의 근거를 '권위'와 '전통'에서 찾고자 하였다. 그런데 권위 문제는 먼저 계몽주의의 입장에서 살펴볼 필요가 있다. 왜냐하면 계몽주의

---

1 가다머는 "인간의 유한하고 역사적인 존재방식에 알맞은 합법적인 선판단이 있다"고 말한다. Gadamer, *WuM*, 261쪽. 이것을 그는 아주 철저한 판단으로, 그리고 습관과 권위에 따르는 계몽주의의 정신에 따른 '긍정적 선판단'이라 하고, 이에 덧붙여 잘못된 판단이나 억압과 동의어인 '부정적 선판단'도 있음을 말한다. 그런데 여기서 가다머는 하이데거의 현존재 분석에서 이끌어낸 이해의 선구조에 따라 긍정적 선판단을 말하고 있다. 이 점은 이후에 하버마스의 비판의 대상이 되는데, 말하자면 가다머가 무비판적으로 선판단을 수용하고 있다는 점에서 그러하다.

2 "전통은 현재 우리를 둘러싸고 있는 제반 생각들의 흐름을 제공해 주며 ……." Gadamer, *WuM*, 263쪽.

자들에게서 권위에 대한 신봉은 이성의 신봉과는 대립적인 것으로서 '부정적 선입견'의 근원으로 인식되어 왔기 때문이다. 그래서 계몽주의자들에게서 권위란 이성과 자유와는 반대되는 '맹목적 복종'을 의미하는 것이었다.

그런데 가다머의 입장은 계몽주의자들의 그것과는 확연히 다르다. 다시 말해 권위의 본질은 이성의 포기와 맹목적 복종에 있는 것이 아니라 궁극적으로 '인식'과 '인정(Anerkennung)'에 근거한다.[3] 그러니까 타인 또는 전승된 텍스트의 우월성을 인식하고 그것을 인정하는 데에 권위의 근거가 있다는 것이다. 그렇기에 권위란 인간이 자신의 한계를 자각하고 타자에게 좀 더 나은 통찰을 신뢰하는 이성 자체의 행동에 근거하고 있다. 따라서 그것은 이성과 자유에 대한 대립적인 개념이 결코 아니다.

가다머는 이와 같은 권위의 대표적인 형식으로 '전통'을 예로 든다. 역사적으로 전래하는 것(Überkommen), 즉 전통은 그 고유한 권리와 권위를 보유하고 우리의 행위와 태도를 지배하며 그럼으로써 역사적으로 유한한 인간존재와 제도를 규정한다. 전통과 그것에 근거하는 선판단에 대한 가다머의 이러한 인식에서 본다면, 이해는 근원적으로 선이해의 역사적인 폐쇄성을 벗어날 수가 없다. 그래서 계몽주의자들은 전통을 단적으로 이성적인 자유와 자유로운 자기규정에 모순·대립되는 것으로 파악하였던 것이다.

그렇다면 여기서 무조건적인 권위를 갖고 있는 전통을 우리는 전적으로 수용해야 하는가라는 물음을 가질 수 있다. 이 물음에 대해, 가다머는 전통이라고 해서 전래된 것이 어떠한 단절도 경험하지 않은 채 그대로 보존됨으로써 자명하게 지배하는 것은 아니라고 말한다. 우리는 오히려 우리자신의 '비판적인 각성'에 의해서 전통을 갱신하기도 하고, 그것을 시

---

3 Gadamer, *WuM*, 246쪽, 263쪽.

인하고 취하여 손질하기도 한다. 물론 전통이라는 개념에는 본질상 옛 것을 '보존함'이라는 의미가 들어있다. 하지만 이 전통은 그 자체로 '이성의 행위'이며, 전복과 갱신 못지않게 '자유로부터 나온 태도'라고 가다머는 파악한다.

그런데 가다머의 논의를 좇아가다 보면 또 다른 문제에 직면하게 된다. 그 문제는 바로 참된 선판단과 그릇된 선판단을 구별할 수 있는 기준은 무엇인가? 하는 점이다. 이 문제에 대해 가다머는 객관성 확보에 확고한 기준이 있는 것은 아니지만 이를 위한 하나의 지침으로서 '시간간격'을 제시한다. 그러니까 우리의 선판단이 참된 것인지 아니면 거짓된 것인지는 지금 당장 확인하기보다는 시간간격이라는 매개를 통해서 확인가능하다는 말이다. 그렇지만 가다머의 '시간간격'이라는 표현에는 명확하지 않은 점도 들어 있다. 말하자면, 옳고 그름의 차원이 시간이 흐르고 나면 저절로 판명된다는 의미로 해석될 수도 있고, 만약 그렇다면 현재의 삶의 모습에서 옳음의 기준이 모호해져서 행위 양식이 왜곡된 채 행사될 수도 있게 된다는 점이다. 이러한 지적에 대해서 가다머는 다음과 같이 시간간격의 의미를 설명하고 있다.

> "시간간격을 이해의 긍정적이고 생산적인 가능성으로서 인식하는 것이 중요하다. 그것은 심연에 의하여 갈라져 있는 것이 아니고 인습과 전통의 연속성에 의하여 채워져 있는 바, 이러한 연속성의 빛 속에서 모든 전승은 우리에게 나타난다."[4]

지금까지의 가다머의 논의를 종합해 보면, '이해'란 결국 인식주체의 태도라기보다는 과거와 현재가 항상 매개되는 '전승사건 속으로 들어감'[5]

---

4 Gadamer, *WuM*, 281쪽.

5 Gadamer, *WuM*, 275쪽.

이다. 이해는 주관적 과정이 아니라 스스로를 전통 속에 위치시킴으로써 전통을 우리에게 전달해 주는 사건에 참여하는 것이다.[6] 그래서 이해는 전통의 흐름, 즉 과거와 현재가 뒤섞이는 순간에의 참여이다. 그런데 이러한 전승사건 속으로 들어가는 것은 무엇을 매개로 해서 가능한가? 언어를 통해서이다. 이때의 언어는 전통적으로 인식되어온 언어관념, 즉 언어는 인식의 도구 혹은 인식을 위한 기호의 의미가 전혀 아니다. 개별적인 인식주관과의 대화 혹은 텍스트와 인식주관의 대화는 사실상 언어를 매개로 해서 이루어진다. 그런데 가다머는 하이데거(M. Heidegger, 1889-1976)의 "언어는 존재의 집이다"라는 그의 언어관을 받아들여 언어의 존재론적인 성격을 강조한다. 이해는 항상 대화의 형식으로 존재한다. 이해는 의사소통이 이루어지는 하나의 언어적 사건이다. 해석학적 이해는 문화적 전통이 그 자체로 넓은 의미에서 '언어'로 존재하며 글로 쓰인 텍스트로서 존재한다는 의미에서 언어현상이다. 이들 텍스트를 해석한다는 것은 텍스트와 대화함을 말한다. 그렇다면 이해는 언어라는 매개체 안에서 일어난다. 이해의 특징은 가다머가 말하는 언어성에 있다. "이해는 주어진 그 무엇에 대한 반영이 아니라 의미총체성의 언어 안으로 들어가는 것이다. …… 이해될 수 있는 존재는 언어이다"[7] 모든 이해는 언어적인 것이고, "이해의 언어성은 영향사 의식의 응결이다."[8] 가다머는 이러한 이해 개념이 해석학이론에서 수용되어야 한다고 주장한다.

이상과 같은 대략적인 가다머의 철학적 해석학의 몇몇 주제는 그의 해석학의 성격을 존재론적으로 규정짓게 만들었다. 이러한 가다머의 존재론적 해석학은 이후 낭만주의적 해석학으로 간주되었다. 이러한 가다머의 논의를 만약 비판적으로 접근해 본다면 가다머가 말하는 전통과 권위 개

---

6 Gadamer, *WuM*, 275쪽.

7 Gadamer, *WuM*, 450쪽, 431-432쪽.

8 Gadamer, *WuM*, 367쪽, 351쪽.

념은 이데올로기 문제와 직결될 수 있다. 이 측면을 면밀히 고찰하고 있는 이가 바로 하버마스이다.

3. 하버마스의 비판적 해석학의 핵심 개념들

한편 하버마스는 『인식과 관심』(*Erkenntnis und Interesse*, 1968)에서 은폐된 '사회과학의 논리'를 탐구하는 동시에 그것이 빈번하게 지배 전략에 호소하는 것을 폭로하였다. 같은 해에 출판된 『이데올로기로서 기술과 과학』(*Technik und Wissenschaft als Ideologie*, 1969)에서 그는 '비판이론'의 당면한 과제는 '이데올로기 비판'이라고 선언하였다. 하버마스는 이데올로기를 철저하게 비판하기 위해서는 가다머의 낭만주의적인 해석학을 뛰어 넘어야 한다고 말한다. 하버마스는 낭만주의적 해석학이 궁극적으로 선판단, 전통 그리고 권위와 같은 반동적인 개념을 부활시키는 데 봉사한다고 보았다. 가다머와 하이데거가 의식의 '해석학적 순환'이 지니는 '선판단적 구조'를 말하는 반면, 하버마스는 프랑크푸르트학파에 의해 옹호된 변증법적 의식의 계열을 따르면서 '관심(關心)' 모델을 들고 나온다.

하버마스에 따르면 사물과 인식하는 주체의 사이에는 상호관계가 있는데 이 관계를 그는 '관심'으로 규정한다. 그래서 관심은 우리와 사물, 주체와 객체 사이를 연결해 주는 매개기능을 한다. 하버마스의 관심 모델은 모든 본래적인 인간 담론은 규제적 이념인 억압되지 않는 보편적 의사소통을 목표로 한다는 신념에 기반하고 있다. 그리고 은폐된 힘의 작용에 의해 체계적으로 왜곡된 의사소통으로 이해된 이데올로기는 이러한 규제적 이념의 실종을 의미한다.

하버마스는 '관심'을 세 가지 주요 범주로 구분하여 설명하였다.[9]

관심의 첫 번째 범주는 '기술적 혹은 도구적 관심'이다. 이 관심은 '경험적 분석과학'을 지배하고 있다. 여기에서는 '의미(意味)'를 경험적 사실에 한정함으로써 그 타당성은 공리적인 행위체계 안에서 기술적인 이용가능성에 의존한다. 여기서 제안된 기준은 '합목적적 행위'에 의한 수단-목적 실용주의이다. 이는 바로 현대 과학기술의 이데올로기에서 추출된다. 하버마스는 이것을 "객관화된 과정을 기술적으로 지배하기 위한 인식적 관심"이라고 정의하는데 통상 '실증주의'로 알려져 있다.

관심의 두 번째 범주는 '실천적 관심'이다. 이 실천적 관심은 의사소통행위의 모델에 적합하다. 실천적 관심은 상호주관적 행위의 영역을 지칭한다. 하버마스에게서 이것은 '역사-해석학적 학문'의 영역을 지칭한다. 이는 일상적인 언어에서 교환된 메시지의 해석을 통해 성취된 의미의 '인간적인 차원'을 이해하려고 한다. 이 영역에서 의미이해는 일상 언어 속에서 변경된 메시지에 관한 해석을 통해서, 문화전통의 텍스트에 의해 전달된 텍스트들의 해석에 의해서 그리고 사회 역할을 규정하고 있는 규범의 내면화에 의해서 획득된다.

관심의 세 번째 범주는 '해방적 관심'인데 하버마스는 이를 '자기반성'[10]이라 부르기도 한다. 그는 이것을 비판적 사회과학과 연결시키고 있다. 비판적인 사회과학에서 주된 범주 중의 하나는 '자기반성'이다. 자기반성은 허위의식을 분석적으로, 실천적으로 조명해 주며 오류의 근원을 분석적으로 파악하여 의식을 그 오류의 사슬로부터 실천적으로 해방시켜준다. 하버마스의 해방적 관심은 가다머가 절대화시키는 언어성을 비판하면서 언어의 이데올로기성을 폭로한다. 그는 '언어에 있어서 기만이 아니라 언어를 매개로 한 기만이 문제[11]라고 지적하면서 가다머의 '해석학적

9 Paul Ricoeur, *Hermeneutics & the Human Sciences, Essays on Language, action, and interpretation*, ed by John B. Thompson, Cambridge University Press, 1981, 78-83쪽(이후 *HHS*로 표기함).

10 J. Habermas, *Erkenntnis und Interesse*, Frankfurt/M. 1968, 244쪽(이후 *EI*로 표기함).

11 J. Habermas, Zur Gadamers. 'Wahrheit und Methode', in: *Hermeneutik und Ideologiekritik*, Frankfurt / M, 1971, 52쪽.

경험'이 이제 이데올로기 비판으로 전환되어야 한다고 주장한다.

그러면 자기반성을 내포하고 있는 과학은 어떤 것인가? 하버마스는 프로이트의 '정신분석학'이 그 좋은 예라고 말한다. 왜냐하면 정신분석학은 기억된 삶의 역사를 재구성할 뿐만 아니라 기억의 배후를 찾아들어가 주체의 왜곡된 의식과 자기 환상을 파악하려고 하기 때문이다. 하버마스가 정신분석학을 해방적 성찰의 원형으로 제시한 것은 환자의 혼란된 자아 형성 과정을 밝혀내듯이 정신분석학이 인간 역사의 형성 과정에 내재되어 있는 억압관계를 설명할 수 있다고 믿었기 때문이다. 그리고 프로이트적인 방법은 마르크스적인 것보다 광범위하여 '노동'의 조직뿐만 아니라 '욕구과잉'과 '현실억압'과의 갈등관계를 영구화시키는 '제도 차체'의 발전에도 주목하고 있기 때문이다. 이로써 하버마스는 자기반성의 주제를 프로이트적인 계몽주의와 연관시켜 인간의 문화적 예속을 합리적 토대 위에서 재구성하려고 하였다. 이러한 문제를 위해서 하버마스는 '의사소통능력 이론'을 제시한다. 그는 모든 사실적인 말의 필연적인 규제 작용으로서 합의적인 말의 원리를 일상언어의 논리로부터 도출해 낼 수 있다[12]고 주장한다. 하버마스는 참된 합의와 거짓 합의를 구별해주는 원리를 '담론(Diskurs)'[13] 개념에서 발견한다. 하버마스에게서 진리란 담론을 통해서 이루어진다. 담론을 통해서 이루어진 합의는 담론에 참여한 사람들 사이에서 참된 합의로 간주된다. 어떻게 그럴 수 있을까? 그 이유는 이러하다. 담론의 참여자들이 발화를 하면서 암묵적으로 말해진 것은 이해될 수 있고(verständlich), 명제적 내용이 참되며(whar), 수행적 요소가 정확하며(recht), 의도가 성실하게(wahrhaftig) 표현되었다고 전제하기 때문에 참된 합의가 가능하게 된다. 이러한 의사소통능력에 의해 우리는 지배로부

12 J. Habermas, *EI*, 155쪽.
13 J. Habermas, *EI*, 115쪽.

터 벗어나 자유로운 토론으로 특징되는 '이상적 언어상황'을 기대할 수 있다고 하버마스는 주장한다.[14] 이런 의미에서 '참된 합의'란 모든 논의에 있어서 이상적인 언어상황 속에 섬으로써만 가능하다.

이상과 같은 하버마스의 비판적 해석학에는 가다머의 해석학적 경험의 이데올로기성을 드러내기 위한 전략이 들어있다고 볼 수 있다. 그리하여 가다머의 존재론적 해석학 혹은 철학적 해석학이 사회현실과 동떨어질 수 있는 측면을 하버마스는 보완하고 있는 셈이다.

4. 가다머와 하버마스 해석학의 방향성의 차이점

이제 가다머의 철학적 해석학과 하버마스의 비판적 해석학의 근본적인 차이점을 생각해 보도록 하자. 이 부분과 관련하여 그 동안 한국해석학회를 중심으로 발표된 몇몇 연구들[15]은 큰 기여를 하였다. 여기에서는 아직까지 우리 학계에 비교적 덜 알려진 리쾨르의 입장을 좇아 언급하도록 하겠다. 리쾨르의 관점을 견지하다 보면, 우리가 가다머와 하버마스의 해석학적 입장을 왜 보수와 진보로 구분하게 되었는지를 확인할 수 있는 좋은 논거를 발견할 수 있게 될 것이다. 리쾨르는 『해석학과 인문과학』(*Hermeneutics & the Human Sciences*, 1981)에서 가다머와 하버마스의 해석학 논쟁을 크게 네 가지 측면에서 설명하고 있다.[16]

---

14 최종욱, "가다머와 하버마스의 해석학 논쟁에 대한 비판적 소론", 『해석학과 사회철학의 제문제』, 일월서각, 1990, 141쪽.

15 이와 관련된 연구 성과물로는 최종욱, "가다머-하버마스 해석학 논쟁에 대한 비판적 소론", 『해석학과 사회철학의 제문제』, 일월서각, 1990; 정기철, "가다머와 하버마스 사이의 논쟁", 『사색 제9집』, 숭실대학교 철학과, 1991; 이구슬, "가다머와 하버마스의 해석학 논쟁", 한국해석학회, 제3차 발표회, 1994. 10; 신응철, "가다머의 존재론적 해석학 연구", 숭실대학교 석사학위논문, 1994 등이 있다.

16 Paul Ricoeur, *HHS*, 78쪽.

첫째, 가다머가 하이데거적인 '선이해(先理解)' 개념을 가지고 그것을 재해석 하면서 '철학적 낭만주의'로부터 '선입견(先入見)' 개념을 가지고 오는 반면, 하버마스는 루카치와 프랑크푸르트학파가 재해석한 마르크시즘의 전통에서 '관심(關心)' 개념을 가지고 온다.

둘째, 가다머가 문화적 전통의 재해석과 관련 맺고 있는 '인문과학(人文科學)'에 호소하는 반면, 하버마스는 제도적 구상화를 반대하는 것을 직접적인 목표로 삼는 '비판적 사회과학(批判的 社會科學)'에 대한 의지를 나타내고 있다.

셋째, 가다머가 이해의 내적인 장애물로서 '오해(誤解)'를 소개하는 반면, 하버마스는 '이데올로기론'을 발전시키는데, 이데올로기는 폭력이 은폐된 채 행해짐으로써 '체계적으로 왜곡된 의사소통(systematisch verzerrte Kommunikation)'으로 파악된다.

넷째, 가다머가 '우리인 대화'의 존재론을 해석학적 작업의 기초로 하는 반면, 하버마스는 미래의 관점으로부터 우리를 선행하는 것이 아니라 우리를 이끌어 주는 '제한 없고 구속받지 않은 의사소통의 규제적 이념'에 호소한다.

먼저, 첫 번째 부분과 관련하여 가다머는 하이데거의 존재론적인 이해의 先構造(Vorstruktur)를 받아들여 이해의 선입견 구조에 대한 통찰을 선입견 자체의 복권으로 전환시킨다. 그러나 하버마스는 이해에 있어서 전이해나 선입견의 역할을 결코 부정하지는 않는다.[17] 다만 하버마스는 이해의 역사성, 선입견에 대한 강조와 긍정적인 평가가 전통과 권위에 대한 비판과 반성, 이것을 통한 잘못된 과거와 전통의 지배로부터 해방이 아니

---

17 J. Habermas, Der Universalitätsanspruch der Hermeneutik, in: *Hermeneutik und Ideologiekritik*, Frankfurt / M, 1971, 122쪽(이후 *UH*로 표기함).

라 오히려 맹목적인 복종으로 귀결될 '선입견의 복권자체'를 비판하고 있다. 그래서 그는 세 가지 종류의 관심을 통해서 왜곡의 소지가 있는 부분을 해명해 내려고 한다.

둘째 부분과 관련하여, 하버마스와 가다머의 근본적인 차이점을 여기에서 발견할 수 있는데 이 부분을 리쾨르는 명확하게 밝혀낸다.[18] 가다머가 최초의 평가기준으로 '인문과학'을 든 반면, 하버마스는 '비판적 사회과학'을 예로 든다. 이러한 시작의 선택은 중차대한 결과를 낳는다. 왜냐하면 인문과학은 가다머가 말한 古典(문학)(Humaniora) 쪽으로 접근해 가고 있기 때문이다. 그것은 본질적으로 문화과학(文化科學)이며, 역사적인 현실 속에 '문화적(文化的)인 전통을 부활시키는 것'과 관계가 있다. 그렇기 때문에 본래 그것은 전통에 대한 학문, 즉 지금 여기에 그것이 내포하고 있는 것들에 의해 재해석되고 재발견된 전통에 관한 학문이다. 처음부터 가다머의 해석학은 운명적으로 이런 학문들에 매어져 있었다.[19] 따라서 그것들은 권위에 대한 인정 위에서 그리고 재해석된 바로 그 전통 위에서 비판적인 실례를 드는 것을 금하고 있다. 하지만 비판적 사회과학에서는 상황이 완전히 다르다. 그것들은 성격상 비판적(批判的)이다.[20] 예컨대 가다머의 권위 개념도 여기서는 '일종의 합법화된 폭력(eine derart legitimierte Gewalt)'[21]이라고 규정한다. 비판적 사회과학의 과제는 오직 비판을 통해서만 변화될 수 있는 이데올로기적으로 고정된 그런 종속관계들을 경험 사회과학에 의해 관찰된 규제성(regularity)하에서 구별해 내는 것이다. 그리하여 비판적 접근은 해방적인 관심에 의해서만 통제될 수 있다.

---

18 Paul Ricoeur, *HHS*, 82쪽.
19 Paul Ricoeur, *HHS*, 82쪽.
20 Paul Ricoeur, *HHS*, 82쪽
21 J. Habermas, *UH*, 157쪽.

세 번째 항목과 관련하여, 사실상 이 부분이 가다머와 하버마스 논쟁의 핵심이다. 전통적 해석학에서 '오해(misunderstanding)' 개념이 하는 역할을 사회과학에서는 '이데올로기' 개념이 동일한 역할을 한다. 사실 오해 개념을 해석학에 제일 먼저 도입한 이는 슐라이어마허(F.E.D. Schleiermacher 1768-1834)인데 그는 '오해가 있는 곳에 해석학이 있다'라고 말한다. 가다머는 이러한 오해가 이해의 내적인 장애물로 작용한다고 밝히고 있다. 가다머가 볼 때, 오해가 근원적으로 없어진다는 것은 사실상 불가능하다. 오해는 결국 대화자들 간의 '지평융합(地平融合)'을 통해서 해결될 뿐이다. 그런데 하버마스는 프로이트의 '정신분석학'과의 대비를 통해서 이데올로기를 설명하고 있다. 정신분석학과 이데올로기 분석과의 관련성은 크게 다음의 세 가지 특징적인 사실에 관련 맺고 있다.

첫 번째 특징[22]은 프랑크푸르트학파에서 그리고 매우 일반적인 의미에서 마르크스주의자들이라 불릴 수 있는 그런 전통에서 '왜곡(distortion)'은 항상 권위의 억압적인 행위 즉 폭력과 관련되어 있다.[23] 여기서 핵심개념은 잠재의식에 대한 '억압(sensorship)'인데, 이것은 정신분석학을 통해 이후에 비판적 사회과학에로 되돌려진 근본적으로 정치적인 개념이다. 이데올로기와 폭력과의 관련성은 중요한데, 그 관련성이 노동과 권력의 차원에 의해 강조되지 않는 반성적 차원의 장으로 전해지기 때문이다. 하버마스의 말에 따르면, 지배현상은 의사소통적 행위의 영역에서 일어난다. 그 영역에서 언어는 의사소통적 능력의 단계에서 그것의 적용조건으로 간주됨으로써 왜곡되어 버린다. 그러므로 '언어성(Sprachlichkeit)'에 집중하는 해석학은 '언어'·'노동'·'지배' 이 세 차원간의 관계가 변할 때에만 그와 같은 언어에 영향을 미치는 어떤 현상 속에서 자신의 한계를 발견하게

22 Paul Ricoeur, *HHS*, 84쪽.
23 Paul Ricoeur, *HHS*, 82쪽.

된다.

두 번째 특징[24]은 언어의 왜곡이 언어자체의 사용에서 기인하는 것이 아니라 노동과 지배와의 관련성에서 비롯되기에 공동체의 구성원들은 이런 왜곡을 인식할 수가 없다. 이러한 '인식불가능(misrecognition)'이 이데올로기 현상의 특징을 이룬다. 하버마스는 의사소통의 왜곡으로서 이데올로기에 대한 마르크스주의적 비판이 정신분석학적 비판에 의해 보충될 필요가 있다는 마르쿠제(H. Marcuse, 1898-1979)의 관점을 지지하고 있다. 비판이론에서 정신분석학은 행위와 권위, 실천과 권력, 생산력과 생산관계 간의 변증법적인 관계를 반영하고 종종 조건 짓는 왜곡된 언어사용을 폭로할 방법을 제공한다. 정신분석학적 주체는 자신의 몽상에 의한 왜곡을 합리화함으로써 자신의 무의식적 욕망을 직시하는데 저항하는 것과 마찬가지로, 이데올로기 역시 광역의 사회적 상호작용의 차원에서 그 동기를 회상적으로 재배열하고 정당화함으로써 권력의 지배계획을 '합리화'하는데 봉사한다. 두 경우 모두에서 우리는 판독되어야 하는 '의사소통의 체계적인 왜곡'과 대면한다.

세 번째 특징[25]은 만일 이데올로기의 인식불가능성이 직접적인 논리적인 방식으로 극복될 수 없다면, 이데올로기의 해소는 설명과 관련되는 우회적인 절차를 통해야만 한다. 이런 절차는 어떤 이론적인 장치가 필요한데 정신분석학이 좋은 모델로 제공된다. 그래서 그는 로렌쩌(Alfred Lorenzer)의 발화분석(Sprachanalyse)으로서의 정신분석학의 해석을 받아들인다. 로렌쩌의 견해에 따르면, 의미의 '이해'는 '징후적 장면'과 인공적인 '전이장면' 간에 놓여 있는 '원초적인 장면'을 재구성함으로써 이루어진다고 한다. 확실히 정신분석학은 주체의 인식 안에서 절정에 달하는 이해영역

---

24 Paul Ricoeur, *HHS*, 82쪽.

25 Paul Ricoeur, *HHS*, 82쪽.

에 남아 있다. 로렌쩌의 모델은 주체가 탈상징화와 재상징화의 과정[26]을 통해서 자기이해를 추구하고 있다. 그렇기 때문에 하버마스는 정신분석학을 '심층해석학(Tiefenhermeneutik)'이라고 부른다. 메타해석학적인 '발화분석' 모델은 이데올로기적인 증상의 원인 ── 즉 사회적 동인 ── 을 설명함으로써 탈상징화된 원초적 장면을 '재구성'하는 것을 목표로 한다. 이러한 방법에 의해서만 그 왜곡된 발화의 기원을 이데올로기적인 탈상징화에서 그리고 그것을 통해서 드러냄으로써 진정한 비판적 자립성이 확보된다. 결국 하버마스는 '비의미(非意味)'의 발생적 기원을 지배전략으로 폭로함으로써 '자유'와 '합의'에 기초한 진정한 발화인 '재상징화의 가능성'을 기획하고 있는 것이다.

마지막으로 네 번째 부분과 관련하여, 하버마스는 가다머의 해석학을 '존재론화된 해석학'[27]이라고 비판한다. 그 근거로 '이해는 의식(Bewußt sein)이라기보다는 존재(Sein)이다'라는 가다머의 말을 인용한다.[28] 어쨌든 가다머에게서 해석학은 항상 '오해'에서 출발한다. 그것은 만약 이데올로기가 이해의 내적인 장애요소이고 오해가 질문과 대답 과정을 통해 해소될 수 있다면, '오해가 있는 곳에 선천적으로 이해가 있다'[29]라고 말해질 수 있게 된다는 이유에서이다. 그런데 하버마스는 전통적인 해석학이 오해의 사회정치적인 차원을 무시하고 있다고 비판한다. 그는 마치 대화론적인 의사소통의 합의가 소박하게 존재에 대한 우리의 전통적인 귀속성을 회복함으로써 도달할 수 있기나 한 듯이, 배타적으로 시적·존재론적 측면에서 언어에 접근하려고 하는 가다머의 경향을 인정하지 않는다. 그

26 J. Habermas, *UH*, 154쪽.
27 J. Habermas, *UH*, 78쪽.
28 J. Habermas, *UH*, 86쪽.
29 Paul Ricoeur, *HHS*, "where there is misunderstanding, there is a prior understanding." 86쪽.

래서 하버마스는 먼저 이러한 오해의 원천에 자리하고 있는 이데올로기적 왜곡에 대한 비판에 착수한다면, 그리고 단지 그럴 때만 오해가 있는 거기에 후험적인 이해가 있다고 주장한다. 주어져 있는 것은 항상 이미 왜곡된 의사소통이다. 그렇기 때문에 하버마스에게서 이데올로기 비판은 제약이 없고 구속되지 않은 의사소통의 규제적인 이념 아래에서 시작한다.[30] 하버마스의 의사소통 능력의 이념에 근거한 이데올로기 비판은, 포이에르바하의 테제, 즉 '철학자는 단지 세계를 '해석'했으나 문제는 세계를 '변혁'시키는 것이다'에 부합되게 된다.[31]

5. 가다머와 하버마스 해석학의 방향성의 공통점

해석학적 태도와 관련하여 가다머와 하버마스 사이에 논쟁으로 비춰진 차이점만이 존재하는 것은 결코 아니다. 두 사람은 뉴턴과 갈릴레오로 대변되는 근대 자연과학적 방법론과 개념이 인문・사회과학 분야에 적용되고 검증되는 위험성을 밝혀내고 있는 점에서는 사실상 연대를 이루고 있다.

사회과학에 있어서 계몽주의적 사고는 매우 단도직입적인 연구프로그램을 제시한다. 역사적・문화적 편견을 배제하고, 인간의 본성에 대한 영원불변하는 진리에 기초하는 사회과학적 방법론을 개발하고, 인간에 대한 과학적인 법칙을 형성하기 위하여 자연과학의 법칙적 연역적인 방법을 따르도록 하고 있다. 그런데 하버마스는 『인식과 관심』에서 실재를 이해하기 위한 모든 관점들을 자연과학적인 입장에서가 아닌 '인류의 자연사'에서 찾고 있다. 그러한 관점을 설명하기 위하여 세 가지 인식적 관심, 즉

30 Paul Ricoeur, *HHS*, 87쪽.
31 Paul Ricoeur, *HHS*, 87쪽.

'기술적'·'실천적'·'해방적' 관심을 제시한다. 이 중에서 하버마스가 자연과학적인 기술적 관심보다는 마지막의 해방적 관심에 중점을 두는 이유는 그것이 좀 더 포괄적이기 때문이다. 기술적 관심에는 주어져 있는 전통이나 문화적 맥락이 개입될 여지가 차단되어 버리는 한계가 있지만, 해방적 관심에서는 이들 분야에 대한 자기반성이 이루질 수 있다.

하버마스가 계몽주의적 전통을 계승하고 있는 것은 사실이다. 그렇다고 해서 계몽주의적인 '객관성'이나 '실증성'을 강조하는 것은 결코 아니다. 실증주의자들은 사회적 실재를 형성하는데 있어서 역사적·문화적 세력의 중요성을 간과하고 있기 때문에 하버마스는 그들과 입장을 달리한다. 하버마스가 말하려는 객관성은 사회적 행위가 객관적 체제 안에서 이루어진다는 의미이다. 그러한 사회적 행동들은 언어·노동·지배에 의하여 하나의 객관적 체제 안에서 비로소 파악될 수 있다는 것이다.

한편 가다머에게서도 '반실증주의적인 태도'는 잘 드러난다. 『진리와 방법』에서 가다머는 계몽주의의 자연과학적 방법에 대한 숭상과, 진리와 방법 간의 배타적인 연결 지음이 잘못되었음을 드러내면서 자신의 탐구를 시작한다.[32] 그는 자연과학에서의 '방법' 개념이 모든 진리의 기원 및 진리가 획득될 수 있는 유일한 방법을 제공해 주는 것으로 보지 않고, 그것이 인간의 삶에 독특한 이해양식에 대한 하나의 변형에 불과하다고 파악한다. 가다머는 자연과학적 이해는 심각한 결점을 갖는다고 주장한다. '경험'의 반복가능성을 고집하는 자연과학적 방법은 경험으로부터 모든 역사적 요소를 제거하고, 그럼으로써 경험을 지나치게 단순화하여, '하나의 과정으로서의 경험의 진짜 특성'을 간과하게 된다. 진정한 경험이란 개인 자신의 역사성의 경험으로 그것은 일반화라는 것이 그릇된 것임을

---

32 Susan. J. Hekman, *Hermeneutics and the Sociology of Knowledge*. 번역본으로 『해석학과 지식사회학』(윤병희 역), 교육과학사, 1993, 134쪽.

계속적으로 보여 주는 그러한 과정이라고 가다머는 파악한다.[33] 그렇기 때문에 자연과학의 방법은 모든 진리의 모델을 제공하는 것이 아니라, 객관성이라는 개념의 한 '특수한 예'에 해당한다는 것이다.

계몽주의에 있어서 자연과학은 진리에 도달할 수 있는 방법 그 자체를 제공하는 것으로 여겨진다. 그런데 가다머는 오히려 역으로 '인문과학'의 독특한 모델이야말로 그것을 통해 우리 인간들이 지식을 획득할 수 있는 보편적인 과정이고, 자연과학의 특성은 이러한 과정을 심각하게 왜곡하고 있다고 본다. 그래서 그는 만일 이해가 인간의 세계내 존재에서 기본적인 것이라면, 인문과학은 자연과학보다 인간의 '자기이해'에 더 가깝다. 후자에 있어서의 객관성은 더 이상 지식에 대한 확실하고도 의미론적인 이상이 될 수 없다. 인문과학은 정밀성과 객관성에 있어서 자연과학에 미치지 못하지만, 인간의 자기이해에 기초하고 있기 때문에 인간 이해에 기여하는 것이라고 말한다.[34]

가다머는 인문과학의 자기이해에 커다란 영향을 준 19세기와 20세기의 몇몇 사상가들(예컨대 딜타이 W. Dilthey, 1833-1911)을 연구 검토한다. 그렇게 하는 이유는 그 사상가들이 실증주의적인 객관주의에 지나치게 의존하고 있음을 밝혀내기 위해서였다. 가다머는 딜타이의 영향력으로부터 인문과학을 자유롭게 만드는 것이 자신의 학문의 목적이라고 주장하기도 한다.[35] 딜타이는 역사적 앎의 양식과 과학적 앎의 양식 사이의 차이점을 인정하지만, 그럼에도 불구하고 자연과학과 인문과학에는 동일한 종류의 객관성이 있다고 주장하였다. 그렇지만 가다머는 딜타이와는 달리 모든 객관주의를 청산하고 절대적인 정초에 의존하는 어떠한 일도 거부하는 인문과학의 윤곽을 그려내고 있다.

---

33 *Ibid.*, 135쪽.

34 *Ibid.*, 136쪽.

35 *Ibid.*, 126쪽.

6. 가다머와 하버마스 견해에 대한 리쾨르의 해석학적 종합

가다머와 하버마스의 해석학 논쟁을 주목해 보면, 그들은 어쩌면 해석학의 범위·타학문 분과에 미치는 해석학의 영향 그리고 해석학의 한계와 관련된 부분에서 의견 차이를 드러내고 있다. 이러한 과정에서 가다머의 해석학을 보수적 입장으로, 하버마스의 해석학을 진보적 입장으로 분류하였다고 할 수 있다. 이제 필자는 가다머와 하버마스의 해석학의 상호한계를 비판적 관점에서 드러내고자 한다. 이 관점이 중요한 이유는 보수와 진보에 대한 논의도 사실상 그 이론적 근거에 있어서는 상호 한계를 지닐 수밖에 없다는 사실을 해석학적 논의를 통해 확인해 볼 수 있기 때문이다. 이런 문제의식은 리쾨르 해석학의 기본방향과도 일치한다. 필자는 리쾨르의 이런 입장을 '해석학적 종합'의 관점이라고 부르고자 한다.

1) 가다머 '해석학'에 대한 리쾨르의 '비판적' 반성

가다머와 하버마스의 해석학 논의를 주의 깊게 살펴보면, 거기에는 근본적인 철학적 입장 차이가 있음을 알 수 있다. 먼저 가다머의 철학적 해석학은 인간의 모든 이해는 '유한성'의 영역에서 이루어진다는 역사적 조건을 인정하는 입장이다. 그에 반해서 하버마스의 비판적 해석학은 인간의 의사소통의 왜곡을 반대하는 하나의 도전적 입장이라 할 수 있다. 상이한 입장에도 불구하고 서로의 정당한 주장은 양자 모두가 인정하고 수용해야 된다고 본다. 리쾨르의 경우 양자의 입장 차이에도 불구하고 두 가지 측면에서 상호연관성을 더욱 부각시키고 있다. 첫째, 가다머의 해석학적 철학은 하버마스의 이데올로기 비판의 요구를 설명할 수 있는가? 그리고 만약 설명할 수 있다면 어떤 대가로서 그렇게 할 수 있는가? 둘째, 하버마스의 이데올로기 비판은 도대체 어떤 조건에서 가능한가? 결국 이데올로기 비판은 해석학적인 전제조건으로부터 분리될 수 있는가?

일반적으로 첫 번째 문제는 비판적 입장을 설명할 '해석학의 역량'에 도전하는 질문이다. 리쾨르는 해석학이 제대로 그 역할을 수행하지 못했다고 지적한다. 하이데거에서부터 해석학은 전적으로 '정초(토대)로 되돌아가는 것',[36] 즉 인문과학의 가능조건과 관계있는 '인식론적인 물음'으로부터 '이해의 존재론적 구조'에로 이끄는 운동에 관여하였다. 그렇다면 이제 역으로 '존재론'으로부터 '인식론'에로의 복귀 방식이 가능한지의 여부가 문제될 만하다. 왜냐하면 존재론으로부터 인식론에로의 복귀 방식을 따라서만 주석적-역사적 비판의 문제는 '파생적(derivative)'이라는 진술을 확신시켜 줄 수 있기 때문이다. 그리고 주석의 의미에서 해석학적 순환은 이해의 근본적인 예기적 구조 위에 정초된다는 진술이 확고하게 설명된다. 그런데 존재론적 해석학은 이러한 복귀의 문제를 해결해 주지 못한다고 리쾨르는 지적한다. 가다머는 하이데거가 현존재의 시간성에서부터 이해의 순환구조를 유도해 내는 그 사실로부터 인문과학의 해석학이 추구하고 있는 결과를 탐구해야 한다고 제안한다. 가다머의 경우 우리 문화의 텍스트를 말하면서 이 텍스트들은 스스로 의미가 있으며, 우리에게 말을 걸어오는 '텍스트 사실'이 있다는 점을 반복해서 주장한다. 그렇다하더라도 가다머의 해석학은 해석학적 경험자체가 모든 비판적인 실례의 인식을 방해하기 때문에 걸림돌에 부딪히게 된다고 리쾨르는 파악한다.[37]

리쾨르는 가다머의 해석학에 대해 일종의 비판적인 보완을 시도하고 있다.

첫째, 사실상 가다머의 해석학에서 시간간격은 왜곡의 소지가 발생할

36 Paul Ricoeur, *HHS*, 88쪽.
37 Paul Ricoeur, *HHS*, 90쪽.

수 있다고 하여 비판의 대상이 되기도 했었다. 그러나 리쾨르는 해석학에서 '소격화(distanciation)'를 해석학의 모순이 아니라 해석학의 조건으로 파악한다. 이를 위해 그는 세 가지 측면의 '텍스트의 자율성' 개념[38]을 설명한다. 텍스트의 자율성이란, 텍스트는 원저자의 의도로부터, 텍스트를 산출한 문화적 상황과 모든 사회적 조건들로부터, 그리고 원수신인으로부터 자율적이라는 것이다. 텍스트가 의미하는 것은 더 이상 저자가 의미하는 것과 일치하지 않는다. 문화적인 의미와 정신적인 의미는 다른 운명을 지니고 있다. 이러한 첫 번째 자율형태는 이미 다음과 같은 가능성을 암시하고 있다. 즉 '텍스트의 사실'은 저자에 의해 제한된 지향적 지평을 벗어날 수도 있고, 텍스트의 세계가 텍스트 저자의 세계를 펼칠 수도 있다. 이와 같은 '텍스트의 자율성' 개념은 하버마스의 이데올로기 비판에 대해 충분한 대응이 될 수 있다고 보인다. 왜냐하면 하버마스가 원저자의 의도 자체, 텍스트를 산출한 사회적 조건자체의 왜곡상태, 즉 이데올로기를 규제적인 이념에 근거하여 비판하려고 했다면, 리쾨르에게서는 텍스트의 자율성으로 인해 텍스트는 이전의 이데올로기적 요소에서 이미 벗어나 '새로운 텍스트의 세계'를 우리에게 말해주고 있기 때문이다.

둘째, 만약 가다머의 해석학이 자신의 전제에 의해 비판적 실례를 설명하고자 한다면, 딜타이로부터 물려받은 '설명과 이해'라는 이분법을 극복해야 한다. 이런 이분법은 모든 설명의 태도가 자연과학의 방법으로부터 차용될 수 있다는 확신으로부터 일어난다. 이런 이분법이 불합리하게도 인문과학에까지 확대된 것이다. 그러나 텍스트의 場에 있는 기호학적 모델의 현상은 우리에게 모든 설명은 자연주의적이거나 인과적이지만은 않다는 사실을 확신시켜 준다. 결국 여기서 리쾨르는 '이해'는 '설명'을 통해 재구성되어야 함을 말하고 있다.

---

38 Paul Ricoeur, *HHS*, 91쪽.

셋째, 텍스트 해석은 이데올로기 비판에로 향한다. 해석학적 운동은, 폐쇄된 텍스트에 대한 물음이나 이탈이 가다머 자신이 '텍스트의 사실'이라고 부른 것, 즉 텍스트에 의해 밝혀진 세계를 향해 수행될 때 일어난다고 리쾨르는 본다. 여기서 프레게적인 방식으로 보면, 작품의 '의미'는 작품의 내적 조직이고, '지시체'는 텍스트 앞에 펼쳐진 양식(the mode of being unfolded in front of the text)[39]이다. 여기서 낭만주의 해석학과 가장 결정적으로 차이가 나는 부분은 더 이상 텍스트의 이면에 숨겨진 의도에 집중하는 것이 아니라 텍스트 앞에 펼쳐진 세계에 집중한다는 점이다. 실재의 차원을 열어 보이는 텍스트의 힘은 원칙상 모든 주어진 실재에 반대하는 의지를 함축하고 있고, 그럼으로써 실재에 대한 비판가능성을 함축하게 된다. 이러한 파괴적인 힘이 가장 생생한 것은 바로 '시적 담론'[40]에서이다.

2) 하버마스 '비판이론'에 대한 리쾨르의 '해석학적' 반성

다음으로 리쾨르의 관심은 하버마스의 해석학에서 이데올로기 비판은 어떤 조건 하에서 메타해석학으로 형성될 수 있는가 하는 점에 있다.

첫째, 하버마스가 행하는 '관심(關心)의 분석'은 메타해석학적[41]이라 불려 질 수 있다. 가다머의 해석학이 '선이해'에 근거하고 있다면, 하버마스의 이데올로기 비판은 '노동' '언어' '지배'의 장소에 근거한다. 리쾨르는 결국 양자는 선입견과 이데올로기 간의 선천적인 상관관계를 담보해 주는 '유한성의 해석학'에 공통적으로 근거하고 있다고 파악한다.

둘째, 가다머의 인문과학은 전통이 갖는 '권위의 재인식'에 집중하는데 비해, 하버마스의 비판적 사회과학은 억압에 반대하는 '혁신적인 행동'에

---

39 Paul Ricoeur, *HHS*, 93쪽.

40 Paul Ricoeur, *HHS*, 93쪽.

41 Paul Ricoeur, *HHS*, 96쪽.

관심을 둔다. 여기서 리쾨르가 주목하는 부분은 가다머의 해석학 역시 하버마스의 이데올로기 비판을 상기시켜 준다고 말한다. 그러니까 이데올로기 비판은 해석학을 근거로 해야만 한다는 이유에서다. 즉 인간은 오직 문화적 유산의 창조적인 재해석에 기초해서만 자신의 해방을 기획할 수 있고, 제약이 없고 구속이 없는 의사소통을 기대할 수 있기 때문이다.

셋째, 이해의 내적인 장애물로 가다머가 '오해'를 하버마스는 '이데올로기'를 제시했는데, 사실상 오늘날 지배적인 이데올로기는 과학과 기술의 이데올로기이다. 오해는 질문과 대답의 대화과정을 통해서 해결되며, 체계적으로 왜곡된 의사소통으로서 이데올로기는 이상적인 담화상황 속에서 담론으로 해소된다. 양자는 결국 '대화'를 통해서 접근해 가고 있는 것이다.

넷째, 가다머의 해석학적 의식과 하버마스의 비판적 의식은 공통적으로 '합의'와 '규제적 이념'을 강조한다. 그런데 하버마스가 말하는 규제적 이념은 자기반성에서 나오게 되는데, 자기반성을 행하는 주체는 결국 전통에 기초할 수밖에 없지 않느냐는 것이 리쾨르의 생각이다. 또한 해방적 관심에서 진정한 '해방(解放)'의 의미를 하버마스는 제약이 없고 구속이 없는 의사소통의 상태라고 보지만, 리쾨르는 인류의 해방의 참된 의미를 하버마스적인 '계몽의 차원'에서보다는 오히려 거기서 더 나아가 '출애굽(Exodus)'과 '부활(Resurrection)'의 차원에서 파악하고 있다.

7. 맺는 말: 보수와 진보를 넘어서

지금까지 우리는 가다머와 하버마스 해석학의 기본입장, 공통점과 차이점, 이에 대한 리쾨르의 입장을 살펴보았다. 리쾨르의 분석을 빌려보면 두 사람의 상이한 입장 차이를 네 가지로 정리할 수 있는데, 첫째는 '선입견'

과 '관심' 개념 간의 대립, 둘째는 '인문과학'과 '사회과학'간의 대립, 셋째는 '오해'와 '이데올로기' 간의 대립, 마지막으로 '우리인 대화'와 '규제적 이념' 간의 대립이었다. 또한 우리는 가다머와 하버마스의 해석학 논쟁을 통해서 '실증주의' 혹은 '과학주의'라는 거대한 적에 대해 그들이 공동 전선을 펼치고 있는 것을 확인할 수 있었다. 이 부분에서 우리는 가다머의 보수적 경향의 해석학은 비판적 사회과학의 '비판적인 측면'을 수용할 필요성이 있음을 발견했고, 하버마스의 진보적 경향의 해석학은 전통적 인문과학의 통찰인 '전통의 권위'를 비판적으로 수용할 필요가 있음을 알 수 있었다.

이 작업을 수행하는데 있어서 양 진영은 그 동안 각자의 목소리만 내는 것으로, 그리하여 독백의 차원에만 머무르는 것으로 비쳐져 왔다. 그런데 우리는 해석학과 비판적 사회과학이 이데올로기 비판을 매개로 하여 대화를 시도하고자 할 때, 리쾨르가 보여 준 해석학적 종합과 반성의 태도는 우리에게 시사하는 바가 크다고 여겨진다. 해석학에서의 반성적 요소와 이데올로기 비판에서의 해석학적 방법 등에 대한 리쾨르의 분석과 견해는 해석학과 비판적 사회과학의 연대 가능성을 제시해 주었다고 평가할 만하다.

우리가 관심 갖고 있는 보수와 진보에 대한 논의도 사실상 이러한 리쾨르의 관점에서 접근해 본다면 각 입장을 넘어설 수 있는 혜안을 얻어낼 수도 있을 것이다. 또한 가다머와 하버마스가 실증주의와 과학주의에 맞서 연대했듯이, 오늘 우리 사회도 보수와 진보로 분열하여 갈등하기보다는 이러한 기본 이념을 토대로 새로운 연대의 틀을 구상하고, 실질적으로 실행에 옮겨야 할 것으로 보인다. 무엇을 연대의 고리로 삼을 것인지는 우리 스스로가 합의해야 할 사안이다. 세계 각국과의 FTA 협정이 발효되어 무한 경쟁체제에 들어가고, 북한의 천안함 폭침과 연평도 폭격으로 인한 사회적 불안을 경험하면서, 대졸 청년 실업자의 양산 사태를 목격하면서 우리는 더욱 절실하게 '어떤' 연대의 축을 이끌어내야만 한다.

마지막으로 해석학이 사회현실에 대해 어떤 과정을 통해서 나름의 목소리를 낼 수 있었는지를 살펴보면서 이제 우리 스스로에게 요청되는 삶의 자세를 되새겨보고자 한다. 비판이론은 해석학에서 논의된 '전통'을 어떤 형식으로든 인정하는 토대 위에서 이데올로기 비판을 수행할 수 있다. 전통을 강조하는 해석학이나 전통의 이데올로기적인 요소를 밝혀내는 비판이론은 이미 사회현실에 대해 나름의 태도, 즉 보수 아니면 진보적 태도를 취하고 있는 것이다. 해석학이 비판이론과 대화가능하다는 측면은 사실상 해석학이 '역사성'과 '자기반성'을 기반으로 하고 있고, 비판이론도 마찬가지로 계몽주의라는 '역사적 전통'과 해방적 관심에서의 '자기반성'을 강조하고 있다. 해석학은 결국 비판이론의 방법을 통해서 전통을 강조할 때 더욱 설득력을 갖게 될 것이다. 그리고 가다머는 영향사 의식을 설명하는 가운데 '對話'를 매우 강조하였다. 지평과 지평 사이의 끊임없는 대화는 새로운 '합의'를 이끌어내고, 이 합의는 고정되어 버리는 것이 아니라 항상 '개방'되어 있다. 왜냐하면 대화 참여자들은 타자가 올바른 이성을 사용함으로 나보다 더 정확하게 사태를 인식할 수 있다는 점을 인정해 줄 수 있는 이성적인 태도를 지니고 있기 때문이다. 결국 대화는 우리의 이해의 사건을 형성해 준다. 이와 유사하게, 하버마스에게서도 '의사소통능력 이론'에서 대화 참여자들의 조건, 즉 이해될 수 있고, 명제적 내용이 참되며, 수행적 요소가 정확하며, 의도가 성실하게 표현되어야 함을 제시한다. 양자는 공통적으로 이성에 대한 나름의 신뢰를 보내고 있는 것이다. 필자가 볼 때, 가다머와 하버마스의 대립은 비판적 이성이라는 것이 과연 존재하느냐의 여부에 있는 것이 아니라, 그 개념 규정과 정도의 문제에 있는 것으로 보인다. 가다머와 하버마스의 이견에 대한 리쾨르의 입장을 수잔 헤크만(Susan J. Hekman)은 '수렴적(convergence)' 입장이라고 평가한 적이 있다.[42] 필자는 그러한 평가 자체보다도 더 중요한 것은, 보수와 진보에 대한 갈등의 해소 방식으로서 여태까지 진정어린 대화의 장을 가져보지 못한 우리 사회에서는 리쾨르의 입장이 아직도 여전히 유효할 수 있다고 판단한다.

---

42 Susan J. Hekman, *op. cit.*, 174쪽.

제10장
엠마누엘 레비나스와 리처드 니버의 기독교철학

— 레비나스와 니버의 '주체' 개념을 중심으로

"그러므로 무엇이든지 남에게 대접받고자 하는 대로 너희도 남을 대접하라"(마 7:12)

"누구든지 자기를 높이는 자는 낮아지고 누구든지 자기를 낮추는 자는 높아지리라"(마 23:12)

1. 기독교 문화와 주체의 문제

21세기를 살아가고 있는 우리는 날마다 외신을 통해서 중동에서 일어나고 있는 기독교도와 이슬람교도들 사이의 테러와 분쟁, 그리고 충돌 현장을 목격하고 있다. 이런 종교 문화 간의 갈등을 해결할 수 있는 근본적인 치유책을 생각하게 된다. 그 모색은 우리 모두의 몫이라 할 수 있다.

설령 그것이 우리가 살고 있는 이 땅에서 현재 벌어지고 있는 상황이 아니기에 우리와는 상관없는 현상이라고 간주한다면 그것은 너무나 무책임한 태도라 할 수 있을 것이다. 그래서 우리는 고민하게 된다. 문화 간의 소통은 가능한가? 종교 간의 소통은 가능한가? 아니, 적어도 우리는 의도적으로나 전략적으로 반드시 소통해야만 한다. 그것이 인류 전체의 삶에 안정과 평화를 가져다주는 길이기 때문이다. 그렇다면 어떻게 소통할 것인가? 무엇을 매개로 소통할 것인가?

우리의 논의를 좁혀보도록 하자. 한국 사회에서의 지역 간, 문화 간, 세대 간의 소통문제를 생각해 볼 수 있다. 이 글은 그보다 더 구체적으로 문화의 영역에 한정하여, 특히 기독교문화와 비기독교 문화 간의 소통의 문제를 생각해 보고자 한다. 나의 입장은 소통을 전제로 할 때에만 비로소 진정한 의미의 문화변혁을 얘기할 수 있다는 것이다. 그래서 나는 기독교문화와 비기독교 문화 간의 소통의 지점은 '나'와 '우리', 즉 문화적 주체에서 출발해야 한다고 생각한다. 그러니까 기독교적 '주체'에서 소통은 시작되는 것이다. 문제는 기독교적 '주체' 개념이 어떤 것인가 하는 점이다. 기독교적 주체 개념이 전통적인 철학적 의미의 '주체' 개념과 어떤 차이점이 있는지, 그것이 왜 문화 간 소통을 위한 출발점이 되는지를 규명해 보아야 할 것이다.

이러한 논의를 위한 전거는 물론 성경적 관점에서 나타나는 주체에 관한 상(像)이 될 것이다. 성경에서 제시되는 주체의 상을 대변할 수 있는 것으로서, 나는 레비나스(Emmanuel Lévinas, 1906-1995)의 주체 개념과 리처드 니버(Richard H. Niebuhr, 1894-1962)의 주체 개념이 그 좋은 예라고 생각한다. 이들의 주체 개념은 궁극적으로 자아중심의 주체관에서 타자중심의 주체관으로의 변화를 주장한다고 할 수 있다. 나아가 이들의 주체 개념은 나의 권리를 주장하는 태도에서 타자에 대한 책임을 강조하는 태도로의 변화를 추구하고 있다. 이는 타문화에 대한 존중과 배려를 전제로 한 것이다.

그래서 이 글은 궁극적으로 문화의 생산자요 향유자로서의 인간, 그 인간이 지녀야할 문화적 삶의 태도를 염두에 두면서 기독교적 주체란 무엇인가? 라는 물음에 답변하고자 한다. 이러한 논의를 위해서 먼저, 서양철학 사상에서의 주체 개념의 변화상과, 이것과 기독교적 주체 개념과의 연관성을 살펴보고자 한다. 이어서 레비나스의 윤리적 주체 개념과 니버의 책임적 주체 개념을 살펴보고, 마지막으로 문화 소통의 논의에서 기독교 주체 개념의 의미를 되새겨 보도록 한다.

2. 서양철학에서의 주체 개념과 기독교적 주체 개념

우리가 인간을 문화의 주체로서, 또는 윤리의 주체로서 인정한다고 할 때, 과연 '주체'란 어떤 의미인가를 한번 살펴볼 필요가 있다. '주체' 개념의 의미에 관한 부분은 강영안의 선행 논의가 길라잡이 역할을 할 수 있을 것이다. 그의 논의를 잠깐 요약해 보면 다음과 같다.[1]

우리말의 '주체'라는 단어는 영어의 'subject', 독일어의 'das subjekt', 불어의 'le sujet'를 번역한 것이다. 한국에서는 1920년대 말 일본을 통해 번역, 수입되어 그 후로는 주로 역사적 주체, 노동의 주체 등 세계 안에서의 인간의 능동적이고 자발적이며 의식적인 활동의 당사자라는 의미로 사용되었다. 그런데 이 말은 인식론적 의미에서는 '객관'과 대립되는 '주관'이라는 의미로, 문법적 의미에서는 '술어'와 대립하는 '주어'로 사용되

1 강영안, 「타인의 얼굴: 레비나스의 새로운 주체성 모색을 위한 철학」, 『이 땅에서 철학하기』, 우리사상연구소 논총 제2집, 솔출판사, 1999, 180-181쪽; 강영안, 『타인의 얼굴: 레비나스의 철학』, 문학과지성사, 2005, 54-55쪽; 강영안, 「'주체의 죽음' 이후의 문화 주체」, 문화선교연구원 편, 『기독교 문화, 소통과 변혁을 향하여』, 2005, 85-86쪽 참조.

고 있다. 그런 점에서 '주체'라는 이 번역어는 근대 철학적 의미의 주체 개념을 반영하고 있다. 사실상 주체라는 단어의 어원이 된 라틴어 수브엑툼(subjectum)은 원래 '무엇에 종속된 것', '어떤 것에 깔려 있는 것'이란 뜻을 지니고 있었다. 그러므로 존재론적 의미에서는 이 말을 이 세계를 창조하고 주인으로 다스리는 하나님에 대해서는 쓸 수 없는 말이었다. 오직 '인간'과 인간을 포함한 '피조물'에 대해서 쓸 수 있는 말이었다. 그런데 하이데거가 '근대'라는 시대와 관련해서 '인간이 주체가 되었다'는 말로 표시할 때, 이때 주체는 더 이상 어떤 무엇에 깔려 있는 것이 아니라 다른 것들을 '떠받쳐주는 기반, 근거, 기초'란 뜻을 갖게 된다. 따라서 하이데거가 '인간이 주체가 되었다'고 말할 때나 현대 프랑스철학자들이 이러한 주체는 죽었거나 죽을 수밖에 없다고 본 것은, 인간이 그것도 '나는 생각한다'는 의식 주체가 더 이상 존재하는 것들을 떠받치고 그것들을 지탱하며 관리하는 주역을 맡을 수 없다고 보기 때문이다.

그리고 철학사적 관점에서 볼 때, 주체의 문제는 두 가지 상호 관련된 사태와 연관되어 있다고 할 수 있다. 하나는 근거 또는 존재의 기반에 관한 물음이고, 다른 하나는 그 기반을 무엇으로 보느냐 하는 것이다. 근대의 주체 철학은 '하나님'이나 '자연'보다는 '인간'을 존재의 기초 또는 기반으로 보고자 했고, 특히 인간의 다른 면보다도 '사유하고 인식하는 자아'에서 그러한 근거의 원천을 찾고자 했다. 현대철학은 그러한 근거 물음과 근거 확인이 과연 정당한가 라는 문제에 집중하고 있다.

이제 문화와 윤리의 문제를 논함에 있어서 우리의 관심사는 '기독교적 주체' 개념을 통해서 이 문제에 접근하는 데 있다. 기독교에서 말하는 주체 개념은 성서 속에서 찾아볼 수 있을 것이다. 기독교에서 나타나는 십자가는 하나님의 '비우심', '낮추심', '버리심'을 상징한다. "오히려 자기를 비워(no reputation) 종의 형체를 가져 사람들과 같이 되었고, 사람의 모양으로 나타나셨으매 자기를 낮추시고(humbled) 죽기까지 복종하셨으니

(obedient) 곧 십자가에 죽으심이라(빌 2:7-8)." 또한 십자가 아래에 있는 주체는 세계를 지배하고 타인을 자기에로 환원하고, 자기 향유에 빠질 수 있는 자기중심적 주체가 아니라, 먼저 이웃의 유익을 구하고(고전 10:33), 짐을 서로 나누어지고(갈 6:2), 자유를 자기 자신을 위해서가 아니라 사랑으로 서로 종노릇하는(갈 5:13), 그리고 기회 있을 때마다 모든 이들에게 착한 일을 하는(갈 6:10) 주체이다. 이러한 주체는 십자가에서 예수 그리스도와 함께 죽고, 그의 부활과 더불어 살아난, 세상과 함께 아파하는 마음, 곧 그리스도의 심장을 가지고 샬롬의 공동체를 회복하고자 삶을 살아가는(빌 1:8) 주체이다.[2]

3. 기독교적 문화와 주체: 엠마누엘 레비나스의 '윤리적 주체' 개념

1) 레비나스의 윤리적 주체 개념

강영안에 따르면, 레비나스의 윤리적 주체 개념에서 우리는 기독교적 주체 개념의 특징을 찾아낼 수 있다. 레비나스는 주체의 주체성을 이론적 활동이나 기술적, 실천적 활동에서 찾기보다는 타인과의 '윤리적' 관계를 통해서 찾는다. 여기서 타인과의 윤리적 관계라고 할 때, '윤리적'이라는 말은 무엇을 의미하는가? 주체가 주체로서 의미를 갖는 것은 지식 획득이나 기술적 역량에 달린 것이 아니라 타인을 수용하고 손님으로 환대(歡待)하는 데 있다고 레비나스는 보고 있다. 헐벗은 모습으로, 고통 받는 모습으로, 정치적, 경제적, 사회적 불의에 의해 짓밟힌 자의 모습으로 타인이

2 강영안(2005), 「'주체의 죽음' 이후의 문화 주체」, 100쪽 참조.

호소할 때, 그를 수용하고 받아들이고, 책임지고, 그를 대신해서 짐을 지고 사랑하고 섬기는 가운데 주체의 주체됨의 의미가 있다는 것이다.

여기서 주목할 것은 '자기성'의 성립, 또는 '개체성'의 성립 없이는 타인의 영접과 타인에 대해 책임 있는 윤리적 관계가 가능하지 않다고 레비나스는 보고 있다. 그렇다면 레비나스가 말하는 '자기성' 혹은 '개체성'이란 무엇인가?

한 개인이 먹고 마시고 잠자는 것은 어떤 누구에게도 환원될 수 없는 개별적인 행위다. 먹을 것을 가져다 줄 수 있고, 잠을 잘 수 있도록 배려해 줄 수 있지만, 아무도 남을 대신해서 먹어 줄 수 없고, 잠을 자 줄 수도 없다. 이것은 모두 한 개인의 '신체(身體)'를 통해서 가능하다. 레비나스는 이러한 존재 방식을 '향유(享有)'라 부른다. 향유, 즉 즐김과 누림을 통해 하나의 개체가 개체로서 자기성을 확보한다고 보는 것이다.[3]

그리고 나서 레비나스는 타인의 고통을 짊어질 수 있는 '책임적 주체' 개념을 내어 놓는다. 주체가 타자를 '위한' 책임적 존재로 세워지는 모습을 레비나스는 '대속(代贖)'이라고 부른다.[4] '대속'은 자유로운 주체의 능동적, 자발적 활동을 일컫지 않는다. 마치 예수 그리스도처럼 타인을 대신해서, 타인의 자리에 내가 세움 받는 일을 의미한다.

나는 내가 타인을 대신해서 타인의 자리에 서기 이전, 내가 기억할 수도 없는 먼 과거에, 나의 의식과 나의 선택의 자유가 발동하기 이전에 벌써 타자에 의해서 타자를 위한 책임적 존재 존재로 세움 받았다. 이렇게 세움 받았다는 것은 내가 타인의 요구와 부름에 '응답(應答)'할 뿐만 아니라, 타인을 위해, 심지어 타인의 책임을 대신해 '고통(苦痛)' 받을 수 있음을 뜻한다. 여기서 '책임(責任)'은 절대적 타율성이고, 절대적 타율성으로

---

3 강영안(2005), 「'주체의 죽음' 이후의 문화 주체」, 88쪽 참조.

4 레비나스(1974), 『존재와 다르게 또는 존재 사건 저편에』, 125쪽; 강영안(2005), 「'주체의 죽음' 이후의 문화 주체」, 90쪽 참조.

서 책임은 나의 자유의 한계를 초월한다. 이런 의미에서 '책임'을 레비나스는 '무한 책임(無限 責任)'이라 부른다.[5]

그런데 책임이 나의 자유의 한계를 초월한다는 말은 무슨 뜻인가? 만일 누군가가 나의 잘못에 대한 책임을 묻는다면 1인칭 차원에서의 책임, 그러니까 나의 자유에 근거한 책임을 지면되지만, 타인의 잘못에 대한 책임은 나의 자유를 벗어난다. 나의 자유 이전에 나는 벌써 타인에 대해 책임적인 존재로 부름 받았다면, 나는 타인의 고통뿐 아니라 그의 잘못에 대해까지도 책임을 면할 수가 없다. 이러한 책임이 나의 자유로운 선택의 결과가 아니라 타율성에 의한 것임을 강조하기 위해서 레비나스는 '선택받음'이란 용어를 사용하고 있다.[6]

내가 선택받았다는 사실은 나의 대속이 다른 어떤 타인이 대행할 수 없는 일임을 말해준다. 나는 타인을 대신할 수 있어도 아무도 내가 책임질 일을 대신 짊어질 수는 없다. 나는 이미 타인의 자리에, 타인에 대해서, 타인을 대신해 책임지도록 세움 받았다. 그러므로 타인의 부름에 바로 나 자신이 '응답'해야 한다. 이런 맥락에서 레비나스는 '대리적 주체'를 '메시아'라 부른다. 메시아는 타인을 위해서 대신 고난 받은 종이다. 레비나스는 예수 그리스도의 존재를 "타인의 고난을 대신 짊어 진 주체"로 파악한다. '그리스도'라는 말이 '메시아'를 번역한 말임을 염두에 둔다면, 레비나스의 윤리적, 책임적 주체는 각자가 모두 그리스도인 셈이다.[7]

---

5 레비나스(1961), 『전체성과 무한』, 223쪽; 강영안(2005), 「'주체의 죽음' 이후의 문화 주체」, 90쪽 참조.

6 레비나스(1961), 『전체성과 무한』, 223쪽; 강영안(2005), 「'주체의 죽음' 이후의 문화 주체」, 91쪽 참조.

7 강영안(2005), 「'주체의 죽음' 이후의 문화 주체」, 92쪽 참조.

2) 내가 어떻게 타인의 짐을 짊어지는 그리스도일 수 있는가?

레비나스에 따르면 타인이 나를 부를 때, 나는 그 부름에 '응답'해야 한다. 여기에는 두 가지 가능성만이 있다. 그러니까 부름을 '수용'하든지, 아니면 '거부'하는 일이다. 먼저 타인의 부름에 '거부'하는 경우를 보자. 부름을 거부하는 일은 나 자신의 일에 몰두하든지, 아니면 다른 일에 몰두하든지, 또는 어떤 핑계와 이유를 들어서 그 일이 가능하다. 나의 집 문을 꽁꽁 걸어 두고, 타인으로부터 분리된 채 자기 중심주의로 살아갈 수 있다.[8] 이것은 '책임'으로부터의 도피이며, 이 도피를 레비나스는 윤리적 의미의 '악(惡)'이라 부른다. 타인에 대한 책임을 거부한 책임으로서 이 악은 모든 윤리적 악의 근원이며, 곧 '죄(罪)'로 나타난다.[9] 이제 이 악과 반대의 차원이 있다. 레비나스의 용어로 설명하면 타인의 호소와 부름을 수용하고 받아들이는 것이다.

타인을 수용한다는 것은 자신의 문을 열고 타인을 영접하는 '환대(歡待)'로 나타난다. 타인을 나의 손님으로 대접하고 선행을 베푸는 일이다. 이때 환대의 주체는 철저하게 수동적인 존재로, 물질의 수용성이나 인식의 수용성보다 더 수동적인 주체로 타인의 부름 앞에 '여기 제가 있습니다'라고 말하면서 자신을 내어 놓는다.[10] 성경 이사야서에 나오는 방식과 동일한 응답의 차원이다.

> "내가 또 주의 목소리를 들은즉 이르시되 내가 누구를 보내며 누가 우리를 위하여 갈꼬 그때에 내가 가로되 '내가 여기 있나이다(Here am I!)'

---

8 레비나스(1961), 『전체성과 무한』, 148-149쪽; 강영안(2005), 「'주체의 죽음' 이후의 문화 주체」, 93쪽 참조.

9 강영안(2005), 「'주체의 죽음' 이후의 문화 주체」, 93쪽 참조.

10 레비나스(1974), 『존재와 다르게 또는 존재 사건 저편에』, 186쪽; 강영안(2005), 「'주체의 죽음' 이후의 문화 주체」, 94쪽 참조.

나를 보내소서(Send me)."(이 6:8)

레비나스에게서 응답은 곧 '환대'이며, '책임'이다. 이것은 주는 것이며, 자신을 희생하는 것이다. 주는 것, 즉 타자를 위한 존재란 자신의 입에서 빵을 꺼내어 자기는 금식하면서 타인의 허기를 채워주는 것이다.[11] 그러나 이 주는 행위와 희생은 어떤 반대급부를 기대하지 않는다. 만일 어떤 반대급부를 기대한다면 그것은 순수한 줌이 아니라 주고받음의 거래가 된다. 진정한 선행에는 보상도, 반환도, 심지어 감사로 되갚음도 없다. 그런 의미에서 선(善)은 '존재와 다른 질서'에 속한다.[12]

3) 타인의 얼굴을 통해 만나는 하나님

레비나스에 의하면 타인은 우리에게 '얼굴'로 나타난다. 타인이 얼굴의 모습으로 우리에게 나타난다는 것은 각별한 의미가 있다. 얼굴과의 만남은 사물과 전혀 다른 차원을 우리에게 열어준다.

> "얼굴을 통해서 존재는 더 이상 그것의 형식에 갇혀있지 않고, 우리 자신 앞에 나타난다. 얼굴은 열려 있고, 깊이를 얻으며, 열려있음을 통하여 개인적으로 자신을 보여준다. 얼굴은 존재가 그것의 동일성 속에서 스스로 나타내는, 다른 어떤 것으로 환원할 수 없는 방식이다."[13]

얼굴이 자기 스스로를 내보이는 방식을 레비나스는 '계시(啓示)'라고 말한다.[14] 얼굴은 나에게 말을 건네 온다. 이 말 건네 옴은 얼굴의 자기표현

---

11 레비나스(1974), 『존재와 다르게 또는 존재 사건 저편에』, 71쪽; 강영안(2005), 「'주체의 죽음' 이후의 문화 주체」, 94쪽 참조.

12 강영안(2005), 「'주체의 죽음' 이후의 문화 주체」, 94쪽 참조.

13 레비나스, 『시간과 타자』, 136쪽; 강영안(2005), 『레비나스의 철학: 타인의 얼굴』, 148쪽 참조.

14 레비나스, 『전체성과 무한』, 37쪽; 강영안(2005), 『레비나스의 철학: 타인의 얼굴』, 180쪽 참조.

이며, 자기표현은 얼굴의 본질적 성질, 곧 타자성과 환원불가능성을 담고 있다. 여기서 중요한 것은 얼굴이 말하는 내용이 무엇인가가 아니라 얼굴이 자기표현을 한다는 바로 그 사실이다. 얼굴의 자기표현, 곧 말 건네 옴은 얼굴이 타자로서 나에게 현상하고, 나에게 소통 관계를 터옴을 뜻한다. 얼굴의 자기표현은 나에게 전적으로 새롭다.[15]

그러므로 레비나스는 얼굴의 표현을 계시, 곧 나의 기대와 예측과 무관하게 밖으로부터 나에게 자신을 알려줌으로 말한다. 레비나스가 계시라는 종교적 언어를 사용하는 까닭은 얼굴의 현현은 내 자신의 노력을 통해서 나타나는 것이 아니라 스스로 자기 자신으로부터 나타나는 절대적 경험이라는 것을 강조하기 위한 것이다. 얼굴의 자기 계시 또는 자기표현은 이 세계에 속하지 않은 영역에서 오는 것이며, 나의 입장과 위치와 상관없이 스스로 자기를 표현하는 가능성이다. 레비나스는 이러한 사태를 일컬어 '맥락 없는 의미화의 가능성'이라 부른다.[16]

그렇다면 타인의 얼굴이 가진 힘은 어디서 나오는 것일까? 타인의 얼굴에서 오는 힘은 상처받을 가능성, 무저항성에 근거해 있다. 얼굴이 상처받을 수 있고, 외부적인 힘에 대해 저항이 불가능하기 때문에, 바로 이 때문에 얼굴로부터 도덕적 호소력이 나온다.[17] 그런 맥락에서 레비나스는 다음과 같이 말한다. "얼굴은 직설법이 아니라 명령법으로, 한 존재가 우리와 접촉하는 방식이다. 그것을 통해서 얼굴은 모든 범주를 벗어나 있다."[18] 고통 받는 타인의 얼굴은 나에게 환원되기는커녕, 정반대로 가령 '살인하지 말라'고 나에게 명령한다. 타인은 나보다 높은 곳에 있는 나의 주인처럼 내가 윤리적으로 행동하기를 명령하며, 나는 그 명령을 회피하

---

15 레비나스, 『전체성과 무한』, 194쪽; 강영안(2005), 『레비나스의 철학: 타인의 얼굴』, 180쪽 참조.
16 레비나스, 『전체성과 무한』, 12쪽; 강영안(2005), 『레비나스의 철학: 타인의 얼굴』, 148쪽 참조.
17 레비나스, 『전체성과 무한』, 172쪽; 강영안(2005), 『레비나스의 철학: 타인의 얼굴』, 149쪽 참조.
18 레비나스, 『시간과 타자』, 137쪽; 강영안(2005), 『레비나스의 철학: 타인의 얼굴』, 149쪽 참조.

지 못한다.

타인의 얼굴의 현현은 하나의 모순에 직면하게 만든다. 얼굴은 타인의 무력함과 주인 됨을 동시에 계시한다. 가장 낮은 것은 가장 높은 것과 결합된다. "타자는 타자로서 높음과 비천함의 차원에 스스로 처해있다. 영광스런 비천함이다. 타자는 가난한 자와 나그네, 과부와 고아의 얼굴[19]을 하고 있고, 동시에 나의 자유를 정당화하라고 요구하는 주인의 얼굴을 하고 있다."[20] 가까이 있는 타자는 다른 모든 사람과 결속되어 있기 때문에 타자는 나와 마주한 너가 아니라 제삼자, 곧 '그'이다. '낯선 이'로서, '고아'와 '과부'로서 타자의 얼굴은 보편적인 인간성을 열어주는 길이다. 타자의 얼굴에 직면할 때 나는 그곳에서 모든 사람들을 만날 뿐만 아니라, 나의 재산과 기득권을 버림으로써 타자와 동등한 사람이 된다. 타자의 얼굴을 받아들임으로써 나는 인간의 보편적 결속과 평등의 차원에 들어간다.[21]

레비나스의 이러한 생각은 동등한 관계를 전제하는 기존의 윤리적 견해들과는 상상한 차이를 보이는 독특한 견해라 할 수 있다. 타자는 나와 동등한 이가 아니다. 타자는 그가 당하는 가난과 고통 속에서 나의 주인이라고 레비나스는 말한다. 나는 나 자신을 벗어나 그를 모실 때, 비로소 그때 그와 동등할 수 있다. 그런 측면에서 레비나스에게서 진정한 윤리적 평등과 형제애는 인간 사이의 대칭적 관계를 통해서는 구축되지 않는다.[22] 그러므로 레비나스는 타자와의 '비대칭성', '불균등성'이 인간들 사이의 진정한 평등을 이룰 수 있는 기초이고, 이런 의미의 평등만이 약자

19 성서 출애굽기 22:21, 신명기 10:18, 24:17, 이사야 1:17, 9:16, 예레미아 7:6, 22:3 참조.

20 레비나스, 『존재에서 존재자로』, 161쪽; 『시간과 타자』, 101쪽; 『전체성과 무한』(1961), 229쪽 참조.

21 레비나스, 『시간과 타자』, 140쪽; 『전체성과 무한』, 189쪽; 강영안(2005), 『레비나스의 철학: 타인의 얼굴』, 151쪽 참조.

22 레비나스, 『존재에서 존재자로』, 162쪽; 강영안(2005), 『레비나스의 철학: 타인의 얼굴』, 151쪽 참조.

를 착취하는 강자의 법을 폐기할 수 있다고 생각하였다.[23]

그런 의미에서 레비나스가 생각하는 타인의 얼굴이란, 형이상학의 대상, 규정불능의 무한자, 곧 하나님을 닮고 있다. 하나님은 바로 타인의 얼굴을 통해서 내게 말을 건네고 있는 것이다. 타인은 하나님의 육화(肉化)가 아니다. 그러나 분명 그의 얼굴을 통해서 타인은 저 높은 곳의 현시이며, 이 현시 속에서 하나님은 나타난다.[24]

4. 기독교적 문화와 주체: 리처드 니버의 '책임적 주체' 개념

1) '책임' 개념의 의미

우리가 일상적으로 사용하는 용어들 가운데 '책임적 시민', '책임적 사회', '우리직무의 책임' 등의 표현들이 있다. 여기서 '책임있는'이라는 말에 해당하는 영어 단어 'responsible'은 원래 그 의미가 다음과 같은 맥락에서 사용되었다고 니버는 지적한다. 즉 "비록 그 입이 크기는 하지만 그 큰 몸에 비해 보면, 그렇게 걸맞지 않게(not responsible) 큰 것은 아니다." 여기에서 알 수 있듯이 이 용어는 '상응하는(correspondent)' 것을 의미했다. 이런 용례를 지녔던 responsible이라는 단어가 이제 "위대한 신(神)이 우리를 책임적 존재(responsible being)로 취급하신다."의 용례처럼 일반화되어 사용된 것은 19세기와 20세기에 이르러서의 일이다.[25] 그래서 이 responsible이라

23 레비나스, 『존재에서 존재자로』, 163쪽; 강영안(2005), 『레비나스의 철학: 타인의 얼굴』, 152쪽 참조.

24 레비나스, 『존재에서 존재자로』, 217쪽 참조.

25 Richard H. Niebuhr, *The Responsible Self. An Essay in Christian Moral Philosophy*, with an Introduction by james M. Gustafson, New York: Harper & RoW, 1963. 번역본으로 『責任的 自我』(정진홍 역), 이화여자대학교 출판부, 1983(이후 번역본 쪽수를 표기함). 67쪽 참조.

는 단어는 의무(duty), 법(law), 덕(virtue), 선(goodness), 도덕성(morality) 등 손위 형제들이 많은 단어 가족들 가운데 비교적 막내 또래에 속한다.

그런데 니버는 이 단어의 의미를 다음과 같은 사실에서 찾고 있다. 그러니까 이 단어는 참으로 우리가 잘 알고 있는 현상이나 낡은 이념만이 아니라 우리가 관습(mores)이라든가, 풍토(ethos)라든가, 합당한 것(what is due), 덕스러움(being virtuous), 즉 '사람답다'든가 하는 오랜 상징을 사용할 때, 이러한 표현들은 인간 실존의 현실성을 파악하고 이해할 수 있는 새로운 상징을 우리에게 제공해 준다는 사실이다. 바로 이런 경우가 responsible에 대한 올바른 이해라고 니버는 말한다.[26]

'책임(責任)'이라는 용어가 지닌 상징성은, 우리가 자신을 이해하고 행동하는 우리 자신들을 정의하려고 할 때, 우리 심성의 깊은 바닥에 있는, 말하자면 은폐된 어떤 관계, 혹은 암시, 직유(直喩) 등을 포용하고 있는 것이다. 이런 점에서 니버가 관심을 갖는 부분은 '책임'이라는 말 자체도 아니고, 그 단어를 사용할 때 우리가 어떤 의도를 지니는가 하는 우리의 주관적인 의도도 아니다.

니버에 의하면, 우리의 과제는 '책임'이라는 말의 상징의 도움을 받아 윤리학의 이중적인 목적, 그러니까 아득한 때부터 내려오는 영원한 명령, 즉 "너 자신을 알라"라는 명령에 순종하고, 다른 한편 우리가 스스로 결정하고, 선택하고, 자신을 봉헌하는 우리 자신들의 행위를 이끌어 줄 지침을 추구하려는 이 두 가지 목적을 촉진시키는 데 있다.[27]

한편 니버는 '책임' 개념 안에 내포되어 있는 것은 '응답하는 인간', '대화하는 인간', 자기에게 과해진 행위에 대응하여 행동하는 인간상이라고 말하고 있다. 이러한 니버의 생각은 그의 윤리학의 유형에 관한 생각을

26 『責任的 自我』, 68쪽 참조.
27 『責任的 自我』, 68쪽 참조.

찬찬히 살펴보면 금새 읽어낼 수 있다.

니버는 윤리학에 관한 논의를 '목적 지향적' 입장과 '의무론적' 입장으로 나누어 설명하고, 하나의 새로운 대안으로 '책임적' 입장을 제시한다. 먼저 목적 지향적 입장에서는 "내가 무엇을 해야 할 것인가?"하는 물음에 대답하기 위해서 먼저 "나의 목표, 나의 이상, 나의 궁극성은 무엇인가?"라고 묻는다. 한편 의무론적 입장에서는 도덕적 문제가 생겼을 때 이에 대답하기 위하여 우선 "나의 삶을 다스리는 법은 어떤 것인가? 내 삶의 제일 법칙은 무엇인가?"라고 묻는다. 이에 반해, 니버 자신이 주장하는 책임적 입장은 결단과 선택의 매 순간에 "어떤 일이 일어나고 있는가?"하는 물음을 던진다. 세 가지 입장의 핵심적인 내용을 살펴보면, 목적론적 입장은 '선한 것(the good)'을, 의무론적 입장은 '올바른 것(the right)'을, 그리고 책임적 입장은 '적합한 것(the fitting)'을 강조하고 있다는 점이 차이점이라 할 수 있다. 목적론적 입장은 언제나 올바른 것을 자기 안에 종속시키고 있는 '지고선(至高善)'에 관심이 있고, 의무론적 입장은 우리의 행복에 어떤 일이 일어날 것인가 하는 것과는 아무런 상관없이 다만 '올바른 것'에만 관심이 있다. 이에 비해 책임적 입장에서는 '적합한 행위(fitting action)'만이, 즉 하나의 응답과 그 응답이후에 또 어떤 응답을 해야 할 것인가를 예상하는 이른바 '응답의 총체에 적합한 행위'만이 선한 것에 이바지 하는 것이고, 또한 그것만이 올바른 것이라고 본다.[28] 그런 맥락에서 책임윤리학은 현재 우리가 처한 삶의 상황에서 내가 누구에게, 무엇에 책임이 있으며, 어떤 상호작용의 공동체 안에서 내가 내 자신인가?를 고려하는 것을 과제로 삼고 있다. 그래서 여기에서는 처한 상황, 대상, 일, 공동체, 도덕적 주체가 중요하다.

---

28 『責任的 自我』, 88쪽 참조.

2) '책임' 개념의 네 가지 요소

'책임'의 이념을 우리의 자아 행위(self-action)의 이해를 위해 유용한 것이게 하려면, 책임이라는 개념에 대해서 분명하게 이해해야 한다고 니버는 말한다. 그러면서 니버는 책임 개념의 네 가지 요소에 대해서 설명하고 있다.

책임 개념의 첫째 요소는 '응답(response)'이라는 이념이다. 모든 행위, 즉 우리가 애매하게 도덕적 행위라고 부르는 것까지 포함한 모든 행위는 우리에게 과해진 행위에 대한 '응답'이다. 그러나 그것이 우리에게 과해진 '해석된(interpreted) 행위'에 관한 응답이 아니라면, 우리는 그것을 자아의 행위라거나 도덕적 행위라고 부르지 않는다. 우리는 비단 사회 안에서만 응답하는 존재로 사는 것이 아니다. 더위와 추위, 폭풍과 청명한 날씨, 지진과 조수(潮水), 건강과 질병, 동물과 식물 등 생명을 부여할 뿐만 아니라 죽음을 초래하기도 하면서 우리에게 영향을 끼치는 자연계 안에서 그 자연의 사건들을 해석하고 그 자연들에 응답하는 존재로 살아가고 있다. 다시 말해, 우리는 자연의 사건들에 대하여 우리들 자신의 해석에 따라 반응(혹은 응답)하고 있는 것이다.[29]

책임 개념의 두 번째 요소는, 책임은 그저 단순한 '응답' 행위가 아니라 우리가 대답을 하지 않으면 안 되는 그 물음에 대한 우리의 해석에 따라 응답하는 행위라고 하는 사실이다. 우리가 책임이라는 개념을 가지고 행동하려 할 때는 "나의 목적은 무엇인가?" 혹은 "나의 궁극적인 법칙은 무엇인가?"하는 물음보다 "어떤 일이 일어나고 있는가?", "나에게 이루어지고 있는 일은 어떤 일인가?" 하는 물음을 우선 물으면서 "내가 어떻게 해야 할 것인가?"하는 물음에 대한 대답을 모색한다.[30]

---

29 『責任的 自我』, 91쪽 참조.

책임 개념의 세 번째 요소는 '책무(責務 accountability)'라고 하는 요소이다. 책무라는 용어 흔히 법률 용어로 규정되어 있지만, 그 용어를 우리들이 자아 행위를 통하여 응답하는 그 응답양태의 본질적인 부분을 언급하는 것으로 이해하면 그 의미가 더 분명해 진다. 우리의 행위는 그 행위가 우리에게 과해진 해석된 행위에 대한 반응일 때에만 책임을 지는 것이 아니다. 우리가 이렇게 응답하면 그에 대한 또 다른 응답이 저렇게 나올 것이라고 하는 예상된 상황 속에서 이루어진 행위에 대해서도 우리의 행위는 책임을 지는 것이다.[31] 니버는 책무에 대한 이해를 돕기 위해서 대화 상황을 예로 들어 설명한다. 말하자면, 행위자의 행동은 마치 대화 속에서 주고받는 말과 같은 것이다. 대화 속에서의 발언은 먼저 발언된 상대방의 말에 상응하는 또는 알맞은 대답을 해야겠다고 노력을 하면서 대답이 마련될 뿐만 아니라 또한 이렇게 이쪽에서 대답을 하고 나면 상대방은 또 어떤 대답을 할 것인가를 예상하면서 이루어진다. 이와 같은 관점에서 볼 때, 책임은 어떠한 주어진 사태에 대해서도 이에 응답하면서 그 결과를 받아들이고, 그러한 자기의 현재의 행위 속에서도 앞으로 또 지속될 상호작용을 예상하면서 행위하고 있는 그러한 행위자 안에 있는 것이다.[32]

책임 개념의 네 번째 요소는 '사회적 유대(social solidarity)'에 관해 관심을 갖도록 한다. 서로 연결된 관계들로 이루어진 하나의 사회를 형성하는 것은 여러 존재들의 끊임없는 상호작용이다. 바로 이런 상황 속에서 우리의 행동이 우리에게 과해진 행위에 대하여 반응할 때 그 행동은 비로소 책임 있는 행동이 되는 것이다. 책임이라는 이념이나 양태는 행위자 자신의 행위가 지니고 있는 이념이나 양태라고 요약할 수가 있다. 그러니까 자기에게 과해진 행위에 대한 해석에 따라 반응하고, 자기가 응답한 것에

30 『責任的 自我』, 92쪽 참조.
31 『責任的 自我』, 92쪽 참조.
32 『責任的 自我』, 93쪽 참조.

대한 반응이 어떠할 것인가를 예상하면서 반응하는 그러한 응답 행위가 지니고 있는 이념이라고 정의할 수 있다. 그런데 이러한 행동은 모두 그 행동을 하는 행위자들이 속해 있는 연속성을 지닌 공동체 속에 있는 현상이다.

3) 도덕적 삶의 구조와 역동성

기독교인의 신앙과 삶 속에 神은 모든 사물의 창조주로 인식되고 있다. "존재하는 것은 어떤 것이든 좋은 것이다"라는 것은 니버 사상이 지니고 있는 공리(公理)라고 구스타프슨은 지적한다.[33] 그리고 이 같은 공리는 그로 하여금 세상에 관한 그의 첫 번째 응답이 세상에 대한 수용적이고 긍정적인 성향을 지니게 해 주었다. 창세기의 창조 설화를 통하여, 시편의 증언을 통하여, 그리고 인간과 사물에 대한 예수의 가치 부여를 통하여, 인간은 첫째로 각기 사물이 그 나름대로 독특성을 지닌 좋은 것이며, 둘째로 그러한 모든 사물들은 서로의 관계 맺음 속에서도 좋은 것이라는 사실을 긍정할 수가 있다.[34] 신이 사랑으로 창조하신 것에 대한 우리의 사랑의 응답은 여러 단계로 분석될 수가 있다. 첫 단계로, 우리는 존재하는 것을 '그저 받아들이기만' 할 수 있다. 그것은 최종적인 심판은 우리들 자신의 일이 아니라고 하는 것을 확인하는 것이다. 다음 단계로, 우리들 자신, 이웃, 그리고 우리의 적(敵)마저도 '긍정'할 수가 있다. 자연의 세계도 긍정되어야 한다. 세상의 긍정은 그 세상을 이해하려는 욕망에 이르게 한다. 인간은 받아들이고, 긍정하고, 그리고 나서 '여기 무엇이 존재하는가?', '여기에서 언급되고 행해지는 것은 무엇인가?'하고 묻는다. 세 번째

33 『責任的 自我』, 45쪽 참조.
34 『責任的 自我』, 45쪽 참조.

단계로, 과학적 응답이다. 즉 인간들의 세계, 역사적 사건들의 세계, 자연의 세계에 대한 이해에 이르는 것이다. 더 나아가 창조주인 신의 행위의 좋음에 대하여 인간은 세상을 경작하는 것으로 응답한다. 인류 문화 전체는 아직 형태를 갖추지 못한 세계에다 갈고 닦는 교화(敎化)의 행위를 부과하는 것, 혹은 그 세계를 틀을 잡아 나아가는 과정 속에다 두는 것이다. 기독교인은 세상을 '돌봄(tending)'으로써 응답한다. 즉 인간은 그가 세상을 경작하는 자이고 돌보는 사람이지 세상의 창조자는 아닌 것이다.[35]

4) 사회 안에서의 책임

니버에 따르면, 자아가 이념과의 관계에서는 '이성적(理性的) 존재'로, 관습 및 율법과의 관계에서는 '도덕적(道德的) 존재', 다른 자아들과의 관계에서는 '사회적(社會的) 존재'로서 존재한다.[36] 자아를 사회적인 것으로 보는 이해, 즉 자아를 다른 자아들에 대한 '응답관계' 안에서 살고 있는 것으로 아는 이해는 도덕철학 분야에서 오랫동안 통용되어 왔다.

니버에 의하면, 자아는 하나의 "나-너" 관계에서 또 하나의 "나-너" 관계로 옮겨 가면서 자기 자신의 연속성과 자아 동일성에 대한 본유적인 지식을 가지고 살아가는 것이 아니다. 자아는 "너(Thou)"들에 대한 '응답관계' 속에서 살아간다. 이때 "너"들은 한편으로는 자아에 대한 자기들의 행위가 불변하는 것이라는 사실을 드러내 주고 있고, 또 한편으로는 자기들이 다른 "너"들 및 "그것"들과의 끊임없는 응답관계 속에서 살고 있음을 보여 주고 있다. 바로 이러한 "너"들과의 응답관계 속에서 자아는 살아가고 있는 것이다.[37]

---

35 『責任的 自我』, 46쪽 참조.
36 『責任的 自我』, 102쪽 참조.
37 『責任的 自我』, 111쪽 참조.

나는 타자의 행위에 대하여 '응답(應答)'할 수도 있고, 혹은 나의 행위에 대한 그의 반응을 '예상(豫想)'할 수도 있다. 그러나 나에게 향한 그 타자의 움직임을 내가 '해석(解釋)'할 때에만 그러한 것은 가능하다. 나는 그의 행위를 단절된 하나의 사건으로 여기고 그 행위에 응답하는 것이 아니라 그것이 하나의 맥락 안에서 일어난 행위, 곧 보다 큰 양태 중의 부분이라고 여기고 그 행위에 응답한다. 그러한 양태는 확실히 여러 번 부딪히는 과정 속에서 분간되어 왔고, 또 알게 된 것이다.[38]

나에 대한 "너"의 태도가 지니고 있는 항구성 이외에 이제 우리가 생각해야 할 것은 비단 "너"와 나와의 관계만이 아니라 나 자신이 아닌 공동체(共同體)의 다른 구성원들과 그와의 상호작용 속에도 있는 항구성에 관한 것이다. 내가 발언을 한다고 가정해 보자. 그때 나는 일반화된 타자에게 말하는 것도 아니고, 불편부당한 관조자에게 말하는 것도 아니다. 나는 특정한 자아들에게 이야기하는 것이다. 그 자아들은 자기들 간의 상호작용 속에서 그리고 지금 이야기하고 있는 대상과 자기들과의 상호작용 속에 내가 의지해도 좋겠다고 알고 있는 항구성을 지니고 있는 자아들이다. 그러므로 양심의 어떤 경험을 하면서 내가 나의 행위를 다른 사람들의 관점에서 판단한다고 하는 것은, 내가 살고 있는 사회 안에 있는 모든 특정한 개인들 속에서 막연한 일반적인 인물을 하나 선택하여 그 입장에서 나의 행위를 판단하는 것이 아니라, 모든 개개인들의 응답이 지니고 있는 항구성에 근거하여 판단하고 있음을 뜻하는 것이다.[39]

그렇기에 니버는 사회적 자아는 결코 단순한 "나-너 자아(I-Thou self)"가 아니라고 말한다. 그것은 상호 작용하는 공동체의 한 구성원인 "너"에 응답하는 "나-너희들 자아(I-You self)"이다.[40] 그리고 바로 그러한 사회적

---

38 『責任的 自我』, 111쪽 참조.
39 『責任的 自我』, 112쪽 참조.
40 『責任的 自我』, 112쪽 참조.

자아가 타자(他者)와 이루는 상호 작용 속에서 자아로 하여금 자기에게 과해지는 행위를 해석할 수 있도록 하는 이른바 항구성이 나타나는 것이다.

니버의 이러한 사회적 자아 개념은 칸트주의적 입장에 있는 도덕론자들이 자신들의 이론의 출발점으로 삼고 있는 법(法)에 관한 이념과 동일한 것이라고 생각할 수도 있다. 여기에 대해서 니버는 자신의 관점과 칸트주의와는 분명한 차이가 있다고 밝힌다. 즉 "내가 나의 삶을 책임적인 실존으로 보는 입장에서 관찰하면, 나는 법을 결코 하나의 '요청(要請) 형식'으로 보지 않는다. 다시 말해서 법을 다른 존재자들이 내가 예상하고 짐작할 수 있는 방법으로 내게 과하는 그러한 행위의 형태로써 인식하지 않는 것이다."[41] 타자와의 응답관계 속에서, 비록 사람들이 원자가 아니고 상호 작용 체계의 구성원이라 할지라도, 나는 '사람들'을 다루는 것이지 '율법'을 다루고 있는 것이 아니다. 그렇기 때문에 만약 지금 여기에서 법이 등장한다고 하더라도 그것은 '의무적'이고 '정치적'인 법과 비유될 수 있는 것이라기보다는 현대적인 의미 혹은 19세기적인 의미에서의 '자연법(自然法)'에 비유될 수 있는 그러한 법으로 등장하는 것이다.

그러므로 사회적 자아는 원자적인 타자에게 응답하면서 존재하는 것도 아니고, 일반화된 타자나 불편부당한 관조자에게 반응하면서 존재하는 것도 아니다. 사회적 자아는 한 집단의 구성원인 "너"들과 같은 그러한 타자들에게 응답하면서 존재한다. 그 같은 "너"들의 상호 작용 속에는 자아가 자기에게 과해지는 현재의 행위를 해석할 수 있고, 미래의 행위를 예상할 수 있도록 하는 항구성이 존재해 있다. 사회적 자아는 바로 그러한 "너"들인 타자에게 반응하면서 존재하는 것이다. 그때, 사회적 자아는 당면하고 있는 행위의 의미에 대하여 응답할 수가 있다. 왜냐하면 그러한 행위는 전체 행위의 일부, 전체 행위를 의미하는 어떤 것, 혹은 전체로부

---

41 『責任的 自我』, 113쪽 참조.

터 그 의미를 추출해낸 것이기 때문이다.[42]

따라서 나의 '양심(良心)'은 제각기 단절되어 있다는 다른 개인들이 무엇을 허용하고 무엇을 허용하지 않는가 하는 것을 내가 알고 있다는 사실을 드러내주고 있는 것이 아니다. 오히려 내가 살고 있는 사회의 에토스를 내가 알고 있다는 것, 다시 말해서 그 사회의 개인 간의 상호 작용 양태를 내가 알고 있다는 사실을 보여주고 있는 것이다.[43]

그리고 자연 앞에 있는 자아는 자연에 대하여 온갖 반응을 하는 다른 자아들에게 응답하면서 하나의 사회적 자아로 존속한다. 그러한 자아는 또한 자연에 대한 자기의 반응에 대하여 '책임(責任)'질 것을 자기의 동료들로부터 요청받는 해명할 의무가 있는 책무를 진 자아(accountable self)이기도 하다. 응답이 하나의 존재에게만 아니라 그 자아와 더불어 제3의 실재와 연결되는 존재에 대한 것이기도 할 때, 그 응답되는 존재에 대한 그 응답성(應答性 responsiveness)은 '책무(責務 accountability)'라고 하는 의미에서의 책임(responsibility)이 된다.[44]

내게 과해진 자연의 힘의 행위에 대하여 어떤 응답을 하면서 그 응답 행위에 대하여 내가 책임을 진다고 하는 것은, 마치 내가 버섯의 모양을 잘못 보고 그것이 독버섯이 아니라고 판단하여 그 독버섯을 땄는데, 나중에 그것이 독버섯인 줄을 알고 그 독버섯이 자기에게 미칠 영향을 스스로 예상할 수 있는 것과 같다. 그러므로 첫째로, 그것은 자연의 힘 자체로부터 나의 행위에 가해질 반응을 내가 예상할 수 있다고 하는 것을 의미한다. 또한 그 같은 사실은 둘째로 자연의 사건들과 관계를 맺고 있을 뿐만 아니라 나와도 관계를 맺고 있으며, 또한 자연 현상에 대한 나의 해석을 입증하거나 수정해주는 그러한 사회적 동료들 편으로부터 나에게

42 『責任的 自我』, 113쪽 참조.
43 『責任的 自我』, 114쪽 참조.
44 『責任的 自我』, 118쪽 참조.

가해질 나의 반응에 대한 그들의 응답을 예상하고 행동한다는 것을 의미한다. 나의 행동은 사회와 자연 양자로부터 어떠한 반응이 있을 것인가를 해석하고 예상하면서, 그 가운데서 응답적이고 책임적인 것으로 행해지는 것이다.[45]

이상의 논의를 통해서 우리는 '응답성'과 '책임성'이 생기는 상황이 삼중적인 특성을 지니고 있다는 것을 확인할 수 있었다.

5. 기독교적 주체와 문화의 변혁

지금까지 우리는 문화 소통의 출발점으로서 기독교적 주체 개념을 상정하여 논의하였다. 문화 간의 소통을 염두에 둔다는 것은 결과적으로 현실의 문화가 왜곡되어 있다는 사실을 인정한다는 것이며, 나아가 이를 변혁해야 한다는 인식을 보여주는 것이라 할 수 있다. 기독교 문화학의 통시적 관점에서 본다면, 문화 변혁의 궁극적 주체는 특정한 문화가 아니라 하나님 나라를 선도하는 '성령님'이라는 사실이며, 그런 측면에서 문화 변혁의 기준 역시 '하나님 나라'라고 말 할 수 있을 것이다. 그렇지만 이를 공시적 관점에서 본다면, 문화 소통을 위한 변혁의 주체는 예수 그리스도의 삶을 따라가는 현실의 그리스도인, 다시 말해 기독교적 주체들이다.[46]

기독교적 주체들에 의한 문화 변혁의 작업은 그 최종적인 목적이 모든 사람을 위한 '해방(解放)'과 '생명(生命)'과 '하나님에 대한 앎(認識)'을 가져오는 데 있다고 해야 할 것이다.[47] 다시 말해서 "도적이 오는 것은 도적질

45 『責任的 自我』, 118쪽 참조.

46 문화의 변혁, 변혁주의적 문화(신학)에 관한 부분은 김영한, 『한국기독교 문화신학』, 성광문화사, 1995, 특히 10장. 465-493쪽; 최태연, 「변혁적 문화관의 한국적 해석」, 문화선교연구원 편, 『기독교 문화, 소통과 변혁을 향하여』, 2005, 185-207쪽 참조 바람.

47 임성빈, 「변혁적 문화관에 대한 논의와 기독교적 문화의 형성」, 문화선교연구원 편, 『기독교 문

하고 죽이고 멸망시키려는 것뿐이요, 내가 온 것은 양으로 생명을 얻게 하고 더 풍성히 얻게 하려는 것이라."(요 10:10) "영생은 곧 유일하신 참 하나님과 그의 보내신 자 예수 그리스도를 아는 것이니이다."(요 17:3) 이러한 목적을 위한 노력이 다름 아닌 '변혁적(變革的) 작업'인 셈이다. 임성빈 교수는 '변혁적 작업'이란 말씀이 육신이 되신 것처럼, 복음이 선포되는 곳에서 그것이 문화로 성육화 됨을 의미한다(요 1:14)고 말한다. 또한 그는 '변혁'을 복음이 선포되는 곳에서 문화의 특정한 요소들을 정화(淨化)시키는 것으로 이해한다.[48]

이와 같은 관점에서 임성빈은 하나님 중심의 변혁적 문화관은 아래와 같은 세 가지 특징을 갖고 있다고 말한다. 첫째, '변혁적'이라 함은 무엇보다도 먼저 이 세상 문화에 깃들어있는 '죄성(罪性)'을 간과하지 않는 매우 현실적인 태도와 관점을 의미한다. 여기서 강조되는 복음적인 문화접근은 '복음' 대(對) '문화'의 관계로 정리할 수 있다. 복음과 문화의 관계를 논의함에 있어서는 먼저, 복음은 인간의 모든 형태의 문화와 반드시 구별되어야 한다는 사실, 그리고 복음과 문화를 동일시하는 것은 자칫 서구 제국주의적 선교 태도를 답습하게 된다는 사실, 마지막으로 복음과 문화를 동일시하면 죄마저 상대화시키는 결과를 초래하게 된다는 사실을 명심할 필요가 있다.[49]

둘째, 그렇지만 변혁적 문화관은 이와 동시에 '그럼에도 불구하고' 그 모든 것들에 대한 '하나님의 주권'을 인정(認定)한다는 사실이다. "하나님이 지으신 모든 것이 선하매 감사함으로 받으면 버릴 것이 없나니"(딤전 4:4). 이러한 태도는 '문화 안의 복음'으로 상징될 수 있을 것이다. 그러니까 비록 복음이 문화와 구별된다고 하더라도 복음은 문화 안에서 전파된

화, 소통과 변혁을 향하여』, 2005, 232쪽.

48 임성빈(2005), 232쪽 참조.

49 임성빈(2005), 230쪽 참조.

다는 사실이다.[50]

셋째, 이와 함께 강조되어야 할 것은 "하나님의 말씀과 기도로 거룩하여짐이라"(딤전 4:5)는 '종말론적' 소망과 태도이다. 이것은 '복음에서 문화로'의 자세를 요구한다. 복음은 모든 문화의 변혁을 요구한다. 죄로 물든 문화가 온전히 하나님의 주권 아래 속하도록, 즉 하나님 나라의 온전한 임함 아래 놓이도록 복음은 문화의 변혁을 요구한다.[51]

이상과 같은 변혁주의적 문화관의 입장은 실제적인 문제들, 예컨대 한국 사회에서의 무교, 유교, 불교, 도교 등의 영향을 받은 소위 전통 문화와의 갈등 상황에 직면할 때 그 해결책을 제시하는 일이 결코 간단치가 않다. 바로 그 경우에, 위에서 논의한 레비나스나 니버의 타자 중심의, 윤리적, 책임적 주체로서의 삶의 태도는 비기독교인들과 그들의 문화관에 많은 시사점을 던져줄 수 있을 것이다.

---

50 임성빈(2005), 231쪽 참조.
51 임성빈(2005), 231쪽 참조.

제11장
에른스트 카시러의 기독교철학

– 계몽주의 시대 종교비판을 거울삼아

1. 시작하는 말

2010년 10월 하순경, 기독교단체 중의 하나인 찬양인도자학교 '에즈 37' 회원들이 서울 강남의 불교 사찰 봉은사에서 땅밟기 행사를 진행하고 이를 동영상으로 제작하여 유포한 사건이 일어났다. 이 사건은 10월 27일 찬양인도자학교 관련 임원들이 봉은사를 찾아가 사과하는 선에서 일단락된 듯하다. 이 과정에서 봉은사 주지 명진 스님은 "이번 일은 단순한 사건이 아니라 타 종교를 인정하지 않는 전체 개신교의 흐름 속에서 일어난 일이다. 그동안 동영상으로 유포되지만 않았을 뿐, 이런 일은 예전에도 빈번하게 있어 왔다"며, 화계사 방화 사건과 훼불 사건 등을 예로 들었다. 그는 한국 기독교의 배타성은 어제 오늘 일이 아니라며, 강남순복음교회와 기독교 TV에서 몇몇 목사들이 공공연하게 불교를 우상 숭배라고 비하해 왔다고 지적했다. 이어 명진 스님은 “진정한 종교인이라면 내가 무조건 옳다고 주장만 할 것이 아니라 성찰을 통해 진리를 추구해야 한다. 남을 배려하고 고통을 주지 않는 것이 청년 예수의 진정한 가르침일 것이다”고 했다. 그는 “이번 사건이 종교 간의 소통을 원활하게 하고 한국 사회의 화합을 다지는 전화위복의 계기가 되길 바라는 뜻에서 사과를 받아들이겠다”고 했다. 또 봉은사 차원에서 사과는 받아들이지만 기독교가 독선적인 태도를 바꾸지 않는다면 더 큰 불행이 몰려 올 것이라며, 종교 간 소통과 갈등 해소를 위한 토론회 등을 제안하겠다고 밝혔다.[1]

이상의 풍경은 2010년 한국사회에서 종교 간의 관계를 들여다볼 수 있는 좋은 사례가 될 것이다. 아니 범위를 좁혀서 기독교라고 하는 특정 종교 안에서의 종교인들이 가지고 있는 종교성을 엿볼 수 있는 사건이라고 할 수 있다. 인간의 삶 가운데 종교는 없어서는 안 될 중요한 요소들 가운데 하나이다. 종교가 인류 사회의 발전에 지대한 영향을 준 것은 분명한 사실이다. 마찬가지로 종교로 인해 사회가 병들고 갈등과 반목의 현상을 초래했던 것 또한 사실이다. 필자는 이런 모습을 종교의 순기능과 역기능이라고 말하고자 한다.

우리 사회는 외관상 잘 드러나지는 않지만 다양한 종교가 공존하는 종교 다원주의의 형태를 띠고 있다. 다행인 것은 우리 사회가 외국의 사례에서 볼 수 있는 것처럼, 말하자면 이라크나 인도네시아, 이스라엘에서처럼 종교 간의 갈등과 분열 양상을 상대적으로 적게 경험하였고, 경험했다 하더라도 그 양상이 미미했다고 할 수 있다. 종교는 사회를 하나의 공동체로 묶어주는 ‘결속(solidarity)’이라는 순기능과, 역설적이게도 그것으로 인해 인류 스스로가 서로 등지고 살아가야 하는 ‘갈등(conflict)’이라는 역기능을 동시에 가지고 있다. 그것이 종교의 양면성이다. 이런 종교의 양면

1 〈뉴스앤조이〉 2010년 10월 27일(수) 기사 인용, http://www.newsnjoy.co.kr

성을 우리는 어떻게 이해해야 할까? 다양한 종교들은 각기 그 속에 공통의 이념을 가지고 있지 않을까? 만일 종교의 공통의 이념이 있다면 그것은 어떻게 형성된 것이며, 또한 그것은 어떻게 인간의 이성적 사유와 관련되는 것일까? 이런 문제들을 떠올려본다면 이성과 신앙의 문제, 자연종교와 계시종교의 문제, 선과 악의 문제, 내세와 구원의 문제 등이 자연스럽게 논의 대상이 될 수 있을 것이다.

이 글은 18세기를 정점으로 하는 계몽주의(啓蒙主義) 시기의 '종교 이념'에 대한 카시러(Ernst Cassirer, 1874-1945)의 논의를 통해서 그가 간접적인 방식으로 종교 (특히 기독교) 비판을 수행하는 방식을 드러내는 데 일차적인 목적이 있고, 부차적으로는 이러한 논의를 우리 사회 현실 속에 적용해 보는 데 목적이 있다. 어쨌든 이러한 논의를 통해서 카시러는 사회 속에서의 종교의 기능과 역할, 그리고 종교의 이념을 우리에게 제시해 주고 있다. 필자는 이러한 카시러의 견해를 통해서 최근 우리 사회에서 일어나고 있는 종교간 충돌을 해소할 수 있는 해법, 나아가 기독교인들 스스로의 신앙과 이성의 바람직한 관계정립의 방식을 찾아보고자 한다.

2. 이성의 시대에 비춰진 종교

카시러는 계몽주의 시기의 종교에 대한 논의를 매우 도전적으로 시작한다. 우선 전통적인 입장부터 살펴본다. 전통적인 견해에 따르면 계몽주의 시기에는 종교에 대해 매우 비판적(批判的)이었고 회의적(懷疑的)인 태도를 취했으며, 이것이 이 시기의 기본특성이었다는 것이다. 그런데 카시러는 이러한 견해가 18세기의 프랑스 철학의 경우는 어느 정도 타당할지 모르지만, 적어도 그 시기의 독일이나 영국의 계몽사상에서는 들어맞지 않는다고 주장한다.[2] 이 글 전체 속에는 카시러의 이러한 생각이 전제되어 있고, 이를 하나씩 해명해 나아가는 그의 치밀한 논의를 우리는 확인할 수 있을 것이다. 카시러는 먼저 프랑스의 계몽사상가들에게서 나타나는 종교비판(宗教批判)에 대해서 논의한다.

볼테르(Voltaire, 1694-1778)[3]의 저술이나 편지 속에는 자주 "(가톨릭의) 파렴치함을 타파하라"라는 전투적인 구호가 등장한다. 이때 볼테르는 그의 투쟁 대상이 '믿음(faith)'이 아니라 '미신(迷信)'임을, '종교(religion)'가 아니라 '가톨릭교회(Church)'임을 분명히 말하지만, 볼테르를 정신적 지도자로 모시던 다음 세대는 이러한 구별을 안중에 두지 않았다. 그들은 종교가 진정한 도덕 및 사회정치적 질서의 창립자도 될 수 없을 뿐만 아니라 지적 발전의 영원한 방해자일 뿐이라고 말한다. 홀바흐(Holbach, Pierre Heri Dietrich, 1723-1789)[4]는 『자연 정치학』(*Politique Naturelle*)에서 종교는 인간으로 하여금 보이지 않는 독재자를 두려워하도록 가르칠 뿐만 아니라 또한 지상의 독재자에게도 노예처럼 복종하게 만든다고 주장하였다. 이렇게 하여 종교는 인간이 자신의 운명을 스스로 개척해 나갈 모든 독창성을 말살시켜 버린다.[5]

---

2 *PA*, 178쪽, *PE*, 134쪽(183쪽).

3 볼테르(본명 François-Marie Arouet)는 프랑스 파리에서 태어났으며, 젊은 시절부터 정치적 활동으로 감옥에 가거나 외국으로 추방당하곤 했다. 그는 유럽을 돌아다니면서 살아야 했지만, 말년에는 프랑스 한림원 회원이 되고 왕의 사서가 되는 등 현실적 권력을 누렸다. 그는 체계적인 저작을 남기지 않았지만 활발한 정치활동과 날카롭고 비판적인 문장으로 계몽사상을 이끌었다. 특히 당시 로크와 뉴턴으로 대변되는 문화 선진국이던 영국의 사상을 프랑스에 심는 데 주력했다. 소설 『캉디드』를 통해서는 라이프니츠의 낙관주의를 비웃었으며, 종교적으로는 이신론을 주장했다. 대표작으로는 『철학적 서간』(1734), 『관용론』(1763), 『캉디드』(1769) 등이 있다. 엘리자베스 클레만 외, 『철학사전』(이정우 역), 동녘, 1996, 135쪽 인용.

4 홀바흐는 독일 태생의 프랑스 과학자이자 철학자로서 디드로를 도와 『백과전서』를 펴냈다. 『백과전서』의 과학 논문 가운데 상당수는 홀바흐가 쓴 것이다. 그는 대부분 익명으로 저술활동을 했다. 홀바흐의 철학은 무신론적이고 유물론적이며, 운동하는 물질을 통해 사고와 도덕, 정치까지 설명하려 했다. 대표작으로는 『가면을 벗은 기독교』(1761), 『자연의 체계』(1770)이 있다. 엘리자베스 클레만 외, 『철학사전』(이정우 역), 동녘, 1996, 350쪽 인용.

5 Holbach, *Politique Naturelle*, Discours Ⅲ, Ⅻ 이하 참조(Hubert, d'Holbach et ses Amis, Paris, 163쪽).

한편 디드로(Diderot, Denis, 1713-1784)[6]에 의하면 자연은 인간에게 다음과 같이 말한다.

"미신의 노예인 너 인간아! 내(자연)가 너를 위해 마련한 이 세계의 한계 밖에서 행복을 찾다니, 한심스럽구나! 나의 대권을 업신여기는 허망한 대적자인 종교, 이 종교의 사슬을 벗어나 너의 자유를 찾아라! 나의 힘을 찬탈한 신을 내던져 버리고 나의 법칙으로 되돌아가라! 쓸데없이 자연으로부터 도망쳐 나가지 말고 자연으로 되돌아가라! 그녀(자연)는 너를 품안에 품어 위로하고 이제까지 너를 억눌렀던 모든 두려움을 쫓아낼 것이다. 자연에, 인간 본성에, 그리고 너 자신에 다시 의탁하라! 그러면 너는 너의 인생 항로를 따라 아름답게 피어난 꽃들을 볼 것이다."[7]

"모든 나라와 모든 시대의 역사를 조사해 보라! 그러면 너는 인간이 언제나 세 가지 법, 즉 자연의 법, 사회의 법, 그리고 종교의 법에 종속되어 있음을 알게 될 것이다. 그러나 이 세 가지 법 사이에 참다운 조화 통일이 성취될 수 없기 때문에, 이들 각각은 서로서로 방해하고 제한하고 충돌한다. 이 결과 어떤 시대에서도 어떤 나라에서도 참된(자연적) 인간, 참된 시민, 참된 신자(信者)가 있었던 적은 없다."[8]

디드로의 경우 이 세 가지의 법 사이에 어떤 화해나 조정도 있을 수 없

---

6 디드로(1713-1784)는 프랑스 랑그르 태생으로 사제(司祭)가 되기 위해 마을의 예수회 대학에 다녔다. 1729년 이후 파리에 정착했으며, 수학과 영어를 공부했다. 그 후 달랑베르와 함께 1748년부터 역사적인 『백과전서』의 편찬에 참여했다. 디드로는 이 대사업에 열중하는 한편, 소설, 예술비평, 극본, 철학적 에세이 등을 썼다. 그의 삶은 여행, 격렬한 사랑, 투옥, 방대한 학문활동 등으로 점철된 파란만장한 생애였다. 철학적으로는 유물론적 일원론과 무신론을 견지했으며, '형질변환설'의 형성에도 공헌하였다. 대표작으로는 『맹인들에 관한 서한』(1749), 『자연 해석에 관한 사유』(1753), 『라모의 조카』(1762), 『달랑베르의 꿈』(1769), 『숙명론자 자크』(1771) 등이 있다. 엘리자베스 클레만 외, 『철학사전』(이정우 역), 동녘, 1996, 84쪽 인용.

7 Diderot, *Supplément au voyage de Bougainville*, 1771, Oeuvr. (Assézat) Ⅱ, 199쪽; *PA*, 179쪽, *PE*, 134쪽(184쪽).

8 Diderot, *Supplément au voyage de Bougainville*, 1771, Oeuvr. (Assézat) Ⅱ, 240쪽; *PA*, 180쪽, *PE*, 135쪽(185쪽).

다면, 이제 우리는 자유(自由)와 노예(奴隸) 중 하나를, 명료한 의식(意識)과 애매한 감정(感情) 중 하나를, 그리고 지식(知識)과 신앙(信仰) 중 하나를 선택하지 않을 수 없다. 계몽주의 시기의 근대인에게서 무엇을 선택할 것인가는 뻔한 일이다. 근대인은 하늘로부터의 모든 도움을 거절하고, 그 자신의 노력에 의해서 획득될 수 있는 진리의 길을 갈고 닦아 나가야만 했다. 이와 같은 맥락에서 계몽주의 시기는 근본적으로 비종교적(非宗教的)이고 종교에 적대시(敵對視)하는 시대라고 일컬어질 수 있다.

카시러가 볼 때 이러한 견해는 프랑스의 일부 계몽사상가들에게는 들어맞는 평가이지만, 이런 견해를 일방적으로 고수하게 되면 이 시기의 가장 위대한 긍정적인 업적, 그러니까 지성사(知性史)에서 찬란한 한 시기를 장식했던 이신론(理神論)의 성과를 놓쳐버리는 과오를 저지르게 된다고 지적한다. 그렇다면 어떤 요소 때문인가?

카시러에 의하면 계몽의 지적인 추동력은 '믿음의 거부'에 있는 것이 아니라 계몽기에서 구현된 '새로운 형태의 믿음'과 '종교'에 있다. 믿음과 불신에 대한 괴테(Goethe)의 말은 그 깊이나 진실성에서 계몽기에도 들어맞는다고 카시러는 말한다. 카시러는 다음과 같이 묻는다. 괴테가 믿음과 불신 사이의 갈등(葛藤)을 세계와 인간성의 역사에 있어서 가장 깊은 유일한 주제라고 말했을 때, 그리고 이에 덧붙여 믿음이 지배하는 모든 시대는 그 당대뿐만 아니라 그 후대에 있어서도 찬란하게 번영하는 반면에 불신(不信)이 판을 치는 시대는 그 다음 세대가 오기 전에 사라져버린다고 말했을 때, 과연 계몽기가 이 상충되는 두 가지 중 어느 것을 대변한다고 말할 수 있을까?

카시러에 의하면 계몽기는 세계의 개혁(改革)에 대한 굳건한 믿음과 진정한 창조적 감정(感情)으로 물든 시대이다. 그리고 이러한 개혁이 바로 종교에 대해서도 해당되던 시대였다. 특히 독일 계몽 사상가들에게서의 종교에 대한 논의의 기본 목표는 종교의 '해체(解體, Auflösung)'가 아니라 종교의

'선험적 정당화(先驗的 正當化, transzendentale Begründung)'와 터닦음에 있었다고 카시러는 주장한다.[9] 이런 측면에서 볼 때, 종교에 대한 계몽기의 특성은 부정적 경향과 더불어 긍정적 경향을 같이 지니고 있다고 보아야 할 것이다. 이 두 가지 경향을 함께 고려하고, 두 경향의 상호 의존성을 제대로 인식할 때, 비로소 18세기 종교철학의 역사적 발전을 통일적(統一的)으로 이해할 수 있게 될 것이다. 이런 측면에서 카시러는 인간의 자유(自由) 혹은 의지(意志)의 자율성을 부정적인 관점에서 논의하는 칼빈(Calvin)이나 루터(Luther)의 종교개혁 사상을 먼저 언급한다.

종교개혁 사상에서 이해하는 신앙은 그 원천과 목적에서 볼 때, 르네상스 시기로부터 영향받은 인문주의의 종교적 이상과 대립된다고 카시러는 말한다. 이 대립의 핵심은 양자가 '원죄(原罪)'에 대해 근본적으로 서로 다른 태도를 취한다는 점이다. 인문주의가 비록 공개적으로 원죄로 인한 인간 타락의 교리를 공격하지는 않지만, 지적(知的)인 근본성향으로 볼 때, 이 교리가 지니는 힘을 약화시키고 있음은 사실이다. 펠라기우스주의(Pelagianism)[10]의 영향력이 인문주의의 종교관에 점차 두드러지고, 이 반면에 어거스틴적 전통의 강한 멍에를 떨쳐 버리려는 노력이 점차 커졌다. 그렇지만 종교개혁 사상가들은 성서의 절대적이고 유일한 진리에 대한 믿음을 유지한다. 그런 이유 때문에 이 세상의 삶에 대한 어떠한 애착도 그 같은 믿음을 뒤흔들 수는 없고 흔들어서도 안 된다는 것이 그들의 주장이다. 구원의 확실성은 오직 성서의 초월성, 초자연적 원천 및 절대적 권위에 있다. 이렇게 하여 종교개혁이 대변하는 종교적 개인주의는 순수 객관적인 그리고 초자연적으로 구속하는 성서의 사실들에 관련된다.[11] 루

---

9 *PA*, 181쪽, *PE*, 136쪽(186쪽).

10 펠라기우스주의는 영국 태생의 신학자 펠라기우스(Pelagius, 360-420)의 사상에서 유래되었다. 펠라기우스에 의하면, 원죄(原罪)는 없고 단지 인간의 '의지(意志)'에 따라 악(惡)도 행할 수 있고, 선(善)도 행할 수 있다. 따라서 인간의 본성(本性)에는 선이나 악으로의 성향이 본래부터 있는 것이 아니라고 하는 주장이다(『계몽주의 철학』, 190쪽, 역주 7번 인용).

터의 경우에 이런 입장은 더욱 분명하게 나타난다.

에라스무스가 인류의 타락에도 불구하고 아직도 남아 있는 인간의 자유(自由)를 조심스럽게 옹호하고 '의지의 자율'을 지지하는 것은 루터의 관점에서는 종교적 회의론에 불과한 것이었다. 루터는 왜 그렇게 생각한 것일까? 신의 은총 이외에 또 하나의 능력으로 여겨질 수 있는 인간의 독립성에 대한 믿음, 그리고 신의 은총에 협조해서든지 혹은 이에 대립해서든지 여하튼 독자적으로 그 무엇인가를 조금이라도 행사할 수 있는 힘으로 여겨질 수 있는 '인간의 독립성에 대한 믿음', 이 믿음만큼 위험스러운 오류는 없기 때문이다. 루터의 관점에서는 신의 일과 인간의 일은 절대적으로 구분되어야만 한다. 이러한 구별에 기초해서 인간의 자기인식은 신의 인식 내지 신의 영광으로부터 구별된다. 계속해서 루터의 말에 귀 기울여 보자.

> "인간이 자신의 구원을 위해 스스로 무엇을 할 수 있다고 믿는 한, 그는 자만(自慢)에 빠져 완전한 절망을 체험하지 못한다. 이렇게 되면 그는 신 앞에서 자신을 낮추는 대신 자신을 내세우거나 아니면 적어도 자신의 구원을 얻고자 기회를 엿보아 일을 도모하려 한다. 그러나 모든 것이 '신의 의지'에 달려 있음을 의심치 않은 사람은 인간이 스스로를 구원할 수 없음을 절실히 깨달아 인간을 결코 내세우지 않고 대신 신의 능력을 기다린다. 이런 사람만이 '은총'과 '구원'에 가장 가까이 있는 자이다."[12]

카시러는 루터의 이 말은 종교개혁이 인문주의에 대해 내린 판결문이라고 평가한다.[13] 그런데 원죄에 대한 논의는 계몽주의 시기에 접어들면서 새롭게 전개되어진다. 영국의 경우, 허버트 경이나 로크를 비롯하여,

---

11 Troeltsch, Renaissance und Reformation, *Gesammelte Werke*, Ⅳ, 275쪽.

12 *PA*, 187쪽, *PE*, 140쪽(191쪽).

13 *PA*, 187쪽, *PE*, 140쪽(192쪽).

톨랜드(John Toland, 1670-1722)와 틴달(Matthew Tindal, 1656-1733)의 이신론(理神論, Deismus)의 입장이 대두되고, 독일에서는 제믈러(Semler)와 자크(Sack)를 중심으로 하는 이신론이 대두되었다.

3. 18세기 계몽주의 시대의 영국의 이신론

영국의 이신론의 아버지며 최초의 영국 이신론자로 불리는 허버트 경(Edward Lord Herbert of Cherbury, 1583-1648)은 자유사상가로서, 그는 계몽사상의 가능성을 데카르트처럼 인간의 '이성(理性)'에서 찾았다.[14] 그는 인간의 이성이 신의 모상이라면 그 이성 안에는 신을 인식할 수 있는 모종의 근거가 놓여있을 것이라는 믿음을 가지고 종교의 계몽을 향한 첫걸음을 내딛었다. 허버트 경은 『계시, 개연성, 가능성 그리고 실수와는 다른 진리에 관하여』(*De Veritate, Prout Distinguitur a Revelatione, a Verismili, A Possibli, et a Falso*)[15]에서 권위에 호소하는 방식보다는 이성을 올바로 사용하여 진리를 식별하는 방식에 관심을 기울였다.

허버트 경은 데카르트적 인식론의 토대 위에서 성직자들에 의해 타락되기 이전의 인류의 보편적(普遍的)인 종교의 원형이라고 할 수 있는 '자연종교(自然宗敎)'의 이념을 전개하였다. 그는 이성의 능력을 강조하는 한편, 경험을 토대로 한 추론적(推論的) 진리와 경험과 무관한 '생득적 진리'를 구분하면서 후자에서 자연종교의 토대를 찾고 있다. 그런 맥락에서 허버트 경은 이성을 지닌 사람이라면 누구도 부인할 수 없는 자연종교의 다섯 가지 원리(교리)를 제시하였다.[16]

---

14 이태하, "17~18세기 영국의 이신론과 자연종교", 철학연구회, 『철학연구』 제63집, 2003년 겨울호, 92-97쪽 참조 요약함.

15 Herbert, E. *De Veritate*, translated by M. H. Carré, Routledge/Thoemmes Press, 1992.

① 유일자인 최고의 신(神)이 존재한다.

② 신은 마땅히 숭배(崇拜)되어야 한다.

③ 덕(德)과 경건(敬虔)이 가장 중요한 종교적 실천이다.

④ 마음의 죄악(罪惡)은 회개(悔改)를 통해 속죄되어야만 한다.

⑤ 내세(來世)에 상벌(賞罰)이 있다.

허버트 경은 이 다섯 가지 항목은 참된 보편적 교회(教會)의 토대가 되는 교리로서, 이들에 대한 믿음은 인류가 탐욕스럽고 교활한 사제들의 꾀임에 빠지기 전에 지녔던 순수한 자연종교의 교리였다고 말한다. 따라서 이들 자연종교의 교리에 어긋나는 교리(教理)나 신조(信條) 그리고 종교적 의례(儀禮)는 모두 이성에 반하는 것으로서 거짓된 것이며 사제들에 의해 날조된 것이다.[17]

한편, 로크(John Locke, 1632-1733)는 허버트 경이 주장하는 자연종교의 다섯 가지 원리에 대해서는 대체로 동의하지만, 그것이 '생득적(生得的)' 진리라는 주장에 대해서는 반대한다. 그 이유는 다음과 같다. 생득적 진리라는 개념은 미신(迷信)과 광신(狂信)으로 이끌 문제의 소지가 있는 온갖 종교적 견해들이 바로 로마 가톨릭이 강조하는 '순종(順從)'이나 교황의 '무오류성(無誤謬性)', 그리고 광신주의자들이 주장하는 직접적 '영감(靈感)' 등을 근거로 하여 주장될 수 있는 것이기 때문이다.[18]

로크는 이성을 통해 확실하게 알 수 없는 도덕(道德)과 구원(救援)의 문제에 있어서는 계시(啓示)와 신앙(信仰)의 개입을 허용하고 있으나, 이 계시가 신으로부터 왔다고 하는 우리의 지식은 우리가 관념들에 관한 일치와

16 Herbert(1992), 289-307쪽 참조.

17 이태하(2003), 94쪽 참조.

18 Locke, *An Essay Concerning Human Understanding*, Oxford University Press, 1975, bk. I, hc. iv, sec. 24.

불일치에 대한 명료한 인식을 통해 갖게 되는 만큼 그렇게 확실한 것일 수는 없다고 말한다.[19] 실상 신앙의 대상이 되는 계시가 실제로 신으로부터 왔는지는 개연적일 뿐이며, 그것이 설혹 아무리 높은 개연성(蓋然性)을 지니고 있어도 확실성(確實性)에 이를 수 없으며, 확실성이 없이는 그 어떤 것도 참된 지식이 될 수 없다는 점에서 우리는 계시에 대해서는 그것이 '지식(知識)'임을 논할 수 없다는 것이다. 따라서 로크는 '이성의 빛'이 닿지 않는 곳에서는 신앙이 우리를 도와줄 수 있지만, 우리의 지식이 닿는 곳에서는 신앙은 지식에 간섭하거나 그것과 충돌할 수 없다고 결론 내린다.[20] 이러한 로크의 사상은 톨랜드를 비롯한 이신론자들에게 커다란 영향을 주게 되고, 이성적 종교의 건설이라는 그들의 이념에도 직간접적인 원인 제공의 역할을 하게 된다.

1) 톨랜드의 이신론

카시러의 분석에 의하면 영국의 이신론은 엄밀한 주지주의(主知主義)적 체계로서 시작된다. 그것은 신비, 기적, 비의(秘義)를 종교로부터 배제하고, 종교를 '인식의 밝은 빛' 속으로 가져온다. 톨랜드(John Toland, 1670-1722)는 『신비하지 않은 기독교』(*Christianity Not Mysterious*, 1696)[21]라는 저서에서 이신론 운동의 기본 주제를 제시하였다. 문제제기에서 새로운 하나의 원리를 주장하고 있는 점을 카시러는 이신론의 철학적 의의라고 말한다. 그렇다면 새로운 원리란 무엇을 말하는가? 이신론에 의하면, 신앙의 내용(內容)과 신앙의 형식(形式) 문제가 서로 분리될 수 없으며, 따라서 이 양자의 문제는 서로 한꺼번에 해결될 수 있다는 것이다.[22] 따라서 여기서 관심의

---

19 Locke(1975), bk. Ⅳ, chap. 18, sec. 4.

20 이태하(2003), 96쪽 이하 참조.

21 Toland, John, *Christianity Not Mysterious*, Routledge/Theommes Press, 1995.

초점은 개별 교리의 진리 내용 뿐만 아니라 또한 종교적 확신 자체의 유형에 있다.

톨랜드는 로크의 인식론적(認識論的) 개념과 원리를 '종교문제'에 적용할 수 있다고 보았다. 왜냐하면 인식 일반에 타당한 것은 특수한 인식, 즉 종교적 인식에도 타당해야 하기 때문이다. 로크는 인식 일반을 정의하여 인식은 관념들의 일치 혹은 불일치의 관계를 아는 것이라고 하였다. 인식은 관계를 포함하므로, 관계의 양쪽 항이 먼저 의식에 주어져 명료하게 파악되어야 한다. 관계의 기초가 되는 양쪽 항이 파악되지 않는다면, 관계는 그 의미를 잃게 된다. 이러한 방법론적 고찰로써 톨랜드는 종교적 신앙의 대상에 관해 본질적 원리와 한계를 설정한 셈이 된다. 그리하여 톨랜드에게서 종교적 대상의 절대적 초월성(超越性)은 거부된다. 왜냐하면 대상(對象)이 어떻게든 의식(意識)에 나타나지 않는다면, 의식은 이 대상을 알 수도 없고, 판단할 수도 없고, 믿을 수도 없기 때문이다. 결국 인간의 파악능력을 넘어서는 불합리한 것은 의식에 나타날 수 없다.

톨랜드에 따르면, 신비(mystery 神秘)란 이성에 어긋나는 교설을 말하는 것이 아니라, 인식된 진리이긴 하지만, 어떤 부류의 사람에게는 그 진리성(眞理性)이 드러나지 않는 교설이다.[23] 다시 말해서 성서나 고전에서 사용되는 '신비'라는 용어는 그 의미를 알 수 없는 것 또는 이해할 수 없는 것을 의미하는 것이 아니라 '계시를 통해서만 알려지는 것'을 의미한다. 계시(啓示)의 개념과 자연종교(自然宗教)의 개념이 서로 다르다는 것은 이것들이 서로 다른 독특한 내용을 가진다는 뜻이 아니다. 양자를 구분하는 것은 '알려진 내용'에 의한 것이 아니라 '알려지는 방식'의 특성에 의한 것이다. 톨랜드는 신비의 일종인 계시가 만약 우리에게 주어졌다면 그것이

---

22 *PA*, 229쪽, *PE*, 171쪽(230쪽).
23 *PA*, 230쪽, *PE*, 172쪽(232쪽).

우리에게 유용하고 필요하기 때문이며, 따라서 그것은 우리가 일상적인 자연적 사물들을 이해하듯이 상식적인 차원에서 쉽게 납득할 수 있는 것이어야 한다고 주장한다.[24] 계시는 확실한 인식의 근거가 아니라 단지 진리 전달의 특수한 방식일 뿐이다. 그리고 이것의 궁극적이고 객관적인 근거와 검증은 이성 자체에서 찾아져야 한다.

결국 톨랜드의 주장의 핵심은 신앙(信仰)은 이처럼 우리가 이성적(理性的)으로 이해할 수 있는 교설들을 대상으로 하는 것이기에 명백히 이성에 반하는 성서의 구절들은 당연히 비유적(比喩的)으로 해석되어야 한다는 것이다.[25] 그러므로 18세기 영국의 이신론자들에게 있어서 이상적 종교란 모든 신비적인 계시가 배제된 채 허버트 경이 보편적 종교의 원리로 제시했던 다섯 가지의 원리만을 교리로 삼는 자연종교, 즉 계시와 기적 그리고 교권이 철저히 배제된 '이성적 종교(理性的 宗教)'였던 것이다.

2) 틴달의 이신론

틴달(Matthew Tindal, 1656-1733)은 1730년에 『창조만큼 오래된 기독교』(*Christianity as Old as the Creation*, 1730)[26]를 저술했다. 카시러는 이 책의 제목이 틴달의 입장을 단적으로 대변하고 있다고 말한다. 이 제목은 계시종교로서 기독교가 창조만큼 오래되었다는 이야기가 아니다. 오히려 이미 창조 때 신이 허락한 '자연종교'의 원리가 바로 기독교의 참된 원리라는 의미이다. 그러나 창조 이후 인간의 나약성으로 말미암아 자연종교에 섞여 들어 온 미신적(迷信的) 요소를 제거하기 위해 신은 인간에게 성서라는 계시를 주었는데, 이것이 역으로 인간을 미혹하는 미신과 광신의

---

24 이태하(2003), 101쪽 참조.

25 Toland(1995), 115쪽 참조.

26 Tindal, Matthew, *Christianity as old as the Creation*, Routledge/Thoemmes Press, 1995.

원천이 되고 있다는 데 문제가 있다.[27]

틴달에 의하면 자연종교와 계시종교의 차이(差異)는 실질 '내용(內容)'에 있는 것이 아니라 이 '내용이 알려지는 방식(方式)'에 있다.[28] 전자에서는 무한히 현명하고 선한 자의 의지가 내적(內的)으로 알려지고, 후자에서는 외적(外的)으로 알려진다. 그의 존재를 참되게 생각하려면, 무엇보다도 먼저 우리는 그 존재를 인간 중심적인 모든 편견으로부터 해방시켜야 한다. 그러한 존재의 어느 특수한 본질과 활동만을 주장하거나, 그러한 존재가 어느 특정한 시대의 특정한 민족에게만 호의를 베푼다고 생각한다면, 이는 이 존재를 부당하고 편협하게 만드는 꼴이 된다. 신이 언제나 한결같은 존재라고 한다면, 그리고 인간의 본성 또한 불변하는 것이라면, 계시의 빛도 모든 사람에게 똑같이 비추어야 할 것이다. 만일 신이 '은총에 의한 선택'의 교리가 보여 주듯이, 보편적인 자기 본성을 감추고 어느 특정한 부류의 사람들만을 선택하여 빛을 주고 다른 사람들을 어둠 속에 내버려 둔다면, 그러한 신은 신이 될 자격이 없다. 진정한 계시냐 아니냐의 가장 중요한 기준(基準)은 시간적(時間的)이고 공간적(空間的)인 제한(制限)을 넘어서는 계시의 보편성(普遍性)에 있다. 기독교가 이러한 기본 조건을 충족시키는 한에서만, 그것은 참된 종교가 된다.[29]

기독교가 어느 특정한 시간과 장소에 얽매이지 않는 한에서, 그것은 세계의 나이만큼 오랫동안 존속된다. 그 점에서 내용에 관한 한, '자연법'과 '기독교 법' 사이에는 차이가 없다. 후자는 전자 속에 적혀 있는 것을 다시 공포하는 것에 지나지 않는다. 이러한 자연법의 재공포의 필연성은 특히 인간의 도덕적(道德的) 인식을 위한 것이다. 그리고 이것이야말로 가치(價値)와 확실성(確實性)에서 모든 것을 넘어서는 진정한 계시이다.[30]

---

27 Tindal(1995), 7쪽 참조; 이태하(2003), 100쪽 이하 참조.

28 *PA*, 231쪽, *PE*, 173쪽(232쪽).

29 *PA*, 231쪽, *PE*, 173쪽(233쪽).

카시러에 의하면 틴달에게 있어서 종교란 우리의 의무(義務)가 신의 명령(命令)임을 인식하는 것을 뜻한다. 그런 점에서 종교란 우리가 보편적으로 타당(妥當)하고 승인(承認)될 수 있는 규범(規範)을 출발점으로 삼지만, 이 규범이 신적인 창시자와 관련된 것이요, 이 창시자의 의지(意志)를 표현한 것임을 보는 것이다. 이렇게 하여 영국의 이신론의 발전 과정에서 이제 무게의 중심은 '순수 지적(知的)인 영역'으로부터 '실천이성(實踐理性)'의 영역으로 옮겨졌으며, 순수 구성적(構成的) 이신론은 도덕적(道德的) 이신론에 자리를 내주게 되었다.[31]

4. 18세기 계몽주의 시대의 독일의 이신론

18세기 계몽기 독일의 지성사(知性史)에서 자연종교의 정당성을 위한 싸움이나 이성과 계시 사이의 관계에 대한 이신론 운동은 프랑스에서처럼 신랄한 편은 못되었다고 카시러는 말한다. 독일에서의 이신론의 임무는 새로운 사상의 다양한 씨앗들을 한데 모아 '종교적 체계'를 완수하는 일이다.[32] 그런 맥락에서 라이프니츠 철학은 독일에서 종교사상을 발전시키는 지적(知的) 매개물 역할을 하였다. 그리고 이 매개물은 가장 대립적인 원리들조차도 포괄시키고 조화시킨다. 라이프니츠 사상의 기본 경향인 조화(調和 Harmonie)의 경향은 또한 독일 이신론에서도 생생하게 살아남는다. 그리하여 이제 '이성(Vernunft)'과 '계시(Offenbarung)'는 지식의 두 원천이 되었다.[33] 양자는 서로 대립되는 것이 아니라 서로 상보(相補)한다. 이러한

---

30 *PA*, 232쪽, *PE*, 174쪽(233쪽).

31 *PA*, 232쪽, *PE*, 174쪽(233쪽).

32 *PA*, 234쪽, *PE*, 175쪽(235쪽).

33 *PA*, 235쪽, *PE*, 176쪽(235쪽).

협동 작업의 결과로서만 종교적 진리의 통일적 의미가 획득될 수 있게 되었다. 이 두 힘은 서로 대립을 불러일으키는 것이 아니라 서로 조화롭게 결합한다.[34]

카시러의 견해에 의하면 독일에서 진정한 의미의 신학적 개혁은 제믈러(Semler), 자크(Sack), 슈팔딩(Spalding), 예루살렘(Jerusalem) 등과 같은 사람들에 의한 소위 신신학(新神學, Neologie)에서 일어난다. 신신학은 다른 원천에서 주어진 '신앙의 내용'을 형식적으로 증명(證明)하고 지지하는 데 이성을 사용할 뿐만 아니라, 또한 이성을 통하여 이러한 내용을 규정하고자 하였다. 그것은, 만일 이러한 규정(規定, bestimmung)에서 나올 수 없는 요소들이 있다면, 이것들을 모조리 교리(敎理)에서 없애버리고, 또 교리 역사의 연구를 통하여 이런 요소들이 순수 신앙의 내용이 아니라 후에 첨가된 이질적인 것임을 밝혀내려고 하였다. 이렇게 하여 얼마 동안 '계시' 개념이 그대로 유지되지만, 계시 내용은 실질적으로 축소(縮小)되었다. 그러나 이 계시 개념도 곧 이성에 일치할 수 있는 진리를 지지하고 인가하는 목적으로만 사용되기에 이른다.

엄밀한 논증(論證), 즉 삼단논법(三段論法)적 증명 대신 이제 점차 경험적(經驗的) 증명이 들어서게 된다. 그러나 이 경험적 증명은 구체적 역사 사실에서가 아니라 '내적 확실성'에서 그 증명의 근거를 구한다. 이렇게 하여 신신학에서는 종교적 확실성의 참된 원리로서 주관성(主觀性)을 내세움으로써, 소위 객관적(客觀的) 법정(교리)이 지니는 모든 권위는 거부(拒否)되기에 이른다.[35] 신신학보다 약간 뒤에 나타난 신학적 합리주의에서는 이보다 한 걸음 더 나아간다. 말하자면 신앙의 내용 전체를 '이성의 법정'에 내세우며, 독자적인 인식 원천으로서의 계시를 불필요한 것으로 선언하기

---

34 *PA*, 234쪽, *PE*, 176쪽(235쪽).
35 *PA*, 236쪽, *PE*, 177쪽(237쪽).

까지 하였다. 이렇게 함으로써 이신론의 기본 주장은 신학의 전명에 부각되게 되었다.

한편 자크(Sack)는 계시가 '이성의 망원경(Fernglas der Vernunft)'이며, 따라서 계시가 없다면 이성은 가장 중요한 종교적 진리를 전혀 볼 수 없거나 아니면 흐릿하게만 볼 수 있다고 주장하기도 하였다.[36] 이에 대하여 라이마루스(Reimarus)는 이 비유에도 한계가 있음을 지적한다. 시각의 도구들, 예컨대 망원경이나 현미경이 아무리 섬세하게 발달된다 하더라도, 우리가 지닌 자연적 시력이 없다면 이 도구들도 아무 소용이 없다는 것이다. 이처럼 지각(知覺)의 영역에서 자연적 지각 기관이 비록 빈약하더라도 필수불가결 하듯이, 정신의 영역에서도 모든 지식은 결국 자연이 준 정신의 근본 힘에 의존한다는 것이다.[37] 이로써 이신론은 자신의 앞길에 놓여 있던 모든 장애물들을 걷어치워 버렸다. 그런데 철저히 이성에 근거했던 이신론의 논의도 비판의 칼날을 피할 수는 없었다. 역설적이게도 이성에 근거했던 이신론이 이성에 근거한 비판으로 인해 무력하게 되는 현장을 우리는 흄을 통해 목격하게 된다.

5. 18세기 계몽주의 시대의 이신론에 대한 비판

18세기 계몽기의 이신론에 새로운 문제를 제기하고 이 문제를 통해서 이신론의 주춧돌을 뽑아 버린 사람은 바로 흄(David Hume, 1711-1776)이라고 카시러는 말한다.[38] 이신론이 자신의 '자연종교(自然宗教, natürlichen Religion)' 개념을 정초하는 출발점은 '어디서나 똑같은 인간 본성이 있으

---

36 *PA*, 237쪽, *PE*, 177쪽(237쪽).
37 *PA*, 237쪽, *PE*, 177쪽(237쪽).
38 *PA*, 238쪽, *PE*, 178쪽(239쪽).

며, 이 인간 본성은 이론적인 그리고 실천적인 근본 인식들을 지닐 뿐만 아니라 이 인식들을 절대적으로 확신한다'는 가정(假定, Voraussetzung)이다.[39] 그런데 이 지점에서 흄은 의문을 제기한다. 이러한 인간 본성이 도대체 어디에 있단 말인가? 그것이 경험적으로 주어진 사실(事實)이란 말인가? 아니면 단지 하나의 가설이란 말인가? 이런 이유로 해서, 흄은 이 가설을 암암리에 내세우고 있다는 점, 그리고 이 가설을 독단적(獨斷的)으로 믿고 있다는 점을 이신론의 주된 약점이라고 지적한다.

흄은 이신론의 독단, 그러니까 인간 본성에 대한 확신에 대해서 강하게 비판한다. 이신론에 대한 흄의 비판은 이성에 관련된 것도 아니고, 계시에 관련된 것도 아니다. 그는 단지 이신론을 순수 '사실적 지식', 즉 경험(經驗)을 기준점으로 삼아 평가한다. 이 평가에 의하면 이신론의 자랑스러운 전 건축물은 진흙 바탕 위에 서 있는 형국이 된다. 왜냐하면 자연종교의 기초로서 이신론이 내세운 '인간 본성(menschliche Natur)'이라는 것이 그 자체 실재(實在)하는 것이 아니요, 단순한 허구(虛構)에 불과하기 때문이다. 경험이 알려주는 바에 의하면 인간 본성이란 이론-구성적인 이신론적 시도와는 전혀 다른 모습으로 드러난다. 이제 인간 본성은 기본적 진리, 즉 선천적(先天的) 진리의 창고가 아니라 본능들의 어지러운 얽힘이요, 질서(秩序, Kosmos)가 아니라 혼돈(混沌, Chaos)이다.[40] 인간 본성을 더 깊이 파악하면 할수록, 그리고 이것을 더 사실대로 기술하면 할수록, 그것은 더욱 더 이성적이고 합리적인 듯이 보이는 외양(外樣), 즉 질서 정연한 듯이 보이는 외양을 상실(喪失)해 간다.

흄은 이론적 관념의 영역에서도 이미 이러한 결론을 얻어내고 있었다. 우리는 보통 '충족이유율'을 모든 이론적 지식의 원리라고 보며, 이 원리

39 *PA*, 238쪽, *PE*, 178쪽(239쪽).
40 *PA*, 239쪽, *PE*, 179쪽(239쪽).

로 말미암아 우리의 모든 지식은 통일성(統一性)과 내적 연관성(聯關性)을 지닌다고 생각한다. 그러나 이 개념을 보다 날카롭게 분석해 보면, 이러한 생각은 환영(幻影)에 불과하다는 사실이 드러난다. 왜냐하면 우리의 지식의 밑받침이 되는 원인(原因)이라는 개념 자체가 '객관적인 근거'를 지니지 못하기 때문이다. 그 개념은 지각(知覺)에 의해 직접 확인되는 것도 아니요, 선천적인 필연성도 지니지 못한다. 그것은 단지 관념 유희의 산물이요, 이 산물은 객관적이고 합리적인 원리에 의한 것이 아니라, 상상력(想像力, Einbildungskraft)의 유희 및 기계적(機械的)인 유희 법칙에 의한 것이다.[41] 그리고 이것은 종교적 관념들에 있어서도 마찬가지이다. 이 관념들이 지니는 소위 객관적인 내용 및 고귀한 의미는 우리가 이 관념들의 원천을 되돌아보고, 이것들의 생성 발전 과정을 조사해 보자마자, 곧 환영에 불과한 것으로 드러난다. 이 원천에는 어떤 사변적(思辨的)인 내용이나 윤리적(倫理的)인 내용도 본래 들어있지 않다. 거기에는 존재(存在)의 제일 원리에 대한 성찰(省察)도, 그리고 세계 질서의 원인자에 대한 성찰도 보이지 않으며, 무한한 지혜와 선을 지닌 존재에 대한 귀의(歸依)도 염원도 엿보이지 않는다. 흄에 의하면 신 개념을 최초로 만들어 내고 또 이 개념을 지탱시켜 주는 것은 본래 이러한 성찰이나 귀의가 아니다.

흄의 관점에서 볼 때 인간은 본래 추상적(抽象的)인 이성에 복종(服從)하는 것이 아니라 욕망(慾望)과 정열(情熱)에 복종한다. 욕망과 열정이야말로 최초의 종교적 관념들의 원천(源泉)이기도 하다. 종교적 관념들은 '이성적 사유'나 '도덕적 의지'의 자식들이 아니요, 따라서 이것들로부터 그들이 존속하는 데 필요한 영양분을 공급받지도 않는다. 인간을 맨 먼저 신앙(信仰)에로 이끌어 가고 또 꾸준하게 이 신앙에 붙들어 매어두는 것은 '희망(希望)'과 '공포(恐怖)'의 정서이다.[42] 여기서 우리는 종교의 진정한 원천을

41 *PA*, 239쪽, *PE*, 179쪽(240쪽).

본다. 종교는 논리적(論理的)이거나 윤리적(倫理的)인 근거(根據)에 뿌리를 박은 것이 아니다. 그것은 단지 인간학적(人間學的 anthropologische) 원인만을 갖는다.[43] 그것은 초자연적 힘에 대한 공포로부터 그리고 이 힘을 잘 달래어 인간의 뜻에 복속시키려는 인간의 희망으로부터 생긴다. 따라서 여기서도 우리의 종교 생활을 지배하고 제어하는 것은 열정의 유희요, 상상력의 유희이다. 말하자면 미신(迷信)과 악마(惡魔)에 대한 공포가 신 관념의 진정한 원천이다.

그런 맥락에서 '불합리하므로 믿는다(Credo quia absurdum)'라는 표어는 언제 어디서나 오랫동안 그 힘을 발휘할 수 있었다. 한편 고급종교와 저급종교의 차이는 공포와 희망 이외에 제 삼의 계기가 첨가되느냐 아니냐의 차이다. 이 새로운 계기는 지적인 세련화에서 나오나, 윤리적 의미에서 볼 때, 그것은 발전(發展)이라기보다는 오히려 퇴보(退步)이다. 이것은 아첨의 동기요, 이로 인해 인간은 자신의 신을 고양(高揚)시켜 지상적인 완전성의 모든 척도를 넘어서게 하고, 더욱 더 고귀한 옷을 신에게 입힌다. 그러나 우리가 인간들이 실제로 하는 짓들을 보다 세밀히 관찰하고 조사해 본다면, 정신적이고 도덕적인 이 모든 고양에도 불구하고 모든 것은 예날 모습 그대로 남아 있음을 안다. 전지(全知), 전능(全能), 선자체(善自體) 이신 기독교의 신은 칼빈주의의 신상(神像)에서 볼 때, 원시종교가 두려워해서 섬겼던 폭군처럼 그렇게 무시무시하고 음험하고 심술궂고 제멋대로인 폭군이 되어 버린다. 악마에 대한 공포는 이렇게 해서 모든 고급종교의 관념들의 근거가 된다. 그리고 이 공포심은 이것이 더 이상 밖으로 분명하게 노출되지 않게 되었다고 해서 그리고 원시종교가 소박하게 드러냈던 결함들이 모든 위선에 의해 감추어졌다고 해서, 조금도 개선되는 것이 아

---

42 데이비드 흄, *The Natural History of Religion*, 1757. 『종교의 자연사』(이태하 역), 아카넷, 2004, 26-27쪽 참조.

43 *PA*, 240쪽, *PE*, 180쪽(241쪽).

니다. 이것이 흄이 말하는 '종교의 자연사'이다.

흄은 『종교의 자연사』(1757)를 통해서 자연종교를 일거에 격퇴시키고 자연종교란 철학적 꿈에 지나지 않음을 보여주고 있다. 계시종교의 체계를 가장 위험한 적(敵)(자연종교)으로부터 구해 준 것은 다름 아닌 철학 자체이다. 그러나 흄의 분석의 날카로운 칼날은 정통교리 체계에 대해서도 똑같은 치명상을 입혔다고 카시러는 지적한다.[44] 흄의 회의론(懷疑論)은 '자연종교'뿐만 아니라 '계시종교'에 대해서도 최후의 판결을 내려버렸다. 그는 『종교의 자연사』의 맺음말 부분에서 다음과 같이 말하고 있다.

> 눈에 보이는 자연으로부터 지고(至高)한 창조주 같은 고귀한 원리를 이끌어낼 수 있다니, 인간 이성은 참으로 고귀한 특권을 누리는구나! 그러나 문제의 이면을 살펴보라. 모든 시대의 모든 민족들에게서 실지로 일어나는 종교의 진행 과정을 살펴보라. 이 세계에 실제로 있는 종교적 원리들을 조사해 보라. 그러면 그것들은 어이없게도 인간의 꿈을 병들게 할 뿐이다. …… 신학적 모순처럼 그렇게 큰 모순이 또 있을까? 날카로운 오성(悟性)과 최고의 문화(文化)를 지닌 사람이 어찌 그러한 모순을 옹호할까? 종교적 율법처럼 그렇게 엄한 것이 또 있을까? …… 모든 것이 수수께끼이고 난제이며, 설명될 수 없는 신비(神秘)이다. 이 문제와 관련해 가장 정확한 검토를 통해 도달한 유일한 결론은 의심, 불확실, 판단중지뿐이다. 그러나 인간은 이성의 나약함과 불가항력적으로 이루어지는 생각으로 인해 이 같이 사려 깊은 의문을 갖는 것이 가능하지가 않다. 우리는 시야를 넓힐 수 없으며, 미신 간의 분쟁에 빠져들게 된다. 그러나 우리는 다행히도 그러한 분쟁 가운데서 다소 모호하기는 하지만 철학의 고요한 영역으로 벗어나 있다.[45]

카시러에 의하면 흄의 이 같은 논리적 귀결들은 18세기 계몽기의 전형

44 *PA*, 242쪽, *PE*, 181쪽(242쪽).

45 데이비드 흄, 『종교의 자연사』, 154-156쪽; *PA*, 243쪽, *PE*, 181쪽(243쪽).

적인 것이 못된다고 밝히고 있다. 아무리 흄과 같은 관점이 있었다하더라도, 18세기는 인간의 이성을 전적으로 신뢰하였으며, 종교 문제와 관련해서도 이성은 옹호되는 경향이 훨씬 더 컸다고 말한다. 그런 측면에서 흄의 『종교의 자연사』는 계몽기 지식사에서 하나의 외딴 현상에 불과했다고 할 수 있다.

6. 맺는 말: 지금 여기, 우리 사회의 진정한 종교의 이념은?

18세기의 계몽 사상가들의 종교를 대하는 태도와 그들의 비판방식을 지금까지 살펴보면서, 두 세기가 더 지난 오늘 지금의 한국 현실을 들여다보게 된다. 만일 아직도 계몽 사상가들이 살아있다면, 우리 사회의 종교 현실을 어떻게 진단하고 평가할 것인지 사뭇 궁금해진다.

전 세계에서 단일 교회로서 가장 큰 규모를 자랑하는 교회를 가진 나라, 2004년 4월 15일 총선에서 기독인들의 권리를 대변하고 권익을 옹호한다는 취지에서 출범했던 기독당, 늘어만 가는 신학교와 신학대학의 숫자, 전체 인구의 25%가 기독교 신자인 나라, 도심지의 어느 곳에나 오밀조밀하게 붙어있는 교회, 그래서 밤이면 붉은 색 십자가 네온사인이 불야성을 이루는 나라, 분명 계몽 사상가들은 바쁜 나날들을 보낼 수 있었을 것이다. 그들이 이곳에 지금도 살아있었더라면.

여러 비판이 있음에도 불구하고, 우리는 계몽 사상가들의 위대한 업적을 잊어서는 안 될 것이다. 어떤 상황에서라도 인간을 인간이게끔 만들어주는 최후의 보루(堡壘)로서 이성을 지켜내고자 했던 바로 그 자세를 말이다. 그들의 이성에의 요구와 신뢰는 오늘 우리에게도 그대로 적용될 수 있고, 아직도 강력한 영향을 미치고 있다고 보아야 한다.

한 사회의 건강의 척도는 특히 비대한 종교 사회일수록 이성의 기능

회복과 작용성에서 찾아야 할 것이다. 이성의 온전한 기능은 다름 아닌 비판(批判)에 있다. 비판은 내적 성숙을 위한 가장 기본적인 조건이다. 비판을 통해서만 우리는 성장(成長)과 발전(發展)을 이룰 수 있다. 사회의 모든 분야에 이 원리는 통용된다. 이 원리가 우리 시대의 최고의 선(善)이 되어야 한다. 비판을 상실한 사회, 비판을 불허하는 종교, 비판을 배척하는 신앙 형태는 이미 죽어버린 식물과도 같다고 해야 할 것이다. 그런 점에서 계몽 사상가들의 이신론의 논의 취지는 충분한 설득력을 가질 수 있을 것이다. 문제는 그것이 지나쳤을 때이다. 그렇다면 우리 사회는 어느 지점 어떤 상태에 있는 것일까? 기독당의 고문을 맡았던 한국을 대표하는 교단과 교회의 지도자들에게서 그 답을 얻을 수 있을까? 아니면 신학대학(혹은 기독교대학)에서 교조주의적이며, 교권에 안주하여 세상 권세를 누리는 신학자들에게서 해답을 찾을 수 있을까? 이제 우리 스스로가 답해야 할 시점이다.

참고문헌

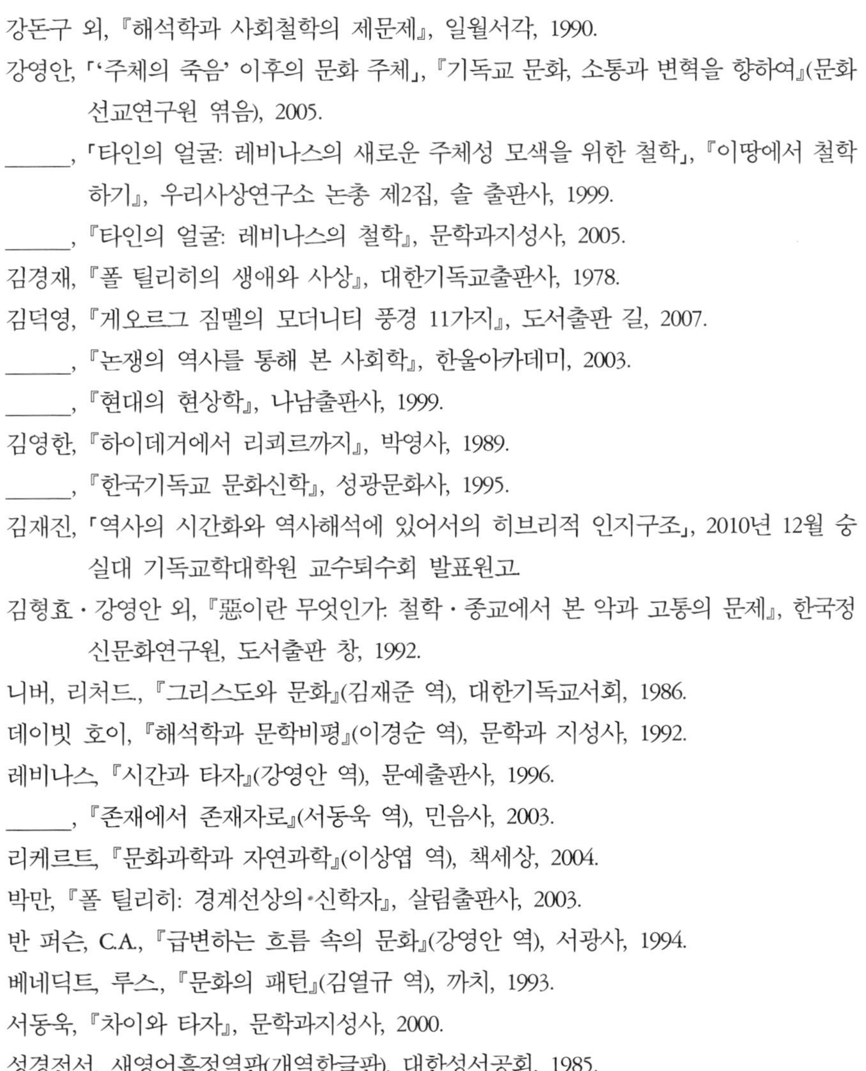

강돈구 외, 『해석학과 사회철학의 제문제』, 일월서각, 1990.

강영안, 「'주체의 죽음' 이후의 문화 주체」, 『기독교 문화, 소통과 변혁을 향하여』(문화선교연구원 엮음), 2005.

_____, 「타인의 얼굴: 레비나스의 새로운 주체성 모색을 위한 철학」, 『이땅에서 철학하기』, 우리사상연구소 논총 제2집, 솔 출판사, 1999.

_____, 『타인의 얼굴: 레비나스의 철학』, 문학과지성사, 2005.

김경재, 『폴 틸리히의 생애와 사상』, 대한기독교출판사, 1978.

김덕영, 『게오르그 짐멜의 모더니티 풍경 11가지』, 도서출판 길, 2007.

_____, 『논쟁의 역사를 통해 본 사회학』, 한울아카데미, 2003.

_____, 『현대의 현상학』, 나남출판사, 1999.

김영한, 『하이데거에서 리쾨르까지』, 박영사, 1989.

_____, 『한국기독교 문화신학』, 성광문화사, 1995.

김재진, 「역사의 시간화와 역사해석에 있어서의 히브리적 인지구조」, 2010년 12월 숭실대 기독교학대학원 교수퇴수회 발표원고.

김형효 · 강영안 외, 『惡이란 무엇인가: 철학 · 종교에서 본 악과 고통의 문제』, 한국정신문화연구원, 도서출판 창, 1992.

니버, 리처드., 『그리스도와 문화』(김재준 역), 대한기독교서회, 1986.

데이빗 호이, 『해석학과 문학비평』(이경순 역), 문학과 지성사, 1992.

레비나스, 『시간과 타자』(강영안 역), 문예출판사, 1996.

_____, 『존재에서 존재자로』(서동욱 역), 민음사, 2003.

리케르트, 『문화과학과 자연과학』(이상엽 역), 책세상, 2004.

박만, 『폴 틸리히: 경계선상의 신학자』, 살림출판사, 2003.

반 퍼슨, C.A., 『급변하는 흐름 속의 문화』(강영안 역), 서광사, 1994.

베네딕트, 루스, 『문화의 패턴』(김열규 역), 까치, 1993.

서동욱, 『차이와 타자』, 문학과지성사, 2000.

성경전서, 새영어흠정역판(개역한글판), 대한성서공회, 1985.

손봉호 외, 『하나님을 사랑한 철학자 9인』, IVP, 2005.
수잔 헤크만, 『해석학과 지식사회학』(윤병희 역), 교육과학사, 1993.
신국원, 「변혁적 문화관의 의미」, 『기독교문화, 소통과 변혁을 향하여』, 문화선교연구원, 2005.
______, 『문화이야기』, 서울: IVP, 2002.
______, 『변혁과 샬롬의 대중문화론』, IVP, 2004.
신응철, 「H.G. Gadamer의 존재론적 해석학 연구」, 숭실대 대학원 석사학위논문, 1994.
______, 『카시러의 문화철학』, 한울아카데미, 2000.
______, 『문화철학과 문화비평』, 철학과현실사, 2003.
______, 『카시러 사회철학과 역사철학』, 철학과현실, 2004.
______, 『기독교 문화학이란 무엇인가』, 북코리아, 2006.
______, 『문화, 철학으로 읽다』, 북코리아, 2009.
쌍소, 피에르, 『느리게 산다는 것의 의미』(김주경 역), 동문선, 2007.
이구슬, "가다머와 하버마스의 해석학 논쟁", 한국해석학회, 제3차 발표회, 1994.
이상엽, 「짐멜과 카시러의 문화철학 비교 연구」, 『철학논총』 제50집 4권, 2007.
이태하, "17~18세기 영국의 이신론과 자연종교", 『哲學硏究』 제63집, 哲學硏究會, 2003년 겨울호.
임성빈, 「변혁적 문화관에 대한 논의와 기독교적 문화의 형성」, 『기독교 문화, 소통과 변혁을 향하여』(문화선교연구원 엮음), 2005.
정기철, "가다머와 하버마스 사이의 논쟁", 『사색』 제9집, 숭실대학교 철학과, 1991.
조요한, 『예술철학』, 미술문화, 2003. 381쪽 참조.
짐멜, 게오르그, 『게오르그 짐멜의 문화이론』(김덕영 · 배정희 역), 도서출판 길, 2007.
______, 『돈의 철학』(안준섭 · 장영배 · 조희연 역), 한길사, 1983.
______, 『짐멜의 모더니티 읽기』(김덕영 · 윤미애 역), 새물결, 2005.
최성환, 「딜타이와 짐멜의 삶의 개념과 이해 개념」, 『철학탐구』 25집, 2009.
최태연, 「변혁적 문화관의 한국적 해석」, 『기독교 문화, 소통과 변혁을 향하여』(문화선교연구원 엮음), 2005.
______, 「예술은 어떻게 성립하는가」, 『성경과 신학』 제36권, 기독교연합신문사, 2004.
카시러, 에른스트, 『문화과학의 논리』(박완규 역), 도서출판 길, 2007.
칸트, 『실용적 관점에서 본 인간학』(이남원 역), UUP, 1998.
타우렉 베른하르트, 『레비나스』(변순용 역), 인간사랑, 2004.
타타르키비츠, W., 『미학의 기본 개념사』(손효주 역), 미진사, 1990.
틸리히, 폴., 『문화의 신학』(김경수 역), 현대사상사, 1974.

파에촐트, 하이츠, 『카시러』(봉일원 역), 인간사랑, 2000.
폴 리쾨르, 『악의 상징』(양명수 역), 문학과지성사, 1994.
한영 성경전서, 새영어흠정역판, 대한성서공회, 1985.
한스 게오르그 가다머, 『진리와 방법 1』(이길우 외 역), 문학동네, 2000.
홍경자, 「짐멜의 비극적인 것」, 『해석학연구』 8집, 2001.

〈국민일보〉, 2010년 12월 14일자 기사.
〈뉴스앤조이〉 2010년 10월 27일자 기사. http://www.newsnjoy.co.kr
〈뉴스앤조이〉, 2011년 1월 10일자 기사 참조. www.newsnjoy.co.kr

Apel. Bormann. Bubner. Gadamer. Giegel. Habermas, *Hermeneutik und Ideologiekritik*, Suhrkamp Verlag Frankfrut am Main, 1971.
Aquinas, Thomas., *Summa Theologica*, Atthaus, P., *Die Theologie Martin Luthers*, 1963.
Augustin, *City of God*, XII, 6.
Benedict, Ruth., *Patterns of Culture*, 1934.
Böhme, Hartmut · Peter Matussek · Lothar Müller, *Orientierung Kulturwissenschaft*, Rowohlt Taschenbuch Verlag GmbH, Reinbek bei Hamburg, 2000. 『문화학이란 무엇인가』(손동현 · 이상엽 역), 성균관대학교 출판부, 2004.
Buber, Martin., *Ich und Du*, in *Die Schriften über das dialogische Prinzip*, Verlag Lambert Schneider, Heidelberg, 1954, 1974. 영어본은 *I and Thou*, ed by Walter Kaufmann, 1970. 『나와 너』(표재명 역), 문예출판사, 1977.
Carlyle, Thomas., *On Heroes, Hero Worship and the Heroic in History*, Oxford University Press, London: Humphrey Milford, 1841, Reprinted, 1928. 『영웅숭배론』(박시인 역), 을유문화사, 1963.
Cassirer, Ernst., *An Essay on Man: An Introduction to a Philosophy of Human Culture*, New Haven Yale University Press, 1944. 『인간이란 무엇인가』(최명관 역), 서광사, 1988.
______, *Die Philosophie der Aufklärung*, Verlag Von J.C.B. Mohr(Paul Siebeck), Tübingen, 1932(1998).
______, *The Myth of the State*, New Haven and London: Yale University Press, 1946. 『국가의 신화』(최명관 역), 서광사, 1988.
______, *The Philosophy of the Enlightenment*, Translated by Fritz C.A. Koelln and James P. Pettegrove, Princeton University Press, 1951. 『계몽주의 철학』(박완규 역), 민음사,

1995.

______, *Philosophie der symbolischen Formen II*, Zweiter Teil. Das Mythische Denken,Wissenschaftliche Buchgesellschaft Darmstadt, 1973.

______, *Philosophie der Symbolischen Formen III*, Driter Teil, Phänomenologie der Erkenntnis, wissenschaftliche Buchgesellschaft Darmstadt, 1975.

______, *Philosophie der symbolischen Formen I*, Erster Teil. Die Sprache, wissenschaftliche Buchgesellschaft Darmstadt, 1973.

______, *Symbol, Myth and Culture*, ed Do. Philip Verene, Yale Univ., Press. 1979.

______, *The Philosophy of Symbolic Forms, Vol I*, trans, Charls. W. Hendel, London,Yale Univ.Press. 1955.

Collingwood, Robin George., *Speculum Mentis*, Clarendon Press, 1924.

D.M 라스무센, 『상징과 해석』(장석만 역), 서광사, 1991.

Diderot, *Supplément au voyage de Bougainville* (1771), Oeuvr. (Assézat) II.

Gadamer, H.G, *Rhetorik, Hermeneutik und Ideologiekritik*. Metakritische Erörterungen zu >*Wahrheit und Methode*< :*Hermeneutik und Ideologiekritik*, Frankfurt/M, 1971.

______, *Wahrheit und Methode*, J.C.B. Mohr, Tübingen, 1960. 1986. 『진리와 방법1』(이길우 외 역), 문학동네, 2000.

Gramsci, Antonio., *Selections from the Prison Notebooks*, edited by Quintin Hoare and Geoffrey Nowell Smith, London: Lawrence & Wishart, 1971.

Habermas. J, *Erkenntnis und Interesse*, Frankfurt/M. 1968.

______. J, *Technik und Wissenschaft als Ideologie*, Suhrkamp Verlag, 1969.

______. J, *Universalitätanspruch der Hermeneutik,:Hermeneutik und Ideologiekritik*, Frankfurt/M, 1971.

______. J, *Zur Gadamers 'Wahrheit und Methode',in:Hermeneutik und Ideologiekritik*, Frankfurt/M, 1971.

______. J, *Zur Logik der Sozialwissenschaften*, Frankfurt/M, 1967.

Heidegger, Martin., *Sein und Zeit*, Max Niemeyer Verlag Tübingen, 1927.

Herbert, E. *De Veritate*, translated by M.H. Carré, Routledge/Thoemmes Press, 1992.

Holbach, *Politique Naturelle, Discours* III, (Hubert, d'Holbach et ses Amis, Paris.)

Hume, David., *The Natural History of Religion*(1757). 『종교의 자연사』(이태하 역), 아카넷, 2004.

Kant, I., *Johann Gottfried Herder: Ideen zur Philosophie der Geschichte der Menschheit*, A 17. 『칸트의 역사철학』(이한구 편역), 서광사, 1993.

Kearney, Richard., *Modern Movements in European Philosophy* (Manchester Univ.Press,1986)

Krois, J. M., *Cassirer: Symbolic Forms and History*, Yale University Press, New Haven and London, 1987.

Kuyper, Abraham., *Lectures on Calvinism*, Grand Rapids: Eerdmans, 1994. 『칼빈주의 강연』(김기찬 역), 크리스챤다이제스트, 2002.

Locke, *An Essay Concerning Human Understanding*, Oxford University Press, 1975.

M. 엘리아데, 『상징 · 신성 · 예술』(박규태 역), 서광사, 1991.

Malinowski, *A Scientific Theory of Culture and Other Essays*, 1944.

______, *Encyclopedia of Social Science*, Vol. Ⅳ.

Niebuhr, Helmut Richard, *Christ and Culture*, Harper & Row Publishers, New York, 1951.

Niedermann, Joseph., *Kultur. Werden und Wandlungen eines Begriffs und seiner Ersatzbegriffs von Cicero bis Herder*, Firenze 1941. Wilhelm Perpeet, "kulturphilosophie", In *Archiv für Begriffsgeschichte 20*, 1976.

Richard H. Niebuhr, *The Responsible Self. An Essay in Christian Moral Philosophy*, with an Introduction by james M. Gustafson, New York: Harper & RoW, 1963. 『責任的自我』(정진홍 역), 이화여자대학교 출판부, 1983.

Ricoeur.P, *The Symbolism of Evil*, translated from the French by Emerson Buchanan, Beacon Press: Boston, 1967.

______, *The Conflict of Interpretations*, Essays in Hermeneutics, edited by Don Ihde, Northwestern University Press, Evanston, 1974.

______, *The Hermeneutics of Symbolics & Philosophical Reflection* I. 1976.

______, *Interpretation Theory : Discourse and the Surplus of Meaning*, Texas Charistan Univ., Press, 1976.

______, *From Existentialism to the Philosophy of Language*, in the Philosophy of Paul Ricoeur, 1978.

______, *Hermeneutics & the Human Sciences, Essays on Language, action, and interpretation*, ed by John B.Thompson,Cambridge Univ.Press, 1981.

Ritschl, A., *Rechtfertigung und Versoehnung*, 3rd ed., 1889.

______, A., *The Christian Doctrine of Justification and Reconciliation: The Positive Development of the Doctrine*, 1900.

Romanowski, William D., *Eyes Wide Open*, Brazos Press, 2001. 『맥주 타이타닉 그리스도인: 기독교 세계관으로 대중문화 읽기』(정혁현 역), IVP, 2004.

______, *Pop Culture Wars: Religion & the Role of Entertainment in American Life*, Inter

Varsity Press, 1996. 『대중문화전쟁』(신국원 역), 예영커뮤니케이션, 2001.

Rookmaaker, Hans R., *Modern Art and the death of a Culture*, Inter Varsity Press, 1970. 『현대 예술과 문화의 죽음』(김유리 역), IVP, 1993.

Schaeffer, Franscis A., *The Complete Works of Franscis A. Schaeffer* Vol. 2: *A Christian View of the Bible as Truth*, Inter-Varsity Press, 1972. 『프랜시스 쉐퍼 전집』 2권: 기독교 성경관(권혁봉 역), 생명의 말씀사, 1994.

Sedlmayr, Hans., *Die Revolution der modernen Kunst*, Rowohlt Taschenbuch Verlag GmbH, Reinbek bei Hamburg, 1957. 『현대 예술의 혁명』(남상식 역), 한길사, 2004.

______, *Verlust der Mitte*, Otto Müller Verlag, Salzburg Wien, 1948. 『중심의 상실』(박래경 역), 문예출판사, 2002.

Simmel, Georg., "Vom Wesen der Kultur(1908)", in *Georg Simmel Gesamtausgabe, Band 8. Aufsätze und Abhandlungen 1901-08*, Suhrkamp Verlag Frankfurt am Main 1993.

______, *Gesamtausgabe, Band 14. Hauptprobleme der Philosophie. Philosophische Kultur*, Herausgegeben von Rüdiger Kramme und Otthein Rammstedt, Suhrkamp Verlag Frankfurt am Main 1966.

______, *Grundfragen der Sozilogie. Individuum und Gesellschaft*, Berlin 1970.

______, *Soziologie. Untersuchungen über die Formen der Vergesellschaftung*(1908):*Georg Simmel Gesamtausgabe* 11, Frankfurt am Main. 1992.

Spengler, Oswald., *Der Untergang des Abendlandes*, München: Beck, 1918.

Taylor, Mark Kline(ed)., *Paul Tillich: Theologian of the Boundaries*, Minneapolis; Fortress Press, 1991.

The Philosopher of Paul Ricoeur, edited by Lewis Edwin Hahn, The Library of Living Philosophers Volum XXII, Southern Illinois University at Carbondale, 1995. in Ted Klein, *"The Idea of a Hermeneutical Ethics"*. David Stewart, *"Ricoeur on Religious Language"*. Stephen T. Tyman, *"Ricoeur and the Problem of Evil"*. Patrick L. Bourgeois, *"The Linits of Ricoeur's Hermeneutics of Existence"*.

Tillich, Paul., *Systematic Theology*, Vol. I, The University of Chicago Press 1951. 『조직신학 I』(유장환 역), 한들출판사, 2001.

______, *Systematic Theology*, Vol. II, The University of Chicago Press 1951. 『조직신학 II』(유장환 역), 한들출판사, 2001.

______, *Systematic Theology*, Vol. III, The University of Chicago Press 1957. 『조직신학 III』(유장환 역), 한들출판사, 2005.

______, *Theology of Culture*, ed. by Robert C. Kimball, Oxford University Press, 1959. 『문화

의 신학』(남정우 역), 대한기독교서회, 2002.

Tindal, Matthew, *Christianity as old as the Creation*, Routledge/Thoemmes Press, 1995.

Toland, John, *Christianity Not Mysterious*, Routledge/Theommes Press, 1995.

Troeltsch, Ernst., *Glaubenslehre*.

Troeltsch, *Renaissance und Reformation*, Gesammelte Werke, Ⅳ. 1975.

van Peursen, Cornelis A., *The Strategy of Culture-A view of the changes taking place in our ways of thinking and living today*- North-Holland Publishing Company, amsterdam-Oxford, 1974. 문화의 전략: 현대 문화론의 철학적 과제』(오영환 역), 법문사, 1979.

Verene, Donald Phillip.,(ed), *Symbol, Myth, and Culture: Essays and Lectures of Ernst Cassirer 1935-1945*, New Haven and London Yale University Press, 1979.

Warnke, Georgia., *Gadamer: Hermeneutics, Tradition and Reason*, Polity Press, 1987. 『가다머: 해석학, 전통 그리고 이성』(이한우 역), 민음사, 1999.

Weischedel, W., *Der Gott der Philosophen*, München, 1975.

Wolterstorff, Nicholas., *Works and Works of Art*, Oxford: Clarendon Press, 1980.

용어 찾아보기

ㄱ

ㅂ

ㅅ

ㅊ

ㅌ

인명 찾아보기

신응철

1969년 경북 안동 예안에서 태어났다. 퇴계의 도산서원의 분위기를 몸으로 호흡하며 성장하였고, 대한예수교 장로회 통합측 기독학교인 안동 경안고등학교를 졸업하였다. 안동교회에서 신앙의 훈련을 받고, 학문의 길을 걷고자 1988년 숭실대학교 철학과에 입학하였다. 신학의 길을 잠시 미룬 채, 철학과 대학원에서 가다머(H.G. Gadamer)의 해석학을 전공하여 1994년에 석사학위를 받았다. 그리고 국내에서는 처음으로 카시러(E. Cassirer) 문화철학을 연구하여 2000년에 철학박사학위를 받았다.

박사학위 취득 후, 「문화철학과 문화비평의 상관성 연구」로 한국연구재단의 학술연구교수로 선정되어 전남대학교 철학연구교육센터(2003~2006)에 재직하였다. 그리고 「현대 문화의 본질과 구조 그리고 위기」라는 주제로 2007년부터 2010년까지 숭실대학교에서 전임연구교수로 재직하였으며, 그후 연세대학교 연구교수로 재직하면서 여러 대학에서 기독교문화학과 기독교철학 분야의 강의를 하고 있다. 그간 『카시러의 문화철학』(2000), 『해석학과 문예비평』(2001), 『문화철학과 문화비평』(2003), 『철학으로 보는 문화』(2004), 『카시러 사회철학과 역사철학』(2004), 『관상의 문화학-사람은 생긴 대로 사는가』(2006), 『기독교 문화학이란 무엇인가』(2006), 『문화, 철학으로 읽다』(2009)의 단행본을 출간하였고, 문화이론·문화비평 분야에 관계되는 다수의 논문을 발표하였다.

최근에는 문화학 전반에 대한 연구를 진행하고 있으며, 특히 기독교 문화학과 기독교철학 분야에 관심을 집중하고 있다. 이러한 연구의 관심사는 그간 숭실대, 성균관대, 한국외대, 백석대, 성결대 등에서의 강의와 한국칸트학회 총무이사, 한국해석학회 연구이사, 한국기독교철학회 총무이사 등의 학회 연구 활동을 통해서 얻은 통찰의 결과라 할 수 있다. 무엇보다도 현재 맡고 있는 한국기독교철학회 편집이사로서의 봉사는 기독교 문화학과 기독교철학 연구에 매진하게 된 결정적인 촉매 역할을 했다고 할 수 있다.

이제 앞으로, 한국에서 적극적으로 통용될 수 있는 '기독교철학'과 '기독교 문화학'의 학문적 토대를 제시하는 일에 미력하나마 일조하고 싶은 열망을 가지고 있다.

shin0308@ssu.ac.kr